REVISTA DE DIREITO MERCANTIL
industrial, econômico e financeiro

125

Publicação do
Instituto Brasileiro de Direito Comercial Comparado
e Biblioteca Tullio Ascarelli
do Departamento de Direito Comercial
da Faculdade de Direito da Universidade de São Paulo

Ano XLI (Nova Série)
janeiro-março/2002

MALHEIROS EDITORES

REVISTA DE DIREITO MERCANTIL

industrial, econômico e financeiro

Nova Série — Ano XLI — n. 125 — janeiro-março de 2002

REVISTA DE DIREITO MERCANTIL
publicação trimestral de
MALHEIROS EDITORES LTDA.
Rua Paes de Araújo, 29, conjunto 171
CEP 04531-940
São Paulo, SP - Brasil
Tel. (011) 3078-7205
Fax: (011) 3168-5495

Diretor Responsável: Álvaro Malheiros
Diretora: Suzana Fleury Malheiros

Assinaturas e comercialização:
CATAVENTO DISTRIBUIDORA DE
LIVROS S.A.
Rua Conselheiro Ramalho, 928
CEP 01325-000
São Paulo, SP - Brasil
Tel. (011) 289-0811
Fax: (011) 251-3756

Supervisão Gráfica: Vânia Lúcia Amato
Composição: *Scripta*

SUMÁRIO

DOUTRINA

LIMITAÇÃO DE RESPONSABILIDADE NA PRÁTICA CONTRATUAL BRASILEIRA — PERMITE-SE NO BRASIL A RACIONALIZAÇÃO DOS RISCOS DO NEGÓCIO EMPRESARIAL?
— NILSON LAUTENSCHLEGER JR. 7

ATUALIDADES

AS CÉDULAS DE CRÉDITO BANCÁRIO E OS LIMITES LEGAIS DOS JUROS
— JOÃO LUIZ COELHO DA ROCHA 25

A EMPRESA: NOVO INSTITUTO JURÍDICO
— JORGE LOBO 29

A RECEPÇÃO DO "DROP DOWN" NO DIREITO BRASILEIRO
— HAROLDO MALHEIROS DUCLERC VERÇOSA E ZANON DE PAULA BARROS 41

A FUNÇÃO SOCIAL DA EMPRESA E O NOVO CÓDIGO CIVIL
— FERNANDO NETTO BOITEUX 48

O CONTRATO DE "JOINT VENTURE" NA MATÉRIA ANTITRUSTE
— JOSÉ CARLOS DA SILVA NOGUEIRA 58

A PRIVACIDADE E OS SIGILOS TELEFÔNICO, PROFISSIONAL E BANCÁRIO
— LEANDRO BITTENCOURT ADIERS 62

O NOVO MERCADO E AS PRÁTICAS DIFERENCIADAS DE GOVERNANÇA CORPORATIVA: EXAME DE LEGALIDADE FRENTE AOS PODERES DAS BOLSAS DE VALORES
— EDUARDO ALFRED TALEB BOULOS E FERNANDO SZTERLING 96

RESPONSABILIDADE DOS SIGNATÁRIOS DE ACORDO DE VOTO NO REGIME DA LEI N. 10.303/01
— FELIPE DE FREITAS RAMOS 114

ESPAÇO DISCENTE

A SPE — SOCIEDADE DE PROPÓSITO ESPECÍFICO
— LEONARDO GUIMARÃES 129

JURISPRUDÊNCIA COMENTADA

ACIONISTA CONTROLADOR – IMPEDIMENTO AO DIREITO DE VOTO
— Erasmo Valladão A. e Novaes França 139

DECADÊNCIA DO CRËDITO TRIBUTÁRIO
— Zanon de Paula Barros 173

PARECERES

IMPUTAÇÃO DE DECLARAÇÃO FALSA (§ 3º, ART. 23 DA LEI 4.131/62) E DA VEDAÇÃO À COMPENSAÇÃO PRIVADA DE CRÉDITOS (ART. 10 DO DECRETO-LEI 9.025/46)
— Sérgio I. Eskenazi Pernidji e Mônica Castro de Mello Bity 185

COLABORAM NESTE NÚMERO

EDUARDO ALFRED TALEB BOULOS
Advogado em São Paulo

ERASMO VALLADÃO A. E NOVAES FRANÇA
Professor-Doutor de Direito Comercial da Faculdade de Direito da Universidade de São Paulo

FELIPE DE FREITAS RAMOS
Advogado no Rio de Janeiro

FERNANDO NETTO BOITEUX
Doutor em Direito Comercial pela Universidade de São Paulo. Professor-Doutor de Direito Comercial da Fundação Armando Álvares Penteado – FAAP

FERNANDO SZTERLING
Advogado em São Paulo

HAROLDO MALHEIROS DUCLERC VERÇOSA
Mestre e Doutor em Direito pela Faculdade de Direito da Universidade de São Paulo. Professor de Direito Comercial nos Cursos de Graduação e Pós-Graduação da USP e da FAAP. Consultor Jurídico de Empresas

JOÃO LUIZ COELHO DA ROCHA
Professor de Direito Comercial da PUC/RJ. Advogado

JORGE LOBO
Livre-Docente em Direito Comercial pela UERJ. Advogado

JOSÉ CARLOS DA SILVA NOGUEIRA
Mestre em Direito Econômico Internacional pela Universidade de San Francisco, Califórnia. Advogado

MÔNICA CASTRO DE MELLO BITY
Advogada no Rio de Janeiro

SÉRGIO I. ESKENAZI PERNIDJI
Advogado no Rio de Janeiro

LEANDRO BITTENCOURT ADIERS
Advogado no Rio Grande do Sul

LEONARDO GUIMARÃES
Mestrando em Direito Comercial na Faculdade de Direito da UFMG. Advogado

NILSON LAUTENSCHLEGER JR.
Mestre em Direito Comercial pela Ludwig-Maximilians-Universität München, Alemanha. Doutorando na mesma Universidade. Advogado em São Paulo

ZANON DE PAULA BARROS
Advogado em São Paulo

Doutrina

LIMITAÇÃO DE RESPONSABILIDADE NA PRÁTICA CONTRATUAL BRASILEIRA – PERMITE-SE NO BRASIL A RACIONALIZAÇÃO DOS RISCOS DO NEGÓCIO EMPRESARIAL?

NILSON LAUTENSCHLEGER JR.[1]

"Das Ziel des Rechts ist der Friede, das Mittel dazu ist der Kampf."
("Objetivo do Direito é a paz, o instrumento para tanto é a luta" (tradução livre)
Rudolf von Jhering em *Das Kampf ums Recht* (1872).

Continua sendo a limitação de responsabilidade na prática contratual brasileira tema de extrema relevância, cujo delineamento, porém, permanece à mercê das interpretações jurisprudenciais e doutrinárias. Foi objetivo do presente trabalho perquirir a validade e eficácia das cláusulas de limitação da responsabilidade no Brasil, utilizando-se o direito comparado como base de interpretação, bem como a identificação de permissivos legais para a inclusão de cláusulas de limitação de responsabilidade em vigor no Brasil. Foi também objeto de análise a cláusula penal compensatória utilizada como instrumento de limitação de responsabilidade.

1. Introdução. 2. Responsabilidade civil e a lei brasileira. 3. Extensão da responsabilidade: a indenização. 4. Responsabilidade contratual e risco para o negócio empresarial. 5. Cláusulas limitadoras ou excludentes de responsabilidade? 6. Eficácia e validade das cláusulas limitadoras no Brasil. 7. Disposições de Direito Internacional aplicáveis à limitação contratual de responsabilidade no Brasil. 8. Cláusulas limitadoras, relações de consumo e normas de ordem pública. 9. Cláusula penal como limitação de responsabilidade. 10. Considerações finais.

1. Introdução

Sempre, com maior freqüência, deparam-se, tanto os juristas como os administradores, nas negociações dos contratos das empresas, com a indagação a respeito da limitação da responsabilidade contratual. Procura-se reduzir e matematizar o risco do negócio não só com a contratação de seguros, introdução de medidas de controle de qualidade na produção, atendimento pós-venda aos clientes, mas também com a li-

1. Registro aqui profundo agradecimento aos futuros colegas Letícia E. Biill, Marina Souza, Vicente G. Oliveira e Rodolfo Egli pela colaboração entusiasmada.

mitação da responsabilidade decorrente diretamente dos contratos da empresa, como prática reiterada e consagrada, digna, mesmo, de ser objeto de normativos internos em algumas corporações.

Referida prática, todavia, torna turva, por vezes, a real validade e eficácia de tais cláusulas, as quais não só têm sua extensão questionada na doutrina e jurisprudência brasileiras, mas também sempre estão sujeitas, quanto a sua eficácia, ao crivo judicial que, mesmo nos países de tradição jurídica continental, pode submetê-las a controle de conteúdo[2] e, assim, ponderá-las sob os princípios da boa-fé, proporcionalidade e eqüidade, restando sua objetividade, assim, questionável. Portanto, a inclusão de tais cláusulas nos contratos, especialmente quando objeto de regulamentos internos das empresas, deve atentar para tal problemática de sua validade e eficácia, para, assim, não haver nenhuma surpresa quando da real necessidade de exigir judicialmente seu reconhecimento.

Foi intenção do presente trabalho perquirir, de forma objetiva, a validade e eficácia das cláusulas de limitação da responsabilidade no Brasil, utilizando-se o direito comparado como base de interpretação, bem como a identificação de permissivos legais ou jurídicos para a inclusão de cláusulas de limitação de responsabilidade em vigor no Brasil. Sacrificaram-se, portanto, digressões estritamente acadêmicas em benefício de uma crítica mais panorâmica e geral.

2. *Responsabilidade civil e a lei brasileira*

Diferentemente da Alemanha, o Brasil adotou o princípio da cláusula geral de responsabilidade civil.[3] Tal princípio deriva dos preceitos gerais expressos nos artigos 159 e 1.056 do Código Civil vigente e artigos 389 e 927 do novo Código Civil,[4] os quais englobam tanto a responsabilidade contratual quanto aquela advinda da violação ilícita de dever não contratual *(ex delictus)*, também chamada responsabilidade delitual ou extracontratual. A responsabilidade geral é, como nos demais países que adotam o sistema romano-germânico ou continental, baseada no princípio da culpabilidade, também conhecida como responsabilidade subjetiva. No Brasil a responsabilidade não baseada na culpabilidade, conhecida como responsabilidade objetiva, é *ex lege*, ou seja, decorre sempre da lei ou, ainda, na acepção do novo Código Civil, o qual sedimenta a doutrina já existente no período anterior à sua publicação, de uma atividade perigosa (*ubi emolumentum, ibi onus*).[5] Ressalte-se que tal afirmação, embora pareça ser uma obviedade, e, ainda que não seja absoluta, vez que em determinados casos a jurisprudência brasileira também permitiu a responsabilidade objetiva com base na presunção de culpa, como nas locações de veículos,[6] não é realidade em todos os países – pois na França, somente a título ilustrativo, a responsabilidade objetiva desenvolveu-se em grande parte a partir da interpretação juris-

2. Lorenz Fastrich, *Richterliche Inhaltskontrolle im Privatrecht*, München, C. H. Beck Verlag, 1992, p. 11 ss., o qual destaca ser o controle de conteúdo uma forma do controle de validade; BGHZ 38, 183 (186).

3. Konrad Zweigert e Hein Kötz, *Einführung in die Rechtsvergleichung*, 3ª ed., Tübingen, 1993, § 40 II, p. 600. Com a recente e muito controvertida reforma do direito das obrigações, não ocorreu modificação da responsabilidade delitual, embora a responsabilidade contratual tenha sofrido profundas alterações conceituais. Cf. Daniel Zimmer, *Das Neue Rechts der Leistungsstörungen*, NJW 2002, 1-88.

4. Lei 10.406, de 10.1.2002, a qual entrará em vigor um ano a contar da publicação, esta ocorrida em 11.1.2002.

5. Alvino Lima, *Culpa e Risco*, São Paulo, Ed. RT, 1960, o qual constitui-se em excelente fonte de referência para direito comparado. O parágrafo único do art. 927 do novo Código Civil prescreve: "Haverá obrigação de reparar o dano, independentemente de culpa, nos casos especificados em lei, ou quando a atividade normalmente desenvolvida pelo autor do dano *implicar, por sua natureza, risco para os direitos de outrem*" (grifamos).

6. Silvio Rodrigues, *Responsabilidade Civil*, São Paulo, Saraiva, 2002, p. 78, o qual critica a Súmula 492, do Supremo Tribunal Federal.

prudencial do artigo 1.384 do *Code civil*,[7] sendo que a necessidade de leis especiais se dá em muito menor extensão.[8] Também, de acordo com a doutrina e lei brasileiras, a responsabilidade não inclui somente os danos diretos ou, melhor expresso, emergentes, mas também lucros cessantes e os danos morais.[9] De acordo com o artigo 1.056 e seguintes do Código Civil as perdas e danos, portanto, podem sempre ser requeridas pelo credor, caso o devedor falhe ou deixe de cumprir suas obrigações, assim chamada inexecução total do contrato, ou o faça não como acordado, assim chamada inexecução parcial do contrato.

Requer também a responsabilidade contratual a violação do acordo e a culpa consistente na simples "inexecução possível e evitável" e não em abstrato.[10] Claro está que tal requisito da culpa é amplo suficiente para permitir ao juiz analisar, segundo critérios de eqüidade, a extensão do dano ressarcível, de forma que tal responsabilidade não transforme a condenação indenizatória em condenação letal para o autor do dano, como, por exemplo, a inviabilidade total da sua atividade empresarial. Tal juízo de eqüidade, aliás, encontra-se de forma expressa no novo Código Civil (artigo 944 do novo Código Civil[11]).

3. Extensão da responsabilidade: a indenização

Não há a fixação de um limite pecuniário pela lei ou jurisprudência para a determinação dos danos. O montante dos danos diretos devidos – pode-se dizer – será equivalente ao prejuízo total e/ou ao que deixou de ser ganho (lucros cessantes). Para tal fim, a parte que alega tem de provar a

7. Dispõe o Code Civil, Article 1.384 (Loi du 7 novembre 1922, Journal Officiel du 9 novembre 1922) (Loi du 5 avril 1937, Journal Officiel du 6 avril 1937 rectificatif JORF 12 mai 1937) (Loi n. 70-459 du 4 juin 1970, Journal Officiel du 5 juin 1970 en vigueur le 1er janvier 1971) (Loi n. 2002-305 du 4 mars 2002 art. 8 V, Journal Officiel du 5 mars 2002): "On est responsable non seulement du dommage que l'on cause par son propre fait, mais encore de celui qui est causé par le fait des personnes dont on doit répondre, *ou des choses que l'on a sous sa garde*.

"Toutefois, celui qui détient, à un titre quelconque, tout ou partie de l'immeuble ou des biens mobiliers dans lesquels un incendie a pris naissance ne sera responsable, vis-à-vis des tiers, des dommages causés par cet incendie que s'il est prouvé qu'il doit être attribué à sa faute ou à la faute des personnes dont il est responsable.

"Cette disposition ne s'applique pas aux rapports entre propriétaires et locataires, qui demeurent régis par les articles 1.733 et 1.734 du Code Civil. Le père et la mère, en tant qu'ils exercent l'autorité parentale, sont solidairement responsables du dommage causé par leurs enfants mineurs habitant avec eux. Les maîtres et les commettants, du dommage causé par leurs domestiques et préposés dans les fonctions auxquelles ils les ont employés; Les instituteurs et les artisans, du dommage causé par leurs élèves et apprentis pendant le temps qu'ils sont sous leur surveillance. La responsabilité ci-dessus a lieu, à moins que les père et mère et les artisans ne prouvent qu'ils n'ont pu empêcher le fait qui donne lieu à cette responsabilité. En ce qui concerne les instituteurs, les fautes, imprudences ou négligences invoquées contre eux comme ayant causé le fait dommageable, devront être prouvées, conformément au droit commun, par le demandeur, à l'instance."

8. Zweigert/Kötz, *Einführung*, § 42, III, p. 665 ss., o qual contém uma análise percuciente de direito comparado da responsabilidade objetiva no mundo; Rodrigues, *Responsabilidade Civil*, pp. 92 ss. e 111 ss., o qual descreve com minúcias a controvérsia sobre a interpretação de tal dispositivo na jurisprudência e sua aplicação no Brasil.

9. Cf. artigo 186 do novo Código Civil, o qual sedimenta entendimento já há muito dominante na doutrina. Também Carlos Alberto Bittar, *Reparação Civil por Danos Morais*, São Paulo, Ed. RT, 1993; José de Aguiar Dias, *Da Responsabilidade Civil*, Rio de Janeiro, Forense, 1994; Ana Prata, *Cláusulas de Exclusão e Limitação da Responsabilidade Contratual*, Coimbra, Almedina, 1985. Cf., ainda, com farta referência bibliográfica, Darcy Bessone, *Do Contrato – Teoria Geral*, Rio de Janeiro, Forense, 1987, pp. 261 ss.

10. José Reinaldo de Lima Lopes, *Responsabilidade Civil do Fabricante e a Defesa do Consumidor*, São Paulo, Ed. RT, 1992, p. 14. Contra, José de Aguiar Dias, *Cláusula de Não-Indenizar*, Rio de Janeiro, Forense, p. 168.

11. Dispõe o artigo 944: "A indenização mede-se pela extensão do dano.

"Parágrafo único. Se houver excessiva desproporção entre a gravidade da culpa e o dano, poderá o juiz reduzir, *eqüitativamente*, a indenização" (grifamos).

ocorrência de tais danos. A determinação do valor da indenização por danos morais, por outro lado, fica ao talante judicial. Tribunais e doutrina[12] têm considerado, assim, os seguintes critérios: (i) a situação financeira do devedor; (ii) o nível de vida médio do credor, evitando-se, assim, o enriquecimento ilícito; e (iii) a gravidade dos danos causados. Também, tal determinação deve ser norteada pelos seguintes fins: (i) a compensação dos danos causados pelo devedor e não a reparação, uma vez que a natureza do dano moral é imensurável; e (ii) a punição do causador do dano.[13] Parte da doutrina tem, ainda, considerado como referência para outras relações contratuais, através do uso da analogia, o critério estabelecido sob a revogada Lei de Telecomunicações (Lei n. 4.117 de 1962[14]), que fixou o montante da indenização em um determinado número de salários mínimos (entre 5 e 100 salários e 200, no caso de violações continuadas).[15] Os tribunais têm considerado, de maneira esparsa, também pelo uso da analogia, os critérios estabelecidos pelos artigos 51 e 52 da Lei de Imprensa (Lei n. 5.250 de 1967): entre 2 e 20 salários mínimos para pessoas físicas e entre 20 a 200 para a pessoa jurídica.[16] Observe-se, entretanto, que os tribunais brasileiros não têm sido consistentes ou mesmo constantes na aplicação destes critérios,[17] não sendo, assim, incomum encontrar decisões fixando os montantes máximos acima referidos, ainda que timidamente. Cabe, outrossim, noticiar que as decisões ocorridas recentemente no Brasil, especialmente na última década no nordeste e centro-oeste, que receberam destaque na mídia em razão do vultoso valor dos danos morais fixados, não passaram de distorções efêmeras no sistema judicial brasileiro, lastreadas muito mais em casos de corrupção do que fundamentação jurídica e, portanto, não merecem, ao menos no seu atual estágio, atenção como tendência jurisprudencial já que se tratam de decisões isoladas.[18]

Faculta-se, ainda, às pessoas jurídicas o pleito por danos morais, pois, evidentemente, podem ter sua credibilidade e reputação comerciais também eventualmente prejudicadas.[19] Tal assertiva deriva da interpretação literal do artigo 5º, V da Constituição Federal de 1988 que não distingue pessoas jurídicas de pessoas físicas. Os tribunais brasileiros têm decidido neste sentido.[20]

4. Responsabilidade contratual e risco para o negócio empresarial

Toda a sistemática legal da organização empresarial tem por objetivo precípuo a racionalização ou matematização de riscos para obtenção otimizada do ganho ou lucro.[21] O capital das sociedades anônimas ou das sociedades por quotas de responsabilidade limitada serviu, assim, no curso da história para a consecução de tal objetivo,

12. Bittar, *Reparação Civil*, pp. 209 ss., o qual comenta a legislação portuguesa e italiana, que trazem elementos expressos para a fixação.

13. Neste sentido, STJ, RE 2404441, 173366 e 259816. Bittar, p. 212, nota 371, traz farta jurisprudência.

14. Esta disposição legal (artigo 84 da Lei de Telecomunicações) foi derrogada pelo Decreto-lei 236/67.

15. *RT* 726/310, Ap 516.041/8 e 43157-0/190. Contra, *JTJ*-Lex 184/61. Cf. também recente decisão do 1º TACivSP, 5ª Cam., Ap 786.128-5-Osasco-SP, em *Bol. AASP* 2.247/2.002.

16. *RT* 726, p. 310, Ap 516.041/8 e 43157-0/190. Contra, *JTJ*-Lex 184/61, *JTJ* 162/168 e Ap 43157-0/190.

17. Bittar, *Reparação Civil*, p. 228, sobre os critérios existentes na lei brasileira.

18. Humberto Theodoro Jr., "O Dano Moral e sua Reparação", *RF* 351/83 ss., com excelente panorama da jurisprudência atual.

19. Bittar, *Reparação Civil*, pp. 163 ss.

20. STJ, REsp 60/033-2, 214381 e 195842; *RT* 766/425, Súmula 227 do STJ.

21. Georges Ripert, *Aspects Juridiques du Capitalisme Moderne*, Paris, Librairie Générale de Droit et de Jurisprudence, reimpressão da 12ª ed. de 1951, pp. 329 ss., o qual cita que o espírito do capitalismo moderno encontra-se essencialmente na busca incessante pelo lucro e declara que a "(...) puissance de l'argent domine la société tout entière. *Pecuniae obediunt omnes*", p. 340.

na medida em que a responsabilidade do empresário ficou limitada à integralização do capital, salvo o abuso de forma.[22] Todavia, tal limitação demonstrou não ser suficiente para a atividade empresarial, pois em suas operações as empresas deparam-se com negócios específicos cujos riscos transcendem, e muito, por vezes, o seu benefício econômico. Como exemplo ilustrativo podemos citar o setor de fornecimento de equipamentos, onde a simples falta na entrega ou a entrega de um equipamento com defeitos pode gerar lucros cessantes ou até mesmo prejuízo para a credibilidade comercial do comprador do equipamento – em razão de atraso de encomendas –, que superam muito o próprio valor de aquisição do bem. Trata-se de um risco que pode colocar em jogo a própria sobrevivência da empresa fornecedora, e que não pode deixar de encontrar refúgio nos cânones jurídicos, pois que a própria proteção securitária deixa de ser suficiente para olvidar-se os riscos de uma bancarrota.

Referido problema encontrou resposta na prática contratual com a inclusão de cláusulas limitadoras de responsabilidade, cuja eficácia e validade, porém, foram sempre colocadas em questão e assombradas pelos cafifes judiciais oriundos do inevitável peguilhar do controle de conteúdo dos limites fluidos da responsabilidade civil. Cabe, assim, investigarmos com maior vagar o conteúdo costumeiro de referidas cláusulas na prática contratual brasileira.

5. *Cláusulas limitadoras ou excludentes de responsabilidade?*

Podem-se encontrar cláusulas que limitam ou excluem a responsabilidade contratual nas suas mais diversas variantes e formas, desde a exclusão de toda e qualquer responsabilidade, passando por cláusulas que limitam o valor do montante indenizatório ou excluem determinados tipos de dano passíveis de serem indenizados, tais como lucros cessantes ou danos morais.[23] Comum na prática contratual é, igualmente, a determinação do direito de a parte infratora debelar as incúrias como pressuposto da possibilidade de rescisão da outra parte.

Não mais incomum na prática contratual, como forma de redução do risco contratual, também, a inversão do ônus da prova ou mesmo a redução dos prazos prescricionais – esta questionável na vigência do atual Código Civil – e não admitida no novo Código, conforme artigo 192[24] – que, embora limitem a responsabilidade sob uma análise mais ampla, não são consideradas cláusulas de limitação da responsabilidade, pois que interferem de forma somente indireta e não na responsabilidade em si. Não compreendemos adequado, aqui, dar ênfase ao tratamento diferenciado entre cláusulas excludentes ou limitadoras de responsabilidade, já que se encontram na própria doutrina críticas à referida divisão, vez que a limitação sempre implica, de alguma forma, exclusão de responsabilidade, o que, de resto, pode ser até mesmo confirmado pela existência, no direito comparado, de tratamento idêntico às duas cláusulas, como na Itália.[25] Na doutrina brasileira há a mesma referência à cláusula de irresponsabilidade ou exclusão como "exacerbação da cláusula de limitação".[26] Cabe, porém, referirmos que a limitação não pode ser total, pois se-

22. Barbara Grunewald, *Gesellschaftsrecht*, 3ª ed., Tübingen, Mohr Siebeck, 1999, pp. 299 ss.; Karsten Schmidt, *Gesellschaftsrecht*, 3ª ed., Köln-Berlin-Bonn-München, Carl Heymanns Verlag, 1997, pp. 224 ss.

23. Cf., para um panorama completo dos tipos de cláusulas, Ana Prata, *Cláusulas de Exclusão e Limitação da Responsabilidade Contratual*, Coimbra, Almedina, 1985, pp. 56 ss., 86 ss. e 131 ss., especialmente p. 133.

24. Cf. para posição favorável na doutrina Orlando Gomes, *Introdução ao Direito Civil*, Rio de Janeiro, Forense, 1989, p. 510.

25. *Apud* Prata, *Cláusulas de Exclusão e Limitação*, pp. 197 ss.; cf. para maiores detalhes Aguiar Dias, *Cláusula de Não-Indenizar*.

26. Aguiar Dias, *Cláusula de Não-Indenizar*, p. 24.

ria vil e, como tal, não admitida, já que se equipararia à exclusão.[27]

Também não há que se confundir a cláusula limitativa de responsabilidade com a cláusula penal,[28] a qual, embora possa ter contornos de pré-definição (pergunta-se ainda hoje se o Decreto 22.626/33 derrogou ou revogou a sistemática de cláusula penal no Direito brasileiro – cf. mais adiante[29]) dos danos e eliminação da incerteza sobre o valor de eventual reparação[30] – para ser mais preciso, limite mínimo de indenização[31] –, possui contornos próprios (*e.g.*, independe da prova de prejuízo e é alternativa em favor do credor – *a parte creditoris*), os quais não permitem sua subsunção como cláusula limitativa.[32] Fato é que serve de argumento, a contrário senso, de que a limitação há de ser aceita se a estimativa pode substituir, ainda que menor, mas não ínfima, a indenização realmente devida, pois há também, aqui, em efeito, a limitação da responsabilidade. Porém, o efeito pode ser outro e os pressupostos de admissibilidade e eficácia de ambas, especialmente no que se refere à estimativa de danos, são completamente diferentes e não permitem uma equiparação simplista. Tal sinonímia de efeitos entre a cláusula penal compensatória e a limitação de responsabilidade exige uma investigação mais acurada à frente.

Referimos aqui, ainda, o fato de que, mais e mais, verifica-se na prática contratual brasileira a existência de exclusões escritas e elaboradas conforme a prática anglo-saxônica, mais especificamente americana, pela qual há extensa referência a diversos tipos de danos não indenizáveis, tais como *consequential damages* ou *punitive damages*.[33] Tais expressões são traduzidas, muitas vezes, como "danos conseqüenciais", "lucros cessantes" ou "indiretos" e "danos morais" ou "punitivos". Tal problema transcende, todavia, a simples questão da tradução terminológica, pois que diferem não só na sua extensão, mas também no conteúdo. Enquanto os *punitive damages* referem-se ao caráter preventivo geral da condenação indenizatória, muito semelhante ao efeito preventivo geral do direito penal alemão,[34] e, por isso, são até conhecidos como *exemplary damages*, o dano moral transcende tal caráter, qual seja, a punição do causador do dano,[35] para também reparar a dor moral sofrida em razão do dano. O dano moral relaciona-se muito mais ao conceito de dignidade humana e a sua proteção do que somente ao efeito de intimidação da repetição do dano ou sua função de "pena privada", havendo na doutrina referência até mesmo a um dano moral coletivo.[36] Por fim, salienta-se que no

27. Cf. favorável à admissibilidade da cláusula de exclusão total, Aguiar Dias, *Cláusula de Não-indenizar*, p. 128, o qual, inclusive, diz que se a cláusula penal "legalmente autoriza e atinge, praticamente, o resultado objetivado por aquela – a cláusula de irresponsabilidade –, se o aspecto irrisório não estabelece a sua nulidade, pois a jurisprudência a tem sempre reconhecido [menciona o autor em nota que se refere à jurisprudência francesa] *só por formalismo hipócrita se pode continuar a rejeitar a cláusula de irresponsabilidade pura e simples*" (grifamos).

28. Antonio Pinto Monteiro, *Cláusula Penal e Indenização*, Coimbra, Almedina, 1999 (reimpressão da publicação de 1990); cf. artigos 408 e ss. do novo Código Civil, especialmente parágrafo único do artigo 416. Aguiar Dias, *Cláusula de Não-Indenizar*, pp. 21 ss., também pp. 127 ss., o qual critica a expressão "pena civil negativa".

29. Clóvis Beviláqua, *Código Civil dos Estados Unidos do Brasil*, v. IV, Rio de Janeiro, Ed. Rio, Edição Histórica da edição de 1958, artigos 916 e ss., esp. 918.

30. Aguiar Dias, *Cláusula de Não-Indenizar*, p. 128.

31. Ou responsabilidade, como preleciona Pinto Monteiro, *Cláusula Penal*, p. 19.

32. Pinto Monteiro, *Cláusula Penal*, p. 11.

33. Wulf H Döser, *Anglo-amerikanische Vertragsstrukturen in deutschen Vertriebs-, Lizenz; und sonstigen Vertikalverträgen*, NJW 2000, Caderno 20, pp. 1.451 ss.

34. Claus Roxin, *Strafrecht – Allgemeiner Teil*, I, München, CHBeck, 1997, pp. 48 ss.; Lima Lopes, *Responsabilidade Civil do Fabricante*, São Paulo, Ed. RT, 1992, p. 14.

35. Cf. já citados os julgados do STJ, REsp 2404441, 173366 e 259816; Bittar, *Reparação*, pp. 220 ss., com farta referência da jurisprudência.

36. Clayton Reis, "O dano moral", *Revista de Direito Civil* 28, abril/junho de 1984; Carlos Alberto Bittar Filho, "Do dano moral coletivo no atual con-

direito anglo-saxônico os *punitive damages* não são admitidos na responsabilidade contratual ou, quando o são, somente em situações de quebra dolosa de contrato.[37]

Por outro lado, ainda, os *consequential damages* incluem os lucros cessantes, mas não necessariamente os danos indiretos. O direito brasileiro afilia-se à delimitação das perdas e danos aos danos diretos e imediatos, para os quais a determinação do nexo causal é fundamental. Não obstante as diversas teorias explicativas do nexo causal (como a do fato necessário) parece ser unânime que a questão nunca poderá ser resolvida sob a batuta de uma teoria geral, ficando, muito mais, aberta à avaliação do juiz no caso concreto.[38] Tal discricionariedade do juiz acaba por ter como parâmetro somente o fato de que, em princípio, o dano mediato pode vir a ser indeterminado, mas não pode "exceder os justos limites".[39]

Para delimitarmos a presente análise, iremos tratar da eficácia e validade das cláusulas tradicionais de limitação (ou seja, aquelas que interferem diretamente na responsabilidade, quer pelo valor do montante indenizatório, quer pelos tipos de danos passíveis de serem indenizáveis) e, em razão de sua importância prática, da equiparação da cláusula penal. Outras formas de limitação indireta, como inversão do ônus da prova, não serão analisadas com maior cura aqui.

6. *Eficácia e validade das cláusulas limitadoras no Brasil*

Referidas cláusulas limitadoras de responsabilidade não são *a priori* livremente admitidas pelo ordenamento jurídico brasileiro. Permitem expressamente algumas leis esparsas, aplicáveis a setores específicos, como transporte marítimo e aéreo, o uso de tais cláusulas. Todavia, não é permitida sua utilização de modo a eximir ou limitar a responsabilidade nos casos de dolo ou culpa grave. Pontes de Miranda, ao comentar a Lei n. 2.681, de 1912, que regula a responsabilidade das ferrovias no Brasil, admite a validade das cláusulas limitadoras não só para companhias ferroviárias. Em outras palavras, ao passageiro-consumidor deve ser facultado o ônus da limitação através da escolha de sua passagem.[40] Os tribunais brasileiros têm ratificado gradativamente a validade das cláusulas de limitação de responsabilidade, desde que algumas condições sejam observadas,[41] mas têm repetidamente negado a validade e eficácia da estipulação contratual de exclusão. O Supremo Tribunal Federal decidiu, neste sentido, que "as cláusulas de exclusão de responsabilidade sobre acordos de transporte são inválidos".[42] Este entendimento tem sido acolhido pelas instâncias inferiores.[43]

As limitações devem ser razoáveis. De outra forma, as disposições limitadoras serão consideradas pelos tribunais como excludentes e, portanto, inválidas, já que se entende como norma de ordem pública a obrigação de indenizar (artigos 159 e 1.056 do Código Civil brasileiro). Diferentemente

texto jurídico brasileiro", *Revista de Direito do Consumidor* 12, outubro/dezembro de 1994.

37. Mathias Reimann, *Einfürung in das US-amerikanische Privatrecht*, München, CHBeck, 1997, p. 53; Restatement 2d § 355; Kessler/ Gilmore/ Knonnar, *Contracts*, Boston, Little, Brown and Company, 1986, pp. 1.112 ss.

38. Agostinho Alvim, *Da Inexecução das Obrigações e suas Conseqüências*, 2ª ed., São Paulo, Saraiva, 1955, p. 397, o qual cita Enneccerus: "A difícil questão de saber até onde vai o nexo causal não pode nunca ser resolvida de uma maneira plenamente satisfatória, mediante regras abstratas, ...".

39. Alvim, *Da Inexecução*, p. 399; cf. também interessantíssimos exemplos por J. M. de Carvalho Santos, *Código Civil Brasileiro Interpretado – Principalmente do Ponto de Vista Prático*, v. XIV, 2ª ed., Rio de Janeiro, Freitas Bastos, pp. 256 ss., nos quais fica evidenciada de forma ilustrativa a problemática.

40. Pontes de Miranda, *Tratado de Direito Privado*, t. XLV, São Paulo, Ed. RT, 1984, pp. 103 e ss.

41. *RT* 543/89, 546/146, 555/141. STJ, REsp 39.082-6 e 13.656.

42. Súmula 161 do STF.

43. *RT* 410/378, 527/177, 670/73, Súmula 130 do STJ.

das cláusulas de exclusão, as limitadoras, nos acordos firmados entre duas partes em equilíbrio, entre profissionais, que têm a oportunidade de discuti-las, de modo a expressar sua liberdade contratual, são efetivas.[44] Indenizações pessoais são, além disso, obrigatórias, como conseqüência dos direitos humanos reconhecidos de forma plena pela ordem constitucional brasileira.[45] De fato, as cláusulas limitadoras de responsabilidade se justificam no momento em que refletem o interesse econômico de ambas as partes no negócio jurídico.[46]

De acordo com os tribunais e a doutrina brasileira, cláusulas válidas de limitação de responsabilidade devem (i) ser mutuamente aceitas pelas partes; (ii) não representar violação a normas da ordem pública brasileira (*e.g.*, contratos de adesão com consumidores); (iii) levar em consideração o interesse econômico do credor (*e.g.*, redução de preços); (iv) não excluir os danos pessoais (inclusive danos morais); (v) não incluir danos causados por condutas dolosas; e (vi) não estabelecer um valor irrisório em face do valor real do dano.[47] Evidente fica, aqui, o grau e a intensidade do controle de conteúdo que o juiz pode exercer sobre referidas cláusulas, o que, por si, já justificaria a intervenção do legislador, como no caso da Itália, na determinação, ao menos apriorística, de tais cláusulas no Brasil.

Por fim, salientamos que a limitação contratual da responsabilidade por culpa grave é contestável. No dolo não há discrepância no direito comparado quanto à inaplicabilidade da cláusula excludente, vez que o *pacto de dolo non prestando* permitiria, já na concepção dos romanos, que a relação permanecesse ao inteiro alvedrio de só uma das partes, desequilibrando totalmente a relação *debitum* (*Schuld*) e *obligatio* (*Haftung*)[48] e representasse verdadeiro pacto leonino, este vedado pela lei brasileira no artigo 115 do Código Civil vigente e 122 do novo Código Civil.[49] Exceto para uma minoria expressiva da doutrina.[50] a validade das cláusulas limitadoras de danos causados por culpa grave é inaceitável. Quanto mais censurável a conduta, maior a intensidade da responsabilidade.[51] Contudo, a limitação contratual da responsabilidade por culpa grave não é expressamente proibida pela lei brasileira.

Encontra-se no direito comparado tendência que reconhece, a priori, a proibição da limitação em casos de culpa grave, como na Espanha, França, Itália,[52] Alemanha e Suíça.[53] Com base no direito comparado, pode-se, ainda que de forma limitada, concluir que a limitação de responsabilidade é mais aceita do que a exclusão, ainda que parcial, como na França.[54] Por outro lado, embora a tendência seja a de negar validade à cláusula limitativa em casos de culpa grave, se houver motivação econômica que justifique a limitação, como no caso da res-

44. Ver RE 39.082-6.

45. Antônio Junqueira de Azevedo, ob. cit., p. 107.

46. José Aguiar Dias, *Cláusulas de Não-Indenizar*, Forense, 1976, p. 128.

47. Cf. Aguiar Dias, ob. cit., pp. 115, 116, 129, 132. Antônio Lindbergh C. Montenegro, *Responsabilidade Civil*, Rio de Janeiro, Ed. Lumen Juris, 1996, p. 294. Antônio Junqueira de Azevedo, "Cláusula cruzada de não indenizar, ou cláusula de não indenizar com eficácia para ambos contratantes – Renúncia ao direito de indenização – Promessa de fato de terceiro", in *RT* 769/103-109; Alberto do Amaral Jr., "O Código de Defesa do Consumidor e as cláusulas de limitação da responsabilidade nos contratos de transporte aéreo nacional e internacional", in *RT* 759/67-75. Para limitação nos casos de negligencia grave, ver logo adiante no texto.

48. José Carlos Moreira Alves, *Direito Romano*, v. II, Rio de Janeiro, Forense, 1986, pp. 3 ss.

49. Orlando Gomes, *Obrigações*, Rio de Janeiro, Forense, 1990, p. 188.

50. Aguiar Dias, *Cláusula de Não-Indenizar*, p. 132. Contra, ver nota acima.

51. Prata, *Cláusulas de Exclusão e Limitação*, p. 288.

52. Cf. para doutrina favorável na Itália quanto à possibilidade de limitação, inclusive em caso de culpa grave, Prata, *Cláusulas de Exclusão e Limitação*, p. 198, nota 386.

53. Prata, *Cláusulas de Exclusão e Limitação*, p. 173 ss.

54. *Apud* Prata, *Cláusulas de Exclusão e Limitação*, p. 187.

ponsabilidade das empresas ferroviárias na França, em razão do valor ínfimo das passagens, a mesma tende a ser aceita.

Tal situação de quase completa insegurança não encontrou, infelizmente, solução expressa no novo Código Civil, o qual poderia ter extirpado mais este empecilho da segurança jurídica para os empresários na sua atividade. Não caberiam, evidentemente, ao novo Código Civil brasileiro críticas pela inexistência de cláusulas gerais de eqüidade que tornariam as necessárias adaptações ao tempo mais simples e menos traumáticas,[55] porém a falta de objetividade na busca de soluções claras para questões tão prementes do comércio jurídico, como a limitação contratual de responsabilidade, não poderia passar à revelia de críticas, especialmente pelo fato de que a questão não é inóspita na legislação brasileira como podemos conferir adiante no Direito Internacional e nas relações de consumo.

7. *Disposições de Direito Internacional aplicáveis à limitação contratual de responsabilidade no Brasil*

É possível encontrar no Direito Internacional brasileiro exemplos de como a limitação de responsabilidade é um problema de ordem econômica fundamental, pois que é prevista em diversos tratados e convenções internacionais ratificados pelo Brasil, em setores normalmente muito mais sensíveis ao risco ilimitado das operações, tornando a tese de sua admissibilidade ainda mais plausível e de sua regulamentação legislativa mais premente. Sob a insígnia de proteção de referidos mercados e como ferramenta para, até mesmo, evitar-se a quebra de empresas diante da complexa e imprevisível alocação de riscos no comércio internacional, o Brasil tem ratificado, seguindo a tendência internacional e de outros países na América Latina, muitos tratados que envolvam limitação de responsabilidade, nomeadamente com relação a danos ambientais, no transporte marítimo e aéreo. Somente a título exemplificativo citamos os seguintes tratados com limitação de responsabilidade dos quais o Brasil[56] é parte:

a) Convenção Internacional sobre Responsabilidade Civil em Danos Causados por Poluição por Óleo – Decreto Legislativo 74/76 e Decreto 79.437/77;

b) Convenção de Viena sobre Responsabilidade Civil por Danos Nucleares – Decreto Legislativo 93/92 e Decreto 911/93;

c) Convenção para Unificação de certas regras relativas ao Transporte Aéreo Internacional de Varsóvia, de 1929 – Decretos 56.463/65, 20.704/31, além do Código Brasileiro da Aeronáutica;

d) Acordo de Alcance Parcial para facilitação do Transporte Multimodal de Mercadorias de 1994 (Mercosul) – Decreto 1.563/95;

e) Convenção de Roma sobre os Danos Causados a Terceiros, na Superfície, por Aeronaves Estrangeiras, de 1952 – Decreto Legislativo 15/61 e Decreto 52.019/63;

f) Acordo sobre Contrato de Transporte e a Responsabilidade Civil do Transportador no Transporte Rodoviário Internacional de Mercadorias – Decreto 1.866/96;

Referidos tratados, embora em âmbito específico, demonstram que as referidas cláusulas de limitação podem e devem ser reconhecidas no Brasil, já que nos seus setores de aplicação a limitação é imposta de forma muito mais abrupta e, em muitos casos, até mesmo à revelia da autonomia voli-

55. Lacerda de Almeida, "Dos effeitos das obrigações – Arts. 928 a 1.078", in *Manual do Código Civil Brasileiro*, Rio de Janeiro, Livraria Freitas Bastos, 1934, pp. 5 ss., especialmente p. 14, onde o autor menciona os conhecidos artigos 138, 226 e 242 do Código Civil alemão.

56. Cf. adendo com quadro demonstrativo dos países signatários dos referidos tratados e respectivas limitações.

tiva contratual. Curioso ressaltar que alguns tratados também prescreviam a nulidade de cláusulas excludentes de responsabilidade e a perda da limitação em casos de dolo ou culpa equiparada, conceito este, aliás, capaz de trazer mais problemas à interpretação local do conceito de culpa grave, pois que não resta claro se estaríamos falando de culpa grave ou dolo eventual.[57]

Encontra a limitação de responsabilidade, ademais, disciplina legislativa não só no campo do Direito Internacional, como também, mais recentemente, no campo das relações de consumo, o que passaremos a analisar sob a perspectiva geral das normas de ordem pública.

8. *Cláusulas limitadoras, relações de consumo e normas de ordem pública*

Com a crise paradigmática do Direito, já no início do século XX, a prática contratual passou a experimentar novos tipos de problemas, para os quais os elementos da tradicional teoria jurídica, baseada no individualismo econômico, não encontravam respostas adequadas. Referida crise e, portanto, a necessidade de mudança expressou-se, já no início do século XX, pelo crescimento da responsabilidade objetiva e, portanto, da indústria de seguro,[58] pela socialização dos riscos laborativos nas atividades industriais e proteção dos cidadãos como consumidores e não como simples indivíduos.[59] Surgem não só direitos de caráter coletivo, com legítima proteção estatal, como os direitos dos consumidores e a proteção ambiental, como instrumentos processuais de proteção destes direitos, como a ação civil pública, a extensão da legitimidade de agir e dos efeitos e eficácia das decisões para pessoas que não são partes do processo. Com o conceito de função social do contrato a esfera de responsabilidade civil é ampliada sem que fosse necessária mudança do quadro normativo.[60] Como resposta, no campo contratual, a limitação da responsabilidade quando afeta direitos de ordem pública, passou a ser questionada também. Tal vedação é, inclusive, norma expressa no Direito italiano.[61]

Com o advento do Código de Defesa do Consumidor, considerou-se inválida (art. 51, I, da Lei 8.078/1990) a limitação da responsabilidade nos contratos de adesão. Entretanto, os tribunais e a doutrina brasileiros têm ido mais além e reiterado a posição de não aceitar as cláusulas de limitação da responsabilidade civil nas relações de consumo, mesmo quando há permissivo de limitação já prevista em lei. O Tratado de Varsóvia, por exemplo, celebrado em 12 de outubro de 1929, incorporado em parte pelo Direito brasileiro em 1986, através da Lei n. 7.565 (Código Brasileiro de Aeronáutica), estabeleceu um limite de indenização nos caso de danos causados aos pas-

57. Cf. arts. 23 e 25 da Convenção de Varsóvia, de 1929, os quais dispunham: "Será nula, e de nenhum efeito, toda e qualquer cláusula tendente a exonerar o trnasportador de sua responsabilidade, ou extabelecer limite inferior ao que lhe fixa a presente Convenção, mas a nulidade desta cláusula não acarreta a do contrato, que continuará regido pleas disposições da presente Convenção" (art. 23); "Não assiste ao transportador o direito de prevalecer-se das disposições da presente Convenção, que lhe excluem ou limitam a responsabilidade, *se o dano provém de seu dolo, ou de culpa sua, quando, segundo a lei do tribunal que conhecer da questão, for esta considerada equivalente ao dolo*" (art. 25, grifamos).

58. João de Matos Antunes Varela, *Das Obrigações em Geral*, v. I, Coimbra, Almedina, 1991, pp. 625 ss.

59. Alberto do Amaral Jr., *Proteção do Consumidor no Contrato de Compra e Venda*, São Paulo, Ed. RT, 1993, pp. 70 ss.

60. Orlando Gomes, *Transformações Gerais do Direito das Obrigações*, São Paulo, Ed. RT, 1980, pp. 7 ss.; Lima Lopes, *Responsabilidade Civil do Fabricante*, p. 36.

61. Cf. art. 1.229: "Clausole di esonero da responsabilità. È nullo qualsiasi patto che esclude o limita preventivamente la responsabilità del debitore per dolo o per colpa grave (1490, 1579, 1681, 1694, 1713, 1784, 1838, 1900). *È nullo (1421 e seguenti) altresì qualsiasi patto preventivo di esonero o di limitazione di responsabilità per i casi in cui il fatto del debitore o dei suoi ausiliari (1580) costituisca violazione di obblighi derivanti da norme di ordine pubblico (prel. 31)*" (grifamos).

sageiros e seus pertences, em seus artigos 257, 260, 262, 269 e 277, sendo nula, no entanto, qualquer cláusula tendente a exonerar de responsabilidade o transportador (art. 247). Tal limitação engloba não apenas a destruição, perda ou avaria de bagagens e cargas, como também a morte ou lesão que o passageiro venha a sofrer durante o vôo. Sucessivas decisões do STJ tem desconsiderado, porém, sua aplicação em casos que envolvam relações de consumo,[62] sob o argumento de que o Código de Defesa do Consumidor teria derrogado a limitação de responsabilidade prevista pelo Código Brasileiro de Aeronáutica. Sustentando que o Código do Consumidor tem fundamento constitucional (art. 5º, XXXII, CF), os ministros do STJ argumentam que a "antiga" lei sobre transporte aéreo, não deve limitar um direito inalienável segundo a ordem constitucional brasileira pós-1988. Não é este o lugar adequado para discutirmos tal dissidência interpretativa. Contudo, e a despeito dos argumentos a favor, tal posição do Egrégio Superior Tribunal de Justiça serve somente para gerar mais insegurança, não só nas relações jurídicas internas, mas, principalmente, desacreditar o país como membro da comunidade internacional, já que a referida convenção nunca foi denunciada.

Cabe, ainda, reiterar que, mesmo nas relações internas, conforme artigo 51, I, segunda parte do Código,[63] *é facultada a limitação, quando a relação jurídica se dá entre um fornecedor e uma pessoa jurídica consumidora e for justificável*. Note-se que tal entendimento é relativo: a cláusula de limitação de responsabilidade deve ser clara, de modo a evidenciar as razões da limitação, *i.e.*, ser justificada. Insinua-se precipuamente com a expressão em "situações justificáveis" a necessidade de limitação nos setores de risco, onde a potencialidade de danos é alta e os custos envolvidos para saná-los poderia eventualmente "liquidar" a função social da empresa. Torna-se, outrossim, evidente, que na ocorrência de benefício econômico direto para a parte atingida pela limitação da responsabilidade – como, por exemplo, a contratação de seguro que não possui cobertura especial de lucros cessantes, cujo custo, como é de conhecimento público, é muito inferior – a limitação se daria em situação justificável. Não cabe, aqui, análise mais acurada do que pode ser justificável ou dos problemas específicos da aplicação desse código,[64] pois, de qualquer forma, tal inovação da lei consumerista não exclui o controle de conteúdo judicial ao qual repetidamente aludimos. Fato é, entretanto, que tais disposições do Código de Defesa do Consumidor reforçam a possibilidade de as cláusulas de limitação de responsabilidade serem válidas e poderem ser utilizadas como elemento de reforço de tal construção da sua validade em geral,[65] como princípios orientadores, para casos que não estão sob seu âmbito de aplicação.[66]

Sob uma óptica conservadora, portanto, em benefício da segurança jurídica e da

62. Reiterado decisório das turmas julgadoras do STJ, veja, por exemplo, REsp 169000-RJ, 257833-SP, 258132-SP, 257699-SP, 218288-SP; interessante é o arresto que aponta votos divergente REsp 65837-SP, não obstante a orientação majoritária da Segunda Seção no sentido da aplicação do Código de Defesa do Consumidor.

63. Dispõe referido artigo: "São nulas de pleno direito, entre outras, as cláusulas contratuais relativas ao fornecimento de produtos e serviços que: I – impossibilitem, exonerem ou atenuem a responsabilidade do fornecedor por vícios de qualquer natureza dos produtos e serviços ou impliquem renúncia ou disposição de direitos. *Nas relações de consumo entre o fornecedor e o consumidor, pessoa jurídica, a indenização poderá ser limitada, em situações justificáveis*; (...)" (grifamos).

64. Como o conceito de empresa consumidora; *JTJ* 176/49, *JTJ* 173/96; TJRS, AI 70000054783; TRF 1ª Reg., AG 01000559137; TRF 4ª Reg., EI AC 95.04.63237-8, TAMG, Ap. 217488-9.

65. Tal como a doutrina alemã lança mão dos dispositivos da legislação relativa às condições gerais de negócio, Palandt, *Bürgeliches Gesetzbuch*, München, C. H. Beck Verlag, 1999, infra Gesetz zur Regelung des Rechts der Allgemeinen Geschäftsbedingungen (AGBG), vom 9. Dezember 1976.

66. Prata, *Cláusulas de Exclusão e Limitação*, pp. 213 ss.

eqüidade nas relações jurídicas, o jurista é, ou deve ser, induzido à consideração do Código de Defesa do Consumidor na elaboração consciente de cláusulas que limitem a responsabilidade contratual.

Não de menor relevância prática, ainda, é a questão da validade do pacto de limitação relativo a danos ambientais. O entendimento, todavia, não há de ser – ao menos ao que tudo indica – por sua aceitação, pois que o direito ambiental assumiu, há muito, no Direito brasileiro posição de norma de ordem pública, e a redução da sua aplicação, ainda que limitada ao relacionamento contratual, não se coadunaria com o respeito a tal ordem pública. Referido caráter de ordem pública reflete-se especialmente na (i) forma de indenização para o dano ambiental, que se dá precipuamente com a recomposição da situação degradada; (ii) na política pública preventiva, eis que tal reparação, quando possível,[67] está associada a altíssimos custos; e (iii) no fato de haver pulverização de vítimas.[68] Não há menção específica na doutrina às cláusulas de limitação de responsabilidade. Limitam-se os doutrinadores a dizer que a responsabilidade é ilimitada e alguns defendem, até mesmo, a chamada responsabilidade total ou do risco integral, a qual englobaria danos decorrentes de força maior ou caso fortuito, não permitindo, assim, qualquer fator excludente de responsabilidade.[69]

Tal problemática reflete-se, também, e especialmente, na admissão das limitações disciplinadas em tratados ratificados pelos Brasil, a semelhança do que ocorre com o Código de Defesa do Consumidor. Salienta-se na doutrina que a Lei 6.938, de 1981, prescreve em seu art. 14 que o poluidor será obrigado, "independentemente da existência de culpa, a indenizar ou reparar os danos causados ao meio ambiente e a terceiros, afetados por sua atividade". Ou seja, o poluidor fica responsável por indenizar o meio ambiente de maneira total, não cabendo qualquer tipo de limitação. Resta, portanto, um conflito de normas, permanecendo a indagação se as cláusulas limitadoras de responsabilidade dispostas nos tratados foram revogadas ou não pela lei interna – por outras palavras, se uma lei ordinária pode, efetivamente, revogar um tratado internacional introduzido no país.

Os dissabores da responsabilidade ambiental poderão ser solucionados pelo seguro obrigatório e pela atividade preventiva e fiscalizatória do Estado, pois que do princípio da responsabilização do causador do dano passamos para o princípio da reparação do dano, o chamado poluidor-pagador *(polluter pays principle)*. Todavia, tal responsabilidade ilimitada nada parece afetar a limitação de responsabilidade contratual, a qual, aliás, se sustentada por documentos próprios, elaborados segundo parâmetros internacionais de auditoria ambiental e que identifiquem com precisão o dano e seu causador, haverá de ser respeitada entre as partes.[70] Não parecem, portanto, ser as regras do Direito ambiental incompatíveis com a permissão da limitação da responsabilidade no âmbito contratual.

67. Hely Lopes Meirelles, *Mandado de Segurança, Ação Popular, Ação Civil Pública, Mandado de Injunção, "Habeas Data"*, 18ª ed., São Paulo, Malheiros Editores, 1997, p. 155.

68. Édis Milaré, *Direito do Ambiente*, São Paulo, Ed. RT, 2000, p. 335.

69. Paulo Affonso Leme Machado, *Direito Ambiental Brasileiro*, 4ª ed., São Paulo, Malheiros Editores, 1992, p. 475. Édis Milaré, em palestra sobre gerenciamento de riscos e seguros, também opinou neste sentido dizendo que as clausulas de limitação de responsabilidade não devem mais ser consideradas pelo direito moderno. Cf. excelente e contundente crítica a tal conceito de responsabilidade baseado no risco integral no Direito Ambiental brasileiro, inclusive com elementos de direito comparado, em Andreas Joachim Krell, "Concretização do dano ambiental. Objeções à teoria do 'risco integral'", in *Jus Navigandi* 25 [Internet] http://www1.jus.com.br/doutrina/texto.asp?id=1720 [capturado 8.4.2002].

70. Cf. sobre auditoria ambiental proficiente trabalho de Rodrigo Sales, *Auditoria Ambiental*, São Paulo, LTr, 2001.

9. *Cláusula penal como limitação de responsabilidade*

Retomamos, agora, ponto muito interessante das formas de limitação de responsabilidade. Com a intensificação das relações comerciais com países anglo-saxônicos e das negociações contratuais envolvendo mais de uma única jurisdição, especialmente com o processo de privatização no Brasil, nos anos 90 do século XX, e de investimentos nas áreas de infra-estrutura, tornou-se comum a eleição de legislações consideradas "imparciais" ou, mesmo, de conhecimento difundido, como as leis do Estado americano de New York (muito semelhante ao histórico do Direito romano, resguardada as diferenças ontológicas), e ampliou-se, por conseqüência, mesmo nas negociações internas de contratos, a dúvida a respeito da possibilidade de se aplicar a pena contratual compensatória como instrumento de delimitação dos danos, à semelhança do conceito dos danos liquidados (*liquidated damages*) do direito anglo-saxônico, cuja conformação, embora não seja de pena contratual, pena esta proibida nos sistemas anglo-saxônicos, também se dá como estimativa prévia de danos, tal como dispõe o artigo 918 do Código Civil vigente (artigo 410 do novo Código Civil). Tais dúvidas ou, mesmo, anseios foram, ademais, corroboradas diretamente pelas incertezas que circundam a cláusula limitativa de responsabilidade e dos seus pressupostos jurídicos de tíbia concretude.

Considerando, assim, a função de estimar de forma antecipada o montante da indenização, impõe-se, obviamente, à prática, a indagação sobre a possibilidade de as partes contratadas introduzirem a limitação com o auxílio de cláusula penal, indagação esta tratada de modo muito contundente na doutrina alemã.[71] Tal proximidade da cláusula penal indenizatória com os danos pré-estabelecidos do sistema anglo-saxônico (*liquidated damages*) não deve obscurecer, todavia, os pressupostos de validade e problemas que circundam a cláusula penal compensatória, para o que tornam-se necessárias algumas considerações propedêuticas.

No Direito brasileiro estrutura-se a cláusula penal em dois tipos: a penitencial (art. 917 do Código Civil; art. 411 do novo Código Civil) e a compensatória (ou substitutiva, ou indenizatória; art. 918 do Código Civil; art. 410 do novo Código Civil). De interesse aqui a compensatória, a qual revela como principais características dispostas em lei, (i) ser substituta das perdas e danos ("converter-se-á em alternativa a benefício do credor");[72] (ii) poder ser estipulada até o valor total da obrigação principal (art. 920 do Código Civil; art. 412 do novo Código Civil); (iii) independe da alegação de prejuízo (art. 927 do Código Civil; art. 416 do novo Código Civil); e (iv) poder o credor somente exigir o prejuízo excedente à pena se provado e assim convencionado.

O caráter substitutivo da cláusula penal subtrai ao juiz o poder de decidir sobre o valor da indenização e dá ao credor o direito de escolher o cumprimento da pena ou exigir perdas e danos.[73] Tal natureza substitutiva da cláusula penal compensatória reflete exatamente o seu caráter coercitivo, dado que, se os danos efetivos forem de difícil prova, independentemente da sua extensão, o credor poderá optar pela indenização.[74] Ora, tais características da pena contratual compensatória declara de forma clara sua autonomia em relação à clausula limitativa: para a cláusula limitativa a prova dos danos é inafastável e seu limite pode ser superior ao valor da obrigação principal. Pode-se inferir, portanto, que tais cláu-

71. Pinto Monteiro, *Cláusula Penal*, pp. 509 ss., o qual faz interessante análise da distinção entre multa contratual (*Vertragsstrafe*) e limitação de indenização (*Schadensersatzpauschale*).

72. Os artigos 918 do Código Civil e 410 do novo Código Civil não diferem quanto a esta questão.

73. Mucio Continentino, *Da Cláusula Penal no Direito Brasileiro*, São Paulo, Saraiva & Co. Editores, 1926, p. 35.

74. Continentino, *Da Cláusula Penal*, p. 240.

sulas podem ter, em grande número de casos, efeitos semelhantes (limitação da indenização e/ou responsabilidade), mas dependendo da extensão dos danos efetivos (se os danos efetivos forem menores que o valor estimado em cláusula penal), a função coercitiva da cláusula penal será evidenciada. Ora, evidentemente não se pode, porém, negar que a cláusula penal pode servir de interessante instrumento de limitação dos riscos, se supusermos que seus pressupostos não estão sujeitos a indagações judiciais como os da cláusula limitativa de responsabilidade. É o que veremos.

Para ser efetiva a limitação, a cláusula penal não poderá ser uma alternativa a benefício do credor, pois que, somente assim, o risco estará em qualquer situação delimitado. Surge, aqui, a primeira indagação. Trata o dispositivo legal do Código Civil de norma de ordem pública (*ius cogens*) ou simples norma dispositiva, passível de regulação diversa pelas partes?[75] Com efeito, a dificuldade em aceitar tal regra como direito dispositivo está na própria natureza da pena convencional, a qual, sem a alternatividade, pode perder sua potencialidade de instrumento de coerção, já que o devedor estará ciente que não resta a alternativa ao credor de exigir integralmente as perdas e danos.

Resta ainda avaliar se os dispositivos do Código Civil foram revogados pelo Decreto 22.626 de 1933, como prelecionava Clóvis Bevilacqua.[76] Dividiram-se, doutrina e jurisprudência, com relação a esta questão. Enquanto para Clóvis Bevilacqua os artigos 8º e 9º[77] do Decreto 22.626 de 1933 haviam levado a cláusula penal do Código Civil à morte, parte da doutrina e jurisprudência entendia ser aplicável referido Decreto somente aos contratos de mútuo.[78] Esta última orientação ganhou espaço e firmou-se no Brasil, inclusive no Supremo Tribunal Federal.[79] Não obstante ser esta orientação relativamente assente, não há como concordar com a aplicação do Decreto 22.626 de 1933 somente a contratos de mútuo. Com muito mais razão, propriedade e soberania interpreta Pontes de Miranda que a limitação imposta pelos artigos 8º e 9º do Decreto 22.626 de 1933 não revogaram os dispositivos da cláusula penal compensatória do Código Civil e apli-

75. Carvalho Santos, *Código Civil*, p. 343, diz sobre a disponibilidade de uma das regras da cláusula penal, porém não há referência específica ao caráter substitutivo, apud Silvio Rodrigues, *Direito Civil – Parte Geral das Obrigações*, São Paulo, Saraiva, 2002, p. 275, especialmente nota 353; cf. também p. 276, onde o autor declara sua tendência em aceitar o caráter cogente do artigo 413 do novo Código Civil.

76. Cf. Beviláqua, *Código Civil*, observações aos artigos 920 e 927, onde o autor deixa claro seu entendimento no sentido de estarem os dispositivos do Código Civil relativos à penal convencional revogados pelo Decreto 22.626 de 1933, *apud* Rodrigues, *Direito Civil*, pp. 276 ss.; Pontes de Miranda, *Tratado de Direito Privado*, Parte Especial, t. XXVI, São Paulo, Ed. RT, 1984, p. 65, o qual diz ser dispositivo o principio do artigo 918 com relação ao caráter alternativo da pena convencional, dizendo, por consequência, que também pode haver multa penitencial para o total inadimplemento, o que não muda em nada a problemática aqui apontada.

77. Dispõem referidos artigos: "Art. 8º. As multas ou cláusulas penais, quando convencionadas, reputam-se estabelecidas para atender a despesas judiciais e honorários de advogados, e não for intentada ação judicial para cobrança da respectiva obrigação. Parágrafo único. Quando se tratar de empréstimo até Cr$ 100.000,00 (cem mil cruzeiros) e com garantia hipotecária, as multas ou cláusulas penais convencionadas reputam-se estabelecidas para atender, apenas, a honorários de advogados, sendo as despesas judiciais pagas de acordo com a conta feita nos autos da ação judicial para cobrança da respectiva obrigação (acrescido pela Lei 3.942, de 21.8.1961). Art. 9º. Não é válida a cláusula penal superior a importância de 10% do valor da dívida".

78. Carvalho Santos, *Código Civil*, p. 301, o qual entende que o "decr. n. 22.626, de 1933, alterou o Codigo Civil no tocante ás clausulas penaes estatuídas em contratos referentes a emprestimos de dinheiro, pois determina que as clausulas penaes, em taes casos, reputam-se estabelecidas para attender a despesas judiciaes e honorarios de advogados (art. 8º)", cf. Rodrigues, *Código Civil*, p. 278, especialmente notas 355 a 357, o qual aplaude tal orientação; cf. claramente contra Pontes de Miranda, *Tratado*, p. 68.

79. Rodrigues, *Código Civil*, p. 278, porém mostra-se inseguro com relação ao caráter majoritário de tal orientação jurisprudencial.

cam-se, de forma diferenciada e parcial, às diferentes penas convencionais lá disciplinadas. Portanto, enquanto o artigo 8º somente se aplicaria às multas substitutivas (compensatórias), o artigo 9º se aplica somente às penas cumulativas (multas penitenciais).[80] Poderiam, assim, ser resumidas as colocações de Pontes de Miranda: penas cumulativas podem ser estipuladas até o valor de 10%, e nas penas compensatórias, estariam já inclusos os valores das despejas judiciais e honorários advocatícios.

Com o novo Código Civil, porém, impõe-se ademais a indagação da revogação dos artigos 8º e 9º do Decreto 22.626 de 1933. Se prevalecer o vetusto entendimento de que tal decreto se aplica somente aos contratos de mútuo (e ressalte-se que, mesmo aqui, a interpretação de Pontes de Miranda não deixa de ser necessária para aplicação lógica do diploma), não estarão revogados, como lei especial que são. Contrariamente, entretanto, há de haver entendimento da sua revogação.

Podemos inferir do exposto acima que não somente os pressupostos da pena convencional não estão completamente livres de questões interpretativas, que irão ocupar os juízes, o que, de resto, não representaria, portanto, vantagem de sua utilização em contratos, como meio alternativo de limitação, mas em sua função precípua de pena convencional residem elementos, como a desnecessidade de provar o prejuízo e a limitação ao valor da obrigação principal, que a tornam efetivamente distinta de uma simples limitação.

10. Considerações finais

Podemos concluir que as cláusulas limitativas de responsabilidade, não obstante serem, em princípio, válidas, estarão sempre sujeitas à avaliação do Judiciário, cujo processo de convencimento[81] traz, obviamente, incertezas para o empresário que confia na limitação de seus riscos, vez que tais cláusulas estarão sujeitas ao controle de conteúdo mencionado na doutrina alemã (*Inhaltskontrolle*) e, portanto, ao crivo de conceitos subjetivos como razoabilidade, proporcionalidade e boa-fé. Não tem a cláusula penal o condão de ser instrumento que possa substituir com eficácia plena a cláusula de limitação da responsabilidade. Tal situação indica, portanto, que o novo Código Civil deveria, ao menos, dispor de forma expressa sobre tal possibilidade.[82]

Todas estas variáveis tornam o trabalho de análise e confecção das cláusulas de limitação muito mais acurado, mas revelam fato primordial para o empresário: o de que a limitação contratual não tem sua eficácia garantida *a priori*.

80. Pontes de Miranda, *Tratado*, pp. 68 ss.

81. Kazuo Watanabe, *Da Cognição no Processo Civil*, São Paulo, Ed. RT, 1987, p. 43, o qual sentencia de forma magistral que, na "verdade, o que ocorre na maioria das vezes é o juiz sentir primeiro a justiça do caso, pelo exame das alegações e valoração das provas, e depois procurar os expedientes dialéticos, que o caso comporta e de que ele é capaz, para justificar a conclusão".

82. Cf. em anexo proposta de reforma legislativa.

Tratado	Eficácia e vigência no Brasil	Limitações principais
Convenção Internacional sobre Responsabilidade Civil em Danos Causados por Poluição por Óleo	**Decreto Legislativo 74/76 e Decreto 79.437/77**	Prevê (art. 5º, § 1º) a limitação da responsabilidade do proprietário da embarcação a um montante total de 2.000 francos franceses por tonelagem do navio. Todavia, tal valor não poderá exceder 210 milhões de francos franceses, desde que o incidente não tenha sido provocado por falta pessoal do proprietário e que o mesmo constitua um fundo, cuja soma total represente o limite de sua responsabilidade, junto ao tribunal ou qualquer outra autoridade competente de qualquer um dos Estados contratantes. Não ocorreu adesão aos protocolos de 1976 e 1992, os quais, basicamente, modificaram a referência dos valores para DES e aumentaram os mesmos. Os valores dos limites foram ainda consideravelmente elevados pelo protocolo de 2000: (i) para um navio até 5.000 toneladas, a responsabilidade está limitada a 4,51 milhões de SDR (apr. US$ 5,78 milhões) (sob o protocolo de 1992 o limite era 3 milhões de SDR (apr. US$ 3,8 milhões); (ii) para um navio entre 5.000 e 140.000 toneladas, a responsabilidade está limitada a 4,51 milhões de SDR (apr. US$ 5.78 milhões) mais 631 SDR (US$ 807) por tonelada adicional acima de 5.000 (sob o protocolo de 1992, o limite era de 3 milhões de SDR (apr. US$ 3.8 milhões) mais 420 SDR (US$ 537.6) por tonelada adicional); (iii) para um navio acima de 140.000 toneladas, a responsabilidade está limitada a 89,77 milhões de SDR (apr. US$ 115 milhões) (sob o protocolo de 1992, o limite era 59,7 milhões de SDR (apr. US$ 76,5 milhões)
Convenção de Viena sobre Responsabilidade Civil por Danos Nucleares	**Decreto Legislativo 93/92 e Decreto 911/93**	Permite a cláusula de limitação de responsabilidade (art. 5º), desde que a limitação não seja inferior a 5 milhões de dólares americanos por acidente nuclear. O Decreto Legislativo n. 93, de 1992, que aprovou o texto da Convenção de Viena de 21.5.1963 (que dispõe sobre a Responsabilidade Civil por Danos Nucleares) além de fixar um limite temporal para a exigibilidade prática (direito da vítima de requerer indenização prescreve em 10 anos) e definir cláusulas exonerativas (como no caso de acidentes ocorridos em razão de uma guerra) limita a responsabilidade a um valor máximo de indenização suportável, que no caso da Convenção é de valor "não inferior a 5 milhões de dólares por acidente nuclear". Fica o explorador da matéria radioativa obrigado a contratar um seguro de modo a garantir o pagamento de uma eventual indenização. O Brasil não é signatário do protocolo de 1997.
Convenção para Unificação de Certas Regras relativas ao Transporte aéreo Internacional de Varsóvia de 1929	**Decretos 56.463/65, 20.704/31, além do Código Brasileiro da Aeronáutica, Decreto 2.860 de 1998 (Protocolos de 1975 em Montreal)**	Estabeleceu diretrizes básicas para o transporte aéreo internacional, permitindo a limitação de responsabilidade com base no *risco aéreo*. Foi ratificado pelo Brasil e incorporado através da Lei n. 7.565, de 1986 (Código Brasileiro de Aeronáutica), e é válido em quase todos os sistemas jurídicos do mundo. Os limites originais eram de 125.000 francos por passageiro, 250 francos por kg de mercadoria e 5.000 francos pela bagagem de passageiro. Referidos valores foram alterados pelo protocolo de Haia (250.000 francos por passageiro, 250 francos por kg de mercadoria e 5.000 fran-

		cos pela bagagem de passageiro) e pelos protocolos assinados em Montreal em 1975 (Protocolos I e II), os quais foram ratificados pelo Brasil com o Decreto 2.860, de 1998 (8.300 ou 16.600 DES – Protocolo II – por passageiro, 17 DES por kg de mercadoria e 332 DES pela bagagem de passageiro). É controversa a aplicação de referidos protocolos no Brasil.
Acordo de Alcance Parcial para Facilitação do Transporte Multimodal de Mercadorias de 1994 (Mercosul)	**Decreto 1.563/95**	Fixa a responsabilidade do operador de transporte multimodal a 666,27 DES.
Convenção de Roma sobre os Danos Causados a Terceiros, na Superfície, por Aeronaves Estrangeiras, de 1952	**Decreto 52.019/63 e Decreto Legislativo 15/61; Decreto 3.256/99 (Protocolo de 1978 em Montreal)**	Limita o valor a ser pago a título de indenização pelo explorador da aeronave por danos causados pela aeronave estrangeira em vôo ou por pessoa ou coisa dela caída, com base no peso da aeronave. O protocolo de Montreal limita a responsabilidade do explorador da aeronave estrangeira com base no peso da aeronave, bem como a responsabilidade do explorador da aeronave em caso de pessoa falecida ou acidentada. Os valores passaram a ser entre 300.000 DES e 2.500.000 DES (mais 65 DES por kg que passe de 30.000 kg) para os danos, 125.000 DES para morte ou lesão.
Acordo sobre Contrato de Transporte e a Responsabilidade Civil do Transportador no Transporte Rodoviário Internacional de Mercadorias	**Decreto 1.866/96**	Estabelece o procedimento de execução de acordos de transporte rodoviário internacional e define e delimita a responsabilidade do transportador em caso de perdas ou avarias na mercadoria, assim como atraso na sua entrega. A indenização pela perda total ou parcial das mercadorias será determinada segundo o valor de tais mercadorias, não podendo o montante exceder o limite máximo de US$ 3 por quilograma de peso bruto transportado, salvo se previamente acordado valor maior entre as partes.

Proposta de Reforma Legislativa

Projeto de Lei n. (...)

Lei n. (...), de (...) de (...) de 200(...)

Reformula e acrescenta parágrafos aos artigos 389, 402, 410 e 475 da Lei 10.406, de 10 de janeiro de 2002, que institui o novo Código Civil brasileiro.

O Presidente da República.

Faço saber que o Congresso Nacional decreta e eu sanciono a seguinte Lei:

Art. 1º. Os artigos 389, 402, 410 e 475 da Lei 10.406, de 10 de janeiro de 2002, passam a vigorar com a seguinte redação:

"Título IV
– DO INADIMPLEMENTO DAS OBRIGAÇÕES

Capítulo I – Disposições Gerais

Art. 389. Não cumprindo a obrigação ou deixando de cumpri-la pelo modo ou no tempo devidos, responde o devedor por perdas e danos, mais juros e atualização monetária segundo índices oficiais regularmente estabelecidos, e honorários de advogado.

§ 1º. Poderão as partes pactuar de boa-fé a limitação da sua responsabilidade, sendo, entretanto, nulas de pleno direito quaisquer cláusulas que excluam integralmente a responsabilidade de qualquer das partes, ou limitem a responsabilidade em caso de dolo ou culpa grave.

§ 2º. Referida limitação de responsabilidade será considerada nula e não terá qualquer eficácia nos contratos de adesão ou nas relações de consumo, salvo se forem pessoas jurídicas e a limitação for justificável."

"Capítulo III – DAS PERDAS E DANOS

Art. 402. Salvo as exceções expressamente previstas em lei ou a limitação de responsabilidade pactuada pelas partes de forma válida, as perdas e danos devidas ao credor abrangem, além do que ele efetivamente perdeu, o que razoavelmente deixou de lucrar.

(...)."

"Da Cláusula Penal

(...)

Art. 410. Quando se estipular a cláusula penal para o caso de total inadimplemento da obrigação, esta converter-se-á em alternativa a benefício do credor. Não poderão as partes pactuar a obrigação do credor em exigir somente a pena contratual.

(...)."

"Seção II – *Da Cláusula Resolutiva*

(...)

Art. 475. A parte lesada pelo inadimplemento pode pedir a resolução do contrato, se não preferir exigir-lhe o cumprimento, cabendo, em qualquer dos casos, indenização por perdas e danos, respeitada eventual limitação contratual de responsabilidade.

(...)."

Art. 2º. Esta lei entra em vigor na data de sua publicação.

Brasília, (...) de (...) de 200(...); 18(...)º da Independência e 11(...)º da República."

AS CÉDULAS DE CRÉDITO BANCÁRIO E OS LIMITES LEGAIS DOS JUROS

João Luiz Coelho da Rocha

A — A permanente questão dos juros. B — As Cédulas de Crédito Bancário. C — A liberação dos juros para os credores das Cédulas de Crédito Bancário.

A — A permanente questão dos juros

É difícil encontrar no espectro geral dos ônus e despesas que incidem sobre o cidadão comum, ou sobre a empresa, alguma rubrica mais antipática, mais detestada, do que a representada pelos juros.

Mesmo os impostos, aqueles tributos que, ao contrário das taxas e contribuições sociais não tem destinação própria e visível, e, portanto, representam dinheiro de cada um cobrado, e que não consola com uma ao menos teórica aparência de retorno em serviços, mesmo estes se defendem no conceito de que são receitas do Poder Público, uma espécie de contrapartida da cidadania, custeando o aparato que o Estado apresenta a seus habitantes.

Mas os juros não. Estes são frações de dinheiro que mês a mês incidem sobre valores emprestados ou financiados, que se apegam aos débitos assumidos, e que se enraízam, na sua justificativa lógico-jurídica, pela mera posição do credor como alguém que dispõe de recursos na hora da necessidade alheia, e assim os cede. É um tipo de "aluguel" de dinheiro, ou de disponibilidade econômica.

Nesta mesma *RDM*, a de n. 114, já escrevemos a respeito:

"É significativo notar que o Decreto 22.626, de 1933 (decreto com força de lei, pois editado na constância do chamado 'Governo Provisório' que sucedeu à Revolução de 1930), ato legislativo que veio fixar pela primeira vez regras mais estritas e específicas para o fluxo de juros no país, ficou, até hoje, largamente conhecido como a 'Lei da Usura' (como observa aliás, Theotônio Negrão, no seu *Código Civil e Legislação Civil em vigor*, 17ª ed., Saraiva, p. 705).

"A estreita e imediata referência à idéia de usura no trato da lei, já qualifica o estigma que a imputação de juros aos débitos representava junto à cultura sócio-jurídica do país.

"Nos *consideranda* daquele Decreto 22.626 lê-se: 'Considerando que todas as legislações modernas adotam normas severas para regular, impedir e reprimir os excessos praticados pela usura; considerando que é de interesse superior da economia do país não tenha o capital remuneração exagerada, impedindo o desenvolvimento das classes produtoras'.

"Fica bem patente, pois, o quão severo, assentado nessa idéia desabonadora sobre os juros, era o tratamento legal, no Brasil, desse instituto remuneratório dos mútuos em geral."

O exótico art. 192, § 3º da Constituição de 1988, estuário de algumas pretensões ideológicas muito bonitas na superfície, mas totalmente divorciadas da realidade e do exemplo da história do século XX, houve por ser até aqui estancado, em sua aplicação, pelo STF, que ali declarou existir um meio normativo programático, na dependência da Lei Complementar regulamentadora até hoje não promulgada.

"Juros reais. 12% ao ano. Limite. Pressuposto. O limite de 12% ao ano, previsto, para os juros reais, pelo § 3º do art. 192 da CF, depende da aprovação da Lei Complementar regulamentadora do Sistema Financeiro Nacional, a que se referem o *caput* e seus incisos do mesmo dispositivo" (STF, ac.un. da 1ª T., RE 198.783-9-RS, rel Min. Sydney Sanches, *DJ* 19.4.1996, p. 12.244, *ADCOAS* 8151529).

Não há pois no direito brasileiro, ainda, um tabelamento constitucional de limite de juros, como se programou nos rescaldos da Carta de 88, ainda que algumas decisões minoritárias de 1ª e 2ª instância continuem insistindo na auto-aplicabilidade da diretriz da Lei Magna.

"Juros. CF/88. Auto-aplicabilidade. É auto-aplicável o § 3º do art. 192 da CF, que proíbe a cobrança de juros acima de 12% do valor atualizado do débito, pelo que exerce agiotagem quem a regra" (TAMG, ac.un. da 3ª CCív., ap. 115.947-3-Capital, rel. Juiz Ximenes Carneiro, *DJ* 13.6.1992).

"Contratos bancários. Limitação de juros. Lei da Usura. Incidência. Com o advento da Constituição Federal de 1988, por força do art. 25, do ADCT, revogadas ficaram todas as instituições normativas e, de resto, o próprio poder normativo, em matéria de competência legislativa do Congresso Nacional. Por conseguinte, o poder normativo a respeito de juros restou revogado. A única lei federal limitava de juros é a Lei da Usura que hoje regra os contratos de toda a sociedade, inclusive, os bancários" (TARS, ac.un. da 4ª CCív., ap. 196.004.204–Cacequi, rel. Juiz Márcio Oliveira Puggina, j. 11.4.1996, *ADCOAS* 8151967).

Na verdade, os limites indiscutíveis têm sido, até hoje, os constantes do antigo Decreto 22.626/1933, conhecido como a "Lei de Usura", no sentido de que é vedada a fixação de taxa de juros anuais superiores à chamada "taxa legal", que é a de 6% ao ano.

Quanto a bancos e instituições financeiras a matriz normativa da Lei 4.594/1965 em seu art. 4º, IX, sustenta a inaplicabilidade aos mesmos daquela limitação, devendo estes terem seus balizamentos próprios fixados hoje pelo Banco Central.

Letácio Jansen, na sua excelente obra *Limites Jurídicos da Moeda* (Lumen Juris, 2000, p. 70) esclarece que a expressão juros legais usada no Código Civil e adotada como paradigma para o limite quantitativo caracterizador da "usura", da ilegalidade, pelo Decreto 22.626 ("o dobro da taxa legal") refere-se:

"a) à taxa de juros compensatórios quando não convencionada;

"b) à taxa de juros moratórios quando não convencionada;

"c) aos juros devidos "por força de lei";

"d) à desnecessidade de alegação de prejuízo para ainda assim, caber juros;

"e) ao termo inicial da contagem dos juros;

"f) à base de incidência dos juros."

É fácil se ver, portanto, o quão empenhada é a questão concernente a juros em sua linhagem jurídica, o que se torna visível até no sistema "híbrido" (*apud* Letácio Jansen, ob. cit., p. 71), entre nós vigente, onde há ambientes de não-incidência do limite nas taxas, e outros onde existe tal limitação, e por cima disto uma barreira constitucional generalizante e muito constritiva, e que até hoje não teve seguimento na necessária lei de regência.

Aquele debate acirrado, muita vez ríspido, que se vê em artigos e mesmo em acórdãos, quanto ao limite constitucional dos juros, é um corte emblemático do problema inerente, ao menos em nossa cultura latina, à própria existência do juro como preço de dinheiro.

E é assim que outros questionamentos aparecem a toda hora, cercando a matéria, e mesmo que antigos, se revitalizam a todo o momento, como é o caso já da extensão do limite legal da Lei de Usura que só não se tem por aplicável às instituições financeiras, já do expediente da capitalização dos juros, envolvendo pois o anatocismo, a incidência dos juros sobre juros.

B — As Cédulas de Crédito Bancário

Aguçando o conflito, estimulando o debate, temos agora na seqüela da Medida Provisória 1.925/1999, um novo desdobramento que chega com a criação das Cédulas de Crédito Bancário, uma recente espécie de título de crédito.

Criada nos moldes das Cédulas de Crédito Rural ou Industrial (Decreto-lei 167/1967 e Decreto-lei 413/1969) esses títulos incorporam também ali, na cártula, a garantia real ou fidejussória, se existente (art. 2º). Isto significa que o gravame, auxiliar ao credor, para facilidade deste ali mesmo estará contido, favorecendo os expedientes de registro e execução.

O título é destinado (art. 1º) à exigibilidade pelas instituições financeiras, que assim podem se calçar com instrumento de fácil execução contra seus mutuários.

Incorporando as lições de conhecidos problemas passados, o art. 3º se destina a conferir liquidez a um eventual saldo devedor mostrado em extratos ou planilhas de conta corrente de posse do credor. Parece que a nova regra pretende suprir o terreno ambíguo das exigências de valores mutuados em contratos de abertura de crédito, onde o mutuário, usando parte do montante cujo acesso foi a ele concedido, fica devedor por valores não determinados no título de origem, e aí faleceria ao credor o requisito da liquidez, necessário à execução.

No contexto da cédula de crédito bancário os extratos do credor, se claros e evidenciados, conferem a liquidez e a certeza necessárias (art. 3º, § 2º).

Mas a lei vai adiante e concede aos credores dessas cártulas (art. 3º, § 1º) a possibilidade de pactuarem a capitalização de juros, o que também acontece nos títulos rurais e industriais, ficando aí a questão fora da incidência do Decreto-lei 22.626/1933 (Lei de Usura), que proíbe, em gênero, o anatocismo.

Sendo títulos emitidos de origem a favor de instituição financeira ou assemelhada, também inocorre na espécie a limitação do mesmo Decreto-lei 22.626 sobre os juros de 12% ao ano.

C — A liberação dos juros para os credores das Cédulas de Crédito Bancário

Mas é muito importante ressaltar a disposição do § 1º do art. 4º da atual Medida Provisória 1.925 e suas reedições, por isso que ali se contempla a possibilidade da cédula "ser objeto de Cessão de acordo com as disposições de Direito Comum, caso em que o cessionário mesmo não sendo instituição financeira ou entidade a ela equiparada, ficará sub-rogado em todos os direitos do cedente, podendo, inclusive, cobrar os juros e demais encargos na forma pactuada na cédula".

Já se nota uma confusão nos termos, ou desleixo do legislador, porque a cessão de direitos pelo Direito comum não é a cessão cambial ortodoxa, não confere a garantia da autonomia do crédito, e contudo, no art. 20, logo adiante, declara-se que se aplicam às cédulas de crédito bancário, no que ali não se contrariar, "a legislação cambial, dispensado o protesto para garantir o direito de regresso contra endossantes, avalistas e terceiros garantidores".

Será que o legislador pretendeu, por meios oblíquos, estabelecer que só a cessão comum, sem autonomia, a favor de um credor não financeiro, proporciona a subrogação total nos direitos de crédito, inclusive quanto aos juros legalmente ilimitado e encargos?

Porque a grande — e tormentosa — criação da nova lei é justamente esta: permitiu-se que o credor comum, não bancário, não financeiro, cessionário da cédula, a si transmitida pelo banco, que é mandatoriamente o credor de origem, possa cobrar juros acima do limite legal de 12% ao ano, desde que na cártula estejam estipulados.

E ainda desfrutar da vantagem de produzir planilhas de cálculo que evidenciam saldos devedores derivados de abertura de crédito bancário que confiram liquidez e certeza — executoriedade, portanto, ao débito.

Os adversários programáticos da flutuação mercadológica das taxas de juros estão por certo dispostos a confrontar o novo regime criado com as cédulas de crédito bancário.

De início há prováveis increpações quanto à senda constitucional do art. 62 para a edição de medidas provisórias (pois é esta a espécie matriz desse novo regime legal), no que inexistiria "relevância e urgência" na hipótese. A experiência jurisprudencial passada sinaliza, contudo, para a improcedência dessas alegações, por isso que a medida da qualidade urgente e relevante de matéria ligada ao crédito, ao crédito colocado ao público, como aqui se trata, não pode ser questionável em boa razão.

Em termos de valores, de critérios axiológicos tomados pela norma recente, não há como se contestar que ao cidadão comum ou a empresa ordinária deve se aplicar o mesmo regime que é aberto às instituições financeiras. Ou seja, porque só essas teriam liberadas seus tetos de juros?

Ponderação aliás que, em termos racionais nos leva a concluir que, aberto o limite do preço do dinheiro, há uma democratização de sua oferta, e aí a linha dos juros tende a cair em seus patamares.

No quadro legal brasileiro de hoje, temos então, uma novidade, derivada da Medida Provisória 1.925/1999, que é a permissão a credores não bancários, não financeiros, de cobrar juros acima do "teto legal" de 12% ao ano, desde que sejam tais credores cessionários dos direitos de crédito contidos nas cédulas de crédito bancário.

Atualidades

A EMPRESA: NOVO INSTITUTO JURÍDICO

JORGE LOBO

§ 1º. A polêmica interminável. § 2º. O conceito de empresa no século XVIII. § 3º. O conceito de empresa no século XIX. § 4º. O conceito unitário de empresa. § 5º. O Direito Comercial como sendo o Direito das Empresas. § 6º. A opinião de Alfredo Rocco. § 7º. A opinião de Asquini. § 8º. O conceito de empresa no Direito Comparado. § 9º. No Direito italiano. § 10. No Direito francês. § 11. No Direito alemão. § 12. No Direito espanhol. § 13. No Direito argentino. § 14. No Direito brasileiro. § 15. O Direito constituendo.

§ 1º. A polêmica interminável

Condillac, refletindo sobre a arte de raciocinar, afirma, categórico, que o homem, ao invés de atentar para as coisas que pretende conhecer, as imagina e, de suposição falsa em suposição falsa, extravia-se do caminho certo, entre uma infinidade de erros, os quais, com o tempo, se transformam em preconceitos. Aliada ao preconceito, a paixão faz respeitar mais o erro do que a verdade.[1]

No estudo do conceito jurídico de empresa, em que, muitas vezes, o preconceito e a paixão se sobrepõem à verdade, tem-se, amiúde, sensação igual à experimentada com a leitura do *Sofista* de Platão, quando Teeteto leva o estrangeiro à conclusão de que "dois é um",[2] crítica, aliás, que, de certa forma, sobre este intrincado e assaz polêmico tema, fazem Barassi, Carnelutti, Rocco, Rontodi, Ferrara e Evaristo de Moraes Filho.[3]

A imprecisão do conceito jurídico de empresa, bem assinalou Ripert,[4] decorre de

1. Étienne Bonnot de Condillac, "Lógica ou primeiros desenvolvimentos da arte de pensar", in *Os Pensadores*, São Paulo, Ed. Vitor Civita, 1984, pp. 101-103.

2. Platão, "Diálogos", in *Os Pensadores*, São Paulo, Ed. Vitor Civita, 1983, p. 163.

3. Para L. Barassi, o conceito jurídico da empresa é um "tormento da doutrina"; do que para Carnelutti, "escabrosíssimo problema"; para Rocco, "serve mais para confundir do que para esclarecer as idéias"; para Rotondi, enseja "tantas definições quanto são os pontos de vista diferentes nos quais podemos nos colocar ao estudá-lo", *apud* Evaristo de Moraes Filho, *Sucessão nas Obrigações e a Teoria da Empresa*, v. I, Rio de Janeiro, Forense, 1960, pp. 327-328.

Francisco Ferrara, notável Professor de Florença, critica, com sua autorizada voz, de forma veemente, os autores que, em torno da noção jurídica da empresa, criaram conceitos fantasistas, pessoais e prediletos de empresa, e *azienda* (*apud* Rubens Requião, *Curso de Direito Comercial*, 3ª ed., São Paulo, Saraiva, 1973, p. 47, n. 32).

A propósito, Evaristo de Moraes Filho acentua sobre a noção jurídica de empresa: "os conceitos dados pelos especialistas são os mais variados possíveis e por vezes até contraditórios" (ob. cit., v. II, p. 21, n. 199).

4. G. Ripert, *Traité Elémentaire de Droit Commercial*, v. I, Paris, LSDJ, 1980, p. 219, n. 358.

uma série infindável de fatores, que vão desde a aplicação do vocábulo a situações extremamente diferentes até o uso indiscriminado da palavra pelo legislador, estrangeiro e brasileiro.[5]

Por isso, qualquer estudo, por mais despretensioso que seja, da teoria, da noção, do conceito jurídico de empresa obriga a uma torrente de citações, que se repetem, às vezes; anulam-se, com freqüência; pouco acrescentam, ao final.[6]

§ 2º. O conceito de empresa no século XVIII

Durante o século XVIII, não chegou a esboçar-se o conceito jurídico de empresa porque ainda predominavam o pequeno comércio e as indústrias de manufaturados de poucos empregados, permanecendo a agricultura como principal fonte de riqueza das nações.

A par disso, (a) o conflito entre produtores e industriais, (b) os monopólios estatais e (c) o controle estatal das indústrias prejudicaram sobremodo o comércio e as indústrias nascentes, e, em conseqüência, que se desse a devida atenção à empresa, de que são exemplos marcantes: a) *do conflito entre produtores e industriais:* o pedido dos produtores de lã da Prússia ao Rei Frederico Guilherme I para que fosse abolida a Lei de 1700 que proibia a exportação de seu produto e a resposta vazada nestes termos: "Sua Majestade o Rei da Prússia (...) considera necessário manter a proibição de exportação de lã (...) pois a experiência mostra que outras potências, particularmente a Inglaterra, que também não permitem a exportação de lã, com isso estão agindo bem, e o país enriquece";[7] b) *dos monopólios estatais*, na crítica de Joseph Tucker, em 1749: "nossos monopólios, companhias públicas e companhias por ações são um prejuízo e destruição para o comércio livre (...). Toda a nação sofre em seu comércio, e fica privada do comércio com mais de três quartos do globo, para enriquecer alguns diretores ambiciosos. Eles se enriquecem dessa forma, ao passo que o público se torna mais pobre";[8] c) *do controle estatal da indústria*, tão bem retratados nesta página de Leo Huberman: "Era de esperar que a oposição à restrição e regulamentação mercantilista surgisse mais acentuadamente na França, pois foi nesse país que o controle estatal da indústria atingiu o máximo. A indústria estava ali cerceada por uma tal rede de 'pode' e 'não pode' e por um exército de inspetores abelhudos que impunham os regulamentos prejudiciais, que é difícil compreender como se conseguia fazer qualquer coisa. As regras e regulamentos das corporações já eram bastante prejudiciais. Continuaram em vigor, ou foram substituídos por outros regulamentos governamentais, ainda mais minuciosos, e que se destinavam a proteger e ajudar a indústria da França. De certa forma, ajudaram. Mas, ainda quando tinham utilidade, aborreciam aos industriais. Podia o fabricante de tecidos, por exemplo, fabricar o tipo de fazenda que lhe agradasse? Não. Os tecidos tinham de ser de uma qualidade determinada, e nada mais. Podia o fabricante de chapéus atrair a procura do consumidor, produzindo chapéus feitos de uma mistura de castor, pele e lã? Não. Só podia fazer chapéus todos de castor ou todos de lã, e nada mais. Podia o fabricante usar uma ferramenta nova e talvez melhor na produção de suas mercadorias? Não. As

5. N. *infra.*

6. É a conclusão a que se chega após ler e reler a substanciosa monografia de W. Bulgarelli, *A Teoria Jurídica da Empresa*, São Paulo, Ed. RT, 1985, em que o eminente Professor da Faculdade de Direito da Universidade de São Paulo explica: "o conceito jurídico, como expressão do significado do fenômeno, é o mesmo econômico, sociológico, religioso ou político, na sua essência, apenas, como todos os outros, formulados de acordo com a visão e a linguagem da ciência que o elabora: no caso da ciência jurídica de forma a se ajustar às categorias instrumentais com que opera" (p. 202).

7. Leo Huberman, *História da Riqueza do Homem*, trad. brasileira, Rio de Janeiro, Zahar, 1984, p. 144.

8. *Apud* Leo Huberman, ob. cit., p. 146.

ferramentas tinham que ser de determinado tamanho e forma, e os inspetores apareciam sempre para verificar isso".[9]

Esses freios à atividade produtiva livre levaram à luta pela abolição completa e definitiva da tutela do Estado e ao extremo oposto — nenhum controle — que culminou no lema, cunha por Gournay, *laissez-faire.*

§ 3º. *O conceito de empresa no século XIX*

No século XIX, a situação não se modificou muito, porquanto, apesar das inúmeras invenções da época, do liberalismo econômico e da divisão do trabalho, ainda poucas e isoladas eram as fábricas, voltadas quase exclusivamente para o setor têxtil e metalúrgico, não obstante já se registrasse uma novel indústria mineira, florescente desde meados do século XVIII, bastando, contudo, naquela época, para dirimir eventuais divergências entre patrões e empregados, o recurso aos arts. 1.780 e 1.781 do Código Napoleão, sem ser preciso formular nenhum conceito jurídico para compreensão do fenômeno que, ao longo do século XIX, se expandiu[10] e atingiu seu apogeu no nosso século.

9. Idem, p. 148.

10. "Para o regime da grande empresa e o desenvolvimento da indústria e do comércio durante o século XIX, além das obras gerais de Schmoller, Sombart e Weber, citadas, podem ser vistas: W. Roscher, *Économie Industrielle*, v. I, trad. W. Stieda, Paris, 1918, pp. 173 e ss.; MacGrecor, *The Evolution of Industry*, 2ª ed., Londres, 1948, pp. 9 e ss.; G. Renard e A. Dulac, *L'Évolution Industrielle et Agricole depuis Cent Cinquante Ans*, Paris, 1912, p. 189; B. Nogaro e W. Qualid, *L'Évolution du Commerce, du Crédit et des Transports depuis Cent Cinquante Ans*, Paris, 1914, pp. 92 e ss.; G. Renard, *Les Étapes de la Société Française*, Paris, 1913. Especialmente para capitalismo e invenção: S. G. Gilfillan, *The Sociology of Invention*, Chicago, 1935, pp. 46 e 52 e ss., com indicação bibliográfica; H. L. le Chatelier, *Science et Industrie*, Paris, 1925. Livro básico para todo o assunto, além do *Der Modrene*, cit., é a continuação da obra de W. Sombart, *L'Apogé du Capitalisme*, 2 vs., trad. S. Jankélévitch, Paris, 1932, e deste mesmo autor *La Industria*, trad. M. S. Sarto, Barcelona, 1931, pp. 184 e ss. (*apud* Evaristo de Moraes Filho, ob. cit., v. I, p. 289, nota 207).

Por isso, Sylvio Marcondes adverte que, "no quadro de codificação operada no século passado, sob influência do sistema francês, os comercialistas não lograram fixar uma segura concepção unitária da empresa, em nítidos termos jurídicos".[11]

§ 4º. *O conceito unitário de empresa*

Debatendo-se por um conceito unitário (o econômico igual ao jurídico), pontificaram Vivante: "a empresa é um organismo econômico que põe em jogo os elementos necessários para obter um certo produto destinado à troca, com risco do empresário. O Direito Comercial toma seu este conceito econômico";[12] Bolaffio: "para o jurista tem grande importância a noção (econômica) de empresa, uma vez que ela, considerada objetivamente, é tida pelo legislador como ato essencialmente comercial, quando tenha conteúdo indicado *demonstrations causa* nas categorias consagradas à empresa no artigo 3º";[13] Broset A. Pont: "o conceito jurídico de empresa deve necessariamente coincidir com o conceito econômico, quer dizer, que a Economia e o Direito com o termo empresa devem referir-se ao mesmo fenômeno da realidade social (...). Parece, pois, lógico concluir que para o ordenamento positivo deve ser válido o conceito econômico de empresa (...) (o qual deve ser adotado, pois, como conceito jurídico de empresa)",[14] dentre muitos outros.[15]

11. *Problemas do Direito Mercantil*, São Paulo, Max Limonad, 1970, p. 17, n. 8.

12. Vivante, *Trattato*, v. I, 4ª ed., n. 69, *apud* A. Rocco, *Princípios de Direito Comercial*, São Paulo, Livraria Acadêmica, 1931, p. 177, nota 1.

13. Bolaffio, *Comm.*, 3ª ed., n. 40, *apud* Rocco, ob. cit., p. 177, nota 1. O art. 3º mencionado no texto refere-se ao Código Comercial italiano.

14. M. Broseta Pont, *Manual de Derecho Mercantil*, Tecnos, Madri, 1974, pp. 87-88.

15. Entre nós, Requião afirma que "o conceito jurídico de empresa se assenta no conceito econômico" (*Curso de Direito Comercial*, cit., p. 42, n. 30).

§ 5º. O Direito Comercial como sendo o Direito das Empresas

Evaristo de Moraes ensina que "coube a Lorenzo Mossa, verdadeiro romântico do conceito de empresa, campeão do seu conceito institucional na Itália, defender a tese de que o direito comercial é direito das empresas, esgotando-se sua tratação no regulá-las, atingindo por aí os atos de comércio. O direito comercial, para ele, é o direito da economia organizada, encontrando seu apogeu na expansão da grande empresa capitalista. A existência da empresa, como seu objeto, constitui o principal argumento a favor da sua própria autonomia, em confronto com o direito comum: 'A empresa, no momento capitalista mais agudo, e agora na passagem para um sistema mais justo, assumiu o motivo próprio da atividade econômica. As pessoas perdem importância, diante das organizações de bens e de forças vivas por ela criadas. Duram no tempo, aperfeiçoam a iniciativa humana, a perpetuam e renovam no mudar contínuo das pessoas (...). A empresa, como organização e como unidade, é o núcleo não só da forma social mas também da atividade pessoal (...). A empresa é a pessoa econômica que o direito comercial regula na sua vida, as uniões de empresas assumem caracteres próprios, e não se assimilam às simples associações de pessoas'".[16]

Além de Mossa, defendem a idéia de que o Direito Comercial é o Direito das Empresas, dentre outros, Ascarelli, Joaquim Garriguez, J. Escarra, J. Hamel e O. Lagarde, D. Bessone e Evaristo de Moraes.[17]

§ 6º. A opinião de Alfredo Rocco

Aproximando ambos os conceitos e censurando aqueles que sustentam que a noção econômica e jurídica são idênticas, Rocco declara que é uma "'questão de medida' saber decidir quando, concorrendo na produção o trabalho pessoal do empresário com o trabalho dos outros colaboradores remunerados, existe organização do trabalho alheio e, portanto, uma empresa no sentido do Código Comercial",[18] estendendo-se, em nota de rodapé, ao longo de quatro páginas, para explicar que "o conceito de empresa, segundo a lei comercial", parte da idéia de que ela é "um ato de interposição entre o trabalhador e o público", valendo-se o empresário do trabalho de outrem, o que, "não ocorrendo, isto é, se o empresário não vier a contar com a cooperação de terceiros trabalhadores", ainda que haja "organização sistemática" dos meios de produção e de intermediação na troca, "não haverá ato de comércio", nem, em conseqüência, empresa, juridicamente falando.

Após desenvolver sua famosa teoria de atos de comércio,[19] Rocco conclui: "Em

16. Ob. cit., v. I, pp. 328-330.

17. Tullio Ascarelli, *Derecho Mercantil*, México, 1940, p. 6; Joaquim Garriguez, *Curso de Derecho Mercantil*, 2ª ed., 1955, pp. 24-25; J. Escarra, *Principes de Droit Commercial*, 1934, p. 95; J. Hamel e G. Lagarde, *Traité de Droit Commercial*, v. I, Paris, 1954, pp. 174 e 242. Entre nós, D. Bessone, *Direito das Empresas*, Belo Horizonte, 1956, pp. 5, 10 e 17-18, e Evaristo de Moraes, ob. e v. cits., p. 330, nota 238.

18. Ob. cit., p. 191, nota 1.

19. Eis a parte principal da lição de Rocco que se tornou célebre: "Depois do exposto, achamo-nos agora já em condições de, finalmente, determinar o conceito de ato de comércio e de poder classificar estes atos.

"Em primeiro lugar, devemos afirmar, contrariamente à doutrina dominante, que sempre existe um conceito de ato de comércio, segundo nosso direito positivo. A negação deste postulado, que habitualmente se costuma fazer, resulta de não se aprofundar suficientemente as razões intrínsecas que determinaram a comercialização de cada um dos atos enumerados nos arts. 3º e 6º do Código Comercial e de só se tomar em consideração o lado extrínseco do processo histórico que a ela presidiu. Na realidade, uma observação assaz simples devia bastar para persuadir do erro desta conclusão negativa: isto é, que com a progressiva generalização que se opera mediante a extensão por analogia, é sempre possível remontar aos princípios gerais comuns a todo um grupo de normas jurídicas.

"Mas devemos outrossim afirmar, em segundo lugar, que o conceito de ato de comércio deve desprender-se, não já *a priori* de certos critérios econômicos mais ou menos vagos, mas *a posteriori* do resumo: o conceito de ato de comércio é, segundo o código, mais amplo do que o conceito econômico de comércio, muito embora este constitua o seu núcleo fundamental. Economicamente, o comércio é uma interposição nas trocas; e, juridicamente, o ato de comércio também um ato de interposição nas trocas. Simplesmente, este conceito de interposição é estendido pelo direito a outras formas de interposição e outras espécies de trocas, além daquelas que são estudadas e conhecidas pela ciência econômica.

"Eu sou da opinião de que a diferença — aliás puramente quantitativa, entre o conteúdo dos dois conceitos, econômico e jurídico —, do comércio depende só disto: o ter o direito sabido surpreender, muito antes da ciência econômica, a progressiva evolução daquele fenômeno social que se chama o comércio. A verdade é que, na realidade, ao lado do comércio tradicional dos produtos colhidos e manufaturados, outras formas e tipos de atividade comercial se vieram desenvolvendo e se foram pouco a pouco acrescentando, tais como, o comércio de títulos, o dos prédios rústicos e urbanos, o do crédito, o do trabalho e o do risco. E assim do mesmo modo, pode dizer-se que — ao lado da atividade comercial da natureza profissional, isto é, sistemática e especulativa, de uma classe restrita de pessoas, como é a dos comerciantes — uma outra atividade comercial, não profissional mas ocasional, se veio também desenvolvendo; atividades de uma multidão de pessoas que, sem fazerem do comércio uma ocupação sistemática, todavia procuram, sempre que podem, realizar uma especulação comercial. Mais: pode-se dizer ainda que se veio desenvolvendo uma atividade dos próprios interessados nas trocas, que concentraram em si mesmos mediante associações cooperativas, a função intermediária para eliminar ou fazer reverter em seu próprio proveito o lucro do intermediário. Assim como se veio desenvolvendo por último — devemos acrescentar — uma atividade do Estado e dos outros organismos públicos, que mercê da estadualização e municipalização crescente, foram pouco a pouco assumindo também, em proveito da coletividade, e muitas vezes de um modo excessivo, a função intermediária própria do comércio. Hoje — já o de-

próprio exame da legislação positiva. O conceito que queremos estabelecer é um conceito de direito positivo. Por outras palavras: não queremos saber daquilo que em si mesmo é o ato de comércio, mas do conceito que de ato de comércio teve o legislador italiano. Consideramos, portanto, infrutuosas, por defeito do próprio método adotado, todas as tentativas dos comercialistas no sentido de se elevarem a uma determinação apriorística do ato do comércio com base em critérios extraídos da economia política.

"A análise do sistema do direito positivo conduziu-nos à conclusão de que a lei fixou como comerciais uma série de atividades, com base em dois critérios: um intrínseco, relativo à própria natureza e à função econômica da operação ou do ato; e um extrínseco, por sua vez fundado na relação de conexão existente entre a forma de atividade, que não tem em si mesma uma característica função econômica, e uma outra atividade intrinsecamente comercial. É evidente que a noção substancial de ato de comércio, segundo o código, não pode ser dada senão com relação aos atos intrinsecamente comerciais. Ora, nós vimos que o conceito comum, que se acha imanente em todas as quatro categorias de atos intrinsecamente comerciais: na compra para revenda e ulterior revenda, nas operações bancárias, nas empresas, e na indústria de seguros, é o conceito da troca indireta ou imediata, da interposição na efetivação da troca. Na compra para revenda e ulterior revenda, temos uma troca mediata de mercadorias, títulos de crédito ou imóveis contra outros bens econômicos, geralmente contra dinheiro. Nas operações bancárias, temos uma troca mediata de dinheiro presente contra dinheiro futuro, ou de dinheiro contra dinheiro a crédito. Nas empresas, temos uma troca mediata dos resultados do trabalho contra outros bens econômicos, especialmente contra dinheiro. E enfim nos seguros, uma troca mediata de um risco individual contra uma quota proporcional de um risco coletivo. Todo ato de comércio pertencente a uma destas categorias é, pois, um ato em que se realiza uma troca indireta ou por meio de interposta pessoa, isto é, uma função de interposição na troca. São diversos os objetos da troca: mercadorias, títulos, imóveis, dinheiro a crédito, produtos do trabalho, riscos. São diversas também as formas que a troca reveste. Mas o fenômeno da troca por meio de interposta pessoa, esse, aparece em qualquer destas quatro categorias de atos contemplados na lei" (ob. cit., pp. 214-215, n. 5).

monstramos acima largamente — o comércio penetrou profundamente em toda a vida social; o seu campo de ação, seja quanto às coisas, seja quanto às pessoas, ampliou-se desmedidamente e é a esta moderna e mais vasta compreensão do fenômeno econômico que corresponde o atual conceito de comércio no direito positivo".[20]

§ 7º. A opinião de Asquini

Profligando o esquema jurídico unitário proposto por Vivante, Asquini afirma ser a empresa um fenômeno poliédrico e que não se deve buscar fixar um conceito jurídico da empresa, mas sim examinar, separadamente, os quatro perfis em que ela se apresenta: a) o perfil subjetivo; b) o perfil funcional; c) o perfil patrimonial ou objetivo; d) o perfil corporativo, assim retratado por Evaristo de Moraes Filho: "a) subjetivo, empresa = empresário; b) funcional ou dinâmico, empresa = atividade do empresário (*imprenditizia*); c) patrimonial ou objetivo, empresa = patrimônio comercial e estabelecimento; d) corporativo, empresa = instituição".[21]

Quanto ao perfil subjetivo — *l'imprensa come imprenditize* —, o Código Civil unificado italiano e leis extravagantes muitas vezes equiparam a empresa ao empresário, como, *v.g.*, se verifica no artigo 2.082.

Quanto ao perfil *funcional* — *l'impresa come atività imprenditrice* —, a empresa é uma organização produtiva cuja força motriz a conduz a um determinado escopo, desde o início perseguido pelo empresário, razão mesma da criação da empresa.

Quanto ao perfil patrimonial ou objetivo — *l'impresa come patrimônio aziendale e come azienda* — (sem se confundir a empresa com o estabelecimento, que são díspares, pois a empresa gera um complexo de relações jurídicas, enquanto o estabelecimento apenas consubstancia um complexo de bens), representado pela dicotomia do patrimônio do empresário, que põe, de um lado, separado, os bens que constituem o acervo social específico da empresa, e, de outro, o patrimônio remanescente do empresário.

Quanto ao perfil corporativo — *l'impresa come instituzione* —, decorre do ordenamento corporativo ao Código Civil italiano de 1942, em que a empresa é o resultado final de união entre empresários e seus colaboradores com vista a alcançar um objetivo comum com benefício para todas.[22]

§ 8º. O conceito de empresa no Direito Comparado

Vistas, ainda que perfunctoriamente, as principais correntes de opinião sobre o conceito jurídico de empresa, passemos ao seu exame sob o prisma do direito positivo da Itália, França, Alemanha, Espanha, Argentina e Brasil.

20. Idem, pp. 217-218.

21. Ob. cit., v. II, p. 22, n. 199.

22. Sylvio Marcondes, em seu excelente estudo sobre o "Conceito de empresa", in *Problema do Direito Mercantil*, cit., pp. 25 e ss., ns. 12 a 14, ensina que, "(n)a doutrina italiana, esses aspectos logram dividir os escritores, pela preferência que dão, ora a um, ora a outro, como elemento preeminente na caracterização jurídica da empresa, e, assim, os perfis traçados, polarizando correntes da opinião, servem de guia na observação de controvérsia" (p. 26), esclarecendo, ademais, que autores como Geco, Ohiron e Bioiavi adotam a concepção institucional de empresa (p. 26), enquanto Mossa, Passarelli e Ghidini (p. 26) a concepção patrimonial ou objetiva, ficando Barrero, Carnelutti, Messineo, la Lumia, Fanelli, Ascarelli e Casanova com a concepção funcional (pp. 27-28).

Ferri, a seu turno, in *Manuale di Diritto Comerciali*, Turim, 1950, p. 25, n. 12, e 1984, 5ª ed., p. 40, n. 16, ensina que, para o direito, a empresa não serve como um organismo unitário e autônomo, nem do ponto de vista subjetivo nem do ponto de vista objetivo, e que se deve examiná-lo sob diversos aspectos, *v.g.*, como atividade, como patrimônio, como organização, como *azienda*, ou, em outras palavras, deve o perito entender os "aspectos jurídicos de empresas econômicas" e não se perder na formulação de um conceito unitário da empresa.

§ 9º. No Direito italiano

No Direito italiano, o estudo do conceito jurídico de empresa pode ser desdobrado em duas fases: a primeira, sob a inspiração do Código de Comércio italiano de 1882, que, calcado no Código Napoleão (art. 632), enumerou, no art. 3º, os atos reputados comerciais; a segunda, sob a égide do moderno direito privado da Itália, sobretudo após a unificação de 1942.

Das profundas e calorosas divergências dos doutos quanto ao alcance das palavras empresa e atos de comércio, de que trata o art. 3º do Código italiano de 1882, já demos notícias alhures,[23] cumprindo apenas ressaltar, neste passo, que, para Mancine, a expressão *reputa atti di commercio*, "substituindo a outra, do Código vigente,[24] *sono atti di commercio*, explica melhor que a enumeração do art. 3º não é limitativa, mas simplesmente demonstrativa, e que não é vedado ao magistrado reconhecer em outros atos, não enunciados expressamente, a natureza comercial, para submetê-la às leis e usos do comércio",[25] bem como chamar atenção para a opinião de Rocco, segundo o qual "o terceiro grupo de atos de comércio, constituído pelas várias espécies de empresas enumeradas no art. 3º (...), oferece lugar a muitas incertezas, a ponto de permitir duvidar, inclusivamente, se se trata, na verdade, de um grupo de bens homogêneos, ou se de um grupo que, sob o mesmo título, compreende relações econômicas de uma natureza muito diversa".[26]

Procurando insurgir-se, de acordo com testemunho de seus principais autores, contra o modelo francês, de focalizar a matéria de comércio sob o aspecto objetivo, volvendo, assim, ao sistema clássico originário da Idade Média, segundo o qual, para definir-se matéria de comércio, era indispensável partir-se do sujeito de direito, no caso a empresa comercial, o projeto preliminar, transformado em lei em 1942, tinha por escopo definir empresa comercial e, sobre essa definição, erigir um novo sistema, que incorporasse os fundamentos da economia corporativa, de caráter profissional e origem fascista, o que, dizem os doutos, não logrou obter, porquanto o Código de 1942 acabou não formulando um conceito de empresa, mas sim por ministrar a noção de empresário (art. 2.082), o que suscitou intermináveis controvérsias.

Destarte, na Itália, em que pese o inaudito esforço, que vem desde o Código de Comércio de 1882, dos juristas italianos, de procurar fixar um conceito jurídico de empresa, não há uma definição legal de empresa, mas apenas de empresário, graçando na doutrina, por isso, a divergência quanto ao que se deve, verdadeiramente, entender por empresa.

§ 10. No Direito francês

Foi na França que surgiu, pela vez primeira, em texto de lei, a noção de empresa, quando o Código Comercial de 1807, no Livro IV, Título Segundo, arts. 632 e 633, ao enumerar os atos de comércio, arrolou, de forma pormenorizada, "todas as empresas de manufaturas, de comissão, de transporte por terra e água" e "todas as empresas de fornecimento, de agência, escritórios de negócios, estabelecimentos de vendas em leilão, de espetáculos públicos" (art. 632), bem como "todas as empresas de construção" (art. 633), sem, todavia, defini-las.

Os estudiosos do Direito Comercial em França, à frente Pardessus,[27] partindo das expressões *entreprises de manufactures* e *entreprises de travaux*, concluíram que, ao lado das empresas voltadas para a realização de construções e obras (*entreprises de travaux*), havia as empresas dirigidas

23. Cf. nosso *Da Recuperação de Empresa no Direito Comparado*, Lumen Iuris, 1992, pp. 20 e ss.

24. Mancini refere-se ao Código de 1865.

25. *Apud* Sylvio Marcondes, ob. cit., p. II, n. 5.

26. Ob. cit., p. 176, n. 46.

27. In *Cours de Droit Commercial*, v. I, pp. 36-37, n. 35.

para a fabricação de produtos (*entreprises de manufactures*), que, à sua vez, se apresentavam, ora como o trabalho isolado de um indivíduo ou grupo familiar para atender a uma prévia encomenda, ora sob a forma de uma reunião de pessoas num certo lugar com vistas à transformação da matéria-prima por meio de máquinas e processos técnicos para vendas a terceiros.

Para essa corrente, a empresa era um ato, às vezes obra de uma só pessoa, outros de várias, mas sempre um ato gerador de um produto novo, concepção inaceitável para alguns juristas, como Wahe, Lyon-Caen e Renaut,[28] que sustentavam sobressair da enumeração do art. 632 a idéia de contrato de locação de serviços, ou, ainda, a de uma organização criada para atender a determinadas atividades.

Ripert, ao estudar as profissões comerciais, com o escopo de oferecer nova divisão por classes em função da natureza dos atos praticados diuturnamente no exercício da mercancia, diz que as empresas se apresentam, segundo o Código Comercial francês, como: (a) de distribuição; (b) de produção; (c) de serviços; (d) auxiliares.[29]

São empresas de distribuição as que se dedicam à compra para revenda, em que o comerciante compra as mercadorias dos produtores ou de outros comerciantes e as vende ao público ou a outros comerciantes, acentuando que essas empresas vêm, com o tempo, diminuindo de importância em virtude de um movimento da concentração aliado a novas técnicas de distribuição.[30]

São empresas de produção aquelas que se dedicam a comprar matérias-primas ou a extraí-las do solo, para, após transformá-las, serem vendidas como produtos acabados ou semi-acabados, para tanto valendo-se do trabalho de terceiros remunerados em geral a preço fixo.

São empresas de serviços aquelas que oferecem a seus clientes o uso temporário de determinados bens ou a execução de certos trabalhos, atualmente em número cada vez mais crescente, assim como crescente é a sua importância em virtude de acentuada divisão do trabalho em nossos dias e do custo altíssimo dos bens, que leva as pessoas a preferirem alugar a adquirir.

São empresas auxiliares as que se dedicam ao comércio de dinheiro e de crédito (os bancos, os agentes de câmbio, as seguradoras) e empresas intermediárias as que facilitam a outros comerciantes e aos particulares a realização de operações (agentes e negócios, agentes de comércio, comissários, corretores).[31]

Após essas considerações, e de haver esquadrinhado o conceito de ato de comércio, Ripert conclui que a noção jurídica da empresa é imprecisa, vaga, pois em direito positivo às vezes se apresenta como objeto de direito, outras como sujeito de direito,[32] motivo pelo qual talvez não a tenha definido.

Também na França, tal qual na Itália, não se chegou a um consenso, havendo os autores mais modernos engendrado a concepção de que empresa é uma instituição,[33] o que levou Bulgarelli a enfatizar: "Anote-se, pois, à guisa de conclusão, que a empresa está presente, mas, ressente-se o direito positivo (francês) de um regime jurídico unitário, o que tem sido lamentado também perante a empresa comunitária. Ela aflora nas sociedades, no estabelecimento e na falência, através de interpretação doutrinária e jurisprudencial, mas sem sequer uma referência legal expressa à própria palavra, que é usada em abundância no âmbito de direito econômico e pelos reformistas da empresa",[34] o que, por certo, fez Cl.

28. Ver Sylvio Marcondes, ob. cit., p. 10, notas 23 e 24.
29. Ob. cit., v. I, 98, n. 248.
30. Idem, p. 99, n. 149.

31. Ibidem, p. 109, ns. 166 a 174.
32. Ibidem, p. 219, n. 358.
33. Hamel e Lagarde, *Traité de Droit Commercial*, v. I, pp. 251 e 4.819, ns. 213-216, cit. por Sylvio Marcondes, ob. cit., p. 31, n. 16; cf. ainda Hariou e Renard, *apud* Waldírio Bulgarelli, ob. cit., p. 96.
34. Ob. cit., p. 97.

Champand afirmar: "é a empresa, unidade de decisão e célula de base do sistema econômico e social, servindo de quadro à nossa civilização industrial no seu estado atual, que se apresenta como objeto fundamental do nosso direito econômico",[35] tendo Michael Despax falado que a empresa é um "sujeito de direito nascente".[36]

§ 11. No Direito alemão

No Direito alemão, ensinam Evaristo de Moraes Filho[37] e Waldirio Bulgarelli,[38] são muitas — e às vezes contraditórias — as definições de empresa, do que nos dá conta M. Broseta Pont nestes termos: "Na doutrina alemã não se aceita unanimemente que o Direito Mercantil seja o Direito de Empresa, pois não faltam autores que neguem essa identificação. Mas a aceitem ou não, a maioria dos autores coloca o problema prévio a resolver sobre o que é a empresa, que alguns situam no centro do sistema. Para isso, a doutrina alemã tropeça em grandes dificuldades, as quais parecem proceder de três ordens de causas: 1) do fato de que o seu Código Comercial não se serve da empresa para delimitar e definir o conteúdo e o conceito de Direito Mercantil, mesmo que esteja qualificado como sistema subjetivo; 2) do fato de que falta um conceito positivo unitário de empresa, que sendo unívoco permita à doutrina jurídica delimitar o seu conteúdo. Por isso, este tema se coloca de forma difusa e polêmica. E assim, identifica-se a empresa como um conjunto de bens organizados e se qualifica juridicamente de patrimônio separado (Gierke); se afirma que a empresa como empresário (empresa, em sentido subjetivo), ora como conjunto de bens de diversa natureza (empresa, no sentido objetivo), ou como comunidade de trabalho (empresa, no sentido trabalhista), afirmando-se que nos dois primeiros aspectos na terminologia alemã existem diversos vocábulos ou termos jurídicos e econômicos que se referem de forma total ou parcial à empresa (*Unternehumung*, *Unternehmen*, *Betrieb*, *Gewerbebetrieb*, *Geschaft*, *Handelsgeschaft*, etc.). Existe, com certeza, uma certa confusão conceitual em torno destes termos, que às vezes são utilizados de forma diferente, sendo por isso incerto o significado preciso de cada um deles". E acrescenta ainda: "Por tudo isto, o fenômeno econômico, que é a empresa, está presente nos distintos ramos do Direito (público ou privado) aos quais corresponde regular ou disciplinar os distintos interesses, elementos, deveres e sujeitos que sobre ela convergem. O que explica que o fenômeno econômico, que é a empresa, esteja presente no ordenamento positivo de uma forma especial. A especialidade consiste em que cada disciplina jurídica regula deste ente econômico unitário o perfil, a perspectiva, o elemento ou o interesse (público ou privado, trabalhista, mercantil, civil, fiscal, etc.) que segundo a sua natureza lhe corresponde tutelar. E assim se produz um resultado curioso. Cada disciplina regula do total do fenômeno econômico a parcela, elemento ou o interesse que lhe corresponde, porém — e isto é certamente criticável — afirmando a doutrina para cada disciplina um conceito jurídico de empresa que se identifica com a parcela, o elemento ou o interesse que regula, e que é parcial a respeito do total conceito econômico de empresa. Ao operar assim se colocam tantos conceitos jurídicos de empresa quantas disciplinas jurídicas se ocupam de sua regulamentação. Mas os conceitos assim propostos são distintos entre si, e, ademais, cada um deles é parcial a respeito do total do conceito econômico de empresa. Depois esta curiosa operação de dissecação jurídica, nos deparamos com o fato de que a empresa é comunidade de trabalho para o Direito Trabalhista; é organização de elementos pessoais e reais de diversa natureza para o Direito Civil e o Mercantil e inclusive para este se chega a afir-

35. *Apud* A. Jacquemin — G. Schrans, *O Direito Econômico*, trad. portuguesa, Lisboa, p. 99.
36. *L'Entreprise et le Droit*, Paris, 1957, p. 418.
37. Ob. cit., v. I, p. 345, n. 164.
38. Ob. cit., pp. 97 e ss., letra *b*.

mar que a empresa é a atividade econômica de produção distribuição de bens ou de serviços (identificando, pois, o instrumento com a atividade ou finalidade econômica); enquanto, finalmente, por exemplo, para o Direito Econômico a empresa é uma fonte de produção a serviço da economia nacional. Como vemos, a mesma coisa na realidade econômica se converte conceitualmente em várias coisas distintas para a doutrina".[39]

§ 12. No Direito espanhol

Na Espanha, onde também não há uniformidade, pelo legislador, no uso da palavra empresa, os doutrinadores vacilam na formulação de seu conceito jurídico, alguns reconhecendo sua importância para o Direito (Garriguez), sem, todavia, definir-lhe um perfil; outros, equiparando-o ao conceito econômico (M. Broseta Pont); outros, ao estilo de Asquini, estudando-o sob as diversas formas de sua manifestação no mundo jurídico (Rodrigo Uria),[40] podendo concluir-se, com Broseta Pont, que: (a) a empresa, como fenômeno econômico-social, deve ter seus direitos e interesses tutelados pelo Direito; (b) a noção de empresa varia em função do ramo do Direito (comercial, do trabalho, fiscal), que a emprega; (c) a atenção dos juizes espanhóis está mais voltada para a empresa como sujeito de relações jurídicas, não havendo, portanto, também no Direito espanhol, falar em conceito jurídico da empresa.

Anote-se, por fim, que o Código de Comércio da Espanha de 1885, art. 1º, trata apenas do comerciante e o art. 2º, dos atos de comércio, em momento algum se cogitando da empresa. Leis posteriores referiram-se à empresa sem conceituá-la, sendo, hoje, disciplinadas pelo direito positivo as empresas de controle de difusão, empresas editoriais, empresas filiais bancárias, empresas gráficas, empresas importadoras de publicações estrangeiras, empresas nacionais, empresas de jornalismo, empresas pesqueiras conjuntas, empresas de propaganda aérea comercial, empresas publicitárias.[41]

§ 13. No Direito argentino

Para os autores argentinos, em sua maioria, também não há um conceito unitário de empresa, sobretudo porque o Código de Comércio da Argentina, nos arts. 1º e 8º, disciplina o comerciante e os atos de comércio, apenas uma única vez se referindo à empresa, quando, no art. 8º, ao enumerar os atos de comércio, alinha como tais, no n. 5, "as empresas de fábricas, comissões, mandatos comerciais, depósitos ou transportes de mercadoria ou pessoa por água ou por terra", no que muito se assemelhe ao art. 672 do Código Comercial francês.

§ 14. No Direito brasileiro

O Código Comercial brasileiro, afastando-se do Código francês de 1807, "na feliz expressão de Vidari o pai de todos os códigos modernos",[42] não enumerou os atos de comércio, no propósito claro de filiar-se à corrente subjetivista do direito mercantil e ser "exclusivamente um código de comerciantes, ou melhor, o código da profissão mercantil".[43]

39. In *La Empresa. La Unificación del Derecho de Obligaciones y el Derecho Mercantil*, Madri, 1971, pp. 96 e ss., *apud* Bulgarelli, ob. cit., pp. 98 e ss.

40. Cf. W. Bulgarelli, ob. cit., p. 100.

41. Uria A. Menezes, *Código de las Sociedades Mercantiles*, Madri, 1977, p. 1.326.

42. *Apud* João Eunápio Borges, *Curso de Direito Comercial*, Forense, p. 98, n. 2.

43. Cf. João Eunápio Borges, ob. e loc. cits., que elucida em nota de rodapé: "Havendo o Projeto do Código silenciado sobre tal matéria, Carneiro Leão, em 19.5.1846, apresentou emenda contendo a enumeração dos atos de comércio. A emenda foi repelida pelas razões contrapostas por José Clemente Pereira, entre as quais sobressai a de que 'desse sistema de legislar, fazendo a enumeração de atos co-

Todavia, logo a seguir à promulgação do Código Comercial brasileiro, o Regulamento 773, no art. 19, apesar das acirradas controvérsias suscitadas pelos arts. 622 e 633 do Código de Comércio francês de 1807, elencou os atos do comércio, ao caracterizar a mercancia, e, dentre eles, incluiu "as empresas: 1) de fábricas, 2) de comissões, 3) de depósitos, 4) de expedição, 5) de consignação e transportes de mercadorias e 6) de espetáculos públicos". De lá para cá, o uso do vocábulo depara-se-nos a cada passo no direito positivo, como se vê de laboriosa pesquisa de Waldirio Bulgarelli.[44]

Em sede doutrinária, como chamam atenção Sylvio Marcondes,[45] Evaristo de Moraes Filho,[46] Rubens Requião[47] e Waldirio Bulgarelli,[48] a maioria sustenta que "o conceito econômico é o mesmo do jurídico", conforme opinião de Bento de Faria, Alfredo Russel, Spence Vampré, Descartes de Magalhães,[49] Waldemar Ferreira,[50] Ferreira de Souza, Darcy Bessone,[51] João Eunápio Borges, J. C. Sampaio de Lacerda, Philomeno I. da Costa, Fran Martins e Walter Álvarez,[52] na esteira da definição de Carvalho de Mendonça, inspirada em Vivante, segundo a qual a "empresa é a organização técnico-econômica que se propõe a produzir, mediante a combinação dos diversos elementos, natureza, trabalho e capital, bens ou serviços destinados à troca (venda), com esperança de realizar lucros, correndo os riscos por conta do empresário, isto é, daquele que reúne, coordena e dirige esses elementos sob sua responsabilidade".[53]

Modernamente, diz Waldirio Bulgarelli, autores de nomeada "souberam perfeitamente distinguir os três perfis (ou se se preferir, quatro), que ela assume no plano jurídico, como Sylvio Marcondes, Oscar Barreto Filho, Rubens Requião",[54] Gaetano Paccielo, Romano Cristiano e José da Silva Pacheco,[55] "e sem embargo da posição especial que assumiram, também, Fábio Konder Comparato e Ruy de Souza",[56] deixando, entretanto, o ilustre Professor dúvida no leitor a propósito de se esses autores comungam ou não da opinião da maioria.[57]

Vista a noção de empresa sob a ótica do legislador pátrio e dos doutores em lei, passemos ao direito constituendo.

§ 15. O Direito constituendo

Como não poderia deixar de ocorrer, a falta de consenso sobre o conceito jurídico de empresa refletiu-se na reforma das leis do Brasil, como, *v.g.*, no Projeto do Código Civil de Orlando Gomes, art. 377; no Projeto do Código do Trabalho de Evaristo de Moraes, art. 425; no Projeto de

merciais, tinham resultado grandes demandas, grandes contestações no *forum*, grandes disputas e até sentenças contraditórias'" (idem).

44. Ob. cit., pp. 216-219.
45. Ob. cit., pp. 13-15, n. 6.
46. Ob. cit., v. I, p. 336, n. 160.
47. Ob. cit., p. 47, n. 33.
48. Ob. cit., pp. 253 e ss., n. 5.
49. Cf. Sylvio Marcondes, ob. e loc. cits.
50. *Instituições de Direito Comercial*, v. II, 2ª ed., Rio de Janeiro, 1947, pp. 20-21.
51. Cf. Evaristo de Moraes, ob. e loc. cits.
52. Cf. Waldirio Bulgarelli, ob. cit., p. 258.
53. *Tratado de Direito Comercial Brasileiro*, v. I, Rio de Janeiro, 1953, p. 492, n. 345.
54. Ob. cit., p. 259.
55. Idem, p. 259, nota 103.
56. Ibidem, p. 259.
57. A dúvida cresce de importância quando se lê, em Evaristo de Moraes Filho, que, "ainda entre nós, Sylvio Marcondes Machado, D. Bessone, Ferreira e Souza, teriam seguido a corrente liderada por Carvalho de Mendonça", cf. ob. cit., pp. 337-338, nota 243.

O exame do estudo de Sylvio Marcondes, sobre o conceito de empresa, conduz-nos a este esclarecedor período sobre o seu pensamento em tão intrincado assunto: "Rejeitado, por estas ponderações finais, a última feição da empresa" (faltava então o de Asquini) "e levada em conta a reserva que se acaba de opor às concepções antecedentes, de concluir-se pela inexistência de componentes jurídicos que, combinados aos dados econômicos, formem um conceito genérico de empresa; ou, considerada a constância do substrato econômico, pela inexistência de um conceito de empresa como categoria jurídica" (ob. cit., p. 40, n. 19).

Requião, a seu turno, dizendo que não se poderia eximir de esclarecer a sua "posição face ao cruciante problema da conceituação de empresa", conclui por afirmar que a empresa é uma abstração (ob. cit., p. 50, n. 34).

Código de Obrigações de Sylvio Marcondes, art. 1.106.

O novo Código Civil, em fase de redação final, após ser aprovado no Senado Federal, cuida, no Livro II, "Do Direito da Empresa" (arts. 969 a 1.196), disciplinando, o Título I, a figura do empresário (arts. 969 a 983).[58-59]

58. Sobre as divergências de orientação dos diversos autores dos anteprojetos e projetos de lei, consulte-se Oscar Barreto Filho, *Teoria do Estabelecimento Comercial*, São Paulo, Saraiva, 1969, pp. 26-28.

59. **Nota da Editora**: no novo Código Civil, promulgado pela Lei 10.406, de 10.1.2002, os artigos sobre o Direito de Empresa são os arts. 966 a 1.195, e os que tratam da figura do empresário, os arts. 966 a 980.

A RECEPÇÃO DO "DROP DOWN" NO DIREITO BRASILEIRO

HAROLDO MALHEIROS DUCLERC VERÇOSA
e ZANON DE PAULA BARROS

Introdução. 1. Descrição da operação. 2. Identificação da operação como "drop down", atípica. 3. Conceito e natureza jurídica do "drop down" e seu tratamento no Direito comparado e sua recepção pelo ordenamento jurídico brasileiro. 4. Confrontação do "drop down" com a cisão, a incorporação, a subsidiária integral, a atipicidade de sociedades, o negócio indireto e outros institutos similares. 5. Validade e alcance do "drop down" como exercício da liberdade constitucional de contratar. 6. Efeitos jurídicos do "drop down", "in abstrato". 7. Conclusão geral e perspectivas.

Introdução

De algum tempo a esta parte muitas empresas brasileiras têm realizado um novo tipo de operação conhecida no mercado como *drop down*, cuja análise será feita neste trabalho. Originada principalmente de prática norte-americana, a sua "importação" para o modelo societário vigente no Brasil apresenta questões importantíssimas, especialmente aquelas relacionadas com a validade e eficácia desse negócio jurídico, das quais se desdobram outras diversas conseqüências.

1. Descrição da operação

O *drop down* é realizado por meio de aumento de capital que uma sociedade faz em outra, conferindo a esta "bens" de natureza diversa, tais como estabelecimentos comerciais e industriais, carteiras de clientes, "atividades", contratos, atestados, tecnologia, acervo técnico "direitos e obrigações" etc.

Na relação de "bens" acima enumerados – que não esgota a "capacidade criadora" dos empresários –, verifica-se a presença de elementos do ativo (inclusive intangíveis) e do passivo da sociedade conferente, o que suscita diversos problemas jurídicos.

O valor desses bens costuma ser objeto de apuração em balanço especial da empresa conferente, para seu recebimento pela sociedade favorecida.

Muitas vezes é transferida a totalidade do objeto social da sociedade subscritora do aumento de capital, do que deveria decorrer a sua extinção, o que não tem acontecido na prática – reconhecendo-se a dificuldade de sua permanência no mundo do Direito, uma vez desaparecida a razão de sua existência.

2. Identificação da operação como "drop down", atípica

Na forma como têm sido realizados os aumentos de capital a título de *drop down*, ela revela-se atípica no Direito brasileiro, tendo as partes procurado diferenciá-la de outros institutos jurídicos, com resultados práticos altamente discutíveis.

3. *Conceito e natureza jurídica do "drop down" e seu tratamento no Direito comparado e sua recepção pelo ordenamento jurídico brasileiro*

Corresponde o *drop down*, tal como tem sido praticado no mercado, a uma operação de transferência de ativos, no plano vertical, neles incluídos bens tangíveis e intangíveis, utilizado-se do mecanismo de aumento de capital na sociedade receptora e conseqüente redução de capital na sociedade cedente. Passivos não poderiam estar incluídos, pois eles não apresentam condições de sua utilização para subscrição de quotas ou de ações da sociedade receptora, presente uma evidente inadequação para tal efeito.

Os sistemas jurídicos de base romano-germânica caracterizam-se pela rigidez de regras no direito societário, conforme se verá abaixo. É muito restrita a liberdade para a criação de operações não expressamente previstas pelo legislador, como forma de proteção dos sócios e de terceiros. De sua parte, os direitos inglês e norte-americano dão maior flexibilidade na área societária, sob o mando dos chamados *arrangements*, os quais correspondem a modalidades de reorganização da estrutura econômica da empresa, permitidas formas hererodoxas, entre as quais poder-se-ia contar o *drop down*. No direito norte-americano, especialmente, pode ocorrer a separação de ativos e de atividades negociais em curso (*active business*), estas, precisamente, correspondentes a um dos bens referidos naquela operação.

Nesses ordenamentos jurídicos, transparece um forte caráter contratual nas relações entre acionistas e credores das sociedades, tanto que se permite que a cisão, por exemplo, seja feita por meio de acordo, de maneira que podem, por essa via, serem negociados direitos das partes (cf. Modesto Carvalhosa, *Comentários à Lei de Sociedades Anônimas*, pp. 285 e 286).

Não há previsão legal para tal tipo de operação no Direito brasileiro, sendo possível discutir-se a sua recepção, em atendimento ao princípio constitucional da *liberdade das convenções*. (CF, art. 5º, II c/c art. 170, *caput*), desde que não sejam feridos princípios cogentes.

4. *Confrontação do "drop down" com a cisão, a incorporação, a subsidiária integral, a atipicidade de sociedades, o negócio indireto e outros institutos similares*

Passamos a fazer, de forma breve, em seguida, a análise dos diversos institutos jurídicos acima mencionados, para efeito da verificação de qual deles – se for o caso – mostrar-se-á compatível com uma operação de *drop down*.

4.1 A cisão

Quanto à cisão, diz o art. 229 da Lei 6.404/76: "A cisão é a operação pela qual a companhia transfere parcelas do seu patrimônio para uma ou mais sociedades constituídas para esse fim ou já existentes, extinguindo-se a companhia cindida, se houver versão de todo o seu patrimônio, ou dividindo-se o seu capital, se parcial a versão".

À primeira vista, o *drop down* parece ser um tipo de cisão, uma vez que o aumento de capital dá-se por meio da transferência de bens e de outros elementos. No entanto, o instituto da cisão prevê expressamente que serão transferidas *parcelas de patrimônio*.

Essa expressão indica que deverão ser transferidos, necessariamente, elementos do ativo e do passivo, conforme Modesto Carvalhosa (*Comentários à Lei de Sociedades Anônimas*, v. 4, t. 1, São Paulo, Saraiva, 1998, p. 293): "A parcela do patrimônio atribuída a sociedades novas ou existentes dá-se a título universal, ainda que avaliada pelo seu valor líquido, para efeito de subscrição do capital nestas. *Serão assim transferidos valores ativos e passivos, ou seja, ocorrerá uma transmissão conjunta de ativos e passivos*" (destaques nossos).

Quando se trata de cisão, os bens transferidos devem constar expressamente do protocolo aprovado pela assembléia geral da sociedade cindida, o que não costuma ser feito em operações de *drop down*. Além disso, levantado o balanço especial requerido pela lei, deve ser efetuado o pagamento dos impostos devidos, o que também não é realizado em tais operações.

A escolha pela forma da cisão na sua expressão própria traz inconvenientes tributários. A pessoa jurídica cindida deve levantar balanço especial e apurar e recolher o Imposto sobre a Renda apurado até a data da cisão. Por outro lado, se tiver prejuízos fiscais acumulados perderá o direito de usá-los na proporção da cisão, sem que esse direito seja transferido para a empresa incorporadora do patrimônio cindido. Há, portanto, uma perda tributária, seja pelo pagamento do Imposto de Renda de imediato, seja pela impossibilidade de aproveitamento de prejuízos fiscais.

Daí a razão da procura de uma forma jurídica diferente, que possa afastar tais efeitos.. É de lembrar-se, no entanto que o parágrafo único do artigo 116 do Código Tributário Nacional (na redação dada pela Lei Complementar n. 104/01) permite à autoridade administrativa desconsiderar atos ou negócios jurídicos praticados com a finalidade de dissimular a ocorrência do fato gerador do tributo ou a natureza dos elementos constitutivos da obrigação tributária.

Como cisão, para que a incorporadora do patrimônio cindido respondesse por passivos da cindida seria necessário que isto estivesse expresso nos documentos da cisão. É o que determina o § 1º, do artigo 229, da Lei 6.404/76: "Sem prejuízo do disposto no artigo 233, a sociedade que absorver parcela do patrimônio da companhia cindida sucede a esta nos direitos e *obrigações relacionados no ato* da cisão; no caso de cisão com extinção, as sociedades que absorverem parcelas do patrimônio da companhia cindida sucederão a esta, na proporção dos patrimônios líquidos transferidos, nos direitos e obrigações não relacionados".

4.2 A incorporação

A Lei das Sociedades Anônimas define a incorporação como a operação pela qual uma ou mais sociedades são absorvidas por outra, *que lhes sucede em seus direitos e obrigações* (art. 227).

Contudo, esse não é o escopo das partes na realização de *drop down*, as quais justamente escolhem um caminho diferenciado para escapar de tais conseqüências. Mas, caso tenha havido plena sucessão de direitos e obrigações pela sociedade receptora, impor-se-ia o reconhecimento de estar-se na presença de uma incorporação, com os efeitos legais dela decorrentes, ressalvando-se o eventual afastamento interno de responsabilidade por meio de acordo entre as partes.

Muitas vezes, o valor do *drop down* corresponde justamente ao valor do Patrimônio Líquido da sociedade conferente, como o montante do aumento de capital na sociedade receptora, o que levaria a entender-se que estar-se-ia, efetivamente, na presença de uma incorporação. Deixando de existir qualquer resquício patrimonial na sociedade conferente dos bens no aumento de capital da sociedade favorecida, as partes não chegariam jamais a um novo resultado jurídico e econômico pretendido, recaindo na incorporação.

4.3 Tipicidade e atipicidade de sociedades

Como se sabe, o direito societário brasileiro é extremamente rígido e formalista. Em primeiro lugar, os tipos societários são fechados em relação de *numerus clausus*. Essa posição, adotada pelo legislador, destina-se a impedir que particulares criem novos tipos de sociedades em relação aos quais não haveria segurança nem certeza jurídicas a respeito do alcance das cláusulas estabelecidas pelos sócios no contrato social, tanto entre si, mas principalmente em relação a terceiros. Mesmo quando alguns autores reconhecem a possibilidade da criação de sociedades atípicas – o que ocorre excepcionalmente na doutrina brasileira –, eles reconhecem que não poderão ser criadas normas que obriguem ou limitem direitos de terceiros não sócios, que não manifestaram seu assentimento em relação àqueles dispositivos (Rachel Sztajn, *Atipicidade de Sociedades no Direito Brasileiro*, tese de concurso junto à Faculdade de Direito da USP, 1987, p. 247).

Em segundo lugar, e pelas mesmas razões, as operações que as sociedades comerciais podem realizar com outras também são expressa e limitadamente previstas no Direito pátrio, concernentes à transformação, fusão, incorporação, cisão e formação de grupos societários e de consórcios. Verifica-se, a propósito, no caso das sociedades anônimas, extremo grau de particularismo no tratamento das questões envolvidas em operações de tais espécies, com precisa delimitação das formalidades, direitos e obrigações das partes envolvidas. Tais normas são igualmente aplicáveis às sociedades limitadas por força da remessa expressa feita a esse respeito no art. 18 do Decreto 3.708, de 1919.

Por exemplo, uma cisão parcial da sociedade conferente, dependeria de ter ficado estabelecido no *protocolo* que a sociedade receptora responderia apenas pelas obrigações que lhe tivessem sido transferidas, sem solidariedade com a companhia cindida. Neste caso, os credores poderiam se opor a tal disposição, por meio de notificação judicial ou extrajudicial, na forma do art. 233, § 1º, da Lei 6.404/74. Não tendo sido preenchidas as condições formais para a realização de uma cisão, mesmo assim os credores e sócios minoritários poderiam demandar os direitos dela decorrentes, na responsabilização das sociedades participantes, alegando fraude ou simulação.

4.4 A constituição da subsidiária integral

É principio fundamental do ordenamento societário brasileiro que as sociedades devem ter um mínimo de dois sócios. Em caráter absolutamente excepcional, a Lei das Sociedades Anônimas permite a criação de sociedade com um único sócio, designada como "subsidiária integral" (art. 251).

A subsidiária integral deve ser necessariamente uma sociedade anônima, que terá como único acionista uma sociedade brasileira. A conferência de bens para a subsidiária integral depende de um laudo de avaliação, na forma do art. 8º da Lei de Sociedades Anônimas.

No caso do *drop down*, não sendo preenchidas as premissas acima, evidentemente que a sociedade receptora não pode ser considerada como subsidiária integral. Mas a comparação ora efetuada tem outro objetivo, ou seja, verificar se há algum tipo de aproximação entre o *drop down* e aquele tipo societário para o fim de se aproveitar o seu esquema jurídico na solução das questões surgidas entre as partes.

Modesto Carvalhosa não chega a tratar diretamente da questão da responsabilidade da subsidiária integral quanto às obrigações diante de terceiros decorrentes da sua capitalização pela controladora. Ele apenas afirma que os procedimentos de prévia avaliação dos bens são indispensáveis, tendo em vista os interesses dos acionistas minoritários da sociedade controladora da subsidiária integral e, sobretudo, dos seus credores e dos terceiros que com ela contratam (*Comentários à Lei de Sociedades Anônimas*, cit., v. 4, t. II, pp. 120 e 121).

Observe-se, a esse respeito, que, muitas vezes, na prática do *drop down*, a sociedade receptora possuí apenas dois sócios, um deles titular de uma única quota do capital social. Isto a tornaria, do ponto de vista econômico, praticamente uma sociedade de um único sócio.

Conforme estabelece a lei, a subscrição do capital da subsidiária integral, quando feita pela conferência de bens, depende de um laudo de avaliação obrigatório. Tal exigência não se faz em relação às sociedades limitadas. Em todo o caso, a exigência legal no sentido do atendimento do princípio da integridade e realidade do capital social, demandaria que, no balanço das sociedades conferente e receptora, a saída de bens da primeira e a sua entrada no capital da segunda fosse objeto de registro, o que teria sido feito por meio de balanço especial.

Dessa forma, a análise da subsidiária integral serve apenas para indicar a necessidade de avaliação dos bens utilizados na subscrição seu capital pela controladora, tendo em vista as responsabilidades emergentes. O tipo societário em causa apresenta características absolutamente fechadas, incompatíveis com o *drop down*.

4.5 O negócio indireto

Estudado originalmente por Ascarelli na doutrina italiana, o negócio indireto mereceu referência de autores brasileiros, entre os quais Waldirio Bulgarelli (*Contratos Mercantis*, São Paulo, Atlas).

Segundo esse autor, em muitos negócios as partes os praticam desejando um fim diferente do originariamente previsto pelo legislador para determinado tipo de contrato ou ato jurídico. Dessa forma, o esquema original é utilizado de forma oblíqua, ou indireta. A partir do princípio constitucional da liberdade de iniciativa, tais negócios são perfeitamente legítimos, desde que não se tenham prestado à simulação ou à fraude.

Dessa forma, por meio da operação de *drop down*, as partes desejariam alcançar certos objetivos próprios da cisão ou da incorporação, mas não em sua totalidade, além de outros objetivos específicos daquele negócio especial, não presentes na cisão. Resta ver se tais propósitos seriam contrários ao ordenamento jurídico vigente.

No sentido acima, verifica-se que o aumento de capital de uma empresa deve ser feito com dinheiro e/ou bens. No *drop down* vertente, como se verificou acima, costumam ser transferidos, além de bens no sentido tradicional do termo, carteiras de clientes, atividades, contratos, atestados, tecnologia, acervo técnico e "demais direitos e obrigações" da quotista conferente na área de geração de energia.

A conferência desses elementos não "tradicionais" depende da verificação de corresponderem também ao conceito de "bem", ou seja, daqueles objetos de direito suscetíveis de avaliação econômica precisa, expressa em moeda corrente. E, além do mais, de serem elementos do ativo.

Isso não se daria com a conferência de "*atividades*". Elas devem corresponder ao exercício do objeto social da empresa, as quais gerarão lucros. Esses, sim, apropriados no balanço, correspondem a bens.

As *carteiras de clientes*, da mesma forma, não são um bem da sociedade conferente. Os clientes não estão vinculados de qualquer forma a uma empresa. Podem deixar de sê-lo pelas razões mais variadas. Além disso, como fazer-se uma avaliação efetiva dessa carteira?

Os *contratos* transferidos podem representar direitos patrimoniais pelos valores a receber. De outro lado, eles correspondem a obrigações de devedor, as quais, não cumpridas, poderão frustrar o pagamento devido. Dessa forma, apresentam uma face bifronte: direitos patrimoniais contra obrigações não necessariamente patrimoniais, mas que assim podem tornar-se, em virtude de indenizações por inadimplemento.

Os *atestados* são insuscetíveis de avaliação econômica. Eles não têm expressão patrimonial ou jurídica. Apenas forma o *curriculum* da empresa, que demonstra estar apta a realizar obras da mesma espécie daquelas anteriormente efetuadas, opera *rebus sic stantibus*, ou seja, se as condições originais vierem a permanecer as mesmas no futuro, em relação á empresa favorecida com sua transferência.

A *tecnologia* pode ter um valor de mercado na negociação da empresa de que seja titular. Mas, objetivando sua utilização em um aumento de capital, mesmo sabendo-se que ela agrega valor, coloca-se o problema de sua avaliação para os efeitos legais. Daí tornar-se problemático o aumento de capital pela conferência desse "bem", que não aparece no balanço das sociedades em causa.

O *acervo técnico* é definido pela Resolução 317, do Conselho Federal de Engenharia, Arquitetura e Agronomia (CONFEA), de 31.10.1986, em seu art. 1º: "Considera-se acervo técnico do profissional toda a experiência por ele adquirida ao longo de sua vida profissional, compatível com suas obrigações, desde que anotada a respectiva responsabilidade técnica nos Conselhos Regionais de Engenharia, Arquitetura e Agronomia".

Por sua vez, quando se trata de *acervo técnico de pessoa jurídica*, ele é representado pelos acervos técnicos dos profissionais dos seus quadros técnicos devidamente contratados, variando em função de alteração do acervo técnico do seu quadro de profissionais e consultores (Res. 317/86 do CONFEA, art. 4º).

Dessa forma, colocam-se dois problemas para a utilização do aumento de capital com a utilização do seu acervo técnico (pessoa jurídica), constituído a partir do acervo técnico dos seus profissionais e consultores.

Em primeiro lugar surge a questão da devida avaliação dos acervos técnicos individuais, tarefa que passaria por um processo de análise subjetiva extremamente complexa. Em segundo lugar, o acervo técnico eventualmente consubstanciado em um determinado valor, como resultado da avaliação, mudaria permanentemente pela saída e entrada de profissionais e consultores. Esse fato seria contrário ao princípio da *veracidade do capital social* causando, portanto, irregularidade do aproveitamento de tal "bem" com a finalidade de utilização para tal finalidade.

Finalmente, *direitos e obrigações* genericamente referidos no aumento de capital da quotista conferente junto à receptora correspondem, de um lado a uma expressão extremamente genérica e, de outro, à presença de elementos do passivo.

Além disso, a respeito da cessão de obrigações, sua eficácia depende de anuência expressa do credor, como conseqüência da aplicação do princípio da relatividade dos contratos.

Tendo em vista todos os óbices acima indicados, a operação em tela não poder ser realizada com a maioria dos "bens" costumeiramente utilizados no aumento de capital e, conseqüentemente, não seria passível de sua utilização a título de negócio indireto ou de outro qualquer em que tais bens "intangíveis" viessem a ser conferidos para tal finalidade.

Apesar desses óbices, sabe-se que, em São Paulo, operações de *drop down* com esse perfil têm sido arquivadas pela Junta Comercial de São Paulo. No entanto, não se trata de uma aprovação de efeito legal, uma vez que os atos das Juntas Comerciais não fazem coisa julgada, mas de um ato que ali mereceu, em tese, seu exame e aprovação, nos termos do art. 34, I, da Lei 8.934, de 18.11.1994, com eventual descumprimento da lei:

"Art. 35. Não podem ser arquivados:

I – os documentos que não obedecerem às prescrições legais ou regulamentares ou que contiverem matéria contrária aos bons costumes ou à ordem pública (...)".

5. *Validade e alcance do "drop down" como exercício da liberdade constitucional de contratar*

Em tese, uma operação de *drop down* preencheria os requisitos de plena validade jurídica, na medida em que os bens utilizados para sua realização fossem idoneos aos propósitos envolvidos. Nesse caso, o seu alcance corresponderia à transferência de atividades e contratos da sociedade conferente para a sociedade receptora, com a assunção, por esta última, das responsabilidades correspondentes a partir da data do negócio, estabelecida entre as partes.

6. Efeitos jurídicos do "drop down", "in abstrato"

Considerando-se que se trata de uma situação dinâmica, ou seja, atividades e contratos teriam marcos diferenciados de realização e de datas de início e conclusão, três situações estariam configuradas, em tese, diante da inexistência de inclusões ou exclusões expressamente acertadas entre as partes, quanto aos seus efeitos jurídicos:

1ª) atividades iniciadas e concluídas antes da realização da operação: neste caso, por elas responderia exclusivamente a sociedade conferente dos bens;

2ª) atividades iniciadas e concluídas após a realização da operação: neste caso, por elas responderia expressamente a sociedade receptora; e

3ª) atividades iniciadas antes da operação e concluídas depois dela: as sociedades conferente e receptora responderiam proporcionalmente ao montante das obrigações, pelo tempo decorrido da operação.

7. Conclusão geral e perspectivas

A operação em tela, por ser atípica no Direito brasileiro, certamente apresentará problemas relacionados com a sua validade e eficácia, bem como em relação à reivindicação de direitos e obrigações correspondentes de interessados perante o Judiciário. Não se esqueça dos riscos tributários, uma vez que a Receita Federal poderá entender que o instituto em causa serviria para a sonegação de tributos.

Diante de acionistas minoritários e de terceiros, seria muito difícil opor-se a uma responsabilização, uma vez que a operação não cabe em algum modelo previsto pelo legislador. Nesses casos, a solução seria encontrada nos campos da aplicação dos princípios da incorporação ou da cisão com incorporação.

A FUNÇÃO SOCIAL DA EMPRESA E O NOVO CÓDIGO CIVIL[1]

FERNANDO NETTO BOITEUX

1. O significado da expressão "empresa" 2. A responsabilidade empresarial vista pelos empresários. 3. A responsabilidade empresarial vista pelos acionistas. 4. A responsabilidade empresarial vista pelos interesses externos ao capital. 5. Função social da propriedade e da empresa. 6. Conclusão.

O tema que me coube expor se refere à função social da empresa no novo Código Civil, mas, atendendo ao fato de que o legislador não se refere expressamente à função social da empresa no novo Código, preferi usar o título "A função social da empresa *e* o novo Código Civil", que esclarece melhor o tema desta exposição.

Tendo em vista que o conceito de empresa passou a estar presente no novo Código Civil, primeiramente irei comentar o significado da expressão "empresa" para o Direito, de forma a averiguar a qual realidade o legislador está se referindo.

Em seguida, irei rever alguns conceitos sobre a responsabilidade empresarial, tal como esta tem sido compreendida pelos administradores de grandes empresas, pelos acionistas e pelos representantes de interesses externos ao capital, como os trabalhadores, os consumidores e a comunidade em que a empresa atua.

Finalmente, procurarei expor o que compreendo como sendo a função social da empresa, e de que forma entendo que ela poderá se tornar efetiva.

1. O significado da expressão "empresa"

A palavra "empresa" na realidade econômica, tanto quanto na ordem jurídica, significa a organização do empresário para o exercício de sua atividade. Para usar de um conceito econômico, também utilizado pelo Direito, a empresa é a organização (conjunto organizado) dos fatores de produção. Como adverte Asquini: "(....) defronte ao Direito o fenômeno econômico da empresa se apresenta como um fenômeno possuidor de diversos aspectos, em relação aos diversos elementos que para ele concorrem, o intérprete não deve agir com o preconceito de que o fenômeno econômico de empresa deva, forçosamente, entrar num esquema jurídico unitário. Ao contrário, é necessário adequar as noções jurídicas de empresa aos diversos aspectos do fenômeno econômico".[2]

O legislador, na definição de empresário presente no art. 966, *caput*, do novo

1. Palestra proferida no Simpósio "Direito privado no espaço e no tempo: o novo Código Civil", na Faculdade de Direito de Campos, Rio de Janeiro, no dia 7 de março de 2002.

2. Alberto Asquini, "Perfis da empresa", *Revista de direito mercantil, industrial, econômico e financeiro*, nova série, v. 104, p. 113.

Código Civil, não colocou o objetivo lucrativo como um fator de sua qualificação, de forma que a finalidade ou objetivo último da empresa pode ser "egoístico" ou "altruístico", isto é, pode-se referir ao proveito econômico próprio ou ao serviço público.

No nosso direito positivo, encontraremos diversos conceitos de empresa, que não discrepam da definição utilizada acima, a saber: na Lei de Sociedades por Ações[3] e na Lei de Repressão ao Abuso de Poder Econômico.[4] A única distinção entre os conceitos pode ser identificada no fato de que a Lei de Sociedades por Ações só se refere à empresa de fim lucrativo, pois ela só regula, por sua natureza, a empresa comercial.

O novo Código Civil não se preocupou em definir a empresa, ainda que lhe tenha reservado um Livro denominado "Do Direito de Empresa"; definiu o empresário, como fez o legislador italiano no Código Civil de 1942. As referências à empresa nos artigos 966, 968, 972, 974 e 975 no novo Código nos permitem afirmar, no entanto, como se encontra bem claro nos dois últimos artigos citados, que a empresa se exerce, ou seja: ela é o resultado da atividade do empresário.

Ocorre que esta afirmativa nem sempre é verdadeira, como já afirmava Fábio Comparato, ressaltando o divórcio entre a definição de empresário presente no art. 2.082 do Código Civil Italiano e a realidade, como segue: "Tratando-se de sociedades não-personalizadas, ainda é possível dizer que todos os sócios são empresários. Mas no caso das companhias, mesmo os não-kelsenianos percebem que a idéia de uma sociedade empresária constitui evidente abuso de retórica".[5]

Assim, chegamos a uma situação aparentemente curiosa, mas perfeitamente identificada pelo legislador na Lei de Sociedades por Ações: os detentores do capital nem sempre são empresários e aqueles que agem como empresários não são, em grande parte das vezes, detentores de parte expressiva do capital.

Nas pequenas empresas existe, efetivamente, uma relação clara entre a propriedade do capital, os recursos de que a empresa dispõe e o exercício do poder sobre ela. Nas grandes empresas não existe correspondência entre a participação no capital e o exercício do poder, dado que o capital está pulverizado por um número elevado de acionistas e as pessoas que detém o poder são titulares de uma parcela ínfima dele.

Essa foi a realidade que introduziu em nosso direito a figura do acionista controlador, que é aquele que efetivamente controla a atividade empresarial (Lei das Sociedades por Ações, art. 116), levando Fábio Comparato a ressaltar que "o exercício legítimo do poder de controle se mede, em tais condições, pela finalidade aos fins ou interesses determinados pela ordem jurídica".[6]

Essa organização – a empresa – nem sempre está fundada em direitos de propriedade, ainda que os empresários, freqüentemente, tratem a empresa, grande ou pequena, como propriedade. Nesse conceito estão incluindo a estrutura física da fábrica, os serviços necessários à produção, transporte e distribuição, os vendedores e, até mesmo, as relações de trabalho.[7]

3. Lei 6.404 de 1976, art. 2º, *caput*: "Pode ser objeto da companhia qualquer empresa de fim lucrativo, não contrário à lei, à ordem pública e aos bons costumes".

4. Para a Lei 4.137, de 10.9.1962, art. 6º, *caput*: "Considera-se empresa, toda organização de natureza civil ou mercantil destinada a exploração por pessoa física ou jurídica de qualquer atividade com fins lucrativos".

5. Fábio Konder Comparato, "A reforma da empresa", in *Direito empresarial: estudos e pareceres*, São Paulo, Saraiva, 1990, p. 18.

6. Fábio Konder Comparato, "A reforma da empresa", cit., p. 19.

7. O exemplo foi utilizado por Adolf Berle e Gardiner Means, *A moderna sociedade anônima e a propriedade privada*, São Paulo, Abril Cultural,

Quando tomamos o sentido da empresa como prestadora de serviço público, não encontramos maior dificuldade em identificar a função social que lhe está reservada, pois ela está implícita no seu objeto social, razão pela qual ela não será objeto desta exposição.[8]

Ocorre que, mesmo nas empresas privadas, com objetivo sabidamente lucrativo, iremos encontrar diversas manifestações de interesse social, o que, ao nosso ver, indica que a responsabilidade social não está vinculada, indissoluvelmente, à atuação do Poder Público,[9] e pode decorrer do atendimento aos interesses de uma parcela dos acionistas, ou mesmo dos próprios controladores. Vejamos os exemplos.

2. *A responsabilidade empresarial vista pelos empresários*

A preocupação dos dirigentes das macro-empresas com a responsabilidade empresarial tem sido notada desde a década de 20, quando se formaram alguns dos maiores grupos empresariais norte-americanos. Para ilustrar o significado dessa responsabilidade, passamos a transcrever uma das mais antigas e notadas expressões acerca do problema. Afirmou Owen D. Young, em 1929, quando era o principal executivo da General Electric Company:[10]

"(...) faz uma grande diferença em meu comportamento como um dos administradores da General Electric Company saber se sou um 'trustee' da instituição ou um mandatário do investidor. Se sou um 'trustee', quem serão os beneficiários de meu esforço? Para quem eu devo minhas obrigações? Meu pensamento acerca do problema é o seguinte: há três grupos de pessoas que têm interesse na instituição. Um é o grupo representado por 50.000 pessoas que puseram capitais na companhia, isto é, os acionistas. Outro, o grupo de 100.000 pessoas que estão colocando sua força de trabalho e suas vidas nos negócios da companhia. O terceiro grupo é o dos consumidores e do público em geral.

"Os consumidores têm direito de reclamar que um negócio grande deva não somente operar honesta e satisfatoriamente, mas que, além disso, deva ir ao encontro das suas obrigações públicas e cumprir seus deveres – que, em uma palavra, de sentido amplo, ela seja um bom cidadão."

Esta espécie de preocupação, no entanto, não se tornou um padrão entre os empresários de grandes corporações. Para Alfred Sloan Jr., que foi o presidente da General Motors da década de 20 até a década de 40, e que criou o conceito de corporação tal como o conhecemos hoje "crescimento e progresso estão relacionados, uma vez que não existe descanso para uma empresa numa economia competitiva. Obstáculos, conflitos, novos problemas em várias formas e novos horizontes surgem para agitar a imaginação e continuar o progresso da indústria".[11]

1984, p. 7, para exemplificar o conceito variável de propriedade nos dias de hoje. O tema é retomado por Fábio Konder Comparato ("Função social da propriedade dos bens de produção", in *Direito empresarial: estudos e pareceres*, cit., pp. 31 e 32), que confronta o sentido antigo de propriedade e o atual poder de controle empresarial.

8. A distinção do que é área da esfera pública e o que é área de atuação reservada ao setor privado pode ser vista em nosso artigo "Intervenção do Estado no domínio econômico na Constituição Federal de 1988", in Marco Aurélio Greco (coordenador), *Contribuições de intervenção do Estado no domínio econômico e figuras afins*, São Paulo, Dialética, 2001, pp. 63 a 65.

9. Como parece entender Fábio Konder Comparato, em "Estado, empresa e função social", *Revista dos Tribunais* 732/45: "(...) é uma perigosa ilusão imaginar-se que, no desempenho dessa atividade econômica, o sistema empresarial, livre de todo controle dos Poderes Públicos, suprirá naturalmente as carências sociais e evitará os abusos; em suma, promoverá a justiça social".

10. William L. Cary, *Cases and materials on corporations*, 4ª ed., na íntegra, Mineola, The Foundation Press, 1969, pp. 237 e ss., em tradução livre.

11. Alfred Sloan Jr., *Meus anos com a General Motors*, São Paulo, Negócio Editora, 2001, Introdução, p. XVIII.

Alfred Sloan, cuja história na General Motors, contada no livro, se confunde com a história das grandes corporações modernas, pouco se dedicou a descrever a preocupação com quaisquer outros interesses que não o máximo retorno possível sobre o investimento dos acionistas, ressalvando, no entanto, que não negligenciou de sua responsabilidade para com os seus funcionários, clientes, revendedores, fornecedores e a comunidade.[12]

Vale ressaltar, portanto, que a perspectiva de não "negligenciar" é muito diversa daquela de agir como um representante ("trustee") dos interesses dos acionistas, dos trabalhadores, dos consumidores e do público em geral, como declarou o presidente da General Eletric, referindo-se ao mesmo período histórico.

O Professor Berle reconhece, por sua vez, avaliando a mudança ocorrida nas empresas desde a publicação de sua obra fundamental, que os princípios e a prática das grandes empresas em 1959 lhe parecem muito mais responsáveis e honestos que em 1929.[13]

Poderíamos apresentar diversos outros exemplos da compreensão pelos empresários da função social das empresas, mas estes são suficientes para demonstrar que o conceito não é estranho à classe empresarial.[14]

Essa compreensão da responsabilidade social das empresas, no entanto, não teve um desenvolvimento linear e, nos dias em que vivemos, de liberalismo econômico, é necessário ressaltar o pensamento de um expoente da Escola de Chicago, Milton Friedman, sobre a responsabilidade dos empresários, ao sustentar: "Há poucas coisas capazes de minar tão profundamente as bases de uma sociedade livre do que a aceitação por parte dos dirigentes das empresas de uma responsabilidade social que não a de fazer tanto dinheiro quanto possível para os seus acionistas".[15]

3. *A responsabilidade empresarial vista pelos acionistas*

Os acionistas, nos países mais desenvolvidos, começaram, há alguns anos, "a solicitar à administração que explicasse seu fracasso em atender o que eles consideram *mais amplas* preocupações sociais"[16]. Os acionistas não exigem, propriamente, um resultado, mas um esforço em obter um resultado, no sentido de atender as preocupações sociais ligadas à atividade empresarial. Por exemplo, em relação à política de não-discriminação racial das empresas que exerciam sua atividade na África do Sul, e entre esses acionistas se encontrava a Harvard University.[17]

12. O texto tem a seguinte redação: "A medida do valor de uma empresa como negócio, entretanto, não é apenas o crescimento em vendas ou ativos, mas o retorno sobre o investimento dos acionistas, uma vez que é o capital deles que está sendo arriscado e é pelos seus interesses acima de tudo que a corporação deve ser dirigida como uma empresa privada. O histórico mostra, creio, que fizemos um trabalho respeitável para os acionistas, sem negligenciar nossas responsabilidades para com nossos funcionários, clientes, revendedores, fornecedores e a comunidade" (Alfred Sloan Jr., *Meus anos com a General Motors*, cit., p. 181).

13. Adolf Berle Jr., no prefácio da coletânea dirigida por Edward S. Mason, *La sociedad anónima en la sociedad moderna*, Buenos Aires, Depalma, 1967, p. 6.

14. Diversos exemplos nesse sentido, bem como passagens do Model Business Corporation Act e do American Law Institute Principles of Corporate Governance são apresentados por André Tunc, *Le droit américain des sociétés anonymes*, Paris, Economica, 1985, item 86, pp. 158 a 162.

15. Milton Friedman, *Capitalismo e liberdade*, 3ª ed., São Paulo, Nova Cultural, 1988, pp. 120 a 123, especialmente, propõe, no que se refere à responsabilidade social da empresa, um retorno ao liberalismo de Adam Smith. Este retorno à postura liberal e seus principais problemas, no que se refere à sociedade brasileira, são lembrados por Fábio Konder Comparato em "Perder uma batalha, mas não a guerra", *Folha de São Paulo*, 4.10.1989, p. A-3.

16. Noyes E. Leech, "Ações sociais movidas por acionistas", *Revista Brasileira de Mercado de Capitais*, v. 1, n. 3, 1975, p. 335.

17. André Tunc, *Le droit américain des sociétés anonymes*, cit., p. 162, nota 16. A demanda por maior responsabilidade social das empresas partindo,

Algumas de nossas maiores empresas também têm publicado, ao lado do balanço patrimonial, o denominado "balanço social", ou, ao menos, feito constar de suas demonstrações financeiras uma preocupação com a sua responsabilidade social, revelando para o público sua preocupação com interesses que transcendem a sua finalidade meramente lucrativa.

Entre essas empresas encontramos desde sociedades brasileiras de capital aberto[18] até sociedades de capital predominantemente estrangeiro e fechado.[19]

4. *A responsabilidade empresarial vista pelos interesses externos ao capital*

Os interesses denominados externos ao capital são, fundamentalmente, o interesse dos trabalhadores, o dos consumidores e os da comunidade em que a empresa atua. Sobre o interesse dos trabalhadores, afirmava Adam Smith: "(....) ainda que os interesses dos trabalhadores estejam estreitamente ligados aos da sociedade, eles são incapazes, quer de compreender esse interesse, quer de se aperceberem da ligação existente entre ele e o seu próprio interesse".[20]

A evolução para o estágio atual não se deu de maneira uniforme. Na Alemanha, por exemplo, a reivindicação pela co-gestão é mais antiga do que o dissídio coletivo e a luta organizada do trabalho, e vem da primeira metade do século passado, quando pensadores liberais propuseram a organização empresarial de forma que os trabalhadores participassem dos lucros e das decisões empresariais.[21] Posteriormente, essa idéia foi desenvolvida pela doutrina social católica.[22]

Na França existe um sistema facultativo de participação dos empregados no Conselho de Vigilância.[23]

Esse sistema não encontrou ressonância em nosso direito, onde os trabalhadores não se inclinaram para a participação na administração, e sim para a atividade sindical.

Os consumidores, por sua vez, como um grupo de fora da empresa, vêm representando "a tendência de transferir para a empresa uma margem de risco mais alta, correspondente a uma reparação mais extensa de danos provocados na sociedade por produtos defeituosos".[24]

Os interesses da comunidade em que a empresa atua não encontram qualquer forma de serem representados junto às sociedades. Por exemplo, a comunidade prejudicada pela degradação do meio ambiente não tem como encaminhar esse pleito à administração da sociedade.

O que se pode concluir é que, ao menos no nosso sistema, para os interesses diversos do capital, o caminho da democra-

inclusive, delas próprias, é exemplificada por Harry G. Henn e John R. Alexander, *Laws of corporations*, 3ª ed., St. Paul, West Publishing, 1983, pp. 32 a 34.

18. Apenas a título de exemplo, e eles são muitos, no dia 4 de março de 2002, entre as companhias de capital nacional e aberto, a Companhia de Bebidas das Américas - AmBev publicou na *Gazeta Mercantil* (p. A-18), balanço no qual constavam as iniciativas sociais, inclusive benefícios de assistência médica e outros prestados diretamente pela empresa, além dos benefícios concedidos pelas fundações ligadas à empresa.

19. Entre as empresas de capital estrangeiro e fechado, a Hewlett-Packard Brasil S.A. publicou no Relatório da Administração (*Gazeta Mercantil* de 4.3.2002, p. A-11) um resumo dos projetos sociais de que participou, além de se referir ao trabalho voluntário realizado por seus funcionários.

20. Adam Smith, *Riqueza das nações*, v. I, 2ª ed., Lisboa, Calouste Gulbenkian, 1987, p. 476.

21. Friedrich Kuebler, Palestra de 16 de agosto de 1980, "Curso de Extensão Universitária sobre Sociedades Anônimas: experiências e perspectivas", patrocinado pela AASP (mimeografado).

22. Encíclicas papais *Rerum Novarum* (1891), 8ª ed., São Paulo, Ed. Paulinas, 1965; *Quadragesimo Anno* (1931) e *Mater et Magistra* (1961), 9ª ed., São Paulo, Ed. Paulinas, 1962.

23. As "ordonnances" ns. 86-1134 e 86-1135, ambas de 21.10.1986, prevêem um sistema facultativo de participação dos empregados no Conselho de Vigilância.

24. Luiz Gastão Paes de Barros Leães, *Responsabilidade do fabricante pelo fato do produto*, São Paulo, Saraiva, 1987, p. 22.

cia parlamentar parece sofrer do mesmo mal que vem sofrendo na sociedade política: a falta de representatividade.

Desta forma, examinados os casos em que a função social vem sendo reconhecida pelos empresários, seja pela sua vontade, seja por exigência dos demais interessados, passaremos a analisar as possibilidades de que esta função lhes seja exigida, em virtude da disposição da Constituição Federal de 1988 que consagra a função social da propriedade (art. 5º, inciso XXIII).

5. *Função social da propriedade e da empresa*

Os exemplos referidos acima nos parecem suficientes para demonstrar que, ao contrário da propriedade individual, que se manifesta no mundo jurídico como um direito fundamental, um meio de defesa do indivíduo – razão pela qual o direito de propriedade individual tem caráter absoluto –, à propriedade produtiva tem sido reconhecida uma função social, seja pela pressão dos terceiros interessados, seja por obra e graça dos seus titulares.

Esta tese não é nova, e já era admitida por Adolf Berle que, dividindo a propriedade em propriedade de consumo e propriedade produtiva, afirma quanto à última: "com respeito à propriedade produtiva, a *proprietas* agora está sujeita a uma determinação global, política, que o tipo de civilização do Estado americano decidiu adotar democraticamente. Trata-se de um processo em andamento, que ainda não se completou".[25]

O primeiro texto a consagrar a função social da propriedade, como sabido, foi a Constituição de Weimar de 1919, art. 153, última alínea, passando pela Lei Fundamental de Bonn, de 1949. Em nosso Direito a Constituição de 1967, com a Emenda de 1969, já a consagrava (art. 160, inciso III) e a Constituição de 1988 a mantém (art. 5º, inciso XXIII).

Na legislação ordinária, a Lei de Sociedades por Ações adota o conceito, de forma mais expressa que qualquer outra. Com a instituição do acionista controlador, esse poder passou a ser personalizado, permitindo a identificação daquele que exerce efetivamente o poder sobre a empresa, de forma a poder responsabilizá-lo. O artigo 116 da Lei de Sociedades por Ações tem a seguinte redação:

"Art. 116. Entende-se por acionista controlador a pessoa, natural ou jurídica, ou o grupo de pessoas vinculadas por acordo de voto, ou sob controle comum, que:

"a) é titular de direitos de sócio que lhe assegurem, de modo permanente, a maioria dos votos nas deliberações da assembléia geral e o poder de eleger a maioria dos administradores da companhia; e

"b) usa efetivamente seu poder para dirigir as atividades sociais e orientar o funcionamento dos órgãos da companhia.

"Parágrafo único. O acionista controlador deve usar o poder com o fim de fazer a companhia realizar o seu objeto e cumprir sua função social, e tem deveres e responsabilidades para com os demais acionistas da empresa, os que nela trabalham e para com a comunidade em que atua, cujos direitos e interesses deve lealmente respeitar e atender".

Na nossa doutrina jurídica, também, a compreensão desta proteção dos interesses externos ao capital também não foi vista de forma unívoca.

Para Alfredo Lamy Filho e José Luiz Bulhões Pedreira, autores da Lei de Sociedades por Ações, a função empresarial, ou seja, o papel que o empresário tem no funcionamento do sistema econômico, leva a nele identificar três subfunções: a de criar e expandir a empresa; a de administrar a empresa; a de assumir os riscos econômicos da empresa. Não se consegue vislumbrar, sequer, nessa afirmação, a presença da função social da empresa, ainda que os

25. Adolf Berle Jr., no prefácio à edição revista de Adolf Berle e Gardiner Means, *A moderna sociedade anônima e a propriedade privada*, cit., p. 6.

autores tenham se manifestado, expressamente, em sentido diverso.[26]

Para Luiz Gastão Paes de Barros Leães;[27] Egberto Lacerda Teixeira e José Alexandre Tavares Guerreiro;[28] e, ainda, Rubens Requião,[29] tanto o interesse lucrativo quanto os interesses externos ao capital se revelam harmônicos, e devem ser atendidos de forma eqüitativa pelos empresários, ou administradores de sociedades.

Eduardo Salomão Neto, aplicando o conceito de "trust" ao dever de lealdade do controlador no âmbito extra-societário, exemplifica: "(....) deve o controlador abster-se de qualquer atividade prejudicial à comunidade, a que o aconselhasse o interesse da empresa. Entre tais atividades estariam por exemplo o "lobby" junto a congressistas para aprovação de leis trabalhistas ou relativas ao meio ambiente que, embora benéficas para a sociedade, prejudicassem, a comunidade em geral".[30]

Para outros, como Waldirio Bulgarelli, ambos os interesses se revelam conflitantes, refletindo, simplesmente, a indecisão do legislador.[31]

Para outros, ainda, como Fran Martins, o legislador poderia ter-se limitado a esclarecer que esse é um limite imposto aos administradores de sociedades.[32]

De qualquer forma, nenhum deles teve a preocupação de indicar um caminho para que os interesses diversos do capital sejam respeitados.

Podemos nos fazer, neste ponto da exposição, algumas perguntas:

a) a função social da propriedade se aplica à empresa?

b) ela depende da forma jurídica da empresa, de ser ela exercida por uma sociedade anônima ou limitada?

c) ela depende do porte da empresa ou da sua repercussão sobre a coletividade?

26. Alfredo Lamy Filho e José Luiz Bulhões Pedreira, *A Lei das S.A.: pressupostos, elaboração, aplicação*, Rio de Janeiro, Renovar, 1992, pp. 158 e 159, quanto à primeira parte, e 436 a 438, quanto à segunda.

27. Afirma Luiz Gastão Paes de Barros Leães, *Comentários à Lei das Sociedades Anônimas*, v. 2, São Paulo, Saraiva, 1978, p. 248, que o "objetivo da sociedade anônima não é apenas o interesse social *stricto sensu*, mas, igualmente, o interesse da empresa e do bem público, visto que, como adverte Ascarelli, o próprio reconhecimento da iniciativa privada por parte do legislador significa que aos particulares é atribuída a realização de um objetivo social *lato sensu*, por meio da satisfação de interesses privados".

28. Para Egberto Lacerda Teixeira e José Alexandre Tavares Guerreiro, *Das sociedades anônimas no direito brasileiro*, São Paulo, Bushatsky, v. I, 1979, p. 297, "(...) o reconhecimento da função social da companhia e, pois, da empresa que ela objetiva, põe em relevo de forma especial a inspiração institucional do novo modelo de sociedade anônima (...) como unidade de produção, a empresa se insere no quadro econômico de uma nação como um veículo de riquezas, mobilizando matérias-primas e produtos intermediários, comprando e vendendo, prestando serviços, recolhendo impostos, assalariando empregados, enfim, contribuindo para o desenvolvimento geral da comunidade".

29. Rubens Requião, *Aspectos modernos do direito comercial: estudos e pareceres*, v. 2, São Paulo, Saraiva, 1980, p. 71, entende que "a lei impõe para a maioria um amplo e definido programa de ação ética. Extravasa sua recomendação imperativa ao âmbito da empresa, como instituição, para abranger todos os elementos da vida social na qual vive e atua. Nele são abrangidos não só os acionistas, a minoria, mas também os que nela trabalham e para com a comunidade em que vive. Deve respeitar e atender os legítimos interesses da coletividade".

30. Eduardo Salomão Neto, *O "trust" e o direito brasileiro*, São Paulo, LTr, 1996, p. 158.

31. Waldirio Bulgarelli, *Estudos e pareceres de direito empresarial: o direito das empresas*, São Paulo, Ed. RT, 1980, p. 98, diz: "E foi justamente com o intuito declaradamente conciliador, que a Lei n. 6.404 situou-se em tão importante questão. Subjugada ao dilema, procurou atender a uns e outros interesses, sem conseguir satisfazer a ambos, conseqüência da sua indecisão ideológica".

32. Fran Martins, *Comentários à Lei das Sociedades Anônimas*, v. 2, t. I, Rio de Janeiro, Forense, 1978, afirma: "Melhormente nos parece teria a lei se manifestado se esclarecesse, nesta passagem, que o acionista controlador, exercendo, direta ou indiretamente, o seu poder na sociedade, não deverá exercitar esse poder em detrimento dos interesses sociais nem dos interesses dos que participam da companhia".

5.1 *Propriedade e função social da empresa*

Quanto a saber se a função social da propriedade se aplica à empresa, podemos dizer que em nosso Direito Pontes de Miranda afirma que o termo "propriedade" tem sentido *lato*, significa "qualquer direito patrimonial",[33] razão pela qual entendemos que abrange a empresa. Canotilho, por sua vez, ressalta que a expressão "propriedade", na Constituição, se aplica à empresa.[34]

5.2 *A função social da empresa e a forma jurídica da sociedade*

Já ressaltamos o nosso entendimento de que a idéia de a empresa ser exercida por uma pessoa jurídica tem muito de retórica. Ainda assim, se admitirmos essa construção como verdadeira, no regime do novo Código Civil, retrocedendo ao regime anterior à Lei de Sociedades por Ações, continuamos a entender que a empresa tem uma função social, independentemente de sua forma jurídica.

Todas as sociedades nascem como contratos, ainda que as anônimas sejam tratadas, a partir de sua constituição, como instituições. Como o novo Código Civil prevê a função social do contrato (art. 421) essa função se estende, naturalmente, ao contrato de sociedade, e deve ser entendida como incidindo sobre a própria causa do negócio. Assim, ainda que se examine a questão pelo ângulo da pessoa jurídica que explora a empresa, a função social do contrato incidirá sobre a sua causa, condicionando todo o exercício da atividade empresarial pela pessoa jurídica. Na expressão de Pietro Perlingieri: "O interesse pode fazer parte diretamente da função do contrato: isso acontece quando o negócio contenha originariamente, na previsão legal, o interesse público dentro da função, seja quando o esquema negocial típico é adaptado e vinculado inderrogavelmente a um interesse específico (interesse não presente na função do negócio típico originário)".[35]

Enquanto norma incidente sobre a causa do contrato, ela se sobrepõe a qualquer norma prevista em lei especial, tal como ocorre com a norma da Lei de Sociedades por Ações que prevê o fim lucrativo da sociedade anônima como o seu único fim lícito, sob pena inclusive de sua dissolução judicial caso se desvie de seu objetivo lucrativo. Ainda na afirmação de Perlingieri, que entendemos poder estender ao contrato de sociedade: "O interesse público do usuário é cronologicamente precedente à negociação e representa a sua justificação. Ele pode se referir a qualquer tipo de função contratual sem mudar, nem mesmo minimamente, as suas características".[36]

Entendemos, assim, que os deveres do controlador se aplicam às sociedades comerciais, independentemente de sua forma, sejam elas sociedades anônimas ou por quotas de responsabilidade limitada.

5.3 *Função social e porte da empresa*

A tendência da doutrina é relacionar a função social às grandes empresas, às macro-empresas, na expressão cunhada por Fábio Comparato, na medida em que sua visibilidade facilita a compreensão do fenômeno. Todavia, a questão precisa ser analisada em outro sentido: é necessário verificar o impacto que a empresa tem sobre os interesses da comunidade para avaliar se ela tem, ou não, uma função social. O impacto sobre o meio ambiente, por exemplo, não tem relação direta com o tamanho da

33. Pontes de Miranda, *Comentários à Constituição Federal de 1967, com a Emenda n. 1 de 1969*, t. V, Rio de Janeiro, Forense, 1987, p. 398.

34. J. J. Gomes Canotilho e Vital Moreira, *Constituição da República Portuguesa Anotada*, 2ª ed., 1º v., Coimbra, 1984, pp. 332-333.

35. Pietro Perlingieri, *Perfis do direito civil – Introdução ao direito civil constitucional*, Rio de Janeiro, Renovar, 1999, item 179, p. 287.

36. Pietro Perlingieri, *Perfis do direito civil – Introdução ao direito civil constitucional*, cit., p. 288.

empresa, pois uma pequena empresa pode causar maior impacto que uma grande, dependendo de sua atividade.

A atividade exercida pela empresa, no entanto, é elemento essencial para a compreensão do conceito em sua extensão, pois é evidente que as instituições dependentes da captação de recursos públicos para operar, como as instituições financeiras, têm maiores responsabilidades que as demais.

As empresas do ramo de transportes públicos, por sua vez, não dependem essencialmente do capital do público, mas exercem atividade vital para a comunidade; têm, portanto, maior responsabilidade social do que pequenas empresas prestadoras de serviços que atendam a um mercado local.

O legislador, constatando essa realidade, impõe às empresas de ambas as categorias, entre outras obrigações, a obrigação de contratar, de forma a garantir a segurança dos depositantes, no primeiro caso, e o atendimento da população, no segundo.

Quando nos referimos à função social da empresa, portanto, estamos nos referindo a qualquer empresa, independentemente do seu porte, que possa ter impacto sobre o meio ambiente ou sobre a comunidade em que atua.

6. Conclusão

Como lembra Fábio Konder Comparato, "a harmonização dos interesses internos e externos à empresa faz-se, naturalmente, no sentido da supremacia dos segundos sobre os primeiros, na hipótese de conflito".[37] Resta, no entanto, ao intérprete, identificar quais, entre esses diversos interesses, são relevantes para se oporem à finalidade lucrativa da empresa, único interesse tradicionalmente identificado com a atividade empresarial de sentido econômico.

A primeira dificuldade em identificar esse tipo de interesse decorre de sua falta de organização. Ao contrário dos interesses do capital, que é facilmente identificável, pois se resume ao lucro, os interesses sociais são dispersos, pois se referem à uma coletividade.

Vale notar que Adolf Berle, em sua obra clássica, já em 1932, ao traçar um panorama para a reorganização da empresa, admitia que, nas grandes corporações, os donos do capital "renunciaram ao direito de que a companhia funcione unicamente em seu benefício – liberaram a comunidade da obrigação de protegê-los plenamente, obrigação implícita na doutrina dos direitos estritos de propriedade. Ao mesmo tempo, os grupos de controle, por meio da extensão dos poderes da sociedade anônima, quebraram, no interesse próprio, as barreiras da tradição que exigiam que a companhia funcionasse, exclusivamente em benefício dos proprietários passivos".[38]

Tomando essa afirmativa como expressão da realidade – que, em nosso país ainda parece distante – sustentaram que "só falta à comunidade apresentar suas reivindicações com clareza e força".

Examinada a questão à luz da realidade atual podemos afirmar:

a) que a clareza requerida por Berle não se confunde com a univocidade; exatamente por serem interesses coletivos, por se referirem, na maioria das vezes, a titulares indeterminados, os interesses coletivos serão sempre de difícil determinação e, muitas vezes, contraditórios entre si.

b) Que a nossa legislação não prevê meios para a "apresentação" dos interesses coletivos diretamente à administração das sociedades. Ainda que o legislador preveja a obrigação de o controlador respeitar os interesses coletivos (Lei de Sociedades por

37. Fábio Konder Comparato, *O poder de controle na sociedade anônima*, 3ª ed., Rio de Janeiro, Forense, 1983, p. 297.

38. Adolf Berle e Gardiner Means, *A moderna sociedade anônima e a propriedade privada*, cit., p. 271.

Ações, art. 116), ele não prevê qualquer meio institucional para que o mesmo tome conhecimento dessas reivindicações, de forma a poder atendê-las. Isto porque os interesses externos ao capital não encontram qualquer representação no seio das sociedades comerciais.

c) Por outro lado, não entendemos necessário que o interesse social deva ser defendido pelo Estado, nem por um *ombudsman*, visto que ele pode ser defendido pela coletividade.

d) É forçoso entender, no entanto, que a única forma segura de "apresentar" os interesses coletivos aos responsáveis, tanto por traçar a política empresarial quanto por executá-la, é o recurso ao Judiciário. Por falta de outro meio previsto em lei, certamente não poderemos acusar os representantes desses interesses de litigar desnecessariamente.

e) Por outro lado, já se revelam na legislação de nosso país – principalmente na regulamentação da ação civil pública – meios antes impensáveis de acesso das coletividades ao Judiciário para a defesa dos interesses coletivos.

Este é o quadro, tal como o entendemos, em que se pode compreender e efetivar a função social da empresa, no contexto do novo Código Civil.

O CONTRATO DE "JOINT VENTURE" NA MATÉRIA ANTITRUSTE

JOSÉ CARLOS DA SILVA NOGUEIRA

Com base na Lei 8.884, de 1994, a prevenção e a repressão às infrações contra a ordem econômica, dois elementos fundamentais de política de defesa da concorrência, têm a sua funcionalidade estabelecida da seguinte forma:

(i) controle preventivo das estruturas de mercado concentradas: tem por objetivo impedir o surgimento de estrutura de mercado que aumentem a probabilidade de abuso de poder econômico por parte das empresas integrantes;

(ii) controle repressivo das condutas anticoncorrenciais: tem como objetivo coibir práticas anticompetitivas de natureza vertical (ao longo da cadeia produtiva) ou horizontal (no mesmo mercado) por parte de empresas que detém poder de mercado.

No âmbito do direito da concorrência, o contrato de *joint venture*, para fim de análise de impacto anticompetitivo, encontra-se, geralmente, inserido no corpo do que se convencionou denominar de práticas horizontais de mercado. Isto porque o receio dos órgãos de proteção à defesa da concorrência sempre esteve presente na possibilidade de um contrato de *joint venture* ter, sobre o mercado, o mesmo impacto anticompetitivo que algumas fusões entre agentes econômicos inseridos dentro do mesmo segmento de mercado provocam. Além disso, o contrato de *joint venture* poderá estar inserido e ser verificado pelos órgãos de proteção à concorrência sob os dois primas acima apontados, considerando-se as circunstâncias e o momento de sua análise.

Assim, convém recordarmos, de forma breve, porém necessária, as condições e circunstâncias de mercado caracterizadoras das práticas horizontais. Práticas horizontais de mercado são definidas como aquelas realizadas entre firmas existentes na mesma ponta da cadeia produtiva, e, portanto, ao menos em tese, concorrentes entre si.

Algumas práticas horizontais podem ser consideradas anticompetitivas, com prejuízos à concorrência, quando promovem a restrição do mercado, causando uma redução no poder de escolha do consumidor ordinário, criando, por fim, a possibilidade de um aumento no preço do produto ofertado, somada a uma possível queda de qualidade do mesmo. As práticas horizontais restritivas de mercado são condenadas pela legislação pertinente à matéria. De fato, a Lei 8.884, do ano de 1994, que está devidamente orientada pelos ditames constitucionais de liberdade de iniciativa, livre concorrência, função social da propriedade, defesa dos consumidores e repressão ao abuso de poder econômico, prevê, em seu corpo normativo, os atos contrários ao interesse da existência de um mercado saudável e competitivo.

Dentro da seara do controle repressivo, a norma jurídica acima comentada estabelece, em seu art. 20, que constituirá infração à ordem econômica, independentemente de culpa, os atos sob qualquer forma manifestados que tenham por objeto ou possa produzir efeitos nefastos à concorrência. E assim são apontados:

(i) limitar, falsear, ou de qualquer forma prejudicar a livre concorrência ou a livre iniciativa;

(ii) dominar mercado relevante de bens ou serviços;

(iii) aumentar arbitrariamente os lucros; e

(iv) exercer de forma abusiva posição dominante.

Como se vê, os itens acima anotados refletem os efeitos ou os resultados esperados por firmas que adotam práticas anticompetitivas em suas atividades mercantis. Esses resultados podem ser encontrados a partir de práticas bastante diferenciadas, e que estão previstas, sem ser esgotadas, pelo art. 21 da Lei em comento.

A bem da verdade, o art. 21 é o conjunto de práticas tanto horizontais quanto verticais condenáveis à luz da legislação aplicável à espécie. Dentre essas, como já se disse, caso concorra para os resultados estampados no já comentado art. 20 da Lei 8.884, encontra-se o contrato de *joint venture*.

Assim, pode-se afirmar que o contrato de *joint venture* poderá ser considerado pernicioso ao mercado caso ele resulte em um cenário restritivo de mercado. Será, portanto, necessária uma análise rigorosa por parte dos órgãos de proteção à ordem econômica para se verificar a existência ou inexistência, na formação do negócio entre as firmas investigadas, de prática anticompetitiva que conduza a uma restrição do mercado relevante envolvido.

A *joint venture* é, em síntese, o contrato entre duas ou mais empresas para a atuar no campo da pesquisa, produção, ou atividades relacionadas a divulgação de negócios — *marketing* — e também comercialização.

O contrato de *joint venture* pode de várias formas ser benéfico à competição em certos mercados. Esta possibilidade se faz presente especialmente quando o contrato se revela um catalizador de conhecimento, divide os riscos, alcança certas e desejadas economias de escala, e por meio da redução o custo de transação ganha mais eficiência e cria maiores possibilidades de desenvolvimento de pesquisa e produção.

De fato, um contrato de *joint venture* pode, por meio da combinação de uso do capital, de recursos, dos ativos das firmas envolvidas, ou mesmo em função do *know-how* apresentado, participar de forma mais dinâmica e eficiente no mercado, que não seria possível de forma isolada, e, desta forma, incrementar a competição.

É preciso perceber, contudo, que os órgãos de proteção à concorrência consideram a necessidade de se verificar a presença de certos elementos que devem ser levados em conta na avaliação dos efeitos anticompetitivos de *joint ventures*.

Como já se disse, a probabilidade de se apontar efeitos anticompetitivos em contratos dessa natureza, que tenham por finalidade as atividades de pesquisa e as atividades ligadas ao desenvolvimento de novas tecnologias e produtos, é bem menor do que quando esses contratos se preocupam com a produção e a comercialização.

Nesses dois últimos casos, os órgãos de proteção à ordem econômica, e a literatura internacional, apontam a possibilidade de se identificar à inclinação para a fixação de preços, restrição da produção, divisão de mercados e uma tendência ao aumento do poder de mercado.

Considerando o contrato de *joint venture* entre competidores, a preocupação se situa no fato de poder haver com a transação específica uma redução da competição entre firmas participantes do mesmo mercado relevante. Diz-se que a probabilidade de uma redução da competição é grande se as firmas envolvidas no acordo se permitirem contratar para a formação de uma única firma que atendesse o interesse do contrato principal (*joint venture*).

É bem verdade que isso não define como anticompetitivo acordos nessas condições, uma vez que já vem sendo largamente defendido por órgãos de proteção à ordem econômica, tanto no Brasil quanto nos Estados Unidos e Europa, a adoção da regra da razão para a análise de contratos dessa natureza. No entanto, se for identificado a intenção clara e inequívoca de as firmas envolvidas restringir a competitividade no mercado, a *joint venture* será considerada ilegal *per se*.

No que tange a forma preventiva estampada no art. 54 da norma indigitada, temos que a formação de uma *joint venture* também deverá ser avaliada pelo prisma da eficiência econômica e da verificação de ausência de tentativa de concentração de mercado capaz de permitir um esvaziamento da competitividade no mercado relevante atingido. Essa avaliação ocorrerá sempre que estiverem previstos na operação negocial as hipóteses lançadas no § 3º do referido dispositivo legal que são impositivas da apresentação do ato aos órgãos de proteção à ordem econômica.

Assim, qualquer ato de negócio que possa conduzir a um estreitamento da competitividade do mercado, ou de qualquer forma prejudicar a livre concorrência, deverá ser submetido à apreciação do CADE — Conselho Administrativo de Defesa Econômica. O contrato de *joint venture* se enquadra, como já jurisprudência pacífica do órgão maior pátrio de proteção à ordem econômica, dentro daquelas operações que devem ser submetidas ao seu controle caso implique participação do agente econômico, ou de seu grupo econômico, em 20% (vinte por cento) de um mercado relevante, ou em que qualquer dos participantes tenha registrado faturamento bruto anual no último balanço equivalente a R$ 400.000.000,00 (quatrocentos milhões de reais).

A verificação e a análise do ato tido como de concentração pelo CADE, e pelos demais órgãos que compõem o sistema de proteção à ordem econômica, deverão, a rigor, obedecer aos critérios indicados para a análise de natureza repressiva. Assim, verificado todos os benefícios econômicos e sociais advindos da relação existente entre os agentes econômicos envolvidos no contrato de *joint venture*, caberá ao CADE a aprovação da operação, sem qualquer restrição, avalizando o negócio realizado entre as partes.

É possível compreender que os órgãos de proteção à ordem econômica, considerando a análise do caso sob o foco da regra da razão, traz a tendência de pesar as eficiências econômicas contra os custos negativos ao mercado apresentados pela transação em pauta.

Basicamente, os órgãos competentes para tratar sobre a matéria promoverão análise em dois sentidos. Senão vejamos:

(i) será analisado se o negócio realizado cria o poder de mercado ou mesmo se reforça um poder de mercado já existente por meio da eliminação de atual ou potencial competitividade entre as partes envolvidas;

(ii) serão analisados os propósitos e os efeitos da transação em termos de redução de custos e eficiência econômica alcançada. Será ainda verificada se a transação restringe indevidamente a liberdade de atuação dos participantes, e se a negociação pode impedir, ou mesmo reduzir, uma eventual entrada de novos participantes no mercado.

Em termos de eficiência econômica, o entendimento comum é que essas estão diretamente ligadas à importância do componente de geração de tecnologia, riscos envolvidos na operação, e o aporte de valores realizado pelas empresas presentes na negociação. E a partir da análise dessas eficiências econômicas o objeto de análise antitruste poderá ser aprovado ou recusado pelos órgãos de proteção à concorrência.

Note-se que as *joint ventures* apresentam, em sua maioria, restrições de práticas para as firmas em negociação. Essas restrições são comumente denominadas restrições colaterais e podem atacar os preços, a produção, o território, ou mesmo uma certa classe de consumidores, além de ser uma forma velada de barreira à entrada de potenciais participantes, sendo certo, pois, que a diminuição da competição entre as partes é o resultado final desse mecanismo. Portanto, fatores relativos às restrições colaterais serão levados em conta na análise antitruste como, por exemplo, a possibilidade de entrada no mercado desejado pelas empresas por meios alternativos pesquisando-se se as restrições eram razoavelmente necessárias. Nesse caminho, poderá ser considerado se havia elementos indicadores de que tais meios alternativos efetivamente contribuiriam para a desconcentração do mercado relevante.

Como conclusão, é importante notar que no âmbito da análise antitruste as *joint ventures* são bem recebidas quando apresentam indícios significativos de eficiência econômica, como a divisão de riscos referentes à negociação, especialmente no que tange ao processo P&D, a criação de novos produtos ou, ainda a expansão da capacidade produtiva. Em uma análise dessa natureza será também importante identificar o nível de ataque ao mercado a partir da criação da *joint venture*, sempre se levando em conta os argumentos acima apresentados.

A PRIVACIDADE E OS SIGILOS TELEFÔNICO, PROFISSIONAL E BANCÁRIO

LEANDRO BITTENCOURT ADIERS

Introdução. O sigilo telefônico. O sigilo profissional. O sigilo bancário. Reserva legal impeditiva do controle do cidadão. Quebra de sigilo bancário e telefônico através de CPIS. Recurso apropriado para opor-se à quebra de sigilo bancário. Conclusões. Bibliografia.

Introdução

1. A época contemporânea tem por tônica a perplexidade. A intensidade e freqüência dos pontos de ruptura com os paradigmas que constituíam-se em norte de segurança, em seu sentido de mediana previsibilidade vêm sendo portadoras de evidente inquietação no ambiente social e jurídico. O âmbito tecnológico vem tornando viáveis possibilidades inéditas de armazenagem de dados e informações, facilitando seu acesso, pesquisa, cruzamento e verificação de dados e, com isso, tornando possível não apenas uma maior fiscalização sobre os indivíduos, mas também um crescente monitoramento. Supera-se perigosamente o conceito de vigilância para chegar-se ao extremo impensável e insuportável da total intromissão e controle.

2. O mundo de relação, pautado no anonimato do mercado e numa cada vez maior interdependência, traz à tona a necessidade inexorável de regular os intercâmbios.[1] Neste contexto, a eficácia de direitos relativiza-se, fazendo-se necessária criteriosa, razoável[2]

1. Conforme assentou o STF, através de acórdão relatado pelo eminente Ministro Sepúlveda Pertence: "A convivência entre a proteção da privacidade e os chamados arquivos de consumo, mantidos pelo próprio fornecedor de crédito ou integrados em bancos de dados, tornou-se um imperativo da economia da sociedade de massas: de viabilizá-la cuidou o CDC, segundo o molde das legislações mais avançadas: ao sistema instituído pelo Código de Defesa do Consumidor para prevenir ou reprimir abusos dos arquivos de consumo, hão de submeter-se as informações sobre os protestos lavrados, uma vez obtidas na forma prevista no edito impugnado e integradas aos bancos de dados das entidades credenciadas à certidão diária de que se cuida; é o bastante para tornar duvidosa a densidade jurídica do apelo da argüição à garantia da privacidade, que há de harmonizar-se à existência de bancos de dados pessoais, cuja realidade a própria Constituição reconhece (art. 5º, LXXII, *in fine*) e entre os quais os arquivos de consumo são um dado inextirpável da economia fundada nas relações massificadas de crédito" (ADIn 1.790-5-DF, Pleno do STF, rel. Ministro Sepúlveda Pertence, j. 23.4.1998).

2. "O princípio da razoabilidade é um mecanismo para controlar a discricionariedade legislativa e administrativa. Ele permite ao Judiciário invalidar atos legislativos ou administrativos quando: (a) não haja adequação entre o fim perseguido e o meio empregado; (b) a medida não seja exigível ou necessária, havendo caminho alternativo para chegar ao mesmo resultado com menor ônus a um direito individual; (c) não haja proporcionalidade em sentido estrito, ou seja, o que se perde com a medida tem maior relevo do que aquilo que se ganha. O princípio, com certeza, não liberta o juiz dos limites e possibilidades oferecidos pelo ordenamento" (Luís Ro-

e proporcional[3] ponderação no sentido de preservar-lhes o conteúdo, sem, todavia, afastar a consciência de que os direitos destinam-se a uma operatividade, cujas fronteiras devem ser cuidadosamente fixadas. Sua flexibilização, todavia, deve dar-se, sempre, *pro libertatis*.

3. Dentro de um sistema, a norma têm função estruturadora, vinculante e mantenedora (sustentadora/reprodutora). Assim, torna-se essencial entender que o sistema jurídico deriva da organização social, e esta surge como pré-requisito à necessidade humana de ordem e segurança, ambiente sem o qual inexiste paz, antecedente necessário ao desenvolvimento individual. A origem e o destinatário da organização social é o indivíduo. A natureza intrínsenca do ser humano é a liberdade, e seu fim último, a realização de seus legítimos potenciais e aspirações, com autonomia moral, intelectual, política e econômica.

4. As relações pautam-se nos direitos, manifestando-se em face às necessidades e contingências humanas. Também o direito é criação humana e, tal qual seu criador, a criatura é imperfeita, parcial, mutável e finita, sujeita a todo tipo de agressão e passível de tornar-se instrumento dos mais odiosos desígnios. Sendo produto, o direito não dissocia-se do produtor, o que torna impossível analisar e compreender o direito sem análise histórica, social, econômica, sociológica e filosófica. O direito é reflexo do homem, o qual é, de modo sincrônico, seu produtor e objeto.

5. Não desconhecendo que o homem é um animal político e lobo de seu semelhante, e que a lei consiste no único instrumento apto a proteger os administrados do arbítrio dos governantes e condicionar a eficácia de seus desejos, convém que as leis sejam estudadas com algum cuidado e desconfiança, uma vez que as piores idéias e os mais inconfessáveis desejos normalmente nos são apresentados na embalagem das melhores intenções.

6. A própria Constituição e, por vezes, as liberdades públicas, garantias individuais e coletivas, são apontadas como entraves a uma administração e fiscalização eficazes, surgindo todo o tipo de discurso no sentido de sua reforma, supressão ou flexibilização. Aquelas balizas são condicionantes do exercício da autoridade, ou seja: esta deve ser exercida em estrito respeito àquelas, sob pena de abuso de poder, desvio de finalidade, tornando-se ilegítima e abusiva, violadora da lógica estrutural do sistema, do qual a coletividade é titular. Neste contexto, conforme exprime Rui Barbosa,[4] "o cidadão que se ergue, propugnando contra o poder delirante, a liberdade extorquida, não representa uma vocação de

berto Barroso, "Fundamentos teóricos e filosóficos do novo Direito Constitucional brasileiro", *Revista Diálogo Jurídico* 6/25).

3. O Professor Fábio Konder Comparato, ao dissertar acerca do princípio da proporcionalidade, citando Hartmunt Maurer, ensina que as medidas restritivas das liberdades, devem ser substancialmente apropriadas, ou seja, proporcionais aos fins visados. O jurista informa que na doutrina administrativa alemã foram explicitados três critérios cumulativos para o reconhecimento da proporcionalidade no exercício do poder: a) "a medida somente é *apropriada*, quando ela pode, em regra, alcançar o resultado visado"; b) "a medida apropriada somente é *necessária*, quando não existe outro meio adequado à disposição, o qual seja menos prejudicial aos atingidos e à coletividade em geral"; c) "a medida necessária somente é *proporcional* quando não tenha nenhuma outra relação com o resultado visado" (Fábio Konder Comparato, *Direito Público, Estudos e Pareceres*, pp. 113-114). Gilmar Ferreira Mendes refere que um juízo definitivo sobre a proporcionalidade ou razoabilidade da medida há de resultar da rigorosa ponderação entre o significado da intervenção para o atingido e os objetivos perseguidos pelo legislador (proporcionalidade ou razoabilidade em sentido estrito). O pressuposto da adequação (*geeignetheit*) exige que as medidas interventivas adotadas mostrem-se aptas a atingir os objetivos pretendidos. O requisito da necessidade ou da exigibilidade (*Notwendigkeit oder Erforderlichkeit*) significa que *nenhum meio menos gravoso para o indivíduo revelar-se-ia igualmente eficaz na consecução dos objetivos pretendidos* (Gilmar Ferreira Mendes, *Direitos Fundamentais e Controle de Constitucionalidade*, p. 68).

4. Citado por Andrei Koerner, *"Habeas corpus", Prática Judicial e Controle Social no Brasil (1841-1920)*, p. 177.

seu egoísmo: exerce verdadeira magistratura".

7. A compreensão dos direitos e garantias individuais e coletivos, não de uma forma simplória e reducionista, que os aponta como privilégio de alguns, mas sim como patrimônio coletivo,[5] é a mais adequada à formação de uma cidadania livre, consciente e plural, bem como de uma classe governante efetivamente vinculada ao interesse público, não através de um exercício de poder fulcrado na pessoa e na vontade do administrador, mas sim através da implementação de competências, estruturadas estas, bem como seus meios e fins, na letra da lei.

8. Neste diapasão, o chamado *princípio da legalidade*,[6] constitucionalmente positivado,[7] para a administração pública, tem o significado de vinculação à letra da lei, que condiciona todos seus procedimentos, os sucessivos desencadeamento de atos e seus reflexos. Conforme ensina o Professor Fábio Comparato, "o princípio da legalidade, no âmbito do direito administrativo, foi desdobrado pela doutrina germânica, desde Otto Mayer, na dupla idéia de supremacia da lei (*Vorrang des Gesetzes*) e de reserva de lei (*Vorbestand des Gesetzes*). (...) Em toda relação administrativa, a liberdade de ação do administrador acha-se vinculada: (...) não pela vontade do administrador estatal, mas pelo disposto em lei. A discricionariedade decisória ou estipulativa do administrador público somente existe, quando e onde a lei assim o determina. Daí porque não se admite nunca a interpretação analógica da lei administrativa nem, *a fortiori*, criação normativa pela Administração Pública, fora dos casos especificamente autorizados por lei".[8] Para o legislador, a legalidade impõe obediência hierárquica aos limites materiais e formais estabelecidos na própria Constituição Federal, bem como a persecução dos objetivos traçados nas normas programáticas.

9. O Professor Calmon de Passos, quanto à construção e legitimação do direito, ensina: "(...) o direito, enquanto produto do pensamento e decisão (julgamen-

5. "A liberdade não entra no patrimônio particular, como as coisas que estão no comércio, que se dão, trocam, vendem ou compram: é um verdadeiro condomínio social; todos o desfrutam, sem que ninguém o possa alienar (...). Solicitando (...) esse *habeas corpus*, eu propugno, na liberdade dos ofendidos, a minha própria liberdade; não patrocino um interesse privado, a sorte dos clientes: advogo a minha própria causa, a causa da sociedade, lesada no seu tesoiro coletivo, a causa impessoal do direito supremo, representado na impessoalidade do remédio judicial" (Rui Barbosa, 1958, citado por Andrei Koerner, ob. cit., p. 177).

6. "Por princípio ou objetivo fundamental, entende-se o critério ou a diretriz basilar do sistema jurídico, que se traduz numa disposição hierarquicamente superior, do ponto de vista axiológico, em relação às normas e aos próprios valores, sendo as mestras de acordo com as quais se deverá guiar o intérprete quando se defrontar com antinomias jurídicas. (...) a própria Constituição cuida de estabelecer princípios fundamentais, entre os quais avultando o da dignidade da pessoa humana e o da inviolabilidade do direito à igualdade. Devem as normas, entendidas como preceitos menos amplos e axiologicamente inferiores, harmonizar-se com tais princípios conformadores. (...) à base deste conceito de sistema jurídico, crê-se na possibilidade de melhor compreender a exigência teleológica e operacional do princípio hierárquico da supremacia da Constituição, assim como na existência de princípios e objetivos, em face dos quais, em caso de incompatibilidades internas — devem as normas infraconstitucionais guardar a função instrumental, tendo em vista a realização finalística da Constituição" (Juarez Freitas, *Estudos de Direito Administrativo*, pp. 18-19).

7. "Embora surgidos como direito de defesa, com a principal preocupação de conferir espaços de liberdade individual ao abrigo da ingerência pública (estatal), os direitos fundamentais passaram a adquirir uma notável *projeção positiva*, reclamando uma ação — sobremodo do Poder Público mas também dos entes privados — que proporcione a satisfação das necessidades e a realização dos valores estipulados. Trata-se de proporcionar condições e estímulos para o desfrute de direitos fundamentais, não apenas garantias contra violações ou reparações compensatórias" (Walter Claudius Rothemburg, "Direitos fundamentais e suas características, tópico sobre a projeção positiva dos direitos fundamentais", *Revista de Direito Constitucional e Internacional* 30/152).

8. Fábio Konder Comparato, tópico sobre o Princípio da Legalidade no Direito Administrativo em parecer sobre *Contrato Administrativo*, ob. cit., pp. 226-227.

to), é sempre linguagem, texto, proposição descritiva ou proposição prescritiva, extremamente vulnerável e impotente. Esse, entretanto, é o material com que trabalhamos nós, os juristas, e representa tudo quanto se coloca no espaço de nossa percepção e se faz operável por nós. Mas percebemos, por igual, que esses textos, proposições e prescrições são o resultado de todo um processo que os precedeu e foi determinante para a definição de seu conteúdo, o qual, em si mesmo e enquanto texto, de nenhum poder de determinação se revestiu, antes foram decisivamente determinados pelo processo de sua produção que, este sim, foi preeminente e determinante. Disciplina-lo é o que se faz imperioso para se lograr o produto desejado".[9]

10. Partindo-se da premissa de que, sem partes, não existe o todo e que, portanto, o indivíduo é o elemento estruturante da sociedade, bem como que sua dignidade (da qual a liberdade é elemento indissociável) é elemento nuclear do ordenamento jurídico, fincado na Constituição Federal, sendo esta, também, elemento vinculante, orientador, direcionador e limitador da atividade estatal, em todas suas esferas, vamos abordar aspectos interessantes relacionados com sigilo telefônico, profissional e bancário em contato com as garantias constitucionais de privacidade e intimidade, contraditório, presunção de inocência e vedação da prova ilícita, buscando fornecer uma visão panorâmica e integrada destes assuntos, bem como de sua interpretação e tratamento nos tribunais superiores.

O sigilo telefônico

11. Os incs. X e XII do art. 5º da CF/1988, dispõem, respectivamente: "são invioláveis a intimidade, a vida privada, a honra e a imagem das pessoas, assegurado o direito à indenização pelo dano material ou moral decorrente de sua violação (...)" e "é inviolável o sigilo de correspondência e das comunicações telegráficas, de dados e das comunicações telefônicas, salvo, no último caso, por ordem judicial, nas hipóteses e na forma que a lei estabelecer para fins de investigação criminal ou instrução de processo penal".

12. O Pleno do STF, julgando o *habeas corpus*[10] 96912-RS, em 16.12.1993, relator o Ministro Sepúlveda Pertence, definiu, por maioria, que a interceptação telefônica necessitava regulação infraconstitucional ainda inexistente. Ilícita esta prova, contaminava as demais, oriundas *direta ou indiretamente* de informações através dela obti-

9. "(...) antes de o produto condicionar o processo, é o processo que condiciona o produto. A nível macro, a norma jurídica de caráter geral é algo determinado pelo processo de sua produção, um processo de natureza política. É esse processo que reclama rigorosa disciplina, em todos os seus aspectos — agentes, organização e procedimentos — sob pena de se privilegiar o arbítrio dos decisores. Não há como se dissociar o direito obtido como produto da organização política da sociedade que o produz e do processo político mediante o qual as reduções de complexidade se efetivam nesse primeiro momento, macropolítico e macroeconômico. Nem para aí o processo de produção do direito, pois ele prossegue numa segunda etapa, aquela que, a nível micro, deve editar a norma regulamentadora de um conflito precisamente delimitado em termos de pessoas, de tempo, de lugar e de circunstâncias. Também aqui, como ali, antes de o produto condicionar o processo, é o processo que condiciona o produto. E também aqui não podemos dissociar o produto do processo de sua produção, que reclama, como antes, rigorosa disciplina, em todos seus aspectos — agentes, organização e procedimentos — sob pena de privilegiar o arbítrio dos decisores" (J. J. Calmon de Passos, "Instrumentalidade do processo e devido processo legal", *Revista Diálogo Jurídico* 1, v. I).

10. "Prova ilícita. Escuta telefônica mediante autorização judicial: afirmação pela maioria da exigência de lei, até agora não editada, para que, 'nas hipóteses e na forma' por ela estabelecidas, possa o juiz, nos termos do art. 5º, XII, da Constituição, autorizar a interceptação de comunicação telefônica para fins de investigação criminal; (...) a ilicitude da interceptação telefônica — a falta de lei que, nos termos constitucionais, venha a discipliná-la e viabilizá-la — contaminou, no caso, as demais provas, todas oriundas, direta ou indiretamente, de informações obtidas na escuta (*fruits of the poisonous tree*), nas quais se fundou a condenação do paciente" (HCS 96912-RS, Pleno do STF, rel. Ministro Sepúlveda Pertence, j. 16.12.1993, *DJU* 25.3.1994, por maioria).

das. O mesmo STF, no *habeas corpus*[11] julgado em 12.6.1996, relator o Ministro Maurício Correa, repisou que o dispositivo constitucional autorizador da violação do sigilo das comunicações telefônicas não era *self enforcing*, necessitando ser regulamentado via lei ordinária, sendo, até então, ilícitas as provas obtidas por esta via, mesmo através de autorização judicial.

13. Nula aquela prova, foi definido que a nulidade estendia-se às demais provas que decorriam *exclusivamente* dela. No julgamento do *habeas corpus*[12] 74599-SP, em 3.12.1996, a 1ª Turma do STF, através de voto do Ministro Ilmar Galvão, assentou que, não tendo sido a irregular interceptação telefônica a prova exclusiva que desencadeou o procedimento penal, somente vindo a corroborar as demais provas licitamente obtidas, não cabia anular a decisão condenatória proferida. A validade da condenação, portanto, derivava do nível de conexão e interdependência entre as provas coligidas.

14. Já editada a Lei 9.296/1996, o STJ, por maioria, no julgamento do *habeas corpus* 10243-RJ,[13] em 19.12.2000, relator

11. "*Habeas corpus*. Crime qualificado de exploração de prestígio (CP, art. 357, parágrafo único). Conjunto probatório fundado, exclusivamente, de interceptação telefônica, por ordem judicial, porém, para apurar outros fatos (tráfico de entorpecentes): violação do art. 5º, XII, da Constituição. 1. O art. 5º, XII, da Constituição, que prevê, excepcionalmente, a violação do sigilo das comunicações telefônicas para fins de investigação criminal ou instrução processual penal, não é auto-aplicável: exige lei que estabeleça as hipóteses e a forma que permitam a autorização judicial. Precedentes. a) Enquanto a referida lei não for editada pelo Congresso Nacional, é considerada prova ilícita a obtida mediante quebra do sigilo das comunicações telefônicas, mesmo quando haja ordem judicial (CF, art. 5º, LVI); b) O art. 57, II, *a*, do Código Brasileiro de Telecomunicações não foi recepcionado pela atual Constituição (art. 5º, XII), a qual exige *numerus clausus* para a definição das hipóteses e formas pelas quais é legítima a violação do sigilo das comunicações telefônicas. 2. A garantia que a Constituição dá, até que a lei o defina, não distingue o telefone público do particular, ainda que instalado em interior de presídio, pois o bem jurídico protegido é a privacidade das pessoas, prerrogativa dogmática de todos os cidadãos. 3. As provas obtidas por meios ilícitos contaminam as que são exclusivamente delas decorrentes; tornam-se inadmissíveis no processo e não podem ensejar a investigação criminal e, com mais razão, a denúncia, a instrução e o julgamento (CF, art. 5º, LVI), ainda que tenha restado sobejamente comprovado, por meio delas, que o Juiz foi vítima das contumélias do paciente. 4. Inexistência, nos autos do processo-crime, de prova autônoma e não decorrente de prova ilícita, que permita o prosseguimento do processo. 5. *Habeas corpus* conhecido e provido para trancar a ação penal instaurada contra o paciente, por maioria de 6 votos contra 5" (HC 72588-PB, Pleno do STF, rel. Ministro Maurício Correa, j. 12.6.1996, *DJU* 2.8.2000, por maioria, vencidos os Mins. Carlos Velloso, Octávio Gallotti, Sydney Sanches, Néri da Silveira e Moreira Alves. Resultado: Deferido. Paciente: Paulstein Aureliano de Almeida. Coator: STJ).

12. "*Habeas corpus*. Prova ilícita. Escuta telefônica. *Fruits of the poisonous tree*. Não-acolhimento. Não cabe anular-se a decisão condenatória com base na alegação de haver a prisão em flagrante resultado de informação obtida por meio de censura telefônica deferida judicialmente. É que a interceptação telefônica — prova tida por ilícita até a edição da Lei 9.296, de 24.7.1996, e que contaminava as demais provas que dela se originavam — não foi a prova exclusiva que desencadeou o procedimento penal, mas somente veio a corroborar as outras licitamente obtidas pela equipe de investigação policial. *Habeas corpus* indeferido" (HC 74599-SP, 1ª T. do STF, rel. Ministro Ilmar Galvão, j. 3.12.1996, *DJU* 7.2.1997, unânime. Paciente: Durvalino Lima Vale. Coator: TJSP).

No mesmo sentido: "*Habeas corpus*. Acusação vazada em flagrante de delito viabilizado exclusivamente por meio de operação de escuta telefônica, mediante autorização judicial. Prova ilícita. Ausência de legislação regulamentadora. Art. 5º, XII, da Constituição Federal. *Fruits of the poisonous tree*. O Supremo Tribunal Federal, por maioria de votos, assentou entendimento no sentido de que sem a edição de lei definidora das hipóteses e da forma indicada no art. 5º, inc. XII, da Constituição não pode o Juiz autorizar a interceptação de comunicação telefônica para fins de investigação criminal. Assentou, ainda, que a ilicitude da interceptação telefônica — à falta da lei que, nos termos do referido dispositivo, venha a discipliná-la e viabilizá-la — contamina outros elementos probatórios eventualmente coligidos, oriundos, direta ou indiretamente, das informações obtidas na escuta. *Habeas corpus* concedido" (HC 73351-SP, 1ª T. do STF, rel. Ministro Ilmar Galvão, j. 9.5.1996, *DJU* 19.3.1999, por maioria. Paciente: José Pereira da Rosa. Coator: TJSP).

13. "*Habeas corpus*. Processual penal. Conexão. Continência. Foro privilegiado. Ausente prer-

para o acórdão o Ministro Félix Fischer, definiu que a interceptação de comunicação telefônica somente pode ser autorizada pelo juiz competente para apreciar a ação principal, sendo nula a autorização dada por juiz incompetente. Idêntica solução é a adotada no STF,[14] que fixou também que o decreto de nulidade não atinge as demais provas derivadas do inquérito policial, que não revestem-se de caráter decisório e são autônomas.[15] Por maioria, através de voto do Ministro Francisco Rezek, o STF concluiu também que o princípio do contraditório não prevalece na fase inquisitória.[16]

15. O STJ consagrou a interpretação de que a gravação de conversa telefônica por um dos interlocutores não consiste em interceptação telefônica, podendo servir como prova em processo penal.[17] O STF

rogativa de função. I — Inexistindo prerrogativa de função é da competência do juiz de primeiro grau o processamento e julgamento do feito. II — O juiz competente para a ação principal é quem deve autorizar ou não a interceptação das comunicações telefônicas. III — Considera-se nula a autorização judicial para interceptação telefônica concedida por juiz incompetente. *Writ* deferido, para que se declare a competência do juízo de primeiro grau para processamento e julgamento do feito e anular os atos até então praticados pelo juízo incompetente" (HC 10243-RJ, 5ª T. do STJ, rel. Ministro Edson Vidigal, rel. p/acórdão Ministro Félix Fischer, j. 19.12.2000, *DJ* 23.4.2001, p. 164, por maioria).

14. "Recurso ordinário em *habeas corpus*. 2. Acórdão do Superior Tribunal de Justiça que declarou a nulidade do processo criminal, *ab initio*, inclusive da denúncia, por incompetência da Justiça Federal. 3. Atos investigatórios mantidos, a serem apreciados pela Justiça Estadual. 4. Decerto, os atos investigatórios constantes do inquérito policial, da fase indiciária, não são nulos, *ut* art. 567 do CPP, porque não se revestem de caráter decisório, salvo aqueles de natureza constritiva de direito, que, possuindo essa índole, provêm de decisão judicial. 5. Recurso parcialmente provido para ampliar o deferimento do *habeas corpus* e considerar nula a decisão do juiz federal incompetente, quanto à autorização para a interceptação telefônica e quebra dos sigilos bancário e telefônico, sem prejuízo das demais provas constantes do inquérito policial que, autônomas, possam fundamentar a denúncia do Ministério Público Estadual" (RHC 80197-GO, 2ª T. do STF, rel. Ministro Néri da Silveira, j. 8.8.2000, *DJU* 29.9.2000, unânime).

15. "(...) de minha parte, não iria além de conceder que a admissão da prova ilícita só não induz nulidade, quando irrelevante para seu objeto, ou, então, quando se pudesse afirmar seguramente que outras provas, colhidas independentemente da existência daquela proibida, bastariam à condenação" (HC 73.351-4-SP, voto do Ministro Ilmar Galvão em acórdão por ele relatado, j. 9.5.1996, *DJ* 19.3.1999).

16. "Inquérito. Agravo regimental. Sigilo bancário. Quebra. Afronta ao art. 5º-X e XII da CF: inexistência. Investigação criminal. Contraditório. Não prevalece. I — A quebra do sigilo bancário não afronta o art. 5º-X e XII da Constituição Federal (precedente: Pet. 577). II — O principio do contraditório não prevalece na fase inquisitória (HHCC 55.447 e 69.372; RE 136.239, *inter alia*). Agravo regimental não provido" (AGRINQ 897-DF, Pleno do STF, rel. Ministro Francisco Rezek, j. 23.11.1994, *DJ* 24.3.1995, p. 6.806, por maioria).

17. "Processual. Gravação de conversa autorizada por um dos interlocutores. Controvérsia. 1. A jurisprudência desta Corte tem firmado o entendimento de que a gravação de conversa por um dos interlocutores não configura interceptação telefônica, sendo lícita como prova no processo penal. 2. Para se verificar se houve a efetiva autorização ou não por parte do ora paciente, necessária seria a realização de dilação probatória, o que não se admite nesta via constitucional. 3. Não conheço do *habeas corpus*" (HC 14336-RJ, 5ª T. do STJ, rel. Ministro Edson Vidigal, j. 28.11.2000, *DJU* 18.12.2000, unânime). "Penal. Processual. Gravação de conversa telefônica por um dos interlocutores. Prova lícita. Princípio da proporcionalidade. *Habeas corpus*. Recurso. 1. A gravação de conversa por um dos interlocutores não é interceptação telefônica, sendo lícita como prova no processo penal. 2. Pelo Princípio da proporcionalidade, as normas constitucionais se articulam num sistema, cuja harmonia impõe que, em certa medida, tolere-se o detrimento a alguns direitos por ela conferidos, no caso, o direito à intimidade. 3. Precedentes do STF. 4. Recurso conhecido mas não provido" (RHC 7216-SP, 5ª T. do STJ, rel. Ministro Edson Vidigal, j. 28.4.1998, *DJ* 25.5.1998, unânime).

"(...) Repórter que se identifica como terceiro. Gravação de conversa telefônica. Divulgação pela imprensa. Validade da prova. Não comprovação do efetivo prejuízo sofrido pelas partes ou por terceiros. (...) Este Superior Tribunal de Justiça vem prestigiando a tese de que a gravação de conversa telefônica por um dos interlocutores não é interceptação telefônica, sendo lícita como prova no processo penal. Não há similitude entre os arestos em confronto, pois o caso *sub judice* possui uma peculiaridade. O repórter se apresentou como uma outra pessoa (conhecida do interlocutor e opositor àquele ao qual pertencia outro co-réu). Dissídio não demonstrado. Recurso não conhecido" (REsp 214089-SP, 5ª T. do STJ, considera lícita a gravação de conversa telefônica efetuada por terceiro com a anuência de um dos interlocutores, quando caracterizar legítima defesa.[18]

Luiz Flávio Gomes[19] critica a interpretação do STJ e distingue as *interceptações telefônicas* — regradas pela Lei 9.296/1996 — das *gravações clandestinas*, carentes de regramento específico. Segundo o referido autor, as gravações clandestinas abrangem tanto a telefônica (quando se grava uma comunicação telefônica própria), quanto a ambiental (quando se grava uma conversação entre pessoas presentes, sem o conhecimento do interlocutor). A simples gravação não constitui crime, o qual materializa-se, porém, com a divulgação, nos termos do art. 153 do CP (considerando-se excludente a justa causa). Sendo o sigilo e a proteção à intimidade a regra, toda exceção deve ser veiculada através de lei, sob pena de nulidade das provas daí derivadas.[20] O mencionado jurista entende cabível a utilização de tais gravações como prova em processo criminal apenas na hipótese *pro reo*, sendo imprestável para embasar juízo condenatório[21] ou quebrar o princípio da presunção de inocência.

rel. Ministro José Arnaldo da Fonseca, j. 16.3.2000, *DJ* 17.4.2000, *RDTJRJ* 44/72, unânime).

18. "*Habeas corpus*. Utilização de gravação de conversa telefônica feita por terceiro com a autorização de um dos interlocutores sem o conhecimento do outro quando há, para essa utilização, excludente da antijuridicidade. Afastada a ilicitude de tal conduta — a de, por legítima defesa, fazer gravar e divulgar conversa telefônica ainda que não haja o conhecimento do terceiro que está praticando crime —, é ela, por via de conseqüência, lícita e, também conseqüentemente, essa gravação não pode ser tida como prova ilícita, para invocar-se o art. 5º, LVI, da Constituição com fundamento em que houve violação da intimidade (art. 5º, X, da Carta Magna). *Habeas corpus* indeferido" (HC 74678-SP, 1ª T. do STF, rel. Ministro Moreira Alves, j. 10.6.1997, *DJU* 15.8.1997, unânime. Paciente: Luiz Marcos Klein. Impetrante: Miguel Reale Júnior e outros. Coator: STJ).

19. Luís Flávio Gomes, "Gravações telefônicas: ilicitude e inadmissibilidade", *Revista CEJ* 5, mai.-ago./1998.

20. "III — Gravação clandestina de 'conversa informal' do indiciado com policiais. 3. Ilicitude decorrente — quando não da evidência de estar o suspeito, na ocasião, ilegalmente preso ou da falta de prova idônea do seu assentimento à gravação ambiental — de constituir, dita 'conversa informal', na modalidade de 'interrogatório' sub-reptício, o qual, além de realizar-se sem as formalidades legais do interrogatório no inquérito policial (CPP, art. 6º, V), se faz sem que o indiciado seja advertido do seu direito ao silêncio. 4. O privilégio contra a auto-incriminação — *nemo tenetur se degetare* —, erigido em garantia fundamental pela Constituição — além da inconstitucionalidade superveniente da parte final do art. 186, CPP — importou compelir o inquiridor, na polícia ou em juízo, ao dever de advertir o interrogado do seu direito ao silêncio: a falta de advertência — e de sua documentação formal — faz ilícita a prova que, contra si mesmo, forneça o indiciado ou acusado no interrogatório formal e, com mais razão, em 'conversa informal' gravada, clandestinamente ou não. IV — Escuta gravada de comunicação telefônica com terceiro, que conteria evidência de quadrilha que integrariam: ilicitude, nas circunstâncias, com relação a ambos os interlocutores. 5. A hipótese não configuraria a gravação de conversa telefônica própria por um dos interlocutores — cujo uso como prova o STF, em dadas circunstâncias, tem julgado lícito — mas, sim, escuta de gravação por terceiro de comunicação telefônica alheia, ainda que com a ciência ou mesmo a cooperação de um dos interlocutores: essa última, dada a intervenção de terceiro, se compreende no âmbito da garantia constitucional do sigilo das comunicações telefônicas e o seu registro só se admitirá como prova, se realizada mediante prévia e regular autorização judicial. 6. A prova obtida mediante a escuta gravada por terceiro de conversa telefônica alheia é patentemente ilícita em relação ao interlocutor insciente da intromissão indevida, não importando o conteúdo do diálogo assim captado. 7. A ilicitude da escuta e gravação não autorizadas de conversa alheia não aproveita, em princípio, ao interlocutor que, ciente, haja aquiescido na operação; aproveita-lhe, no entanto, se, ilegalmente preso na ocasião, o seu aparente assentimento na empreitada policial, ainda que existente, não seria válido. 8. A extensão ao interlocutor ciente da exclusão processual do registro de escuta clandestina — ainda quando livre o seu assentimento nela — em princípio, parece inevitável, se a participação de ambos os interlocutores no fato probando for incindível ou mesmo necessária à composição do tipo penal cogitado, qual, na espécie, o de quadrilha. 9. Prova ilícita e contaminação de provas derivadas (*fruits of the poisonous tree*)" (HC 80.949-9-RJ, 1ª T. do STF, rel. Ministro Sepúlveda Pertence, j. 30.10.2001, *DJ* 14.12.2001).

21. Ampara-se em excerto de voto do Ministro Celso de Mello, citado por Alexandre de Moraes no *Boletim IBCCrim* 44/6.

16. Como o legislador constituinte inseriu entre os Direitos e Garantias Fundamentais da CF/1988 tanto a proteção à intimidade e à vida privada quanto a possibilidade de limitada flexibilização destes direitos para fins de relevante *persecutio criminis*, vê-se que, editada a competente lei regulamentadora do procedimento, este será considerado lícito — se conforme a Constituição e praticado dentro das regras estabelecidas —, uma vez que, conforme assentou o Pleno do STF, através de voto do Ministro Celso de Mello:[22] "Não há, no sistema constitucional brasileiro, direitos ou garantias que se revistam de caráter absoluto, mesmo porque razões de relevante interesse público ou exigências derivadas do princípio de convivência das liberdades legitimam, ainda que excepcionalmente, a adoção, por parte dos órgãos estatais, de medidas restritivas das prerrogativas individuais ou coletivas, desde que respeitados os termos estabelecidos pela própria Constituição. O estatuto constitucional das liberdades públicas, ao delinear o regime jurídico a que estas estão sujeitas — e considerado o substrato ético que as informa — permite que sobre elas incidam limitações de ordem jurídica, destinadas, de um lado, a proteger a integridade do interesse social e, de outro, a assegurar a coexistência harmoniosa das liberdades, pois nenhum direito ou garantia pode ser exercido em detrimento da ordem pública ou com desrespeito aos direitos e garantias de terceiros".

17. Ada Pellegrini Grinover,[23] comentando o regime das interceptações telefônicas, entende que, apesar do caráter aparentemente absoluto da vedação probatória, há espaço para construções doutrinárias e jurisprudenciais, com especial relevo para o princípio da proporcionalidade[24] e da teoria das provas ilícitas por derivação. Tal posição foi rechaçada no STF em acórdão relatado pelo Ministro Sepúlveda Pertence,[25] no qual ficou assentado: "Da explícita proscrição da prova ilícita, sem distinção quanto ao crime objeto do processo (CF, art. 5º, LVI), resulta a prevalência da garantia nela estabelecida sobre o interesse na busca, a qualquer custo, da verdade real no processo: conseqüente impertinência de apelar-se ao princípio da proporcionalidade — à luz de teorias estrangeiras inadequadas à ordem constitucional brasileira — para sobrepor, à vedação constitucional da admissão da prova ilícita, considerações sobre a gravidade da infração penal objeto da investigação ou da imputação".

18. O próprio legislador ordinário, ao estabelecer as hipóteses e a forma da interceptação telefônica, já norteou-se pela ponderação de interesses,[26] levando em conta a necessidade de, a par de permitir uma investigação criminal eficiente, também manter tutelados a liberdade de manifestação

22. MS 23452-RJ, Pleno do STF, rel. Ministro Celso de Mello, j. 16.9.1999, *DJU* 12.5.2000, unânime.

23. Ada Pellegrini Grinover, "O regime brasileiro das interceptações telefônicas", *Revista CEJ* 3, set.-dez./1997.

24. Luiz Flávio Gomes adverte que o princípio da proporcionalidade, na restrição de direitos, é direcionado e apropriado para o legislador, e não para o julgador, sob pena de validar a advertência de Nicolas Gonzales-Cuellar Serrano, no sentido de que isto pode abrir uma brecha no princípio da legalidade e atribuir ao princípio da proporcionalidade uma função deturpada, que, ao invés de favorecer os direitos fundamentais do cidadão, retira do princípio sua finalidade de limite de restrições, permitindo ao Estado, assim, encobrir atuações arbitrárias com argumentos pseudojurídicos (ob. cit.).

25. HC 80.949-9-RJ, 1ª T. do STF, rel. Ministro Sepúlveda Pertence, j. 30.10.2001, *DJ* 14.12.2001.

26. Na técnica da ponderação de interesses, utiliza-se o princípio da proporcionalidade, somente justificando-se a medida interventiva na medida em que a) mostrar-se apta a garantir a existência do interesse contraposto; b) não houver solução menos gravosa e c) o benefício obtido com a restrição a um interesse compensar o grau de sacrifício imposto ao interesse antagônico (Daniel Sarmento, *A Ponderação de Interesses na Constituição Federal*, p. 96). "(...) 2. Pelo princípio da proporcionalidade, as normas constitucionais se articulam num sistema, cuja harmonia impõe que, em certa medida, tolere-se o detrimento a alguns direitos por ela conferidos, no caso, o direito à intimidade. 3. Precedentes do STF. 4. Recurso conhecido mas não provido" (RHC 7216-SP, 5ª T. do STJ, rel. Ministro Edson Vidigal, j. 28.4.1998, *DJ* 25.5.1998, unânime).

de pensamento e o segredo, como corolário do direito à intimidade. O voto do Ministro Sepúlveda Pertence[27] no *habeas corpus* 73351-4, julgado pelo Pleno do STF, traz importantes lições quanto à motivação e relevância da inadmissibilidade das provas ilícitas por derivação, como segue:

"O caso é típico dos que põem em causa a discussão sobre a contaminação das provas derivadas da prova ilícita. A questão é dramática; não nasceu no Brasil, nem nasceu nesta sala. Ela preocupa, hoje, os constitucionalistas e processualistas de todo o mundo. A polêmica é dessas intermináveis. Ora predomina, seja nos EUA, na Alemanha ou em Portugal, uma orientação, ora outra. Na verdade, atrás de polêmica, está um dilema, que é o verdadeiro divisor de águas. O dilema está entre a crença nas garantias constitucionais e na necessidade de lhe dar efetividade, ou na crença de que às garantias constitucionais se devem sobrepor à perseguição a qualquer custo, da verdade real, posta como única finalidade do processo penal, em qualquer caso ou pelo menos, no tocante à criminalidade de maior gravidade. Não é à toa que os eminentes Ministros que denegam a ordem apelam todos à 'verdade real', como interesse prevalente. Alega-se que o texto da Constituição não cuida de provas derivadas. Mas, salvo engano meu, nenhum direito positivo o faz. Não obstante, a polêmica lavra em todo o mundo.

"A ilicitude da prova, no caso, não vem de irregularidade processual na sua colheita, mas da violação a uma garantia constitucional. Ora, impossibilitar a juntada de gravações da escuta proibida, mas possibilitar que seja ela a fonte de toda a prova colhida é simplesmente tornar coisa alguma a garantia do sigilo das comunicações. Continuo convencido da correção da assertiva da Suprema Corte americana, em Nordone *v*. United, de 1939, de que 'to forbid the direct use of methods (...) but to put no curb on their full indirect use only invite the very method demed inconsistend with ethical standards and destructive of personal liberty'.

"Nesse mesmo sentido, como testemunha Costa Andrade (*Sob as Proibições de Prova em Processo Penal*, Coimbra, 1992, p. 175) o raciocínio da melhor doutrina germânica no rumo similar da aceitação do 'efeito à distância' (*Ferenwirkung*) das proibições de prova. 'A utilização das provas secundárias, argumenta-se nesta linha' — segundo testemunho de Costa Andrade (ob. cit.) — permitiria ladear as proibições, minando a eficácia das normas e neutralizando o respectivo conteúdo de tutela. Não pode — sustenta, por exemplo, Otto — estabelecer-se nenhuma diferença entre a valoração duma declaração como declaração e a valoração dos conhecimentos resultantes da mesma declaração. Em sentido convergente e reportando-se concretamente às provas obtidas mediante tortura, enfatiza Hassemer que a recusa do efeito à distância paralisaria e dissolveria 'a força expressiva da proibição da tortura, tanto no plano cultural como jurídico'.

"No Brasil, Luiz Francisco Torquato Avolio, em monografia preciosa (*Provas Ilícitas*, Ed. RT, 1995, pp. 66 e ss.) — fundado em Trocker (*Processo Civile e Costituzione*, 1974, p. 631) — chega também à proscrição das 'provas ilícitas por derivação', sempre que a proibição da prova visar a proteção de valores fundamentais, como a vida, a integridade física, a privacidade ou a liberdade'.

"Não se trata, data vênia, a meu ver, de punir, pela absolvição, a violação da regra constitucional, mas sim de adotar a única interpretação capaz de dar garantia aos altos valores constitucionais subjacentes à proibição da prova ilícita, porque decorrente da interceptação telefônica sem autorização judicial. Aqui, de minha parte não admito transigência fácil. Sou dos que pensam, com Wolter (*apud* M. Costa Andrade, ob. cit., p. 38), que 'em todos os casos que contendam com a dignidade humana, não

27. *Habeas corpus* 73351-4-SP, Pleno do STF, rel. Ministro Ilmar Galvão, j. 9.5.1996, *DJ* 19.3.1999.

poderão ser chamados à ponderação os interesses por uma justiça penal eficaz. Quem o fizesse não tomaria a sério nem a inviolabilidade nem o processo penal vocacionado para a proteção dos direitos fundamentais, Pois, nas situações de criminalidade grave, uma tal ponderação de interesses redundaria sistematicamente na frustração da tutela dos direitos fundamentais'. Certo, a Constituição transigiu, no ponto, com os interesses da repressão penal, ao admitir que a lei estabeleça as hipóteses e a forma em que seria viável quebrar o sigilo da comunicações telefônicas: essa delicada ponderação confiada exclusivamente à lei, não pode, contudo, ser substituída pela discrição da autoridade policial, que ora se pretende receba a chancela do Supremo Tribunal."

19. O STF já teve oportunidade de deliberar no sentido de que a cláusula constitucional da reserva de jurisdição[28] incide sobre a busca domiciliar (CF, art. 5º, XI), a interceptação telefônica (CF, art. 5º, XII) e a decretação da prisão de qualquer pessoa, ressalvada a hipótese de flagrância (CF, art. 5º, LXI), devendo ser determinadas *ab initio* pelo Poder Judiciário.

20. Veja-se que o art. 1º da Lei 9.296/1996 impõe que a escuta telefônica deve ser antecedida de autorização através do juiz competente (antecedente, e não homologatória da diligência[29]); somente pode ser efetuada para o exercício de investigação policial ou investigação criminal, ficando sob o regime de segredo de justiça.

21. Atinente ao segredo, também foi objeto de decisão pelo Pleno do STF, no mesmo acórdão antes referido,[30] que o direito de acesso a dados reservados, como o sigilo bancário, fiscal e telefônico, torna a autoridade depositária destes dados, com o correlato dever de mantê-los em sigilo. A desobediência a este dever está sujeita às sanções previstas em lei. A divulgação reveste-se de excepcionalidade e condiciona-se a justa causa e a necessidade, como requisito essencial para que sejam tomadas as medidas judiciais cabíveis, no estrito interesse público e em atenção aos fins que

28. "(...) O postulado da reserva constitucional de jurisdição importa em submeter, à esfera única de decisão dos magistrados, a prática de determinados atos cuja realização, por efeito de explícita determinação constante do próprio texto da Carta Política, somente pode emanar do juiz, e não de terceiros, inclusive daqueles a quem se haja eventualmente atribuído o exercício de 'poderes de investigação próprios das autoridades judiciais'. A cláusula constitucional da reserva de jurisdição — que incide sobre determinadas matérias, como a busca domiciliar (CF, art. 5º, XI), a interceptação telefônica (CF, art. 5º, XII) e a decretação da prisão de qualquer pessoa, ressalvada a hipótese de flagrância (CF, art. 5º, LXI) — traduz a noção de que, nesses temas específicos, assiste ao Poder Judiciário, não apenas o direito de proferir a última palavra, mas, sobretudo, a prerrogativa de dizer, desde logo, a primeira palavra, excluindo-se, desse modo, por força e autoridade do que dispõe a própria Constituição, a possibilidade do exercício de iguais atribuições, por parte de quaisquer outros órgãos ou autoridades do Estado. Doutrina. O princípio constitucional da reserva de jurisdição, embora reconhecido por cinco (5) Juízes do STF — Ministro Celso de Mello (relator), Ministro Marco Aurélio, Ministro Sepúlveda Pertence, Ministro Néri da Silveira e Ministro Carlos Velloso (Presidente) — não foi objeto de consideração por parte dos demais eminentes Ministros do Supremo Tribunal Federal, que entenderam suficiente, para efeito de concessão do *writ* mandamental, a falta de motivação do ato impugnado" (MS 23452-RJ, Pleno do STF, rel. Ministro Celso de Mello, j. 16.9.1999, *DJU* 12.5.2000, unânime). "(...) O princípio constitucional da reserva de jurisdição — que incide sobre as hipóteses de busca domiciliar (CF, art. 5º, XI), de interceptação telefônica (CF, art. 5º, XII) e de decretação da prisão, ressalvada a situação de flagrância penal (CF, art. 5º, LXI) — não se estende ao tema da quebra de sigilo, pois, em tal matéria, e por efeito de expressa autorização dada pela própria Constituição da República (CF, art. 58, § 3º), assiste competência à Comissão Parlamentar de Inquérito, para decretar, sempre em ato necessariamente motivado, a excepcional ruptura dessa esfera de privacidade das pessoas. (...)" (MS 23639-DF, Pleno do STF, rel. Ministro Celso de Mello, j. 16.11.2000, *DJU* 16.2.2001, unânime. No mesmo sentido MS 23652-DF, Pleno do STF, rel. Ministro Celso de Mello, j. 22.11.2000, *DJU* 16.2.2001, unânime).

29. Ver Élio Wanderley de Siqueira Filho, "Aspectos relevantes da escuta telefônica", *Revista CEJ* 5, mai.-ago./1998.

30. MS 23452-RJ, Pleno do STF, rel. Ministro Celso de Mello, j. 16.9.1999, *DJU* 12.5.2000, unânime.

legitimaram a intervenção, tais como em relatório final de CPI, comunicações ao MP ou outros órgãos do Poder Público e, por extensão lógica, na denúncia e na sentença.

22. Para que seja deferida a interceptação telefônica, mostra-se essencial a demonstração de elementos dos quais deflua a suspeita de que determinado agente tenha concorrido na tentativa ou prática de ato delituoso. A lei contenta-se com indícios,[31] desde que razoáveis, de autoria ou participação em infração penal, restringindo a utilização deste recurso aos crimes para os quais seja cominada pena privativa de liberdade. Reiterando a excepcionalidade da medida, mostra-se imprescindível que a providência — escuta telefônica — seja essencial para revelar a verdade material, sem que seja possível chegar ao mesmo resultado mediante outros expedientes.

23. Havendo via menos gravosa ao sacrifício de direitos, a autoridade policial deve lançar mão desta, evitando a via mais radical. Mais: impossível a utilização das informações obtidas através de escuta telefônica para obter condenação por prática de crime distinto daquele que justificou a realização da diligência.

24. Há controvérsia na doutrina quanto à extensão do permissivo legal, havendo quem estenda sua abrangência, também, à interceptação de fluxos de informações através de sistemas de informática e telemática.[32] Para outros, dando-se o fluxo de comunicações em sistemas de informática e telemática por intermédio de transferência de dados, sua inviolabilidade permaneceria, em decorrência do inc. XII do art. 5º da Constituição Federal possuir quatro elementos jurídicos: a) correspondência; b) comunicações telegráficas; c) dados e d) comunicações telefônicas. Nos itens a, b e c, a vedação seria absoluta e, quanto ao item d, relativa, passível de flexibilização mediante requisitos dispostos em lei específica.[33]

25. Em amparo desta interpretação, José Henrique Barbosa Moreira Lima cita os seguintes doutrinadores: Ada Pellegrini Grinover, Antônio Scarance Fernandes e Antônio Magalhães Gomes Filho,[34] além de Antônio Carlos de Araújo Cintra e Cândido R. Dinamarco,[35] e Luiz Gustavo Grandinetti Castanho de Carvalho,[36] dentre outros. O Supremo Tribunal Federal, através do Ministro Celso de Mello teceu distinções[37] em relação a acesso a dados/regis-

31. "O sigilo bancário, o sigilo fiscal e o sigilo telefônico (sigilo este que incide sobre os dados/registros telefônicos e que não se identifica com a inviolabilidade das comunicações telefônicas) — ainda que representem projeções específicas do direito à intimidade, fundado no art. 5º, X, da Carta Política — não se revelam oponíveis, em nosso sistema jurídico, às Comissões Parlamentares de Inquérito, eis que o ato que lhes decreta a quebra traduz natural derivação dos poderes de investigação que foram conferidos, pela própria Constituição da República, aos órgãos de investigação parlamentar. As Comissões Parlamentares de Inquérito, no entanto, para decretarem, legitimamente, por autoridade própria, a quebra do sigilo bancário, do sigilo fiscal e/ou do sigilo telefônico, relativamente a pessoas por elas investigadas, devem demonstrar, a partir de meros indícios, a existência concreta de causa provável que legitime a medida excepcional (ruptura da esfera de intimidade de quem se acha sob investigação), justificando a necessidade de sua efetivação no procedimento de ampla investigação dos fatos determinados que deram causa à instauração do inquérito parlamentar, sem prejuízo de ulterior controle jurisdicional dos atos em referência (CF, art. 5º, XXXV)" (MS 23452-RJ, Pleno do STF, rel. Ministro Celso de Mello, j. 16.9.1999, *DJU* 12.5.2000, unânime).

32. Ver Élio Wanderley de Siqueira Filho, "Aspectos relevantes da escuta telefônica", *Revista CEJ* 5, mai.-ago./1998. Tourinho Filho, *Processo Penal*, p. 234.

33. José Henrique Barbosa Moreira Lima Neto, "Da inviolabilidade de dados: inconstitucionalidade parcial da Lei 9.296/1996", *Revista CEJ* 5, mai.-ago./1998.

34. *As Nulidades no Processo Penal*, 4ª ed., p. 154, *apud* José Henrique Barbosa Moreira Lima Neto, ob. cit.

35. *Teoria Geral do Processo*, 12ª ed., p. 83, *apud* José Henrique Barbosa Moreira Lima Neto, ob. cit.

36. *O Processo Penal em face da Constituição*, pp. 28-29, *apud* José Henrique Barbosa Moreira Lima Neto, ob. cit.

37. "O sigilo bancário, o sigilo fiscal e o sigilo telefônico (sigilo este que incide sobre os dados/re-

tros telefônicos e violação das comunicações telefônicas.

O sigilo profissional

26. No que respeita ao segredo profissional, abrangendo conversas entre advogado e cliente, Élio Wanderley de Siqueira Filho[38] entende incabíveis intromissões, aproveitando lição do Ministro do Superior Tribunal de Justiça Luiz Vicente Cernicchiaro, que segue transcrita: "Evidente, a interceptação não pode colher a conversa do indiciado, ou do réu, com seu advogado. Vou além. De qualquer forma pessoa que procure o profissional a fim de aconselhar-se porque praticara uma infração penal. Será contraditório o Estado obrigar o advogado a guardar segredo profissional e imiscuir-se na conversa e dela valer-se para punir o cliente. O Direito não admite contradição lógica. De outro lado, a prova colhida, conforme o procedimento mencionado, só pode ser utilizada na hipótese mencionada no requerimento de autorização judicial. Ou seja: imprestável para outro inquérito, ou outro processo. Se assim não for, a cautela da lei desmorona; ter-se-á a consagração do uso dos frutos da árvore envenenada! Haveria, sem dúvida, atalho para contornar as cautelas que se evidenciam na recente lei. (...) Entenda-se, porém, como interpretam os comentadores portugueses: se houver sérios indícios de o defensor haver participado da atividade criminosa. Nesse caso, não atua como profissional, mas como qualquer outro delinqüente. Conclusão, aliás, resultante de interpretação lógico-sistemática".

27. A quebra de sigilo telefônico de advogado suspeito de prática de infração penal já foi objeto de precedente no STJ,[39] tendo o STF através do voto do Ministro Celso de Mello,[40] adotado as lições de Paulo Luiz Netto Lobo (*Comentários ao Estatuto da Advocacia*, 2ª ed., Brasília Jurídica, 1996, pp. 56-57) acerca do tema, como seguem:

"A inviolabilidade do advogado alcança seus meios de atuação profissional, tais como o seu escritório ou locais de trabalho, seus arquivos, seus dados, sua correspondência e suas comunicações. Todos esses meios estão alcançados tradicionalmente pela tutela do sigilo profissional. A ampla utilização da informática pelo advogado, com sua crescente miniaturização, faz estender a inviolabilidade aos dados e arquivos de computador, mantidos em seu local de trabalho ou que transporte consi-

gistros telefônicos e que não se identifica com a inviolabilidade das comunicações telefônicas) — ainda que representem projeções específicas do direito à intimidade, fundado no art. 5º, X, da Carta Política — não se revelam oponíveis, em nosso sistema jurídico, às Comissões Parlamentares de Inquérito, eis que o ato que lhes decreta a quebra traduz natural derivação dos poderes de investigação que foram conferidos, pela própria Constituição da República, aos órgãos de investigação parlamentar" (MS 23452-RJ, Pleno do STF, rel. Ministro Celso de Mello, j. 16.9.1999, *DJ* 12.5.2000, p. 20, unânime). Em outro aresto, ainda com relação à situação concernente ao acesso da CPI aos registros telefônicos, o ilustre Ministro, citando Luiz Carlos dos Santos Gonçalves (*Direito Civil Constitucional*, Cadernos I, p. 249) e Tércio Sampaio Ferraz Júnior (*Cadernos de Direito Constitucional e Ciência Política*, v. 1/85), explicita que "o inc. XII do art. 5º da Carta Política impede o acesso à própria ação comunicativa, mas não aos dados comunicados", mesmo porque estes — os dados comunicados — "protegidos pela cláusula tutelar da intimidade, inscrita no inc. X do art. 5º da Constituição, não constituem limite absoluto à ação do Poder Público" (MS 23.452-1-RJ, Pleno do STF, rel. Ministro Celso de Mello, j. 16.9.1999, *DJ* 12.5.2000).

38. Élio Wanderley de Siqueira Filho, ob. cit.; também Ada P. Grinover, *Revista CEJ* 3, cit.

39. "ROMS. Sigilo telefônico. Advogado. Quebra. I — Decisão judicial fundamentada, com apoio na Lei 9.296/1996, determinando a interceptação telefônica, não afronta a Constituição Federal. II — A proteção à inviolabilidade das comunicações telefônicas do advogado não consubstancia direito absoluto, cedendo passo quando presentes circunstâncias que denotem a existência de um interesse público superior, especificamente, a fundada suspeita da prática da infração penal. Recurso desprovido" (ROMS 10857-SP, 5ª T. do STJ, rel. Ministro Félix Fischer, j. 16.3.2000, *DJ* 2.5.2000).

40. MS 23.452-1-RJ, Pleno do STF, rel. Ministro Celso de Mello, j. 16.9.1999, *DJ* 12.5.2000.

go. O Estatuto refere-se a escritório e local de trabalho. Entende-se por local de trabalho qualquer um que o advogado costume utilizar para desenvolver seus trabalhos profissionais, incluindo a residência, quando for o caso. A atual revolução tecnológica aponta para a realização à distância de serviços ligados por redes de comunicação, sem o deslocamento físico das pessoas. Em qualquer circunstância, o sigilo profissional não pode ser violado. (...).

"Em nenhuma hipótese, pode haver interceptação telefônica do local de trabalho do advogado, mesmo autorizada pelo magistrado, por motivo de exercício profissional. A hipótese prevista no inc. XII, do art. 5º, da Constituição (ser admitida, por ordem judicial, para fins de investigação criminal ou instrução processual penal), aplica-se apenas à própria pessoa do advogado, por ilícitos penais por ele cometidos, mas nunca em razão de sua atividade profissional. A inviolabilidade dos meios de atuação profissional do advogado sofre uma importante exceção, que corresponde ao sentido da locução 'limites da lei' contida no art. 133, da Constituição; é a da busca e apreensão determinada por magistrado. Não pode o advogado reter documentos que lhe foram confiados para os subtrair às investigações judiciais, sob pena de proteger o delito e a impunidade. A apreensão deverá se ater, exclusivamente, às coisas achadas ou obtidas por meios criminosos, como prevê o art. 240, § 1º, *b*, do Código de Processo Penal. A busca e apreensão não pode incluir correspondências recebidas pelo advogado, porque são confidências escritas, feitas ao abrigo da confiança e da tutela da intimidade, garantidas pela Constituição (art. 5º, XII), nem os demais documentos, arquivos e dados que não se vinculem à finalidade ilícita, objeto da busca (...)."

28. Atinente ao dever de sigilo dos auditores independentes, Nelson Eizirik[41] situa a privacidade e o sigilo entre os direitos da personalidade. O autor cita René Ariel Dotti (*Proteção da Vida Privada e Liberdade de Informação*, São Paulo, 1980, p. 23) para dizer que a proteção deferida pela ordem jurídica à intimidade e à vida privada abrange todos os aspectos que, por qualquer razão, não gostaríamos de ver cair no domínio público. Com amparo em Celso Ribeiro Bastos ("Sigilo bancário", in *Estudos e Pareceres — Direito Público*, São Paulo, Ed. RT, 1993, p. 64), o jurista situa entre os componentes básicos da privacidade, merecedores de tutela jurídica: a) o físico (imagem, constituição etc.); b) o psíquico (caráter, anomalias etc.); c) o afetivo (sentimentos, afetos etc.); d) o vivencial (relações amorosas, profissionais, familiares etc.); e) o material (condições econômicas, nível de vida etc.).

29. De uma leitura conjugada dos incs. X, XII e XIV, c/c arts. 144 do CC, 363, IV do CPC, 197 do CTN e do item 1.6 da NBC-P-1.6, Normas de Auditoria baixadas pelo Conselho Federal de Contabilidade, que dispõe que "1.6.1 o auditor independente deve respeitar e assegurar o sigilo relativamente às informações obtidas durante o seu trabalho, não às divulgando, sob qualquer circunstância, para terceiros, sem autorização expressa da entidade auditada, salvo quando houver obrigação legal de fazê-lo. 1.6.2 o dever de manter o sigilo continua depois de terminados os compromissos contratuais", conclui o autor que o auditor independente deve resguardar o sigilo sobre as informações confidenciais da entidade auditada, a que teve acesso em função de atividade profissional. Os papéis de trabalho do auditor são documentos personalíssimos, contendo informações e juízos provisórios, sem conteúdo oficial, não podendo ser requisitados pela CVM e nem ser utilizados como meio de prova em inquérito administrativo.

30. Encontra-se, também, aresto do STJ[42] em que empresa de auditoria e con-

41. Nelson Eizirik, "Auditor independente. Sigilo profissional", Parecer in *RDM* 112/137 e ss., out.-dez./1998.

42. RMS 9.612-SP, 4ª T. do STJ, rel. Ministro César Asfor Rocha, j. 3.9.1998, in *Revista de Direi-*

tabilidade amparando-se no Código de Ética da categoria, no inc. IV do art. 363 do CPC, no art. 197 do CTN, no art. 144 do CC, no art. 207 do CPP e no art. 154 do CP, buscou e obteve, via mandado de segurança, suspensão de ordem que determinava a revelação de dados sigilosos de ex-cliente, cuja apresentação fora requerida por perito em processo judicial e deferida pelo juiz *a quo*. Segue a ementa: "Sigilo profissional resguardado. O sigilo profissional é exigência fundamental da vida social que deve ser respeitado como princípio de ordem pública, por isso mesmo que o Poder Judiciário não dispõe de força cogente para impor a sua revelação, salvo na hipótese de existir específica norma de lei formal autorizando a possibilidade de sua quebra, o que não se verifica na espécie. O interesse público do sigilo profissional decorre do fato de se constituir em um elemento essencial à existência e à dignidade de certas categorias, e à necessidade de se tutelar a confiança nelas depositadas, sem o que, seria inviável o desempenho de suas funções, bem como por se revelar em uma exigência da vida e da paz social. Hipótese em que se exigiu da recorrente — ela que tem notória especialização em serviços contábeis e de auditoria e não é parte na causa — a revelação de segredos profissionais obtidos quando anteriormente prestou serviços à ré da ação. Recurso provido, com a concessão da segurança".

O sigilo bancário

31. Carlos Henrique Abrão[43] vê o sigilo bancário como técnica de captação, através da qual o banqueiro (ou qualquer outro profissional do mercado financeiro), em benefício do cliente, obriga-se a não divulgar fatos e atos concernentes às operações financeiras a cujo dados teve acesso em razão de exercício profissional. Roberto Quiroga Mosquera[44] situa a proteção ao sigilo bancário entre os Princípios Informadores do Mercado Financeiro e de Capitais, sendo expressão ao direito à privacidade constante dos incs. X e XII do art. 5º da CF/1988. Segundo o referido autor: "dados que dizem respeito aos valores depositados em contas correntes bancárias, tipos e formas de aplicações financeiras, rendimentos auferidos em operações bursáteis, etc., representam coisas íntimas daqueles que participam do mercado financeiro e de capitais. Tais dados não podem ser revelados sem que haja autorização legal para tanto, ou autorização expressa daquele que detém referido direito. Trata-se de direito personalíssimo, devendo manter-se em sigilo por aqueles que eventualmente o detenham (instituições financeiras, magistrados, auditores do Bacen, funcionários da CVM etc.), em razão de sua atividade profissional. O ocultamento dessas informações é atitude ética, moral e, em especial, atitude expressamente assegurada pelo Texto Magno".

32. Para Ives Gandra da Silva Martins,[45] o sigilo bancário ampara-se nos incs. X e XII do art. 5º da CF/1988, identificando-se com o sigilo de dados; afirma que, tendo a CF/1988 flexibilizado apenas a violação de comunicações telefônicas, nem mesmo a autoridade judiciária poderia determinar a violação daqueles dados. Todavia, interpretando-se possível a violação, deve dar-se apenas através de autorização judicial e, sendo garantia derivada de cláusula pétrea, não é possível modificá-la através de Lei Complementar, estendendo po-

to Bancário e do Mercado de Capitais 5/207, mai.-ago./1999, coord. Prof. Arnoldo Wald.

43. Carlos Henrique Abrão, "O sigilo bancário e as CPIs, o Ministério Público, a Receita Federal e o Judiciário", in *Aspectos Atuais do Direito do Mercado Financeiro e de Capitais*, p. 23.

44. Roberto Quiroga Mosquera, "Princípios informadores do mercado financeiro e de capitais", in *Aspectos Atuais do Mercado Financeiro e de Capitais*, p. 268.

45. Ives Gandra da Silva Martins, "Inconstitucionalidades da Lei Complementar 105/2001", in *Revista de Direito Bancário, do Mercado de Capitais e da Arbitragem* 11/31-33, jan.-mar./2001.

deres ao Fisco[46] e/ou ao Ministério Público para tal ato.[47]

33. Miguel Reale[48] disserta que, em sua concepção, o sigilo bancário legitima-se nas salvaguardas constitucionais da privacidade e do sigilo resultante do exercício profissional (art. 5º, X e XIV da CF). Leciona o renomado jurista: "Na realidade, uma conta bancária, qualquer que seja a sua modalidade, constitui uma projeção da personalidade do correntista que a constitui, valendo-se do serviço prestado pela instituição financeira. A sua designação como titular do depósito ou da aplicação diz bem do vínculo pessoal de domínio que surge como resultado de um ato de vontade: em se tratando, aliás, de um investimento, este traduz uma opção de livre iniciativa, outro valor pessoal que a Constituição vigente assegura em nada menos de dois artigos (o 1º e o de n. 170), sendo declarado um dos fundamentos do Estado Democrático de Direito".

34. Na doutrina portuguesa, encontramos lição de Antônio Menezes Cordeiro[49] no sentido de que "Uma linha mais radical, quer por, do segredo bancário, ter uma idéia — francamente oposta à actual panorâmica da doutrina — contrária à sua aproximação dos direito fundamentais, quer por uma aplicação isolada do princípio da tributação pelo lucro real, entende que os aludidos poderes limitam o segredo bancário. De modo algum: segundo o art. 34-3 do DL 367/1978, todos esses poderes só podem ser exercidos contra a vontade do contribuinte quando ordenado pela autoridade judicial competente em pedido fundamentado pelo respectivo funcionário da fiscalização tributária. (...) Finalmente: admitir que a Administração possa aceder, sem prévio controlo judicial, a tudo quanto respeite aos cidadãos, sem o prévio consentimento destes — portanto: pela força — seria um extraordinário retrocesso na idéia de Estado de Direito e da separação dos poderes. Em suma: a defesa dos direitos da personalidade e dos direitos fundamentais requer, sempre, lei expressa e via jurisdicional, como modo de limitar certos direitos, entre os quais o sigilo bancário e o que ele representa". Augusto de Athayde[50] compartilha e repisa a lição supra, criticando a "voracidade fiscal" e seu falso apelo redistributivo e de justiça social. Afirma incabível a suspensão do segredo bancário por mero ato administrativo e informa que o DL 5.132/1979, que outorgava poderes à Ins-

46. "Em casos excepcionais e com obediência à lei, pode haver quebra do sigilo bancário, mas pelo Poder Judiciário, e não pelo Fisco, em processo administrativo" (REsp 115.063-DF, 1ª T. do STJ, rel. Ministro Garcia Vieira, j. 17.4.1998, *Revista de Direito Bancário e do Mercado de Capitais* 4, jan.-abr./1999).

47. Em resposta a consulta formulada pelo Secretário da Receita Federal, acerca de requisição de dados sigilosos por Tribunal de Contas, o mesmo autor reitera o caráter constitucional da inviolabilidade e sua imutabilidade, acrescentando que "toda Constituição democrática objetiva garantir os direitos das pessoas, em primeiro lugar, e regular de que forma o Estado servirá à sociedade por seus governantes, em segundo lugar, na conformação do Estado e do Governo explicitando os mecanismos de escolha e de controle dos governantes. Em outras palavras, as Constituições Democráticas são voltadas para o cidadão mais do que para o Governo, que deve, através do Estado, servi-lo. Esta é a razão pela qual houve por bem, o constituinte, colocar como normas imodificáveis, os direitos e garantias individuais, tornando tal elenco de princípios o mais fundamental de toda a Carta Máxima. Por esse prisma, há de se entender que as autoridades detentoras de informações dos cidadãos, sejam obrigadas a guardar sigilo sobre as mesmas, só podendo revelá-las para outros órgãos da Administração ou para o público, mediante autorização judicial. (...) É de se lembrar, ainda, que o Supremo Tribunal Federal apenas permite quebra de sigilo de dados, se a informação requerida pelo Ministério Público disser respeito a dados de servidores da Administração Direta ou Indireta e nunca de cidadãos fora do Poder Público" (Ives Gandra da Silva Martins, "Sigilo de dados que devem as autoridades manter sob risco de responsabilização civil. Opinião legal", in *Questões de Direito Constitucional*, pp. 210-211).

48. Miguel Reale, "Poderes da Comissões Parlamentares de Inquérito", Parecer in *Questões de Direito Público*, pp. 111-112.

49. Antônio Menezes Cordeiro, *Manual de Direito Bancário*, t. I, pp. 322-323.

50. Augusto de Athayde e outros, *Curso de Direito Bancário*, v. I, pp. 514-516.

pecção Geral das Finanças para a suspensão da obrigação do segredo foi declarado inconstitucional pelo Acórdão do Tribunal Constitucional 278/1995, ponderando, em defesa da privacidade constitucionalmente protegida, na sociedade moderna "uma conta bancária pode constituir uma verdadeira biografia em números".

35. Esta conclusão encontra amparo na doutrina do professor Arnoldo Wald,[51] que leciona: "com a revolução tecnológica, ao 'papéis' se transformaram em 'dados' geralmente armazenados em computadores ou fluindo através de impulsos eletrônicos, ensejando enormes conjuntos de informações a respeito das pessoas, numa época em que todos reconhecem que a informação é poder. A computadorização da sociedade exigiu uma maior proteção à privacidade, sob pena de colocar o indivíduo sob contínua fiscalização do governo, inclusive nos assuntos que são do exclusivo interesse da pessoa. Em diversos países, leis especiais de proteção contra o uso indevido de dados foram promulgadas e, no Brasil, a inviolabilidade dos dados individuais, qualquer que seja a sua origem, forma e finalidade, passou a merecer a proteção constitucional e, virtude da referência expressa que a eles passou o fazer o inc. XII do art. 5º, modificando, assim, a posição anterior da nossa legislação, na qual a indevassabilidade em relação a tais informações devia ser construída com base nos princípios gerais que asseguravam a liberdade individual, podendo até ensejar interpretações divergentes ou contraditórias".

36. A necessária fiscalização do sistema bancário pelas autoridades pode e deve dar-se de forma compatibilizada com uma adequada política de sigilo e privacidade. O Bank for International Settlements divulgou o documento *Core Principles for Effective Banking Supervision*,[52] elaborado pelo Basle Committee on Banking Supervision, entidade que congrega autoridades de supervisão bancária, estabelecido pelos presidentes dos Bancos Centrais dos países do G-10 e constituído por autoridades de supervisão bancária e bancos centrais da Bélgica, Canadá, França, Alemanha, Itália, Japão, Luxemburgo, Holanda, Suíça, Suécia, Reino Unido e Estados Unidos. Neste documento, relativamente à política de sigilo, consta ser necessário "um sistema de cooperação e compartilhamento de informações relevantes entre as várias agências oficiais, domésticas e estrangeiras, responsáveis pela segurança e pela solidez do sistema financeiro; essa cooperação deve se amparar em medidas para proteção da confidencialidade das informações, assegurando que elas sejam utilizadas exclusivamente para os fins relacionados com a supervisão das instituições" (p. 11). Ao tratar dos requisitos de informações de organizações bancárias, é reiterada a confidencialidade das informações de supervisão, ficando expresso que: "Embora os agentes de mercado devam ter acesso a informações corretas e oportunas, há certos tipos de informações sensíveis que devem ser preservadas como confidenciais pelos supervisores. Para que se desenvolva um relacionamento de mútua confiança, os bancos devem saber que tais informações sensíveis serão mantidas como confidenciais pelo supervisor bancário e por suas contrapartes em outros órgãos supervisores domésticos e estrangeiros" (p. 31). Em nota às *informações sensíveis*, fica explicitado que estas "incluem tipicamente informações relacionadas com contas de clientes individuais e problemas que os supervisores ajudam os bancos a solucionar".

37. A proteção ao sigilo bancário não deve servir de escudo para a prática de crimes, sendo direito relativo e cedendo ante

51. Arnoldo Wald, *Caderno de Direito Tributário e de Finanças Públicas*, v. 1, p. 206.

52. *Princípios essenciais para uma supervisão bancária eficaz. Os princípios essenciais da Basiléia. Comitê de Supervisão Bancária da Basiléia*, documento acessado no *site* do Banco Central do Brasil (bcb.gov.br).

relevante interesse público.[53] Inicialmente elencadas no art. 38 da Lei 4.494/1964 as hipóteses em que aquelas informações sigilosas podem ser reveladas a terceiros, foi dada elasticidade através da Lei Complementar 105. Tal como ocorre no caso do sigilo telefônico, aqui também a autoridade que quebra o sigilo bancário passa a ser depositária das informações, devendo manter segredo sobre os dados coligidos e utilizando-os apenas para os fins deferidos, na forma prevista em lei.[54]

38. Nas palavras do Ministro Celso de Mello:[55] "O estatuto constitucional das liberdades públicas, ao delinear o regime jurídico a que estas estão sujeitas — e considerado o substrato ético que as informa — permite que sobre elas incidam limitações de ordem jurídica, destinadas, de um lado, a proteger a integridade do interesse social e, de outro, a assegurar a coexistência harmoniosa das liberdades, pois nenhum direito ou garantia pode ser exercido em detrimento da ordem pública ou com desrespeito aos direitos e garantias de terceiros". Por estes motivos, "razões de relevante interesse público ou exigências derivadas do princípio de convivência das liberdades legitimam, ainda que excepcionalmente, a adoção, por parte dos órgãos estatais, de medidas restritivas das prerrogativas individuais ou coletivas, desde que respeitados os termos estabelecidos pela própria Constituição".

39. Julgando questões referentes ao sigilo bancário envolvendo instituições financeiras, o STJ definiu que: a) "qualquer informação em poder de estabelecimentos bancários, mesmo que não descreva movimentação bancária, deve ser obtida através do Poder Judiciário";[56] b) "não consubstancia crime de desobediência a negativa de atendimento a requisição do Ministério Público sobre assunto protegido por sigilo bancário";[57] c) "o mandado de segurança consubstancia remédio de natureza constitucional destinado a proteger direito líquido e certo contra ato ilegal ou abusivo de poder emanado de autoridade pública. — Se o ordenamento jurídico constitucional somente autoriza a quebra judicial de sigilo bancário desde justificada a necessidade da medida para fins de investigação criminal, tem interesse de agir a instituição bancária que, ao reputar ilegal a ordem, pretende ver reconhecido perante o Poder Judiciário seu

53. O Ministro do STF Carlos Velloso definiu que o sigilo bancário protege interesses privados, sendo espécie do direito à privacidade, atendendo, também a uma finalidade de ordem pública, qual seja, de proteção ao sistema de crédito. Não é direito absoluto e deve ceder diante do interesse público, do interesse da justiça e do interesse social, sempre, contudo, na forma e com observância dos procedimentos previstos em lei. *RTJ* 148/366-378.

54. Veja-se, exemplificativamente, que a Lei 9.311/1996, art. 11, § 3º e a MP 2.037/2000, art. 47, referentes à CPMF, estabelecem que "a Secretaria da Receita Federal resguardará, na forma da legislação aplicada à matéria, o sigilo das informações prestadas, vedada sua utilização para constituição de crédito tributário relativo a outras contribuições ou impostos". *Apud* Luiz Carlos Sturzenegger, "A CPMF e a Medida Provisória 2.037", *Revista de Direito Bancário, do Mercado de Capitais e da Arbitragem* 10/212, out.-dez./2000. Agora, os dados da CPMF, antes vinculados a uma finalidade específica, passa a servir de indício de supostas irregularidades...

55. MS-23452-RJ, Pleno STF, rel. Ministro Celso de Mello, j. 16.9.1999, *DJ* 12.5.2000, p. 20, unânime.

56. RHC 5065-MG, 5ª T. do STJ, rel. Ministro Edson Vidigal, j. 19.3.1996, *DJ* 29.9.1997, p. 48.228, *LEXSTJ* 102/233, fev./1998, unânime.

57. REsp 79026-DF, 6ª T. do STJ, rel. Ministro Vicente Leal, j. 3.6.1997, *DJ* 3.5.1999, p. 182, unânime. Em outro aresto: "A criação de novas hipóteses de quebra de sigilo bancário, não previstas na Lei 4.595/1964, ou a forma de acesso a informações bancárias sigilosas, só pode ser fruto de lei complementar, não de lei ordinária, de que é espécie a Lei 8.626, de 12.2.1993, instituidora da Lei Orgânica do Ministério Público. Além disso, o art. 26, II, da referida Lei 8.265 contém autorização genérica que não afasta a exceção da proibição de violação de sigilo. O § 2º desse mesmo artigo define uma hipótese de responsabilidade de membro do MP, não de autorização de quebra de sigilo. O acesso a informações bancárias, coberto pelo sigilo, pode e deve ser obtido pelo MP através do Poder Judiciário" (*habeas corpus* 2.332-8-RJ, 5ª T. do STJ, rel. Ministro Assis Toledo, j. 13.4.1994, *Revista Jurídica* 204/87, out./1994).

direito líquido e certo em não prestar as informações bancárias solicitadas".[58]

40. "Nos Estados democráticos modernos, o poder dos governantes é limitado e os homens têm direitos contra o titular deste poder estatal. Dworkin entende que o homem tem o direito de desobedecer à lei sempre que ela represente uma invasão do Estado em face de seus direitos fundamentais. O direito de desobedecer a lei não é um direito autônomo, mas uma conseqüência desses direitos fundamentais contra o Estado. Negá-lo, seria negar a própria existência destes direitos."[59] Convergindo, o STF, homenageando as liberdades públicas, em *habeas corpus*[60] no qual figurava como coator o STJ, através do Ministro Maurício Corrêa assentou que "ninguém é obrigado a cumprir ordem ilegal, ou a ela se submeter, ainda que emanada de autoridade judicial. Mais: é dever de cidadania opor-se à ordem ilegal; caso contrario, nega-se o Estado de Direito".

41. Com relação a pedidos de quebra de sigilo requeridas pelo Fisco para fins de investigar saldos penhoráveis, o STJ invariavelmente nega os pedidos,[61] dando a entender que motivos meramente patrimoniais não ensejam a violação do direito. Definido, também, que, simples pedido ao Bacen, através do Judiciário, para identificação de agência bancária onde o executado possui conta corrente não implica quebra de sigilo bancário.[62]

42. É conclusão assente que o Ministério Público não tem poderes para quebrar sigilo bancário de alguém sem autorização judicial;[63] seu deferimento exige indícios de

58. ROMS 9918-PR, 6ª T. do STJ, Ministro Vicente Leal, j. 10.10.2000, *DJ* 30.10.2000, p. 196, por unanimidade, deram provimento ao recurso.

59. Márcio Monteiro Reis, "Moral e Direito", in *Teoria dos Direitos Fundamentais*, org. Ricardo Lobo Torres, p. 145.

60. *Habeas corpus* 73454-5-RJ, 2ª T. do STF, rel. Ministro Maurício Corrêa, j. 22.4.1996, *DJU* 7.6.1996, p. 19.827. Paciente: Humberto Chucri David, Impetrante: João Costa Ribeiro Filho, Coator: STJ.

61. "Execução fiscal. Requisição judicial de quebra de sigilo bancário. Motivo relevante inexistente. Impossibilidade. Informações sobre movimentação bancária só devem ser expostas em casos de grande relevância para a prestação jurisdicional, consoante entendimento assentado na jurisprudência desta Colenda Corte. Agravo improvido" (AGREsp 251121-SP, 2ª T. do STJ, rel. Ministro Nancy Andrighi, j. 20.6.2000, *DJ* 26.3.2001, p. 415, unânime).

"As informações sobre a movimentação bancária do executado só devem ser expostas em casos de grande relevância para a prestação jurisdicional. *In casu*, a varredura dos contas em nome do executado, visando posterior penhora, não justifica a quebra do sigilo bancário. Agravo improvido" (AgReg 225634-SP, 2ª T. do STJ, rel. Ministro Nancy Andrigui, j. 17.2.2000, *DJ* 20.3.2000, p. 67, unânime).

"Processual civil. Execução. Nomeação de bens à penhora. Recusa pelo credor. Deferimento de exibição de saldos bancários do devedor. Quebra do sigilo bancário. Impossibilidade. Precedentes. (...) I — Os elementos constantes nas declarações de bens e nos extratos bancários revestem-se de caráter sigiloso, não devendo ser o mesmo afastado se não em situações especiais em que se patenteie relevante interesse da administração da Justiça. Tal não se configura quando se trate apenas de localizar bens para serem penhorados. (...) IV — Recurso especial parcialmente conhecido e, nessa parte, provido" (REsp 192400-RJ, 3ª T. do STJ, rel. Ministro Waldemar Zveiter, j. 21.11.2000, *DJ* 5.2.2001, p. 99, unânime).

"As operações bancárias revestem-se de caráter sigiloso. Poderá a autoridade judiciária determinar seu levantamento se presente relevante motivo de ordem pública. Tal não se configura quando se trate apenas de pesquisa visando a encontrar bens suscetíveis de penhora" (REsp 207.504-PR (99/0021889-2), rel. Ministro Eduardo Ribeiro, j. 22.6.1999, *DJ* 185-E 27.9.1999, pp. 97-98. Do mesmo relator, no mesmo sentido: REsp 228.935-SE (1999/0079688-8), j. 3.12.1999, *DJ* 41-E 28.2.2000, p. 79; REsp 205.484-SE (99/0017509-3), j. 1.6.1999, *DJ* 156-E 16.8.1999, p. 70.

62. "Execução fiscal. Recurso especial. (...) Sigilo bancário. Citação do executado. Meio próprio. (...) 2. Simples pedido ao Bacen, através do Judiciário, de identificação da agência bancária onde o executado possui conta corrente não implica em quebra de sigilo bancário. 3. Este procedimento, porém, não substitui os meios adequados à localização do executado a fim de proceder-se a sua citação que deve anteceder a penhora. 4. Recurso especial não conhecido" (REsp 25029-SP, 2ª T. do STJ, rel. Ministro Peçanha Martins, j. 6.3.1995, *DJ* 5.6.1995, p. 16.648, por unanimidade, não conheceram do recurso).

63. "Constitucional. Ministério Público. Sigilo bancário: quebra. CF, art. 129, VIII. I — A norma inscrita no inc. VIII, do art. 129, da CF, não autoriza ao Ministério Público, sem a interferência da autori-

autoria de delito[64] e a manutenção do sigilo deve constituir-se em óbice intransponível à apuração dos delitos investigados.[65] Exige-se seja feito o requerimento de quebra de sigilo bancário no curso de processo ou inquérito regularmente instaurado, não bastando mera representação criminal.[66]

43. Para a autorização de quebra de sigilo, deve-se estar diante de relevante interesse público e fato configurador, ao menos em tese, de crime.[67] Incabível seu deferimento pela via administrativa, sem intervenção judicial e sem indícios de autoria de delito.[68]

44. Há decisões entendendo ser imprescindível a demonstração da necessidade das informações solicitadas,[69] enquanto outras, embora ressaltem a necessidade de cuidados na violação da intimidade alheia,

dade judiciária, quebrar o sigilo bancário de alguém. Se se tem presente que o sigilo bancário é espécie de direito à privacidade, que a CF consagra, art. 5º, X, somente autorização expressa da Constituição legitimaria o Ministério Público a promover, diretamente e sem a intervenção da autoridade judiciária, a quebra do sigilo bancário de qualquer pessoa. II — RE não conhecido" (RECR 215301-CE, 2ª T. do STF, rel. Ministro Carlos Velloso, j. 13.4.1999, *DJ* 28.5.1999, p. 24, unânime).

64. "Constitucional. Penal. Processual penal. Sigilo bancário: quebra. Lei 4.595, de 1964, art. 38. I — Inexistentes os elementos de prova mínimos de autoria de delito, em inquérito regularmente instaurado, indefere-se o pedido de requisição de informações que implica quebra do sigilo bancário. Lei 4.595, de 1967, art. 38. II — Pedido indeferido, sem prejuízo de sua reiteração" (PETQO 577-DF, Pleno do STF, rel. Ministro Carlos Velloso, j. 25.3.1992, *DJ* 23.4.1993, p. 6.918, por maioria).

65. "Mandado de segurança. Quebra de sigilo bancário. Possibilidade. Venda de Títulos Públicos. O sigilo bancário não é um direito absoluto, podendo ser quebrado, em compatibilidade com as disposições constitucionais pertinentes, nas hipóteses em que sua manutenção crie óbice intransponível à apuração de delitos, não constituindo nestas hipóteses ilegalidade ou abuso do juízo competente. Recurso especial provido" (REsp 286697-MT, 1ª T. do STJ, rel. Ministro Francisco Falcão, j. 20.2.2001, *DJ* 11.6.2001, p. 126, unânime).

66. "RMS. Administrativo. Penal. Sigilo bancário e fiscal. Quebra. 1. O entendimento pretoriano se direciona no sentido de não ser o sigilo bancário absoluto, cedendo em face do interesse público. Sua quebra, no entanto, a par de prévia autorização judicial, exige sempre a presença de elementos mínimos de prova quanto à autoria de eventual delito e pressupõe a existência de processo ou inquérito regularmente instaurado. Simples representação criminal, carente de verificação da autenticidade de suas afirmações não se presta a amparar a quebra dos sigilos bancário e fiscal. 2. Recurso ordinário provido" (ROMS 10475-MT, 6ª T. do STJ, rel. Ministro Fernando Gonçalves, j. 22.2.2000, *DJ* 20.3.2000, p. 124, *RSTJ* 134/547, por unanimidade).

67. "Penal. Processual penal. Pedido de preferência. Adiamento. Inclusão em pauta. Sigilo bancário. Quebra. Possibilidade. Mandado de segurança. Recurso. 1. O julgamento, em sessão imediatamente seguinte à prevista, de recurso adiado independe de nova inclusão em pauta. 2. A garantia ao sigilo bancário não tem caráter absoluto, podendo ele ser quebrado, por decisão judicial, quando presente relevante interesse público e fato configurador, ao menos em tese, de crime. 3. Recurso a que se nega provimento" (ROMS 11008-PR, 5ª T. do STJ, rel. Ministro Edson Vidigal, j. 14.12.1999, *DJ* 21.2.2000, p. 147, por unanimidade).

68. "Constitucional. Recurso ordinário em mandado de segurança. Quebra de sigilo bancário. Interesse público. Possibilidade em face de ordem de juiz competente. Art. 5º, X, XII e LV, da Carta Magna. Precedentes. 1. Pacífica a orientação deste Egrégio Tribunal Superior no sentido de que 'o sigilo bancário não constitui direito absoluto, podendo ser desvendado diante de fundadas razões, ou da excepcionalidade do motivo, em medidas e procedimentos administrativos, com submissão a precedente autorização judicial. Constitui ilegalidade a sua quebra em processamento fiscal, deliberado ao alvitre de simples autorização administrativa (REsp 114741-DF, 1ª T., rel. Ministro Milton Luiz Pereira, *DJ* de 18.12.1998, p. 291)'. 2. Inexiste afronta ao art. 5º, X, XII, LV, da Carta Magna, a decisão judicial que, fincada em indícios de autoria do delito, determina a quebra do sigilo bancário requisitada pela autoridade policial competente. 3. Precedentes do STJ. 4. Recurso improvido" (ROMS 8757-GO, 1ª T. do STJ, rel. Ministro José Delgado, j. 25.5.1999, *DJ* 1.7.1999, p. 118, unânime).

69. "Sigilo bancário. Direito à privacidade do cidadão. Quebra do sigilo. Requisitos legais. Rigorosa observância. A ordem jurídica autoriza a quebra do sigilo bancário, em situações excepcionais. Implicando, entretanto, na restrição do direito à privacidade do cidadão, garantida pelo princípio constitucional, é imprescindível demonstrar a necessidade das informações solicitadas, com o estrito cumprimento das condições legais autorizadoras" (REsp 152455-SP, 2ª T. do STJ, rel. Ministro Hélio Mosimann, j. 20.11.1997, *DJ* 15.12.1997, p. 66.371, *RSTJ* 104/235, por unanimidade, não conheceram do recurso).

ampliam sua utilização a assentar ser impossível exercitar, de início, um juízo de valor a respeito da utilidade do meio de prova pretendido, que somente se verificará no contexto das demais provas.[70]

45. Também encontra-se de interpretação que estende a quebra de sigilo a situações de fiscalização, a fim de verificar a ocorrência de sonegação fiscal,[71] bem como decisão no sentido de que princípio do contraditório não prevalece na fase inquisitória.[72] No caso de quebra de sigilo bancário encontrado envolvendo corrupção ativa,[73] a medida foi deferida para apurar a origem do dinheiro oferecido como propina (havia certeza quanto à existência de crime), enquanto a situação referente a crime contra o sistema financeiro nacional,[74] a medida foi deferida para apurar o crime de evasão de divisas e operação de câmbio não autorizada (a existência do crime também era certa).

46. No campo da licitude das provas,[75] "a denúncia oferecida exclusivamente com

70. "Direito Constitucional e Processual Penal. Pedido de quebra de sigilo bancário. Direito não absoluto à intimidade. Indícios de autoria. Verdade real. Deferimento. Juízo de valor sobre a prova pretendida. Recurso desprovido. I — É certo que a proteção ao sigilo bancário constitui espécie do direito à intimidade consagrado no art. 5º, X, da Constituição, direito esse que revela uma das garantias do indivíduo contra o arbítrio do Estado. Todavia, não consubstancia ele direito absoluto, cedendo passo quando presentes circunstâncias que denotem a existência de um interesse público superior. Sua relatividade, no entanto, deve guardar contornos na própria lei, sob pena de se abrir caminho para o descumprimento da garantia à intimidade constitucionalmente assegurada. II — Tendo o inquérito policial por escopo apurar a existência do fato delituoso, completa deve ser a investigação criminal, em prestígio ao princípio da verdade real ínsito ao direito processual penal. III — É impossível exercitar *ab initio*, um juízo de valor a respeito da utilidade do meio de prova pretendido, tendo em vista que ele pode ser válido ou não diante do contexto de todas as provas que efetivamente vierem a ser colhidas" (AGINQ 187-DF, Corte Especial do STJ, rel. Ministro Sálvio de Figueiredo Teixeira, j. 21.8.1996, *DJ* 16.9.1996, p. 33.651, *LEXSTJ* 90/319, fev./1997, por unanimidade, negaram provimento ao agravo).

71. "Processo civil. Medida cautelar. Sigilo bancário. Fiscalização. Ausência dos pressupostos da fumaça do bom direito e do *periculum in mora*. 1. A quebra do sigilo bancário pela autoridade judicial, desde que assentada em decisão motivada e em harmonia com situações concretas, não caracteriza a fumaça do bom direito, pressuposto indispensável para, em caráter excepcional, conceder-se medida cautelar emprestando efeito suspensivo a recurso especial. 2. O sigilo bancário não é um direito de natureza absoluta. Há de ceder diante do interesse público caracterizado pela necessidade do Fisco em definir se há sonegação fiscal pela via de omissão de receitas. 3. Pedido cautelar improcedente" (MC 3060-PR, 1ª T. do STJ, rel. Ministro José Delgado, j. 16.11.2000, *DJ* 12.3.2001, p. 91, por unanimidade).

72. "Inquérito. Agravo regimental. Sigilo bancário. Quebra. Afronta ao art. 5º, X e XII da CF: inexistência. Investigação criminal. Contraditório. Não prevalece. I — A quebra do sigilo bancário não afronta o art. 5º X e XII da Constituição Federal (precedente: Pet. 577). II — O princípio do contraditório não prevalece na fase inquisitória (HHCC 55.447 e 69.372; RE 136.239, *inter alia*). Agravo regimental não provido" (AGRINQ 897-DF, Pleno do STF, rel. Ministro Francisco Rezek, j. 23.11.1994, *DJ* 3.1995, p. 6.806, por maioria).

73. "(...) Não se encontra eivada de ilegalidade a quebra de sigilo bancário determinada pela autoridade judiciária competente, fundada na necessidade de se apurar a origem de dinheiro oferecido como propina em crime de corrupção ativa. Recurso ordinário desprovido" (ROMS 10097-DF, 6ª T. do STJ, rel. Ministro Vicente Leal, j. 25.4.2000, *DJ* 15.5.2000, p. 202, *RSTJ* 136/545, por unanimidade).

74. "(...) Não se encontra eivada de ilegalidade a quebra de sigilo bancário determinada pela autoridade judiciária competente, fundada na necessidade de se apurar o crime de evasão de divisas e operação de câmbio não autorizada. Recurso ordinário desprovido" (ROMS 9880-PR, 6ª T. do STJ, rel. Ministro Vicente Leal, j. 25.4.2000, *DJ* 15.5.2000, p. 202, por unanimidade).

75. "A cláusula constitucional do *due process of law* — que se destina a garantir a pessoa do acusado contra ações eventualmente abusivas do Poder Público — tem, no dogma da inadmissibilidade das provas ilícitas, uma de suas projeções concretizadoras mais expressivas, na medida em que o réu tem o impostergável direito de não ser denunciado, de não ser julgado e de não ser condenado com apoio em elementos instrutórios obtidos ou produzidos de forma incompatível com os limites impostos, pelo ordenamento jurídico, ao poder persecutório e ao poder investigatório do Estado" (Ministro Celso de Mello, voto no acórdão da ação penal 307-3-DF, Pleno do STF, j. 13.12.1994, *DJ* 13.10.1995, rel. Ministro Ilmar Galvão).

fundamento em provas obtidas por força de quebra de sigilo bancário, sem a prévia autorização judicial, é desprovida de vitalidade jurídica, porquanto baseado em prova ilícita. — Sendo a prova realizada sem a prévia autorização da autoridade judiciária competente, é desprovida de qualquer eficácia, eivada de nulidade absoluta e insusceptível de ser sanada por força da preclusão".[76]

47. O juízo de conexão e interdependência das provas é essencial para verificar a contaminação ou não da prova coligida,[77] bem como sua prestabilidade para amparar a denúncia e eventual juízo condenatório.[78]

Reserva legal impeditiva do controle do cidadão

48. No direito norte-americano, a Quarta Emenda[79] assegura a inviolabilidade das pessoas, suas residências e papéis contra investigações e apreensões "não razoáveis", condicionando a legitimidade das ações restritivas a mandado judicial.

"(...) as provas ilícitas, porque proibidas, não podem ser consideradas" (RMS 8.559-SC, Ministro Luiz Vicente Cernicchiaro, *DJU* 3.8.1978).

"A prova ilícita contraria o processo, o inquérito policial, o processo administrativo e a sindicância. A legalidade pode e deve ser analisada a qualquer momento" (HC 6.008-SC, Ministro Luiz Vicente Cernicchiaro, *DJU* 23.6.1997).

76. *Habeas corpus* concedido: HC 9838-SP, 6ª T. do STJ, rel. Ministro Vicente Leal, j. 29.3.2000, *DJ* 24.4.2000, p. 76, *RSTJ* 131/525, por maioria.

77. "Recurso de *habeas corpus*. Crimes societários. Sonegação fiscal. Prova ilícita: violação de sigilo bancário. Coexistência de prova lícita e autônoma. Inépcia da denúncia: ausência de caracterização. 1. A prova ilícita, caracterizada pela violação de sigilo bancário sem autorização judicial, não sendo a única mencionada na denúncia, não compromete a validade das demais provas que, por ela não contaminadas e delas não decorrentes, integram o conjunto probatório. 2. Cuidando-se de diligência acerca de emissão de 'notas frias', não se pode vedar à Receita Federal o exercício da fiscalização através do exame dos livros contábeis e fiscais da empresa que as emitiu, cabendo ao juiz natural do processo formar a sua convicção sobre se a hipótese comporta ou não conluio entre os titulares das empresas contratante e contratada, em detrimento do erário. 3. Não estando a denúncia respaldada exclusivamente em provas obtidas por meios ilícitos, que devem ser desentranhadas dos autos, não há porque declarar-se a sua inépcia porquanto remanesce prova lícita e autônoma, não contaminada pelo vício de inconstitucionalidade" (RHC 74807-MT, 2ª T. do STF, rel. Ministro Maurício Correa, j. 22.4.1997, *DJ* 20.6.1997, p. 28.507, unânime).

78. "Recurso ordinário em *habeas corpus*. 2. Acórdão do Superior Tribunal de Justiça que declarou a nulidade do processo criminal, *ab initio*, inclusive da denúncia, por incompetência da Justiça Federal. 3. Atos investigatórios mantidos, a serem apreciados pela Justiça Estadual. 4. Decerto, os atos investigatórios constantes do inquérito policial, da fase indiciária, não são nulos, *ut* art. 567 do CPP, porque não se revestem de caráter decisório, salvo aqueles de natureza constritiva de direito, que, possuindo essa índole, provêm de decisão judicial. 5. Recurso parcialmente provido para ampliar o deferimento do *habeas corpus* e considerar nula a decisão do Juiz Federal incompetente, quanto à autorização para a interceptação telefônica e quebra dos sigilos bancário e telefônico, sem prejuízo das demais provas constantes do inquérito policial que, autônomas, possam fundamentar a denúncia do Ministério Público Estadual" (RHC 80197-GO, 2ª T. do STF, rel. Ministro Néri da Silveira, j. 8.8.2000, *DJ* 29.9.2000, p. 100, unânime).

79. "The Fourth Amendment provides that '[t]he right of the people to be secure in their persons, house, papers, and effects, against unreasonable searches and seizures, shall no be violated'. 'At the very core' of the Fourth Amendment 'stands the right of a man to retreat into his own home and there be free from unreasonable governamental intrusion'. Silverman *v.* United States, 365 US 505, 511 (1961). With few exceptions, the question whether a warrantless search as a home is reasonable and hence constitucional must be answered n. See Illinois *v.* Rodriguez, 497 US 177, 181 (1990); Payton *v.* New York, 445 US 573, 586 (1980). (...) Technical trespass not necessary for Fourth Amendment violation; it suffices if there is 'actual intrusion into a constitucionally protected area' (Silverman *v.* United States, *supra*, at. 510-512). Visual surveillance was unquestionably lawfull because 'the eye cannot by the laws of England be guilty of a transpass'. Boyd *v.* United States, 116 US 616, 628 (1886) (quoting Enlick *v.* Carrington, 19 How. St. Tr. 1029, 95 Eng. Rep. 807 (KB 1765). We have since decoupled violation of the person's Fourth Amendment rights from transpossaory violation of tis property, see Rakas *v.* Illinois, 439 US 128, 143 (1978), but the lawfulness of warrantless visual surveillance of a home has still been preserved. (...). Justice Scalia Kyllo *v.* United States 99-8508, argued February 20, 2001, decided June 11, 2001."

49. Muito provavelmente, daquele dispositivo deriva a consagração da inviolabilidade do domicílio consagrada em nossa Constituição Federal. À época em que o dispositivo foi elaborado, todo e qualquer negócio ou dado encontrava-se registrado em papéis, guardados na intimidade da residência. E o que não está ao acesso do público, tem caráter privado. Conforme anotou o Prof. Arnoldo Wald, hoje os "papéis" transformaram-se em dados, trafegando em redes virtuais e armazenados em bancos de dados.

50. A questão é: a simples alteração no modo de documentar e armazenar as informações altera a sua natureza? Os bancos de dados, por deterem informações que não mais são documentadas em papel e guardadas na intimidade do lar, não passaram a ser, pela sua própria natureza e função, extensões do domicílio? E o acesso, investigação e violação destes dados, não necessitam, necessariamente, de autorização judicial? O controle da razoabilidade das medidas, da fundamentação das médias pretendidas, não constitui-se em reserva do Poder Judiciário independente e isento?

51. O debate acerca da Lei Complementar 105, que possibilita ao Fisco acesso direto às contas bancárias dos cidadãos acaba menosprezando dois fatores que, aparentemente secundários nesta discussão, talvez sejam os mais graves: a) a possibilidade de utilização dos dados da CPMF como forma indiscriminada de controle de toda e qualquer movimentação financeira e seu reconhecimento como indício suficiente para afastar a presunção de inocência e inverter o ônus da prova em processo que pode ter repercussões criminais e gerar penas privativas de liberdade, e b) o fato de que a "inovação" trazida pela Lei Complementar 105 não é nada mais nada menos do que a materialização dos poderes pretendidos pela ditadura militar em 1964, pretensão afastada com coragem e independência pelos magistrados da época, preservando o cidadão da ingerência e do controle do poder em seus atos particulares.

52. A questão que se apresenta é a da pretendida possibilidade de total controle de toda a movimentação financeira de todas as pessoas, sonho maior de qualquer ditador, curiosamente implementado apenas em nossa exemplar democracia. A Lei Complementar 105 revogou o art. 38 da Lei 4.595/1964. Esta lei, segundo o STF[80] declarou na ADIn 4, foi recepcionada pela CF/1988 com caráter de lei complementar, regulando o Sistema Financeiro Nacional até que o Congresso emita nova legislação, já tendo sido decretada sua mora pelo STF em vários mandados de injunção.

53. Assim, o governo, sem qualquer esforço político, mantém a situação de caos financeiro no país,[81] no qual vigoram as

80. ADIn 4-7-DF, rel. Ministro Sydney Sanches, j. 7.3.1991, *DJ* 25.6.1993. Requerente: o Partido Democrático Trabalhista — PDT; Requerido: o Sr. Presidente da República. Votaram pela auto-aplicabilidade do § 3º do art. 192 da CF os Ministros Néri da Silveira, Paulo Brossard, Marco Aurélio Mello e Carlos Velloso, a corrente prevalente, contra a auto-aplicabilidade foi composta pelos Ministros Sydney Sanches, Moreira Alves, Aldir Passarinho, Octávio Gallotti, Célio Borja e Celso de Mello. Impedido o Ministro Sepúlveda Pertence.

81. O Ministro Marco Aurélio Mello, em recente voto vencido, expressou: "(...) trata-se de embate entre a usura e o Brasil. Não consegui mais resistir à força da minha consciência e passei, também nesta matéria, a votar de acordo com o convencimento pessoal. Em época de deflação, contamos com juros realmente excessivos". O eminente Ministro critica a inércia do Legislativo ante os inúmeros mandados de injunção deferidos para regulamentar o dispositivo constitucional limitador dos juros, com eficácia meramente declaratória, e complementa: "Assim, a conseqüência foi única: de um lado, o § 3º do art. 192, no que limita os juros anuais a 12% ao ano, não tem aplicação imediata; de outro, em que pese a previsão sobre o mandado de injunção, aquele tomador de empréstimo — *com juros extorsivos a conduzirem, fatalmente, à morte civil* — *não conta com meio hábil a tornar prevalecente o direito assegurado constitucionalmente. O resultado dessa visão, distanciada dos interesses maiores do povo brasileiro, está aí mesmo, com o desemprego grassando, a economia paralisada, e o País partindo para situação inconcebível.* Por isso, resolvi reexaminar a matéria e, mesmo correndo o risco de ser mal compreendido, tornar claro e preciso o meu entendimento sobre o que se contém na Carta da República. Dir-se-á que haverá, apenas, mais um voto vencido. A

maiores taxas de juros do mundo, sem o mínimo controle, mantendo o cidadão sacrificado ao jogo financeiro no qual lhe cabe o papel de perdedor. E, curiosamente, no talvez único dispositivo da vetusta lei em que o cidadão encontrava algum resguardo — através de democrática construção jurisprudencial —, e somente aí, o governo promove alterações, restringindo tais garantias, como que a invocar uma isonomia com as instituições financeiras no poder de achacar o cidadão brasileiro.

54. Em acórdão do TJRS,[82] datado de 1992, o relator Desembargador Araken de Assis, analisa o conteúdo do então vigente art. 38, § 5º da Lei 4.595/1964 que regrava o sigilo bancário até o advento da Lei Complementar 105 e seus derivados, concluindo o julgador que somente através do Poder Judiciário — autoridade competente —

mim, isso não importa, porquanto devo cumprir o dever assumido de tornar eficaz a Carta Política da República, honrando a toga que tenho sobre os ombros até que me falte entusiasmo para tanto e a deixe em definitivo. Vozes que calam são vozes coniventes, contribuindo para o que Barbara Tuchmam aponta como 'a marcha da insensatez'. Destarte, até mesmo com algum lamento, porquanto silenciei, ressalvando o entendimento pessoal, nesses últimos 8 anos, mas isso serve de alerta quanto a outras situações semelhantes, volto à posição primeira e o faço com a tranqüilidade de estar combatendo o bom combate" (RE 230.548-8-RS, 2ª T. do STF, rel. Ministro Maurício Correa, j. 21.9.1998, *DJ* 8.9.2000).

82. "Passando à interpretação deste último dispositivo, não consigo, realmente, interpretá-lo no sentido preconizado pelo Fisco. Em primeiro lugar, rememore-se que os parágrafos anteriores do art. 38 permitem a quebra de sigilo por ordem judicial. E o aludido § 5º consigna a existência de 'processo' e de autoridade, sem quaisquer adjetivos funcionais. Ora, a interpretação sistemática conduz, necessariamente, a combinar o § 5º com o sistema do art. 38. Assim, só o órgão jurisdicional, as instâncias da parte, aí incluído o Fisco, pode romper o véu das instituições financeiras. Além da autoridade jurisdicional, sob a égide da atual Carta Política de 1988, também as Comissões Parlamentares de Inquérito ostentam idêntico poder. E mesmo a leitura rigorosa do § 5º do art. 38, empregando a paupérrima exegese literal, não deixa dúvidas, porque se utiliza o substantivo 'processo', a denotar a relação jurídica processual, sabido que, na órbita administrativa, o administrador, em geral, utiliza a palavra menos ambiciosa de 'procedimento', por exemplo, no art. 399, II, que menciona os 'procedimentos administrativos'; o art. 142 do CTN, ou, então, quando emprega 'processo', sempre adjetiva com 'administrativo' (*v.g.*, no art. 2º, § 5º, VI, da Lei 6.830/1980). Foi o legislador de 1964, talvez, deliberadamente ambíguo, abrindo ensanchas à interpretação favorável do Fisco. Decerto a mesma, como se diz à fl. 114, poderia ter 'redação bastante diferente'. Mas atenho-me à redação vigente e, nela, não extraio a exegese defendida amiúde pelas autoridades fazendárias. Por outro lado, o advento do extenso catálogo de liberdades públicas constantes da Constituição Federal de 1988 altera o panorama infraconstitucional. Estou entre aqueles que se obrigam, dia a dia, a repensar as normas anteriores, a cotejá-las com a nova Carta Política, para verificar se, efetivamente, na letra e no espírito, foram recepcionadas pela Constituição. Ora, o direito de o Fisco vasculhar as contas bancárias de alguém, à procura mais do ilícito mesmo do que de sua prova (esclarecem as informações que 'tais elementos complementarão os dados necessários à perfeita averiguação do fato tributário', fl. 43), se mostra incompatível, à primeira vista, com a tutela da intimidade, da vida privada e da imagem do cidadão (art. 5º, da CF). (...) Parece que é esta a concepção do Fisco: todos são sonegadores, salvo prova em contrário. E, para comprovar que todos são sonegadores, também é lícito vasculhar a devassar as contas bancárias de todos os cidadãos, haja ou não indício prévio de existência de ilícito. Também é incompatível a devassa unilateral com o contraditório e o direito à defesa, previstos no art. 5º, LV, porquanto não se pode supor que o Banco altere os dados de suas fichas e disquetes, em conivência com o ilícito do contribuinte, e as medidas sem audiência da parte contrária só se admitem quando há risco de que do seu conhecimento poderá o réu ou requerido torná-la ineficaz. E, por fim, observo que, quando a Carta Política cuidou de romper o sigilo, conferiu tal poder, exclusivamente, ao órgão jurisdicional, como se infere do art. 5º, XII. Quer do ponto de vista infraconstitucional, quer da interpretação constitucional, portanto, que já deixo, Sr. Presidente, questionados para eventual recurso da parte, o comportamento do Fisco configura inominável abuso, contrário à ordem jurídica. Se o Fisco deseja obter prova de ilícitos tributários, que impliquem a quebra do sigilo bancário, se sujeitará, como todo e qualquer cidadão, a acudir ao órgão jurisdicional, mediante a demanda cabível, por exemplo, asseguração de prova, que deferirá ou não a medida. Comportamento diverso significará que o Fisco, no dealbar do novo século, segue os padrões ancestrais dos odiados agentes da Coroa portuguesa" (AC 592.080.493-POA, 1ª CCTJRS, rel. Des. Araken de Assis, j. 17.11.1992, acórdão compilado por Nelson Eizirik in *Instituições Financeiras e Mercado de Capitais*, v. II, pp. 1.692-1.693).

o Fisco poderia obter a quebra do sigilo bancário, em processo judicial — e não administrativo. Ainda que tal conclusão não derivasse do texto do art. 38 da Lei 4.595/1964, estaria implícita a regra no novel sistema constitucional implementado com a CF/1988.

55. Diga-se que a Lei 4.595 foi elaborada em plena ditadura militar e, mesmo naquele período de exceção, o Judiciário soube, com coragem e independência, preservar a intimidade e privacidade dos cidadãos diante do poder armado. Estranhamente, em plena "democracia", tenta-se implementar o que a ditadura não conseguiu, reformando os dispositivos em que o Judiciário apoiava a defesa do cidadão: o "processo" necessário restou definido como "administrativo", o mesmo dando-se com a "autoridade" competente. O direito/dever de sigilo desaparece e o procedimento execrado, num passe de mágica, torna-se legítimo, realizando o que até a ditadura militar teve pudores de explicitar!

56. Já tendo o Executivo, no período FHC, concentrado em suas próprias mãos o papel do Poder Legislativo, legislando indiscriminadamente através de MPs, agora avoca, também, o papel de magistrado, processando e julgando.[83] Já não precisamos mais dos poderes Legislativo e Judiciário, nem respeitar a divisão de competências e atribuições constitucionalmente estabelecidas, entraves à nossa pretensa modernidade.

57. A pretensão de invasão indiscriminada de contas bancárias, baseada em presunções arbitrárias e derivadas de dados gerados por uma "contribuição" execrável, aprovada para função específica e sob condição de sigilo,[84] e agora, novamente desvirtuada, em evidente abuso de poder e desvio de finalidade merece repúdio, pois "a *disclosure* das informações bancárias não pode servir de instrumento de devassa exploratória, isto é, não destinada à apuração de uma suspeita definida, mas, sim, à busca da descoberta de ilícitos insuspeitados" (STF, IP 901-6-DF, rel. Ministro Sepúlveda Pertence, j. 16.2.1995, *DJU* 23.2.1995, p. 3.506).

Quebra de sigilo bancário e telefônico através de CPIS

58. As CPIs tiveram delimitadas sua natureza e atribuições institucionais através do art. 58, § 3º, da CF/1988, que lhes conferiu "poderes de investigação próprios das autoridades judiciais", restringindo-as apenas ao campo da indagação probatória, excluindo "quaisquer outras prerrogativas que se incluem, ordinariamente, na esfera de competência dos magistrados e Tribunais, inclusive aquelas que decorrem do poder geral de cautela conferido aos juízes, como o poder de decretar a indisponibilidade dos bens pertencentes a pessoas sujeitas à investigação parlamentar. (...) as

83. "As garantias constitucionais, em conjunto, se caracterizam como imposições, positivas ou negativas, aos órgãos do Poder Público (especialmente), limitativas de sua conduta, para assegurar a sua observância ou, no caso de inobservância, a reintegração do direito. (...) as garantias constitucionais gerais são instituições constitucionais que se inserem no mecanismo de freios e contrapesos dos poderes e, assim, visam impedir o arbítrio, com o que constituem, ao mesmo tempo, técnicas assecuratórias de eficácia das normas conferidoras dos direitos fundamentais. Tais são, por exemplo, a existência de Constituição rígida que declare os direitos fundamentais e suas garantias e estruture órgãos jurisdicionais dotados de independência e imparcialidade, com capacidade, de fato e de direito, para solucionar conflitos de interesses interindividuais e, especialmente, os que se manifestam entre o indivíduo e o Estado; nisso é que se revela o princípio da separação dos poderes como a matriz de todas as garantias dos direitos do homem" (José Afonso da Silva, *Curso de Direito Constitucional Positivo*, 7ª ed., p. 355).

84. A Lei 9.311/1996, art. 11, § 3º e a Medida Provisória 2.037/2000, art. 47, referentes à CPMF, estabelecem que "a Secretaria da Receita Federal resguardará, na forma da legislação aplicada à matéria, o sigilo das informações prestadas, vedada sua utilização para constituição de crédito tributário relativo a outras contribuições ou impostos" (*apud* Luiz Carlos Sturzenegger, "A CPMF e a Medida Provisória 2.037", *Revista de Direito Bancário, do Mercado de Capitais e da Arbitragem* 10/212, out.-dez./2000).

Comissões Parlamentares de Inquérito não podem formular acusações e nem punir delitos (*RDA* 199/205, rel. Ministro Paulo Brossard), nem desrespeitar o privilégio contra a auto-incriminação que assiste a qualquer indiciado ou testemunha (*RDA* 196/197, rel. Ministro Celso de Mello — HC 79.244-DF, rel. Ministro Sepúlveda Pertence), nem decretar a prisão de qualquer pessoa, exceto nas hipóteses de flagrância (*RDA* 196/195, rel. Ministro Celso de Mello — *RDA* 199/205, rel. Ministro Paulo Brossard)".[85]

59. O STF já decidiu que as CPIS tem poderes para decretar quebra de sigilo bancário, fiscal e telefônico;[86] devendo ser adequadamente fundamentada,[87] sob pena de nulidade,[88] passando a autoridade a ser depositária dos dados reservados e tendo o dever de mantê-los em sigilo, a não ser nos casos e na forma em que sua revelação

85. MS 23452-RJ, Pleno do STF, rel. Ministro Celso de Mello, j. 16.9.1999, *DJ* 12.5.2000, p. 20, unânime.

86. "O sigilo bancário, o sigilo fiscal e o sigilo telefônico (sigilo este que incide sobre os dados/registros telefônicos e que não se identifica com a inviolabilidade das comunicações telefônicas) — ainda que representem projeções específicas do direito à intimidade, fundado no art. 5º, X, da Carta Política — não se revelam oponíveis, em nosso sistema jurídico, às Comissões Parlamentares de Inquérito, eis que o ato que lhes decreta a quebra traduz natural derivação dos poderes de investigação que foram conferidos, pela própria Constituição da República, aos órgãos de investigação parlamentar. As Comissões Parlamentares de Inquérito, no entanto, para decretarem, legitimamente, por autoridade própria, a quebra do sigilo bancário, do sigilo fiscal e/ou do sigilo telefônico, relativamente a pessoas por elas investigadas, devem demonstrar, a partir de meros indícios, a existência concreta de causa provável que legitime a medida excepcional (ruptura da esfera de intimidade de quem se acha sob investigação), justificando a necessidade de sua efetivação no procedimento de ampla investigação dos fatos determinados que deram causa à instauração do inquérito parlamentar, sem prejuízo de ulterior controle jurisdicional dos atos em referência (CF, art. 5º, XXXV). As deliberações de qualquer Comissão Parlamentar de Inquérito, à semelhança do que também ocorre com as decisões judiciais (*RTJ* 140/514), quando destituídas de motivação, mostram-se írritas e despojadas de eficácia jurídica, pois nenhuma medida restritiva de direitos pode ser adotada pelo Poder Público, sem que o ato que a decreta seja adequadamente fundamentado pela autoridade estatal" (MS 23452-RJ, Pleno do STF, rel. Ministro Celso de Mello, j. 16.9.1999, *DJ* 12.5.2000, p. 20, unânime).

87. "A quebra fundamentada do sigilo inclui-se na esfera de competência investigatória das Comissões Parlamentares de Inquérito. A quebra do sigilo fiscal, bancário e telefônico de qualquer pessoa sujeita a investigação legislativa pode ser legitimamente decretada pela Comissão Parlamentar de Inquérito, desde que esse órgão estatal o faça mediante deliberação adequadamente fundamentada e na qual indique, com apoio em base empírica idônea, a necessidade objetiva da adoção dessa medida extraordinária. Precedente: MS 23.452-RJ, rel. Ministro Celso de Mello (Pleno); MS 23.652-DF, Pleno do STF, rel. Ministro Celso de Mello, j. 22.11.2000, *DJ* 16.2.2001, p. 92, unânime. 2. Quebra ou transferência de sigilos bancário, fiscal e de registros telefônicos que, ainda quando se admita, em tese, susceptível de ser objeto de decreto de CPI — porque não coberta pela reserva absoluta de jurisdição que resguarda outras garantias constitucionais —, há de ser adequadamente fundamentada: aplicação no exercício pela CPI dos poderes instrutórios das autoridades judiciárias da exigência de motivação do art. 93, IX, da Constituição da República. 3. Sustados, pela concessão liminar, os efeitos da decisão questionada da CPI, a dissolução desta prejudica o pedido de mandado de segurança" (MS 23466-DF, Pleno do STF, rel. Ministro Sepúlveda Pertence, j. 4.5.2000, *DJ* 6.4.2001, p. 70, unânime). Na opinião do Professor Caio Tácito, a quebra do sigilo bancário importa em limitação à inviolabilidade da intimidade, da vida privada e de dados pessoais, direitos fundamentais garantidos nos incs. X e XII do art. 5º da CF. Segundo o autor 'o princípio da inviolabilidade de dados sigilosos não admite que se possa presumir, ou preventivamente supor, conduta irregular não comprovada, ou sequer definida. A exceção ao dever de sigilo, admitida em tese, mediante ato regular do juiz ou do legislador, exige, para sua validade intrínseca, adequada fundamentação, que é requisito constitucional obrigatório para os atos de julgamento (Constituição, art. 93, n. IX)' (Caio Tácito, "As investigações parlamentares e o sigilo bancário", in *Temas de Direito Público, Estudos e Pareceres*, 3º v., pp. 109-110)".

88. "Comissão Parlamentar de Inquérito. Quebra de sigilos bancário, fiscal e telefônico decretada sem nenhuma fundamentação. Mandado de segurança deferido, de acordo com os precedentes firmados pelo Supremo Tribunal" (MS 23619-DF, Pleno do STF, rel. Ministro Octávio Gallotti, j. 4.5.2000, *DJ* 7.12.2000, p. 7, unânime).

mostra-se essencial à adoção das providências que a lei impõe.[89]

60. Decidiu-se,[90] em acórdão relatado pelo Ministro Celso de Mello, que compete ao STF julgar, em sede originária, mandados de segurança e *habeas corpus* impetrados contra CPIs constituídas no Congresso Nacional ou no de qualquer de suas casas, e que o controle jurisdicional de abusos praticados por CPI não ofende o princípio da separação dos poderes.[91]

89. "Dever de preservação dos registros sigilosos. A Comissão Parlamentar de Inquérito, embora disponha, *ex propria auctoritate*, de competência para ter acesso a dados reservados, não pode, agindo arbitrariamente, conferir indevida publicidade a registros sobre os quais incide a cláusula de reserva derivada do sigilo bancário, do sigilo fiscal e do sigilo telefônico. Com a transmissão das informações pertinentes aos dados reservados, transmite-se à Comissão Parlamentar de Inquérito — enquanto depositária desses elementos informativos —, a nota de confidencialidade relativa aos registros sigilosos. Constitui conduta altamente censurável — com todas as conseqüências jurídicas (inclusive aquelas de ordem penal) que dela possam resultar — a transgressão, por qualquer membro de uma Comissão Parlamentar de Inquérito, do dever jurídico de respeitar e de preservar o sigilo concernente aos dados a ela transmitidos. Havendo justa causa — e achando-se configurada a necessidade de revelar os dados sigilosos, seja no relatório final dos trabalhos da Comissão Parlamentar de Inquérito (como razão justificadora da adoção de medidas a serem implementadas pelo Poder Público), seja para efeito das comunicações destinadas ao Ministério Público ou a outros órgãos do Poder Público, para os fins a que se refere o art. 58, § 3º, da Constituição, seja, ainda, por razões imperiosas ditadas pelo interesse social — a divulgação do segredo, precisamente porque legitimada pelos fins que a motivaram, não configurará situação de ilicitude, muito embora traduza providência revestida de absoluto grau de excepcionalidade" (MS 23452-RJ, Pleno do STF, rel. Ministro Celso de Mello, j. 16.9.1999, *DJ* 12.5.2000, p. 20, unânime).

90. MS 23452-RJ, Pleno do STF, rel. Ministro Celso de Mello, j. 16.9.1999, *DJ* 12.5.2000, p. 20, unânime.

91. O controle de poder constitui-se em exigência de ordem político-jurídica essencial ao regime democrático e nosso sistema constitucional consagrou o princípio da limitação dos poderes com o intuito de impedir a formação de instâncias hegemônicas de poder no âmbito de Estado e vedar a possibilidade de dominação institucional de qualquer dos Poderes da República sobre os demais órgãos da soberania nacional, submetendo-os todos aos limites constitucionais e legais.

61. Ensina o Ministro Celso de Mello[92] que: "a essência do postulado da divisão funcional do poder, além de derivar da necessidade de conter os excessos dos órgãos que compõem o aparelho de Estado, representa o princípio conservador das liberdades do cidadão e constitui o meio mais adequado para tornar efetivos e reais os direitos e garantias proclamados pela Constituição. Esse princípio, que tem assento no art. 2º da Carta Política, não pode constituir e nem qualificar-se como um inaceitável manto protetor de comportamentos abusivos e arbitrários, por parte de qualquer agente do Poder Público ou de qualquer instituição estatal. — O Poder Judiciário, quando intervém para assegurar as franquias constitucionais e para garantir a integridade e a supremacia da Constituição, desempenha, de maneira plenamente legítima, as atribuições que lhe conferiu a própria Carta da República. O regular exercício da função jurisdicional, por isso mesmo, desde que pautado pelo respeito à Constituição, não transgride o princípio da separação de poderes. Desse modo, não se revela lícito afirmar, na hipótese de desvios jurídico-constitucionais nas quais incida uma Comissão Parlamentar de Inquérito, que o exercício da atividade de controle jurisdicional possa traduzir situação de ilegítima interferência na esfera de outro Poder da República".

Recurso apropriado para opor-se à quebra de sigilo bancário

62. A jurisprudência é harmônica quanto ao cabimento do mandado de segurança para manifestar oposição a determinações de quebra de sigilo bancário,[93] mos-

92. MS 23452-RJ, Pleno do STF, rel. Ministro Celso de Mello, j. 16.9.1999, *DJ* 12.5.2000, p. 20, unânime.

93. "RMS. Constitucional. Processual civil. Mandado de segurança. *Habeas corpus*. O mandado de segurança é ação constitucional para resguardar direito líquido e certo. Idôneo para o Judiciário

trando-se controvertida quanto à possibilidade de utilização da via do *habeas corpus*,[94] eis que tutelada através deste a liberdade de locomoção, e não direito líquido e certo, havendo decisões do STF[95] e do STJ[96] no sentido de sua admissibilidade quando a quebra de sigilo for determinada em processo penal ou inquérito policial de que possa advir pena privativa de liberdade. O uso do recurso extraordinário ou do especial, ou de ambos, dependerá da fundamentação da autorização, uma vez que o direito é resguardado em cláusula constitucional, enquanto as exceções estão previstas em legislação infraconstitucional.[97]

Conclusões

63. O inc. LV do art. 5º da Constituição Federal expressa que "aos litigantes, em processo judicial ou administrativo, e aos acusados em geral são assegurados o contraditório e ampla defesa, com os meios e recursos a ela inerentes"; em complemento o inc. LVI expressa que "são inadmissíveis, no processo, as provas obtidas por meios ilícitos", ao passo que "ninguém será considerado culpado até o trânsito em julgado

reconhecer, na espécie, e direito de não quebrar o sigilo bancário. Não se confunde, aí, com o *habeas corpus*, que visa a preservar o Direito de locomoção" (ROMS 2265-PB, 6ª T. do STJ, rel. Ministro Luiz Vicente Cernicchiaro, j. 18.12.1992, *DJ* 12.4.1993, p. 6.084, por unanimidade, deram provimento ao recurso, para que o Tribunal de Justiça retome o julgamento).

94. "Constitucional. Processual penal. *Habeas corpus*. Decisão que decreta a quebra do sigilo bancário. Direito de locomoção. Lesão. Inocorrência. O *habeas corpus* é remédio constitucional que tem por objetivo a proteção do direito de locomoção, não se prestando para afastar decisão que decreta a quebra do sigilo bancário. *Habeas corpus* denegado" (HC 8218-SP, 6ª T. do STJ, rel. Ministro Vicente Leal, j. 4.2.1999, *DJ* 1.3.1999, p. 384, *LEXSTJ* 119/366, jul./1999, por unanimidade, denegaram o *habeas corpus*).

"Processual penal. *Habeas corpus*. Quebra de sigilo bancário. Via adequada. O *habeas corpus* visa a proteção que se restringe à liberdade de locomoção, não sendo a via adequada para obstaculizar a quebra irregular de sigilo bancário. Ordem não conhecida" (HC 6412-GO, 5ª T. do STJ, rel. Ministro Cid Flaquer Scartezzini, j. 10.3.1998, *DJ* 13.4.1998, p. 130, unânime).

95. "*Habeas corpus*. Admissibilidade. Decisão judicial que, no curso do inquérito policial, autoriza quebra de sigilo bancário. Se se trata de processo penal ou mesmo de inquérito policial, a jurisprudência do STF admite o *habeas corpus*, dado que de um ou outro possa advir condenação a pena privativa de liberdade, ainda que não iminente, cuja aplicação poderia vir a ser viciada pela ilegalidade contra o qual se volta a impetração da ordem. Nessa linha, não é de recusar a idoneidade do *habeas corpus*, seja contra o indeferimento de prova de interesse do réu ou indiciado, seja, o deferimento de prova ilícita ou o deferimento inválido de prova lícita: nessa última hipótese, enquadra-se o pedido de *habeas corpus* contra a decisão — alegadamente não fundamentada ou carente de justa causa — que autoriza a quebra do sigilo bancário do paciente. II — *Habeas corpus*: decisão equivocada do relator declaratória da incompetência do Tribunal, não gerando preclusão no processo de *habeas corpus*, pode nele ser retificada de ofício" (HC 79191-SP, 1ª T. do STF, rel. Ministro Sepúlveda Pertence, j. 4.5.1999, *DJ* 8.10.1999, p. 39, deferido em parte, unânime).

96. "*Habeas corpus*. Quebra de sigilo bancário. Admissibilidade. 1. A idoneidade do *habeas corpus* como meio de afastar constrangimento decorrente da violação do sigilo bancário, desdobramento do direito à intimidade e à privacidade, que, por sua vez compreende-se no campo mais amplo do direito à liberdade, consoante autorizada doutrina, vem sendo admitida pela jurisprudência quando se tratar de processo penal ou inquérito policial. 2. Ordem concedida dada a carência de fundamentação do despacho impositivo da violação do sigilo bancário sem indicar elementos mínimos de prova quanto à autoria do delito" (HC 8317-PA, 6ª T. do STJ, rel. Ministro Fernando Gonçalves, j. 28.3.2000, *DJ* 15.5.2000, p. 201, por unanimidade, concederam ordem de *habeas corpus* para declarar a insubsistência da decisão autorizativa da quebra do sigilo bancário do paciente).

97. "Constitucional. Sigilo bancário: quebra. Administradora de cartões de crédito. CF, art. 5º, X. I — Se é certo que o sigilo bancário, que é espécie de direito à privacidade, que a Constituição protege art. 5º, X, não é um direito absoluto, que deve ceder diante do interesse público, do interesse social e do interesse da Justiça, certo é, também, que ele há de ceder na forma e com observância de procedimento estabelecido em lei e com respeito ao princípio da razoabilidade. No caso, a questão foi posta, pela recorrente, sob o ponto de vista puramente constitucional, certo, entretanto, que a disposição constitucional é garantidora do direito, estando as exceções na norma infraconstitucional. II — RE não conhecido" (RE 219780-PE, 2ª T. do STF, rel. Ministro Carlos Velloso, j. 13.4.1999, *DJ* 10.9.1999, p. 23, unânime).

de sentença penal condenatória" — inc. LVII. Estes dispositivos consolidam princípios fundamentais do direito, dizendo respeito ao *direito de ampla defesa*,[98] à *inadmissibilidade de provas ilícitas*[99] e da *presunção de inocência*,[100] conquistas derivadas de incontestável evolução histórica[101] e caracterizadoras de evidentes garantias fundamentais do homem, *inseparáveis da idéia de dignidade da pessoa humana, núcleo estruturante e inviolável* dos direitos fundamentais.

64. As regras antes aludidas encontram-se inseridas no título referente aos Direitos e Garantias Fundamentais, possuindo, consoante a doutrina constitucional, a natureza e finalidade de *proteção às liberdades individuais* e função de *limite de restrições*[102] àquelas, com evidente projeção

98. Leciona Camargo Aranha: "o princípio constitucional do contraditório — *audiatur et altera pars* — exige que a prova somente tenha valia se produzida diante de quem suportará seus efeitos, com a possibilidade de contrariá-la por todos os meios admissíveis. Daí porque a prova emprestada somente poderá surtir efeito se originariamente colhida em processo entre as mesmas partes ou no qual figure como parte quem por ela será atingido. Em hipótese alguma, por violar o princípio constitucional do contraditório, gerará efeitos contra quem não tenha figurado como uma das partes no processo originário" (Adalberto José de Camargo Aranha, *Da Prova no Processo Penal*, 2ª ed., p. 188). Ensinamento compartilhado pelo Ministro Vicente Leal: "a prova emprestada é qualificada como prova ilícita, porque realizada com inobservância dos princípios constitucionais do contraditório e do devido processo legal. E por isso mesmo, tal espécie de prova não se presta para embasar uma sentença penal condenatória, porque recolhida fora do espaço próprio, que é o sumário de culpa" (HC 14.274-PR, 6ª T. do STJ, j. 3.5.2001, *DJU* 4.6.2001). José Rubens Costa demonstra o relevo que os limites formais exercem na proteção aos direitos fundamentais. Diz ele: "conhecida a expressão que afirma ser a forma o preço que cada cidadão paga por sua liberdade, ao passo que a redução das formas aumenta o arbítrio do órgão julgador. (...) O sistema de nulidades ou de vícios de nulidade não significa, em decorrência, simples proteção à forma, mas a consecução da liberdade das partes, o respeito ao contraditório, o exercício do direito de ação e de defesa, enfim, a garantia do tratamento igual e eqüidistante pelo Poder Judiciário" (José Rubens Costa, *Manual do Processo Civil*, v. II, pp. 290 e 301).

99. "A prova ilícita é prova inidônea. Mais do que isso, prova ilícita é prova imprestável. Não se reveste, por essa explícita razão, de qualquer aptidão jurídico-material. Prova ilícita, sendo providência instrutória eivada de inconstitucionalidade, apresenta-se destituída de qualquer grau, por mínimo que seja, de eficácia jurídica" (trecho do voto do Ministro Celso de Mello no acórdão da AP 307-3-DF, Pleno do STF, rel. Ministro Ilmar Galvão, j. 13.12.1994). O Ministro Luiz Vicente Cernicchiaro já teve oportunidade de referir que "a prova ilícita contraria o processo, o inquérito policial, o processo administrativo e a sindicância. A legalidade pode e deve ser analisada a qualquer momento" (HC 6.008-SC, 6ª T. do STJ, j. 10.12.1996, *DJU* 23.6.1997), bem como que "admitem-se, em juízo, todos os meios de prova, salvo as obtidas por meio ilícito (CF, art. 5º, LVI). As provas ilícitas, porque proibidas, não podem ser consideradas. Cumpre desentranhá-las dos autos" (recurso em MS 8.559-SC, 6ª T. do STJ, j. 12.6.1998, *DJU* 3.8.1998). O Ministro Vicente Leal, ao seu turno, lembra que "a Carta Política de 1988 foi concebida num período de reconquista das franquias democráticas e, por isso, o Constituinte foi explícito na consagração dos princípios do *amplo direito de defesa*, do *devido processo legal*, do *contraditório* e da *inadmissibilidade da prova ilícita* (CF, art. 5º, LIV, LV e LVI)" (HC 9.838-SP, 6ª T. do STJ, j. 29.3.2000, *DJU* 24.4.2000).

100. A inocência constitui-se em presunção legal, derivada de dispositivo constitucional. A culpa deve ser provada. Quem acusa têm o ônus de provar a culpa do acusado, ao passo que este não tem o dever de provar a sua inocência e, em caso de dúvida, é em favor do último que as presunções militam (Giovana Polo, "A inadmissibilidade da inversão do ônus da prova no processo penal", *Revista Jurídica* 288/72-73).

101. A Declaração dos Direitos do Homem e do Cidadão, de 1789, asseverava que "todo acusado é considerado inocente até ser declarado culpado (...)" ao passo que a Declaração Universal dos Direitos Humanos, aprovada em 1948 pela Assembléia Geral das Nações Unidas consigna em seu art. XI que "toda pessoa acusada de um ato delituoso tem o direito de ser presumida inocente, até que a culpabilidade tenha sido provada *de acordo com a lei*, em julgamento público, no qual tenham sido asseguradas todas as garantias à sua defesa". No plano internacional, a presunção de inocência restou positivada, ainda, no art. 8º, § 2º, do Pacto de São José da Costa Rica (internalizado no Brasil através do Decreto Federal 678/1992) e no art. 14, § 2º, do Pacto Internacional sobre Direitos Civis e Políticos, de 1966. Ver Vladimir Aras, "Princípios do Processo Penal", *Jusnavigandi* 52 (jusnavigandi.com.br).

102. Gilmar Mendes ensina que a CF/1988, ao abrigar tamanha extensão de direitos individuais,

positiva, e inegável *eficácia vinculativa*, tanto para o intérprete quanto para o administrador e o legislador.

65. O ordenamento jurídico consiste num sistema, hierarquicamente organizado e axiologicamente estruturado, cujo referencial máximo, no Estado Democrático de Direito, é a Constituição; seu conteúdo normativo e principiológico passa a *vincular o intérprete do direito* e exercer uma *eficácia conformadora* na sua atividade,[103] irradiando seus efeitos sobre todas as áreas e que interessam à ciência jurídica e passando a ser a harmonia com as normas constitucionais pré-requisito para a validade e eficácia das normas infraconstitucionais, bem como da legitimidade dos procedimentos nelas pautados, sejam em sede judicial, legislativa ou administrativa.[104]

66. A intimidade e a privacidade constituem-se em explícitas garantias fundamentais (CF, art. 5º, X e XII), somente podendo sofrer restrições onde a Constituição Federal permite, de acordo com a lei, através de órgão competente e em processo que respeite os limites formais e materiais estabelecidos em conformidade com os ditames da Carta Política.[105]

67. Diante da análise efetuada, a utilização do princípio da proporcionalidade pelo julgador encontra limite na verificação dos reflexos da prova ilícita no restante do processo criminal, a fim de que seja

catalogando-os já no início do texto constitucional e conferindo-lhes eficácia imediata e reconhecendo-os como elementos integrantes da identidade e continuidade da CF — vedando sua supressão através de reforma constitucional —, demonstra a importância eu lhes quis atribuir o legislador, vinculando diretamente os órgãos estatais e impondo-lhes estrita observância àqueles. "Na sua concepção tradicional, os direitos fundamentais são direitos de defesa (*abwehrrechte*), destinados a proteger determinadas posições subjetivas contra a intervenção do Poder Público, seja pelo não impedimento de prática de determinado ato, seja pela não intervenção em situações subjetivas ou pela não eliminação de posições jurídicas. Nessa dimensão, os direitos fundamentais contém disposições definidoras de uma competência negativa do Poder Público (*negative Kompetenzbestimmung*), que fica obrigado, assim, a respeitar o núcleo de liberdade constitucionalmente assegurado" (Gilmar Ferreira Mendes, "Os direitos fundamentais e seus múltiplos significados na ordem constitucional", *Revista Diálogo Jurídico* 10, jan./2002).

103. Veja-se, exemplificativamente: no campo tributário Roque Antonio Carrazza, *Curso de Direito Constitucional Tributário*, 16ª ed.; no campo penal: Maurício Antônio Ribeiro Lopes, *Teoria Constitucional do Direito Penal*; no campo civil: Paulo Luiz Netto Lôbo, "Constitucionalização do Direito Civil", *Jusnavigandi* 33 (jusnavigandi.com.br).

104. Segundo Fábio Medina Osório: "sustenta-se, em doutrina, a idéia de que não há diferenças substanciais entre normas penais e normas administrativas sancionadoras", informando que esta é a tese majoritária na doutrina européia, tendo sido o Tribunal Supremo espanhol o responsável pela elaboração da teria da unidade de ilícitos penais e administrativos (Fábio Medina Osório, *Direito Administrativo Sancionador*, pp. 102 e 106). É o que sustenta Luiz Roberto Barroso, amparado no magistério de Nelson Hungria: "o direito administrativo punitivo é apenas mais uma forma de manifestação do chamado poder punitivo do Estado. Sua diferenciação relativamente ao processo penal é apenas de grau ou, muitas vezes, mera opção legislativa" (Luís Roberto Barroso, "A prescrição administrativa no direito brasileiro antes e depois da Lei 9.873/1999", *Revista Diálogo Jurídico* 4/14, v. I, jul./2001, in direito publico.com.br.) Por este motivo, o direito administrativo, em sua dimensão sancionatória, compartilha com o direito penal os mesmos princípios gerais de aplicação de suas normas, conclusão compartilhada pelo Ministro Humberto Gomes de Barros, no sentido de que "a punição administrativa guarda evidente afinidade, estrutural e teleológica, com a sanção penal" (STJ, REsp 19.560-0-RJ, j. 15.9.1993, *DJU* 18.10.1993).

105. "Se quisermos identificar o que, na segunda metade do século XX, representou novidade no campo do direito processual, concluiremos por identificá-la na denominada *constitucionalização* do processo. Decorrência necessária, a meu sentir, dos ganhos democráticos obtidos em termos de cidadania, que se traduziram em mais significativa participação nas decisões políticas de um maior número de instituições e pessoas. A noção do devido processo legal, já anteriormente trabalhada pela doutrina, ganhou dimensão nova, revestindo-se do caráter mais abrangente de garantia do *devido processo constitucional*" (J. J. Calmon de Passos, "Instrumentalidade do processo e devido processo legal", *Revista Diálogo Jurídico* 1, v. I, in direitopublico.com.br). Em defesa da *leitura constitucionalizada* do processo administrativo, ver Sérgio Ferraz e Adilson Abreu Dallari, *Processo Administrativo*; Egon Bockmann Moreira, *Processo Administrativo — Princípios Constitucionais e a Lei 9.784/1999*.

possível aferir o nível de conexão e interdependência da prova ilícita com as demais provas e, por conseqüência, a contaminação ou não daquelas com o vício da nulidade. Os princípios da proporcionalidade e razoabilidade não são passíveis de exercício, pelo julgador, para o fim de criar restrições ao direito de liberdade, mas sim para garanti-lo. O princípio da "busca da verdade real" merece ser lido como vinculação do julgador à realidade e não em ficções ou presunções legais incriminadoras.

68. Merece relevo a advertência de Luiz Flávio Gomes, no sentido de que deve ser evitado que contorne-se o princípio da legalidade e extraia-se efeitos punitivos de práticas efetuadas à margem de disposições legais específicas, legítimas, claras e preexistentes, em agressão a direitos e garantias individuais, "acobertando-se atuações arbitrárias com argumentos pseudo-jurídicos".

69. Se há interesse público em coibir a criminalidade, não é menos evidente que há interesse público na observância da lei, pressuposto essencial à manutenção do Estado Democrático de Direito, que encontra negação no arbítrio. E nosso Estado e seus agentes nem sempre primam pela faceta democrática, como pode-se ver da queda de braço das CPIs com o STF, tentando sobrepor-se ao controle jurisdicional.

70. Os argumentos políticos e passionais — nem sempre sinceros — sugerindo proveitos sociais e prevalência do interesse público legitimadores de medidas legislativas ou administrativas restritivas de liberdades — razões de Estado que colocam a prevalência dos hipotéticos objetivos (fins) como legitimadora das efetivas agressões aos direitos (meios) — merecem repulsa, conforme lição do STF.[106]

71. Pertinente invocar a lembrança do jurista Miguel Reale,[107] quando refere que "foi judiciosamente ponderado pelo eminente Ministro Moreira Alves que jamais poderia deixar de ser considerada também de ordem pública a norma constitucional que preserva os direitos individuais caracterizadores do Estado de Direito".

72. O sigilo bancário encontra-se abarcado nas cláusulas constitucionais de pri-

106. "'(...) razões de Estado não podem ser invocadas para justificar o descumprimento da Constituição. Esse fundamento, quando invocado para dar suporte a pretensões governamentais, *além de mostrar-se inaceitável*, revela-se *incompatível* com a própria essência de que se acha impregnada a noção de Estado Democrático de Direito, conforme tem *reiteradamente* proclamado a *jurisprudência* do Supremo Tribunal Federal (AG 234.163-MA (AgRg), rel. Ministro Celso de Mello, *v.g.*)'. 'Impõe-se *advertir*, por isso mesmo, com apoio em *autorizado* magistério doutrinário (Eduardo García de Enterría, *La Lucha contra las Inmunidades del Poder*, 3ª ed., Madrid, Editorial Civitas, 1983), que as *razões de Estado* — quando invocadas como argumento de sustentação da pretensão jurídica do Poder Público ou de qualquer outra instituição — representam expressão de um *perigoso* ensaio destinado a submeter, à *vontade do Príncipe* (situação que se mostra absolutamente intolerável), a autoridade hierárquico-normativa da própria Constituição da República, *comprometendo*, desse modo, a *idéia* de que o *exercício* do poder estatal, quando praticado sob a égide de um regime democrático, está *permanentemente* exposto ao controle social dos cidadãos e à *fiscalização* de ordem jurídico-constitucional dos magistrados e Tribunais'. 'O Supremo Tribunal Federal, *por mais de uma vez*, teve o ensejo de *repelir* esse argumento de ordem política (*RTJ* 164/1.145-1.146, rel. Ministro Celso de Mello) *por entender* que a invocação das *razões de Estado* — além de *deslegitimar-se* como fundamento idôneo de impugnação judicial — *representaria*, por efeito das *gravíssimas* conseqüências provocadas por seu eventual reconhecimento, uma *ameaça inadmissível* às liberdades públicas, à supremacia da ordem constitucional e aos valores democráticos que a informam, *culminando* por introduzir, no sistema de direito positivo, um *preocupante* fator de ruptura e de desestabilização'. '*Motivos de ordem pública ou razões de Estado* — que muitas vezes configuram fundamentos políticos destinados a justificar, pragmaticamente, *ex parte principis*, a *inaceitável* adoção de medidas que *frustram* a plena eficácia da ordem constitucional, *comprometendo-a* em sua integridade e *desrespeitando-a* em sua autoridade — *não podem* ser invocados para viabilizar o *descumprimento* da própria Constituição (...) (AG 244.578-RS, rel. Ministro Celso de Mello)'" (RE 226.855-7-RS, Pleno do STF, declaração de voto do Ministro Celso de Mello em acórdão relatado pelo Ministro Moreira Alves, j. 31.8.2000, *DJU* 13.10.2000).

107. "Atualização de valores contratuais", in *Questões de Direito Privado*, p. 50.

vacidade e intimidade. Além do Poder Judiciário, guardião das liberdades públicas,[108] somente as CPIs, por expressa autorização da CF/1988, e mediante adequada fundamentação, podem ter acesso direto a dados bancários.[109] Prevendo a própria Constituição os órgãos competentes para tal ato,[110] a criação de nova hipótese através de lei complementar viola os limites formais e materiais estabelecidos na CF/1988, sendo ineficaz,[111] também, em face ao disposto no art. 60, § 4º, incs. III e IV. Aqueles atos, contratos e informações que não são de domínio e conhecimento do público, são, por exclusão óbvia, de domínio privado e, portanto, protegidos de devassas e intromissões. A idéia de sigilo liga-se mais ao "direito de liberdade" que ao simples direito de "propriedade".

73. Descabida a tese de que haverá mera transferência de dados para a Receita Federal, e não violação dos dados. Em relação aos dados privados, ou a Receita é terceiro, e, portanto, estranha àqueles dados cujo acesso pretende, ou é interessada e, assim sendo, evidentemente suspeita e impedida para julgar. Os bancos de dados, em função do progresso tecnológico, cumprem hoje a função outrora reservada à residência, de abrigar os papéis — hoje dados — referentes aos atos e negócios das pessoas. Em conseqüência, devem ser vistos como extensão da residência, lembrando-se que "in the santicty of the home, all details are intimate details" (*e.g.*, United States *v.* Karo, 468 US 705).

74. Acrescente-se que, intimado o cidadão em virtude da Receita ver "incompatibilidades" entre movimentação financeira apurada através de dados da CPMF e sua declaração de rendimentos (sem que haja relação direta entre movimentação financeira e renda), qual a defesa do cidadão? Revelar, perante órgão da administração, a origem e o destino de todas as verbas, vinculando terceiros estranhos ao processo e fornecendo informações quanto aos mesmos (que não são partes). E isto obviamente representa inversão do ônus da prova — inadmissível em face do processo administrativo-punitivo subordinar-se às

108. Veja-se, a respeito, interessante artigo de Luiz Flávio Gomes: "Crimes tributários e quebra do sigilo bancário", in *Direito Penal Empresarial*, coord. Heloísa Estellita Salomão. O autor lembra que o garantidor dos Direitos Fundamentais do cidadão é o Juiz, e não o Estado, sendo indispensável a intervenção judicial prévia à decretação da quebra de sigilo bancário (pp. 152-153).

109. "(...) O princípio constitucional da reserva de jurisdição — que incide sobre as hipóteses de busca domiciliar (CF, art. 5º, XI), de interceptação telefônica (CF, art. 5º, XII) e de decretação da prisão, ressalvada a situação de flagrância penal (CF, art. 5º, LXI) — não se estende ao tema da quebra de sigilo, pois, em tal matéria, *e por efeito de expressa autorização dada pela própria Constituição da República* (CF, art. 58, § 3º), assiste competência à Comissão Parlamentar de Inquérito, para decretar, sempre em ato necessariamente motivado, a excepcional ruptura dessa esfera de privacidade das pessoas. (...)" (MS 23639-DF, Pleno do STF, rel. Ministro Celso de Mello, j. 16.11.2000, *DJU* 16.2.2001, unânime). No mesmo sentido MS 23652-DF, Pleno do STF, rel. Ministro Celso de Mello, j. 22.11.2000, *DJU* 16.2.2001, unânime.

110. "A norma inscrita no inc. VIII, do art. 129, da CF, não autoriza o Ministério Público, sem a interferência da autoridade judiciária, quebrar o sigilo bancário de alguém. Se se tem presente que o sigilo bancário é espécie de direito à privacidade, que a CF consagra, art. 5º, X, *somente autorização expressa da Constituição* legitimaria o Ministério Público a promover, diretamente e sem a intervenção da autoridade judiciária, a quebra de sigilo bancário de qualquer pessoa" (RE 215.301-0, 2ª T. do STF, rel. Ministro Carlos Velloso, j. 13.4.1999, *DJ* 28.5.1999).

111. Ensina Carlos Maximiliano que "um preceito contrário ao estatuto supremo não necessita de exegese, porque não obriga a ninguém: é como se nunca tivesse existido. Cumpre inquirir se foi prolator da norma o poder competente (...); se a mesma era da alçada federal, estadual ou municipal; se constitui matéria de lei, ou de regulamento; se este se enquadra naquela, ou inova alguma coisa não autorizada implicitamente pelas câmaras; se o ato do Executivo emana de delegação e se esta foi concedida em termos toleráveis pelo Código fundamental. Desde que o elaborador ultrapassou os limites das próprias atribuições, o juiz nada interpreta; nega eficiência ao texto, porque não se trata de disposições válidas, e, sim, de um excesso de poder, a que não se deve acatamento; *nullus major defectus quam defectus potestatis*" (Carlos Maximiliano, *Hermenêutica e Aplicação do Direito*, pp. 42-43).

regras aplicáveis ao processo penal —, quebra da presunção de inocência mediante indício imprestável para tanto e invasão da privacidade, agredindo garantias fundamentais.

75. Em casos envolvendo advogados, que levantam alvarás em nome de clientes, efetuam pagamentos de custas e emolumentos e mantém em suas contas bancárias valores pertencentes a terceiros para diversos fins, o atendimento de determinações da Receita Federal implica clara violação do sigilo profissional.

76. Numa época caracterizada pela desmaterialização da riqueza, onde mostra-se dificultada, por vezes, a verificação da própria materialidade de crimes, tais como os fiscais e financeiros, é compreensível o receio dos julgadores em manifestar conceitos taxativos e restritivos da utilização de medidas extremas, temendo inviabilizar a persecução criminal nestes casos. Necessário, porém, zelar para que as construções jurisprudenciais expressem a independência do Poder Judiciário e harmonizem-se com a teoria da necessária efetividade dos direitos e garantias individuais, evitando-se que, com base em conceitos e valorações subjetivos e abstratos, tais como interesse público e social e razoabilidade — que geralmente mascaram pretensões delirantes e absurdas e não permitem aos agentes uma noção prévia e clara das conseqüências de seu comportamento ou dos limites impostos à ação Estatal —, venha-se a construir uma teoria de exceções discricionárias, excepcionando a efetividade dos direitos e garantias individuais ante a regra da incerteza e do arbítrio.

77. Imperioso evitar-se ao máximo a flexibilização de conceitos e direitos sem que haja regras claras preestabelecidas, ou que dê-se elasticidade àquelas hipóteses e práticas para as quais o legislador fixou regras rígidas. Não é prudente e nem aconselhável sacrificar-se a segurança jurídica do cidadão comum perante um Estado onipotente e onipresente, que mostra mais interesse e eficiência no papel arrecadatório do que na capacidade administrativa, freqüentemente desrespeitando preceitos constitucionais consagradores dos direitos e garantias individuais e coletivos, além de utilizar-se do fantasma da criminalidade — bem nutrido pela corrupção, diga-se — para tentar impor ou justificar violências que ele mesmo comete contra os direitos dos cidadãos.

78. Talvez nunca o indivíduo tenha se encontrado em papel de tamanha fragilidade, diluído no mar despersonalizado da coletividade excluída dos rumos da própria vida. Como alerta Edgar Morin[112] "a crise dos fundamentos do conhecimento científico encontrou a crise dos fundamentos do conhecimento filosófico, ambas convergindo para a crise ontológica do Real, confrontando-nos com o 'problema dos problemas (...), o da crise dos fundamentos do pensamento' (Pierre Cornaire). O ser tornou-se silêncio ou perplexidade. Esgarça-se a lógica. A razão interroga-se, inquieta-se. O incerto fundamental esconde-se por trás de todas as certezas locais. Nada de base de certeza. Nada de verdade fundadora. A idéia de fundamento deve afundar com a idéia de última análise, de causa última, de explicação primeira. No lugar do fundamento perdido, não há vazio, mas um lamaçal sobre o qual se erguem os pilotis do saber científico; um 'mar de lama semântico' (*Magur-Schachter*) a partir do qual emerge o concebível. Nem a dúvida nem a relatividade nos são doravante passíveis de eliminação".

79. A doutrina vem tentado estabelecer um núcleo mínimo inviolável nos direitos e garantias dos indivíduos. A jornada levou a uma investigação dos direitos humanos, às teorias da constituição, à estrutura básica da dignidade da pessoa humana. Num sistema positivo, porém, estamos a mercê de uma frágil e constantemente mutilada Constituição, que é apenas aquilo que o Supremo diz que ela é e, assim, ao

112. Edgar Morin "3. O conhecimento do conhecimento", in *O Método*, pp. 25-26.

fim e ao cabo, apesar de todo o amor à técnica, ironicamente nos vemos apegados à religião, rezando para que o Supremo tenha luzes, inspiração e coragem para dizer que ela é instrumento de proteção das pessoas, e não de sua submissão, afirmando seu compromisso com a cidadania, e não com o "poder delirante" contra o qual alertou Rui Barbosa, jurista que merece nossas homenagens e cuja memória aqui se reverencia.

Bibliografia

ABRÃO, Carlos Henrique. "O sigilo bancário e as CPIs, o Ministério Público, a Receita Federal e o Judiciário". In *Aspectos Atuais do Direito do Mercado Financeiro e de Capitais*. São Paulo: Dialética, 1999.

ARANHA, Adalberto José de Camargo. *Da Prova no Processo Penal*. 2ª ed., São Paulo: Saraiva, 1987.

ARAS, Vladimir. "Princípios do Processo Penal". *Jusnavigandi* 52, in jusnavigandi.com.br.

ATHAYDE, Augusto de. *Curso de Direito Bancário*. v. I, Coimbra Editora, 1999.

BACEN. *Princípios Essenciais para uma Supervisão Bancária Eficaz. Os Princípios Essenciais da Basiléia. Comitê de Supervisão Bancária da Basiléia*. Trad. e editoração eletrônica de Jorge R. Caldeira, dez./1997 e revista em fev./2000, documento acessado no *site* bcb.gov.br.

BARROSO, Luís Roberto. "Fundamentos teóricos e filosóficos do novo direito constitucional brasileiro". *Revista Diálogo Jurídico* 6, v. 1, Salvador: CAJ — Centro de Atualizações Jurídicas, set./2001, in direitopublico.com.br.

————. "A prescrição administrativa no direito brasileiro antes e depois da Lei 9.873/1999". *Revista Diálogo Jurídico* 4, v. I, Salvador, jul./2001, in direitopublico.com.br.

COMPARATO, Fábio Konder. *Regime Constitucional do Controle de Preços no Mercado. Direito Público, Estudos e Pareceres*. São Paulo: Saraiva, 1996.

————. *Contrato Administrativo. Direito Público, Estudos e Pareceres*. São Paulo: Saraiva, 1996.

CORDEIRO, Antônio Menezes. *Manual de Direito Bancário*. t. I, Almedina: Coimbra, 1998.

COSTA, José Rubens. *Manual do Processo Civil*. v. II, São Paulo: Saraiva, 1995.

EIZIRIK, Nelson. "Auditor independente. Sigilo profissional". Parecer in *RDM* 112, São Paulo: Malheiros Editores, out.-dez./1998.

————. *Instituições Financeiras e Mercado de Capitais — Jurisprudência*. v. II, Rio de Janeiro: Renovar, 1997.

FERRAZ, Sérgio e DALLARI, Adilson Abreu. *Processo Administrativo*. São Paulo: Malheiros Editores, 2001.

FILHO, Élio Wanderley de Siqueira. "Aspectos relevantes da escuta telefônica". *Revista CEJ* 5, Brasília: Conselho da Justiça Federal, mai.-ago./1998.

FREITAS, Juarez. *Estudos de Direito Administrativo*. São Paulo: Malheiros Editores, 1997.

GOMES, Luiz Flávio. "Gravações telefônicas: ilicitude e inadmissibilidade". *Revista CEJ* 5, Brasília: Centro de Estudos Jurídicos do Conselho da Justiça Federal, mai.-ago./1998.

————. "Crimes tributários e quebra do sigilo bancário". In *Direito Penal Empresarial*. Coord. Heloísa Estellita Salomão. São Paulo: Dialética, 2001.

GRINOVER, Ada Pellegrini. "O regime brasileiro das interceptações telefônicas". *Revista CEJ* 3, Brasília: Centro de Estudos Jurídicos do Conselho da Justiça Federal, set.-dez./1997.

KOERNER, Andrei. *"Habeas corpus", Prática Judicial e Controle Social no Brasil (1841-1920)*. São Paulo: Instituto Brasileiro de Ciências Criminais, 1999.

MARTINS, Ives Gandra da Silva. "Inconstitucionalidades da Lei Complementar 105/2001". *Revista de Direito Bancário, do Mercado de Capitais e da Arbitragem* 11, jan.-mar./2001.

————. "Sigilo de dados que devem as autoridades manter sob risco de responsabilização civil". In *Questões de Direito Constitucional*. São Paulo: Celso Bastos Editor, 1998.

MAXIMILIANO, Carlos. *Hermenêutica e Aplicação do Direito*. Rio de Janeiro: Forense, 1980.

MENDES, Gilmar Ferreira. *Direitos Fundamentais e Controle de Constitucionalidade*. São Paulo: Celso Bastos Editor, 1998.

————. "Os direitos fundamentais e seus múltiplos significados na ordem constitucional". *Revista Diálogo Jurídico* 10, Salvador: CAJ — Centro de Atualização Jurídica, jan./2002, in direitopublico.com.br.

MOREIRA, Egon Bockmann. *Processo Administrativo — Princípios Constitucionais e a Lei 9.784/1999*. São Paulo: Malheiros Editores, 2000.

MORIN, Edgar. "3. O conhecimento do conhecimento". In *O Método*. Porto Alegre: Sulina, 1999.

MOSQUERA, Roberto Quiroga. "Princípios informadores do mercado financeiro e de capitais". In *Aspectos Atuais do Mercado Financeiro e de Capitais*. São Paulo: Dialética, 1999.

NETO, José Henrique Barbosa Moreira Lima. "Da inviolabilidade de dados: inconstitucionalidade parcial da Lei 9.296/1996". *Revista CEJ* 5, Brasília: Conselho da Justiça Federal, mai.-ago./1998.

OSÓRIO, Fábio Medina. *Direito Administrativo Sancionador*. São Paulo: Ed. RT, 2000.

PASSOS, J. J. Calmon de. "Instrumentalidade do processo e devido processo legal". *Revista Diálogo Jurídico* 1, v. I, in direitopublico.com.br.

POLO, Giovana. "A inadmissibilidade da inversão do ônus da prova no processo penal". *Revista Jurídica* 288, Sapucaia do Sul: Notadez.

REALE, Miguel. "Poderes da Comissões Parlamentares de Inquérito". Parecer in *Questões de Direito Público*. São Paulo: Saraiva, 1997.

————. "Atualização de valores contratuais". In *Questões de Direito Privado*. São Paulo: Saraiva, 1997.

REIS, Márcio Monteiro. "Moral e Direito". In *Teoria dos Direitos Fundamentais*. Org. Ricardo Lobo Torres. Rio de Janeiro: Renovar, 1999.

ROTHEMBURG, Walter Claudius. "Direitos fundamentais e suas características". *Revista de Direito Constitucional e Internacional* 30, São Paulo: Ed. RT, jan.-mar./2000.

SARMENTO, Daniel. *A Ponderação de Interesses na Constituição Federal*. Rio de Janeiro: Lumen Juris, 2000.

SILVA, José Afonso da. *Curso de Direito Constitucional Positivo*. 7ª ed., São Paulo: Ed. RT, 1991.

STURZENEGGER, Luiz Carlos. "A CPMF e a Medida Provisória 2.037". *Revista de Direito Bancário, do Mercado de Capitais e da Arbitragem* 10, São Paulo: Ed. RT, out.-dez./2000.

TÁCITO, Caio. "As investigações parlamentares e o sigilo bancário". In *Temas de Direito Público, Estudos e Pareceres*. 3º v., Rio de Janeiro: Renovar, 2002.

WALD, Arnoldo. "O sigilo bancário no projeto de Lei Complementar 70". In *Caderno de Direito Tributário e de Finanças Públicas*. v. 1, São Paulo: Ed. RT, 1992.

O NOVO MERCADO E AS PRÁTICAS DIFERENCIADAS DE GOVERNANÇA CORPORATIVA: EXAME DE LEGALIDADE FRENTE AOS PODERES DAS BOLSAS DE VALORES

EDUARDO ALFRED TALEB BOULOS
e FERNANDO SZTERLING

1. Introdução: o Novo Mercado e as Práticas Diferenciadas de Governança Corporativa. 2. História e natureza jurídica das Bolsas de Valores. 3. Regulação do mercado de capitais. 4. Poder regulamentar e poder disciplinar das Bolsas de Valores: a) Poder regulamentar e poder disciplinar; b) Princípio da legalidade; c) O poder regulamentar das Bolsas de Valores; d) O poder disciplinar das Bolsas de Valores. 5. Fundamento contratual dos poderes da BOVESPA. 6. Legalidade da imposição de sanções e da alteração aos regulamentos. 7. Resumo conclusivo.

1. Introdução: o Novo Mercado e as Práticas Diferenciadas de Governança Corporativa

O mercado de capitais brasileiro vem passando por uma crise de grandes proporções, que pode ser constatada pelo confronto entre o desempenho recente da Bolsa de Valores de São Paulo — BOVESPA e o seu desempenho em anos anteriores. A título exemplificativo, pode-se mencionar que o número de companhias listadas na BOVESPA, que atingiu 550, em 1996, hoje oscila em torno de 440, tendo assim regredido ao nível dos anos 80; o volume negociado caiu de mais de US$ 191 bilhões em 1997, para, aproximadamente, US$ 101 bilhões em 2000 e US$ 65 bilhões em 2001; o indicador de giro de mercado, que sinaliza a liquidez na BOVESPA, ultrapassou 0,90 no final de 1997, ao passo que encerrou 2001 por volta de 0,30;[1] enfim, o Índice BOVESPA encerrou o ano de 2001 com uma queda de 11,02%.[2]

Vários fatores estruturais do nosso ordenamento jurídico contribuem para esses dados desalentadores. Primeiramente, deve-se ressaltar a fraca proteção legal dos acionistas minoritários, agravada pela reduzida eficácia das normas protetivas dos seus direitos, evidenciada pela recente sucessão de abusos que se seguiram à transferência do controle de várias companhias, não coartadas a tempo pelo Poder Judiciário e pela Comissão de Valores Mobiliá-

1. Estimativa do volume de negociação dividido pelo valor de mercado do último dia do mês das companhias listadas na BOVESPA.

2. Os dados mencionados ao longo do texto, referentes ao mercado de capitais, podem ser consultados na página da BOVESPA na Internet: http://www.bovespa.com.br.

rios — CVM.[3] Acrescente-se, ainda, que a reforma sofrida em 1997 pela "Lei das Sociedades por Ações" (Lei 6.404, de 15.12.1976), fragilizou ainda mais os direitos dos acionistas minoritários, no intuito de maximizar os ganhos do Estado com a alienação do controle das sociedades de economia mista no programa de privatizações do governo federal.

O fraco desempenho da BOVESPA também se explica por fatores conjunturais, como a diminuição da atividade econômica em quase todo o globo; a crise argentina; a crise energética brasileira; a aceleração da transferência dos negócios sobre valores de companhias brasileiras para Bolsas estrangeiras (sobretudo a New York Stock Exchange, mediante o lançamento de American Depositary Receipts); a cobrança da Contribuição Provisória sobre Movimentações Financeiras — CPMF nas operações do mercado de capitais;[4] e, finalmente, a intensificação do processo de fechamento de capital das companhias, causada pela expectativa de que esse processo seria dificultado, como de fato foi, pela recente reforma da Lei das Sociedades por Ações, aprovada pela Lei 10.303, de 31.10.2001.

Os principais méritos da Lei 10.303/2001 foram restabelecer alguns dos direitos dos acionistas minoritários, que haviam sido tolhidos pela reforma de 1997, bem como lhes conferir alguns novos direitos. É verdade, entretanto, que o conjunto de direitos conferidos aos minoritários pela Lei das Sociedades por Ações ainda está aquém do que seria adequado ao efetivo fortalecimento do nosso mercado de capitais.

Em meio a esses esforços para reanimar nosso mercado de capitais, a reação mais incisiva[5] foi empreendida pela BOVESPA, ao expedir uma série de diplomas normativos que concedem novos direitos aos acionistas minoritários e adotam um nível de transparência na divulgação de informações que é qualitativa e quantitativamente mais apurado do que o da legislação atual. A normativa da BOVESPA, em conjunto com as modificações trazidas pela Lei 10.303/2001, promove um significativo avanço nos direitos dos minoritários e nas práticas de divulgação de informações aos investidores, que pode efetivamente elevar o valor de mercado das companhias abertas e reanimar o mercado de capitais brasileiros nos próximos anos.

Os diplomas expedidos pela BOVESPA são o Regulamento de Listagem do Novo Mercado e o Regulamento de Práticas Diferenciadas de Governança Corporativa, aprovados pelo Conselho de Administração da BOVESPA, através das Resoluções de ns. 264/2000 e 265/2000.

A primeira resolução cria um segmento especial de negociação de valores mobiliários na BOVESPA, o "Novo Mercado", submetendo as companhias que venham a ele aderir a regras bastante rigorosas. A título exemplificativo: é proibida a emissão de ações preferenciais; pelo menos 25%

3. Essa tem sido apontada como uma das principais causas da fraqueza do nosso mercado de capitais, na esteira dos demais países de tradição civilística francesa. Leiam-se, nesse sentido, entre vários outros artigos: Rafael la Porta, Florencio Lopez-de-Silanes, Andrei Shleifer, Robert W. Vishny, "Legal determinants of external finance", in *NBER Working Paper Series*, n. 5.879, jan. 1997; Bernard Black, "Strengthening Brazil's Securities Markets", *RDM* 120/55, São Paulo, out.-dez. 2000; Eduardo Brenner, "Por que crescem as Bolsas no mundo", *Revista Bovespa*, São Paulo, pp. 40-44, mai.-jun. 2001.

4. Sobre os efeitos deletérios desta última sobre o mercado de capitais brasileiro, leia-se Sérgio Dávila, "Malan promete de novo Bolsa sem CPMF", *Folha de S.Paulo*, 7.9.2001, Caderno Dinheiro, p. B5.

5. Não pode ser esquecida a iniciativa pioneira da Associação Nacional dos Bancos de Investimento — ANBID, que congrega os principais bancos de investimento atuantes no mercado de capitais nacional, ao criar o seu código de auto-regulação. Esse código impõe exigências mais rigorosas que as previstas em lei e na regulação expedida pela CVM para as emissões de valores mobiliários intermediadas por seus associados. As emissões que seguem os critérios do código portam um selo de qualidade já reconhecido pelo mercado. As penalidades pelo não cumprimento das exigências do código são advertências privadas e públicas e expulsão da ANBID.

(vinte e cinco por cento) das ações não devem ser de propriedade do controlador; estendem-se a todos os acionistas os benefícios auferidos pelo acionista controlador ao alienar o controle, através da realização de oferta pública aos minoritários, o denominado *tag along*; as demonstrações financeiras devem obedecer às normas de contabilidade americanas (US GAAP) ou internacionais (IAS GAAP); o acionista controlador deve realizar uma oferta de compra de todas as ações em circulação pelo valor econômico, em caso de fechamento do capital ou cancelamento do registro de negociação no Novo Mercado; os acionistas minoritários têm direito de eleger a maioria dos membros do conselho fiscal.

A última resolução, por sua vez, prevê dois níveis de adoção de práticas de governança corporativa. Essa resolução prevê procedimentos a serem adotados por aquelas companhias que, apesar de ainda não estarem dispostas a ingressar no Novo Mercado, desejam melhorar as relações com investidores e, conseqüentemente, valorizar suas ações. No denominado "Nível 1", as companhias comprometem-se com práticas voltadas à melhoria na prestação de informações e à manutenção da dispersão acionária. No "Nível 2", mais próximo do Novo Mercado, devem ser adicionalmente adotadas outras práticas, dentre as quais destacam-se a já explicada imposição de *tag along*, em caso de alienação do controle, e o dever do acionista controlador de realizar uma oferta de compra de todas as ações dos demais acionistas pelo valor econômico, em caso de fechamento do capital ou de descontinuidade das práticas de governança corporativa.

Vale ainda ressaltar que os conflitos surgidos no âmbito das companhias listadas no Novo Mercado e das companhias que venham a aderir ao Nível 2 das Práticas Diferenciadas de Governança Corporativa serão submetidos a uma câmara de arbitragem especializada, o que tende a conferir eficácia às normas propostas.

Os valores mobiliários emitidos por companhias no Novo Mercado ou aderentes aos níveis de governança corporativa certamente serão mais atraentes aos investidores, de modo a trazer benefícios aos seus emissores, consistentes em um maior valor de mercado da companhia, associado a um menor custo de captação de recursos, além de maior liquidez aos papéis. Aliás, são essas expectativas que têm sido o maior estímulo à adesão aos regulamentos. Prova disso é que, contrastando com a queda do Índice BOVESPA observada no último ano (-11,02%), o IGC — Índice de Ações com Governança Corporativa Diferenciada, que reflete a cotação das empresas listadas nos Níveis Diferenciados de Governança Corporativa e no Novo Mercado, elevou-se em 1,09%.

O governo, reconhecendo a importância desse projeto da BOVESPA, já estendeu apoio através de regulação expedida pelo Conselho Monetário Nacional — CMN, que ampliou os limites de investimento das entidades fechadas de previdência privada nas companhias abertas que tenham aderido às novas regras expedidas pela BOVESPA,[6] além de conceder financiamentos por meio do Banco Nacional de Desenvolvimento Econômico e Social — BNDES, condicionados à adesão ao Novo Mercado.

A importância e os aspectos inovadores da iniciativa da BOVESPA tornam necessária uma detida análise jurídica. Nesse sentido, o presente artigo propõe-se a analisar a legalidade das normativas em apreço, tendo em vista os limites dos poderes da BOVESPA para expedir os regulamentos mencionados, alterá-los e, com base neles, impor sanções às companhias abertas, seus controladores, administradores e membros do conselho fiscal. O esclarecimento desses pontos exige que se compreenda a natureza jurídica da relação existente entre a BOVESPA, de um lado, e as pessoas

6. Resolução 2.829, de 30.3.2001, do CMN.

sujeitas à imposição de sanções, de outro lado.

Nesse sentido, serão efetuadas no presente artigo breves considerações preliminares sobre a natureza jurídica, história e função das Bolsas de Valores no Brasil, o que permitirá compreender a finalidade dos poderes atribuídos a essas instituições pela legislação vigente. Depois, serão traçadas as principais linhas da regulação do mercado de capitais, em meio à qual se insere a normativa em exame. O próximo passo é analisar a competência da BOVESPA para expedir tal normativa. Serão então examinados o poder regulamentar e o poder disciplinar das Bolsas de Valores, esclarecendo-se a sua plena compatibilidade com o princípio constitucional da legalidade, o seu conteúdo e os seus limites. Logo após, será demonstrada a natureza também contratual das relações estabelecidas entre a BOVESPA e os destinatários dos regulamentos em exame, bem como as suas repercussões sobre a imposição de sanções e alterações aos regulamentos. Enfim, serão expostas, em resumo, as conclusões atingidas no decorrer deste estudo.

2. *História e natureza jurídica das Bolsas de Valores*

A normativa que será examinada no decorrer deste artigo insere-se no quadro mais amplo do Direito do Mercado de Capitais, que não pode ser bem compreendido sem que se tenha em vista a conjunção de forças privadas e estatais na regulação da matéria, em que desempenham papel central as Bolsas de Valores.

Em sua evolução histórica, as Bolsas de Valores sempre foram associações profissionais de corretores e comerciantes, regidas pelo Direito Privado, tendo por objeto a realização de negócios com títulos e mercadorias em geral.[7] O mesmo se observou no Brasil, onde as Bolsas têm suas origens ligadas à atuação dos corretores do Rio de Janeiro no século XIX, então capital do Império.

Apesar de sua natureza privada, as Bolsas de Valores sempre desempenharam, em todo o mundo, uma função de interesse público, consistente em criar um mercado de financiamento para as empresas. Assim, foi crescendo, ao longo dos anos, a intervenção estatal nas Bolsas, destacadamente quanto à sua organização e aos negócios nelas realizados. É o que se observa no Brasil, onde as Bolsas hoje se situam a meio caminho entre a autonomia privada e o forte intervencionismo estatal.

Tais observações são fundamentais para a compreensão da legislação que hoje disciplina as Bolsas de Valores, cujo diploma central é o regulamento anexo à Resolução 2.690 do CMN, de 28.1.2000.[8] Nos termos do art. 1º desse regulamento, as Bolsas de Valores podem ser estruturadas sob a forma de associações civis ou sociedades anônimas, devendo ter por objeto manter condições adequadas à realização de operações de compra e venda de títulos e/ou valores mobiliários, em mercado livre e aberto, especialmente organizado e fiscalizado por elas próprias, de acordo com elevados padrões éticos de negociação.

Várias passagens do mencionado regulamento denunciam a origem contratual associativa das Bolsas de Valores. O exemplo mais contundente, nesse ponto, é a "auto-regulação" das Bolsas de Valores,

7. Nesse sentido, o art. 32 do Código Comercial de 1850 denomina as Bolsas como "praças do comércio", conceituando-as como sendo "não só o local, mas também a reunião dos comerciantes, capitães e mestres de navios, corretores e mais pessoas empregadas no comércio".

8. Esta resolução do CMN deverá ser substituída por uma instrução da CVM, de acordo com os poderes recentemente atribuídos a ela (que passa a ter maior independência e competência sobre todos os derivativos, inclusive os lastreados em mercadorias, antes sob a jurisdição do Banco Central) pela reforma legislativa de 31.10.2001, implementada pela Lei 10.303, pela Medida Provisória 8 e pelo Decreto 3.995, todos dessa mesma data. A CVM já declarou informalmente que não deverá realizar qualquer alteração substancial no texto da resolução.

isto é, o exercício de poder regulamentar e de poder disciplinar pelas Bolsas sobre os seus próprios membros e sobre as operações nelas realizadas, que será melhor analisado nos próximos tópicos.[9]

Não obstante, é a função de interesse público desempenhada pelas Bolsas de Valores que compõe a espinha dorsal do seu regime jurídico, deixando em segundo plano a origem contratual associativa dessas entidades. Nesse sentido, a Lei 6.385, de 7.12.1976, dispõe que as Bolsas de Valores integram o sistema de distribuição de valores mobiliários, na posição de órgãos auxiliares da CVM, atuando sob a supervisão dessa autarquia.[10] É o interesse público no bom desempenho das funções exercidas pelas Bolsas de Valores que justifica os diversos preceitos legais que interferem na constituição, organização e funcionamento dessas entidades.[11] Tal tendência intervencionista transparece em vários dispositivos do citado regulamento anexo à Resolução CMN 2.690/2000. Por exemplo, esse regulamento exige prévia autorização da CVM para a constituição de Bolsas de Valores (art. 2º) e impõe aos administradores das Bolsas o dever de exercerem suas funções tendo em vista o bem público e a função social das Bolsas (art. 12, parágrafo único). Esse conjunto de considerações conduziu a doutrina dominante a reconhecer que as Bolsas de Valores são entidades privadas que exercem autêntico serviço público.[12]

Vê-se, assim, que a história e natureza das Bolsas, acima expostas em breves linhas, repercutiram na regulação do mercado de capitais, onde se insere a normativa expedida pela BOVESPA. Cabe, agora,

9. A expressão auto-regulação é definida por Nelson Laks Eizrik nos seguintes termos: "Por auto-regulação entende-se basicamente a normatização e fiscalização, por parte dos próprios membros do mercado, organizados em instituições ou associações privadas, de suas atividades, com vistas à manutenção de elevados padrões éticos. Assim, ao invés de haver uma intervenção direta do Estado, sob a forma de regulação, nos negócios dos participantes do mercado, estes se autopoliciariam no cumprimento dos deveres legais e dos padrões éticos consensualmente aceitos. No mercado de capitais, tradicionalmente, as entidades tipicamente auto-reguladoras são as Bolsas de Valores" ("Regulação e auto-regulação do mercado de valores mobiliários", *RDM* 48/52, São Paulo, out.-dez. 1982).

10. É o que se infere do art. 15 da Lei 6.385/1976, *verbis*: "O sistema de distribuição de valores mobiliários compreende: (...) IV — as Bolsas de Valores". Por sua vez, o art. 17, § 1º da Lei 6.385/1976 enuncia que: "§ 1º. Às Bolsas de Valores, às Bolsas de Mercadorias e Futuros, às entidades do mercado de balcão organizado e às entidades de compensação e liquidação de operações com valores mobiliários incumbe, como órgãos auxiliares da Comissão de Valores Mobiliários, fiscalizar os respectivos membros e as operações com valores mobiliários nelas realizadas".

11. No relato de Ary Oswaldo Mattos Filho, se "olharmos esta evolução em suas grandes linhas, veremos os Corretores, que eram livres no exercício de suas profissões, passarem a necessitar, ato seguinte, da patente; o seu número passa a ser objeto de regulação; a legislação destina lugar específico para a intermediação de fundos públicos; e, finalmente, a Bolsa é tida como órgão auxiliar do governo" ("A natureza jurídica das Bolsas de Valores", in *Revista da Comissão de Valores Mobiliários* 7/22-23, v. 3; *apud* Arnoldo Wald e Nelson Eizirik, "O regime jurídico das Bolsas de Valores e sua autonomia frente ao Estado", *RDM* 61/13-14, São Paulo, jan.-mar. 1986).

12. A natureza de serviço público das funções exercidas pelas Bolsas de Valores foi analisada por Fábio Konder Comparato, nos seguintes termos: "Em meu entender, as Bolsas de Valores fazem parte dessa classe especial de pessoas jurídicas de direito privado, incumbidas por lei — e não apenas por concessão da autoridade administrativa — do exercício de um serviço público. O art. 17 da Lei 6.385 é, nesse particular, decisivo, ao caracterizar as Bolsas de Valores como 'órgãos auxiliares da Comissão de Valores Mobiliários'. O auxílio só pode ser, obviamente, para o desempenho das tarefas de serviço público que a própria lei atribuiu à CVM, entre as quais avulta o exercício do poder de polícia no mercado de capitais. Esse poder de polícia, as Bolsas o exercem, não apenas no recinto do pregão e durante a sua realização, mas também fora dele, fiscalizando as atividades das sociedades corretoras associadas e exigindo esclarecimentos públicos às companhias abertas emissoras de títulos cotados, em aplicação do princípio legal do *full disclosure* (Lei 6.404/1976, art. 157, § 4º)" ("Natureza jurídica das Bolsas de Valores e delimitação do seu objeto", *RDM* 60/50, São Paulo, out.-dez. 1985). Celso Antônio Bandeira de Mello se pronuncia no mesmo sentido ("Natureza jurídica das Bolsas de Valores", *Revista de Direito Público* 81/217-222, São Paulo, jan.-mar. 1987).

verificar se essa normativa se adequa aos princípios que, no direito pátrio, orientam a regulação do mercado de capitais. É o que se passa a examinar.

3. Regulação do mercado de capitais

O tema regulação é muito discutido na doutrina jurídica estadunidense, onde é associado à pesada atuação normativa exercida por determinados órgãos administrativos, as *agencies*, sobre a atividade econômica.[13] Calixto Salomão Filho, em monografia jurídica pioneira sobre o assunto, desenvolve uma noção ampla de regulação, como sendo "toda forma de organização da atividade econômica através do Estado, seja a intervenção através da concessão de serviço público ou o exercício de poder de polícia".[14] Nesse sentido, a regulação estatal, na matéria em exame, é exercida pelo CMN e pela CVM.

Entretanto, no caso específico do mercado de capitais, não se pode esquecer a auto-regulação promovida pelas Bolsas de Valores, que é historicamente anterior à regulação estatal da matéria. Aliás, o atual modelo normativo de forte ingerência estatal no mercado de capitais, que hoje caracteriza a maior parte dos países do mundo, somente se firmou a partir da crise de 1929, que ocasionou a promulgação da legislação federal estadunidense, na forma do *Securities Act* de 1933 e do *Exchange Act* de 1934, notoriamente intervencionistas. É exatamente o que ocorreu no Brasil, onde o mercado de capitais passou a ser mais fortemente regulado pelo Estado somente em 1965, com a Lei 4.728, que criou o CMN, cujas funções foram parcialmente delegadas à CVM em 1976, esta última criada pela Lei 6.385 desse mesmo ano.

Uma vez indicadas as fontes da regulação do mercado de capitais, importa analisar o seu conteúdo. As normas reguladoras do mercado de capitais, como não poderia deixar de ser, subordinam-se a um mesmo conjunto de princípios, pouco importando qual seja o órgão expedidor. Os princípios que orientam a regulação do mercado de capitais são, essencialmente, os previstos no art. 4º da Lei 6.385/1976. Dentre eles, ocupa posição central o princípio da eficiência do mercado, expressamente consagrado nos incisos II e III desse artigo.

O princípio da eficiência pode ser entendido como um princípio jurídico de natureza programática cuja finalidade maior é aproximar o mercado de capitais da concorrência perfeita. Em atendimento a esse princípio, o CMN, a CVM e as Bolsas de Valores, como órgãos reguladores, devem prover o mercado de capitais com os meios físicos, os mecanismos e o arcabouço normativo que tornem a cotação dos valores mobiliários o mais próxima possível do efetivo valor das companhias emissoras, bem como que reduzam os custos das transações entre os investidores.[15]

13. Desse modo, a regulação destoa flagrantemente da tradição jurídica da *Common Law*, sendo a observância desse contraste uma das melhores formas de se entender o que seja regulação. No Direito Estadunidense, a disciplina normativa de uma determinada matéria resulta da incidência simultânea desses dois regimes jurídicos. Leia-se, nesse sentido, a opinião de Richard A. Posner: "The essential (and related) characteristics of the common law method of regulating are two: (1) the method relies minimally on public officials — judges and other court personnel — and mainly on private citizens — victims and their lawyers; (2) incentives to obey are created by the threat of having to compensate victims for the harm done them by a violation of the rules. Direct or administrative regulation, in contrast, relies much more heavily on public officials (the staff of the regulatory agency) and tries to prevent injuries from occurring in the first place rather than to compensate victims of injuries. Under the common law of nuisance, the polluter may be compelled in a lawsuit to pay compensation to the people injured by the pollution; under the federal clean air and clean water acts, public agencies create and administer standards designed to prevent the emission of pollutants in harmful quantities" (*Economic Analysis of Law*, 5ª ed., Estados Unidos, Aspen Law & Business, 1998).

14. Calixto Salomão Filho, *Regulação da Atividade Econômica: Princípios e Fundamentos Jurídicos*, São Paulo, Malheiros Editores, 2001, p. 15.

15. Uma exposição mais completa sobre a busca da eficiência do mercado de capitais encontra-se

O meio encontrado para a implementação desses objetivos no mercado de capitais é a ampla divulgação de informações sobre as companhias e os valores por elas emitidos, conhecida como *full and fair disclosure*, que implica assegurar aos investidores, de forma uniforme, o mesmo nível de conhecimento. De tão importante a função desempenhada pela *disclosure*, ela foi erigida como princípio central dos mercados de capitais em todo o mundo. A reforma do mercado de capitais brasileiro, realizada em 1976, foi toda estruturada em torno desse princípio, interpretado como essencial à eficiência do mercado, e expressamente previsto no art. 4º, inc. VI da Lei 6.385/1976.[16]

Facilmente se percebe que a normativa expedida pela BOVESPA implementa os mencionados princípios, na medida em que busca conferir maior eficiência ao mercado de capitais, mediante o emprego de mecanismos que, em boa parte, impõem maior transparência às companhias e fortalecem os direitos dos investidores, protegendo-os de abusos e facilitando o seu acesso à informação.

É ainda preciso dizer que as regras previstas nos regulamentos em exame se inspiram na moderna doutrina de *corporate governance*. Por *corporate governance*, ou "governança corporativa",[17] entende-se o sistema pelo qual as sociedades são dirigidas e controladas, envolvendo as relações entre os administradores, acionistas e auditores.[18] A denominada doutrina de *Corporate Governance* consiste, justamente, em propostas que tendem a aperfeiçoar esse sistema de relações, tornando mais eficiente a gestão das sociedades, com vistas à melhor consecução de suas finalidades. As principais propostas consistem em melhorar a divulgação das informações sobre a companhia, determinando-se a sua análise por empresas independentes de auditoria; aumentar os poderes do conselho de administração sobre os executivos de alto escalão; e impor a eleição de conselheiros independentes, não vinculados aos altos executivos.[19]

no artigo de Nelson Eizirik, "Regulação e auto-regulação", cit., pp. 125 e 126.

16. A importância fulcral que esse princípio foi chamado a desempenhar na reforma do mercado de capitais brasileiro e as críticas a ele endereçadas foram analisadas por Luís Gastão Paes de Barros Leães, em sua obra *Mercado de Capitais e "Insider Trading"*, São Paulo, Ed. RT, 1982, especialmente, pp. 126 a 135. Acrescente-se que a ênfase na ampla divulgação de informações está de acordo com o fundamento jurídico da regulação institucional, propugnada por Calixto Salomão Filho, consistente em procedimentalizar a atividade econômica, difundindo o conhecimento econômico entre os vários agentes, de modo a garantir a correção e a lealdade na interação entre eles e a sua igualdade material, em termos concorrenciais (*Regulação*, cit., pp. 29 e 30).

17. A expressão "governança corporativa" já se incorporou à linguagem dos profissionais do mercado de capitais, em tradução à locução inglesa *corporate governance*, razão pela qual será por vezes empregada no decorrer deste estudo. Porém, vale ressaltar que, enquanto o termo "governança" é admitido pelos léxicos mais conceituados, sendo sinônimo de governo, já o termo "corporativo", por sua vez, é empregado nessa expressão com significado destoante do bom vernáculo. Explica-se: o termo inglês *corporate* remete às *corporations*, forma societária cujo similar mais próximo em nosso direito são as sociedades anônimas; já o termo português "corporativo" designa algo próprio de corporação, entendida esta como associação de pessoas que têm regras, direitos, deveres, privilégios comuns, ou como indivíduos que, coletivamente, administram ou dirigem certos negócios de interesse público. Leiam-se, nesse sentido, os verbetes *governança*, *corporativo* e *corporação* do *Dicionário Contemporâneo da Língua Portuguesa*, de Caldas Aulete (4ª ed., Rio de Janeiro, Editora Delta, 1958), e do *Novo Dicionário da Língua Portuguesa*, de Aurélio Buarque de Holanda Ferreira (2ª ed. rev. aum., São Paulo, Nova Fronteira, 1996).

18. Committee on the Financial Aspects of Corporate Governance, *Cadbury Report*, cláusula 2.5. Disponível: http://www.ecgn.ulb.ac.be/ecgn/codes.htm, consultado em 11.9.2001.

19. É vastíssima a literatura sobre "Corporate Governance", destacando-se, especialmente, as consolidações de regras e princípios efetuadas em vários países: nos Estados Unidos, os *Principles of Corporate Governance — Analysis and Recommendations*, do American Law Institute, divulgados em 1994, que se tornaram a referência básica na matéria; na Inglaterra, além do *Cadbury Report*, citado na nota anterior, também o *Greenbury Report*, datado de 1995; na França, o relatório *Le Conseil d'Admi-*

A pressão pela adoção de práticas mais rigorosas de governança corporativa nos vários mercados de capitais do mundo provém principalmente dos investidores institucionais, hoje reconhecidamente os motores desses mercados, que mais e mais condicionam seus investimentos à observância dessas práticas. Por outro lado, é evidente que as práticas de governança corporativa a serem adotadas variam de um país para o outro, em função das peculiaridades de cada mercado.

É exatamente isso que ocorre com a normativa em exame. Em grande parte, ela perfilha as propostas mais tradicionais da doutrina da *corporate governance*, ao aperfeiçoar a divulgação de informações das companhias e ao interferir nos mandatos do conselho de administração e na composição do conselho fiscal. Mas a normativa vai além das propostas usuais dessa doutrina e passa a atacar limitações próprias do nosso mercado, ao estimular a dispersão acionária e impor a resolução dos conflitos via arbitragem,[20] neste último caso visando garantir eficácia às normas propostas pela BOVESPA e contornar as conhecidas dificuldades que o Poder Judiciário enfrenta ao julgar matérias relacionadas ao mercado de capitais. É verdade, no entanto, que uma importante falha da regulação em análise, claramente uma questão de governança corporativa, é a ausência de uma disciplina mais rigorosa do conflito de interesses, a qual seria necessária em função da interpretação restritiva geralmente aplicada à legislação vigente.[21]

Assim, repita-se, é evidente a conformidade da normativa em exame aos princípios jurídicos que regem o nosso Direito do Mercado de Capitais, notadamente por sua aptidão para elevar a eficiência desse mercado.

Conforme anteriormente proposto, analisaremos agora os fundamentos que permitem à BOVESPA expedir uma normativa de tamanha envergadura. Os poderes que a legislação vigente outorga às Bolsas de Valores são bastante significativos e constituem o primeiro fundamento para a BOVESPA expedir os regulamentos em exame e dar-lhes execução. Para tanto, será preciso analisar e determinar a sua capacidade normativa e disciplinar, conforme traçadas pela Lei 6.385/1976.

Um segundo fundamento encontra-se nos contratos celebrados entre a BOVESPA e as companhias abertas, seus acionistas controladores, administradores e conselhei-

nistration des Sociétés Cotées, também chamado *Rapport Vienot*, elaborado pelo Conseil National de Patronat Français e pela Association Française des Entreprises Privées, de 1995. Na doutrina, merecem ser citados os seguintes textos: Monica Colombera, "Le regole di *corporate governance* nel Regno Unito: il *Cadbury Committee* e il *Greenbury Committee*", *Rivista delle Società*, Milão, ano 41, fasc. 1º, p. 443, jan.-fev. 1996; Melvin Aron Eisenberg, "An overview of the Principles of Corporate Governance", *The Business Lawyer*, v. 48, n. 4, pp. 1.271 e ss.; Yves Guyon, "La *corporate governance* en droit français", *Rivista delle Società*, Milão, fasc. 1, jan.-fev. 1999; Klaus J. Hopt *et al.*, *Comparative Corporate Governance — The State of the Art and Emerging Research*, Oxford University Press; João Soares da Silva, "Responsabilidade civil dos administradores de sociedades: os deveres gerais e os princípios da *Corporate Governance*", *Revista da Ordem dos Advogados*, Lisboa, ano 57, pp. 605-628, abr. 1997; André Tunc, "Les *Principles of Corporate Governance*", *Revue de Droit des Affaires Internationales*, n. 8, pp. 957-968, 1995.

20. Vale lembrar que a resolução dos conflitos por via arbitral só é obrigatória para as companhias que aderirem ao Nível 2 de Governança Corporativa ou ao Novo Mercado.

21. Com efeito, nossos tribunais somente aplicam o impedimento de voto nos casos em que o conflito de interesses se materializa de forma incontroversa. Essa interpretação, aliada à dificuldade de prova do conflito, torna a tutela contra ele tardia e normalmente pouco eficaz. Nossos tribunais têm perdido a oportunidade de adotar uma interpretação ampliativa e formalista da regulação de conflito de interesses, conforme a melhor interpretação do art. 115 da Lei das Sociedades por Ações, segundo a qual bastaria a mera potencialidade do conflito de interesses para caracterizá-lo e, conseqüentemente, impedir o voto do acionista. Neste sentido, v. Calixto Salomão Filho, "Conflito de interesses: a oportunidade perdida", in Jorge Lobo (coord.), *Reforma da Lei das Sociedades Anônimas: Inovações e Questões Controvertidas da Lei 10.303, de 31.10.2001*, Rio de Janeiro, Forense, 2002, pp. 345-365.

ros fiscais, que se submetem aos termos desses regulamentos. Esse fundamento, ao contrário do anterior, constitui clara expressão de auto-regulação no mercado de capitais.[22] Ambos fundamentos serão estudados nos próximos tópicos.

4. *Poder regulamentar e poder disciplinar das Bolsas de Valores*

a) Poder regulamentar e poder disciplinar

Conforme já se referiu acima, as Bolsas de Valores são órgãos integrantes do sistema de distribuição de valores mobiliários, auxiliares da CVM. Como auxiliares da CVM, a legislação outorga-lhes alguns dos poderes por esta exercidos, ainda que em âmbito mais limitado e sob a supervisão dessa autarquia. Nesse sentido, o art. 8º da Lei 6.385/1976, após descrever o poder regulamentar e o poder de polícia exercidos pela CVM sobre o mercado de capitais, expressamente ressalva, em seu § 1º, que o disposto naquele artigo não exclui a competência das Bolsas com relação aos seus membros e aos valores mobiliários nelas negociados. De modo que, assim como a CVM, também as Bolsas de Valores exercem poder regulamentar e poder de polícia (ou "poder disciplinar"), nos termos da legislação, com vistas ao bom desempenho de suas importantes funções.

Importante, agora, analisar a natureza desses poderes, exercidos pelas Bolsas de Valores. Tradicionalmente, entende-se por poder regulamentar a competência para a expedição de normas vinculantes, sem forma de lei, conferida a determinados órgãos não pertencentes ao Poder Legislativo.[23] Poder disciplinar, por sua vez, deve ser entendido como a competência para empregar os meios necessários a dar efetividade à legislação vigente e às normas expedidas pelas próprias Bolsas, no uso de seu poder regulamentar.[24] O poder disciplinar tem natureza jurídica bastante semelhante, senão idêntica, ao poder de polícia exercido pelos órgãos da Administração Pública.[25]

Não obstante a diferença conceitual entre esses dois poderes (regulamentar e de polícia), reconhecida pela unanimidade da doutrina moderna, fato é que o bom exercício de um deles implica a competência para o exercício do outro, sendo fenômeno

22. De fato, apesar de o proponente inicial dos regulamentos ser a BOVESPA, que age por decisão de seus associados (as sociedades corretoras), os destinatários das normas são as companhias, seus controladores e administradores e membros do conselho fiscal, os quais claramente, no momento da adesão (voluntária) aos regulamentos, passam a se auto-regular. Isso fica ainda mais evidente quando analisamos as formas de alteração dos regulamentos, feito mais abaixo. As companhias decidem conjuntamente com a BOVESPA sobre as alterações, em cristalina auto-regulação.

23. Fala-se em poder "regulamentar", pois uma das primeiras hipóteses de exercício de poder normativo por órgãos não pertencentes ao Poder Legislativo foi, justamente, a competência do Presidente da República para expedir regulamentos visando a boa execução das leis, hoje prevista no art. 84, inc. IV da Constituição. Leia-se, a respeito, Caio Tácito, Parecer sobre o "Poder Regulamentar do Conselho Monetário Nacional e da Comissão de Valores Mobiliários", *Revista da CVM* 12/27-34, v. 4, Rio de Janeiro, abr.-jun. 1986, e, também, Víctor Nunes Leal, "Lei e regulamento", in *Problemas de Direito Público*, Rio de Janeiro, Forense, 1960, pp. 57 a 91.

24. Verifique-se, nesse sentido, o § 1º do art. 17 da Lei 6.385/1976, acima transcrito (nota 10). O art. 18, inc. I, alínea *d* do citado diploma dispõe no mesmo sentido, ao enunciar que compete à CVM propor ao CMN a aprovação de normas gerais sobre "exercício do poder disciplinar pelas Bolsas, sobre os seus membros, imposição de penas e casos de exclusão". O regulamento anexo à Resolução CMN 2.690/2000 dispõe em detalhes sobre esse poder disciplinar das Bolsas de Valores (arts. 62 a 67).

25. Segundo Celso Antônio Bandeira de Mello, o poder administrativo de polícia é "a atividade da Administração Pública, expressa em atos normativos ou concretos, de condicionar, com fundamento em sua supremacia geral e na forma da lei, a liberdade e a propriedade dos indivíduos, mediante ação ora fiscalizadora, ora preventiva, ora repressiva, impondo coercitivamente aos particulares um dever de abstenção (*non facere*) a fim de conformar-lhes os comportamentos aos interesses sociais consagrados no sistema normativo" (*Curso de Direito Administrativo*, 12ª ed., São Paulo, Malheiros Editores, 2000, p. 675).

bastante usual que a legislação atribua ambos ao mesmo órgão. A celeridade com que se alteram os fatos em determinadas matérias sugere que o órgão encarregado do poder de polícia tenha também o poder, maior ou menor, para alterar as normas vigentes e adaptá-las à nova realidade.

b) Princípio da legalidade

Antes de se aprofundar a análise do conteúdo desses poderes exercidos pelas Bolsas de Valores, é necessário superar uma questão preliminar: a suposta violação pelas Bolsas, ao exercerem os referidos poderes, do princípio da legalidade, hoje consagrado no art. 5º, inc. II da Constituição Federal.

A questão é antiga e já preocupou estudiosos do Direito e cortes no mundo todo, encontrando-se hoje praticamente superada, o que não impede alguns de a trazerem à tona de tempos em tempos, razão pela qual faremos somente breves comentários a respeito. A moderna doutrina constitucional e administrativista é quase que absolutamente unânime em interpretar o princípio da legalidade de modo relativo, ao afirmar que ele não exclui a competência de órgãos não pertencentes ao Poder Legislativo para editar atos normativos de força vinculante, ainda que sem a forma de lei, desde que respeitados os princípios e restrições legais.[26] A razão é simples e cristalina: a velocidade e a especificidade técnica de determinadas matérias, sobretudo na esfera econômico-financeira, demandam a produção e a efetivação de novas normas com uma rapidez que o Poder Legislativo não pode proporcionar.

De fato, o uso exclusivo de lei para disciplinar determinada matéria só é necessário em caso de exigência expressa do texto constitucional. É o caso, por exemplo, da criação de crimes e suas penas (art. 5º, inc. XXXIX); da criação de tributos (art. 150, inc. I); e das condições de exploração direta da atividade econômica pelo Estado (art. 173, *caput*). Trata-se, nesses casos, do princípio da reserva legal, que não se confunde com o princípio da legalidade.[27]

A normatização do mercado de capitais, de acordo com a Constituição, não está sujeita ao princípio da reserva legal e, portanto, não está sujeita à regulação pormenorizada na forma de lei, bastando que esteja de acordo com os princípios ditados pela legislação para que o princípio da legalidade seja devidamente atendido. Esse é o entendimento sufragado pela jurisprudência, ao se pronunciar sobre os poderes exercidos pelas Bolsas,[28] pela CVM e pelo CMN.

26. Vale lembrar que os que negam a possibilidade da criação de obrigações em sede infra-legal se esquecem da notória constatação de que é impossível à lei prever tudo, devendo ela indicar princípios e objetivos, cuja materialização fica a cargo de normas infra-legais. Leia-se, nesse sentido, Bolívar Moura Rocha, "O poder normativo de órgãos da administração: o caso da Comissão de Valores Mobiliários", *RDM* 64/47 e ss., São Paulo, out.-dez. 1986.

27. Essa distinção é feita pela doutrina dominante, como se depreende do ensinamento de José Afonso da Silva: "Mas o princípio da legalidade vincula-se a uma reserva genérica ao Poder Legislativo, que não exclui atuação secundária de outros poderes. (...) A doutrina não raro confunde ou não distingue suficientemente o *princípio da legalidade* e o da *reserva de lei*. O primeiro significa a submissão e o respeito à lei, ou a atuação dentro da esfera estabelecida pelo legislador. O segundo consiste em estatuir que a regulamentação de determinadas matérias há de fazer-se necessariamente por lei formal. Embora às vezes se diga que o princípio da legalidade se revela como um caso de *reserva relativa*, ainda assim é de reconhecer-se diferença entre ambos, pois que o legislador, no caso de reserva de lei, deve ditar uma disciplina mais específica do que é necessário para satisfazer o princípio da legalidade" (*Curso de Direito Constitucional Positivo*, 10ª ed., São Paulo, Malheiros Editores, 1995, pp. 401-402). Leia-se, no mesmo sentido, Celso Ribeiro Bastos, Ives Gandra Martins, *Comentários à Constituição do Brasil: promulgada em 5 de outubro de 1988*, v. 2, 1ª ed., São Paulo, Saraiva, 1989, p. 28.

28. O Supremo Tribunal Federal, ao julgar o recurso extraordinário de autos n. 77.219, em 9.8.1983, envolvendo as Bolsas de Valores, reconheceu que "algumas das suas atividades podem ser consideradas como exercidas em função delegada da Administração Pública". Ainda, o Tribunal de Justi-

Ainda com relação ao princípio da reserva legal, suscita-se por vezes outra discussão que também entendemos de há muito superada. Questiona-se a legalidade da previsão de sanções em sede extralegal. Na matéria em exame, a questão atinge a possibilidade de imposição de sanções pelas Bolsas no uso de seu poder disciplinar. A base da discussão é o mandamento constitucional, segundo o qual "não há crime sem lei anterior que o defina, nem pena sem prévia cominação legal" (art. 5º, inc. XXXIX). A boa interpretação é a de que a pena a que alude esse dispositivo é, exclusivamente, aquela imposta como sanção pela prática de um crime, e não outras penas, como as administrativas. A proposição de sanções não criminais não está sujeita à necessidade de expressa cominação legal, não atingindo, destarte, as sanções impostas pelas Bolsas de Valores.[29]

Depreende-se do exposto que o exercício de poder regulamentar e do poder de polícia pelas Bolsas de Valores não representa qualquer violação ao princípio da legalidade, mas, ao contrário, conforma-se a ele. Passa-se, agora, a analisar o conteúdo e os limites desses poderes, à luz das normas disciplinadoras da matéria.

c) O poder regulamentar das Bolsas de Valores

O poder regulamentar das Bolsas é previsto em termos bastante minuciosos pelo regulamento anexo à Resolução CMN 2.690/2000,[30] segundo o qual compete às Bolsas de Valores, dentre outras funções, criar mecanismos regulamentares e operacionais que possibilitem o atendimento, pelas sociedades membros, de quaisquer ordens de compra e venda dos investidores (art. 1º, inc. IV); impor padrões éticos de comportamento para os seus membros e as companhias emissoras (art. 1º, inc. VI); elaborar os seus estatutos sociais e regimentos internos (art. 4º); traçar a política geral

ça do Estado do Rio de Janeiro enunciou, ao julgar a apelação cível de autos n. 1996.001.07251, que "dada a natureza jurídica que as eleva à condição de órgãos auxiliares das autoridades governamentais, as Bolsas de Valores, no exercício de seu poder/dever de auto-regulação, ou poder disciplinar, e visando assegurar a eficiência e a licitude dos padrões de funcionamento do mercado acionário, o que se fundamenta no art. 89 da Resolução 922, de 15.5.1984, do Banco Central do Brasil, e no parágrafo único do art. 17 da Lei 6.385, de 7.12.1976, têm competência para expedir atos normatizadores das operações realizadas em seus pregões, aos quais se submetem, obrigatoriamente, as corretoras associadas, como também para fiscalizar a atuação destas, aí se inserindo, por igual, a de cancelar negócio efetivado ou suspender a liquidação do mesmo, todas as vezes que a operação bursátil que o representa tenha descumprido tais normas ou expresse prática que ponha em risco o equilíbrio do próprio mercado". Ainda, ao julgar a apelação cível de autos n. 1988.001.03773, a mesma corte enunciou o seguinte: "Poder de Polícia. Bolsa de Valores. Cancelamento de operação decorrente de erro operacional de Corretora. Admissibilidade. Ação improcedente. Recurso improvido".

29. Os doutrinadores que escreveram sobre esse dispositivo referem-se, exclusivamente, à matéria penal, como se depreende das observações de Celso Ribeiro Bastos: "Por este (dispositivo) entende-se que só a lei pode ser fonte geradora do ilícito penal. Excluem-se destarte quaisquer outros atos de idêntica hierarquia ou, *a fortiori*, de hierarquia inferior" (*Comentários à Constituição do Brasil: promulgada em 5 de outubro de 1988*, São Paulo, Saraiva, 1988-1989, p. 211). E Pontes de Miranda, ao analisar dispositivo de teor idêntico que constava da Constituição de 1967, limitou seu alcance às penas de caráter criminal, observando que: "As multas moratórias, *fiscais* ou *não*, e as condenações nas custas e outras semelhantes não entram na classe das *leis penais* (...)" (*Comentários à Constituição de 1967*, t. V, São Paulo, Ed. RT, 1968, pp. 228-229). Outrossim, José Alexandre Tavares Guerreiro reconhece, expressamente, que o princípio da reserva legal não atinge o poder disciplinar exercido pela CVM, conclusão essa que também se deve aplicar ao poder disciplinar das Bolsas de Valores, nos seguintes termos: "A doutrina tradicional em matéria de direito disciplinar reconhece e proclama que, bem ao contrário dos delitos previstos em lei penal, as infrações da espécie excetuam o princípio da reserva legal. Nesse campo, portanto, como adverte Caio Tácito, não há a exigência da definição legal da falta, que se caracteriza, *in genere*, como violação dos deveres funcionais, a serem explicitados em atos regulamentares ou administrativos ("Comentário", *RDA* 37/347)" ("Sobre o poder disciplinar da CVM", *RDM* 43/70-71, São Paulo, jul.-set. 1981). Em relação à jurisprudência, v. nota 28, acima.

30. V. nota 8, acima.

a ser seguida em suas atividades (art. 18, inc. I); fixar, periodicamente, os valores das contribuições a serem cobradas dos emissores de títulos e valores mobiliários negociados em recinto ou sistema mantido pela bolsa (art. 18, inc. XVI); e regulamentar o acesso de pessoas a seus pregões (art. 30, parágrafo único).

No entanto, o dispositivo de maior importância na análise do poder regulamentar das Bolsas é o art. 21, § 4º da Lei 6.385/1976, que atribuiu a cada Bolsa de Valores o poder de estabelecer requisitos próprios para a admissão de valores à negociação no seu recinto, mediante prévia aprovação da CVM, autorização essa que foi concedida genericamente por essa autarquia.[31] Trata-se de modalidade típica de poder regulamentar, que permite inclusive às Bolsas criar novos mercados de valores mobiliários, ou novos segmentos dentro dos mercados já existentes. Essa autorização da CVM constitui o fundamento legal para a edição pela BOVESPA dos regulamentos em exame, os quais, como dito, impõem requisitos adicionais para a negociação de valores mobiliários emitidos pelas companhias que a eles aderem.

d) O poder disciplinar das Bolsas de Valores

O poder disciplinar, como se explicou mais acima, implica a fiscalização do cumprimento das normas da legislação vigente e daquelas expedidas pelas Bolsas de Valores, bem como a punição por eventuais violações. Assim, esse poder se manifesta na forma de: (i) atos de fiscalização, através dos quais se supervisiona o cumprimento dos atos normativos, em prevenção contra eventuais descumprimentos; e (ii) atos de efetividade e aplicação das leis e atos normativos, com alcance específico.

31. A Instrução CVM 312, de 13.8.1999, enuncia em seu art. 2º que a "Bolsa de Valores pode estabelecer requisitos mínimos para a admissão de valores mobiliários à negociação em seu recinto ou sistema".

As várias hipóteses de exercício desse poder disciplinar pelas Bolsas de Valores encontram-se dispersas pela legislação. Quando, por exemplo, as Bolsas exigem das companhias as informações e os documentos necessários à comprovação do preenchimento dos requisitos de admissão a negociação dos valores mobiliários por elas emitidos, praticam ato de fiscalização. Por sua vez, é ato de aplicação normativa a suspensão da negociação dos valores mobiliários de determinada companhia (art. 62, inc. III do regulamento anexo à Resolução CMN 2.690/2000) e a imposição de sanções, entre elas multa e suspensão, pelo descumprimento de leis e atos normativos de competência das Bolsas (art. 65 do regulamento anexo à Resolução CMN 2.690/2000).

Quanto aos sujeitos do poder disciplinar das Bolsas, pode-se depreender da Lei 6.385/1976 (arts. 17, § 1º e 18, inc. I, alínea *d*), que incumbe a elas fiscalizar os respectivos membros e as operações com valores mobiliários nelas realizadas, bem como exercer poder disciplinar sobre aqueles. Regulamentando tais dispositivos, o art. 64 do regulamento anexo à Resolução CMN 2.690/2000 dispõe expressamente que são sujeitos ao poder disciplinar das Bolsas os integrantes do seu conselho de administração, as sociedades-membros, e os administradores e prepostos das sociedades-membros, da própria bolsa e do sistema de registro de operações. Nessas hipóteses, o poder disciplinar das Bolsas de Valores tem natureza originária, por recair sobre os seus próprios órgãos e associados.

Questão fulcral em nossa análise é saber se o mencionado art. 64, que regulamenta a Lei 6.385/1976, esgota os sujeitos do poder disciplinar das Bolsas, de modo a restringi-lo a essa modalidade originária. A ser assim, as Bolsas de Valores só poderiam exercer poder disciplinar sobre as companhias abertas naquelas hipóteses expressamente previstas na lei, que se referem exclusivamente à negociação dos valores mobiliários emitidos por essas companhias, quais sejam, admitir tais valores à negociação (art. 21, § 4º da Lei 6.385/1976), cancelar essa admissão (poder esse que está implícito no de a conceder) e suspender a sua negociação, a título de medida cautelar (art. 62, inc. III do regulamento anexo à Resolução CMN 2.690/2000).[32]

Posição contrária pode ser defendida tomando-se a competência das Bolsas para fiscalizar as operações nelas realizadas, prevista no art. 8º, § 1º da Lei 6.385/1976, como fundamento para o exercício de amplo poder disciplinar sobre as companhias abertas. Como estas não são nem associados, nem órgãos das Bolsas, tratar-se-ia de autêntico poder disciplinar delegado.[33]

Ao se defender essa posição pode-se argumentar que, tendo a lei concedido às Bolsas poder regulamentar quanto aos requisitos de admissão de valores mobiliários a negociação, concedeu, também, ainda que implicitamente, o poder de polícia, sob pena de se inviabilizar o bom exercício do poder regulamentar, questão já comentada acima. Ora, como dar real efetividade ao poder de estabelecer requisitos para a admissão de valores mobiliários à negociação, sem ter poder disciplinar sobre os sujeitos que emitem os valores a serem negociados? Assim, seria óbvio, então, que as Bolsas possuiriam autêntico poder disciplinar delegado sobre as companhias.[34] Ainda por essa linha, o poder disciplinar das Bolsas não se restringiria às companhias emissoras, mas atingiria também os seus administradores, por serem eles órgãos da própria companhia, não havendo (ou, melhor, não devendo haver) divergência de interesses entre eles e as companhias por eles administradas. Destarte, incumbiria a eles suportar os mesmos deveres e obrigações impostos à sociedade. O mesmo se aplicaria aos conselheiros fiscais das companhias, por terem eles os mesmos deveres e responsabilidades dos administradores (art. 165 da Lei 6.404/1976). Quanto aos acionistas, já seria mais difícil sustentar que essa interpretação extensiva do poder disciplinar das Bolsas os alcançasse, pois estes não constituem órgãos das companhias e tampouco possuem identidade de interesses com as mesmas.

Ainda que se pudesse afirmar que o poder disciplinar das Bolsas alcançasse os acionistas, a segunda posição, ampliativa dos sujeitos a esse poder, não seria razoável. Vejamos. Se o próprio exercício do poder regulamentar das Bolsas está sujeito a prévio controle da CVM, nos termos do art. 21, § 4º da Lei 6.385/1976, como acima mencionado (item "c" deste capítulo), seria contraditório imaginar que o poder disciplinar das Bolsas não estivesse também limitado.[35] Como visto, estes dois poderes são profundamente correlacionados. A evolução do Direito em todo o mundo sempre foi no sentido de se concentrar o exercício do *ius puniendi* (que inclui o poder de polícia) no Estado, retirando-o dos jurisdicionados e submetendo-o a claros limites. Não seria razoável imaginar que o Estado, em um movimento claramente con-

32. Esse é o entendimento de Nelson Laks Eizirik, em *Regulação e Auto-regulação do Mercado de Valores Mobiliários*, cit., pp. 53 e 54.

33. Essa é a opinião de José Alexandre Tavares Guerreiro sobre o tema: "Daí a dúvida sobre a possível extensão do poder disciplinar das Bolsas de Valores a outros participantes do mercado, como seria o caso, *v.g.*, das companhias abertas, de seus administradores, de seus acionistas controladores ou não-controladores, e de investidores em geral. A dúvida se afastaria, porém, levando-se em conta a autorização legal que habilita as Bolsas a fiscalizar as operações nelas realizadas" ("Sobre o poder disciplinar da CVM", cit., p. 73).

34. Importante ressalvar que, no âmbito da normativa em exame, esse problema somente se colocaria no caso de as normas inicialmente impostas viessem a ser alteradas contra a vontade dos seus destinatários. Isso porque a adesão inicial aos regulamentos em exame requer a celebração de contratos com a BOVESPA e, portanto, consentimento em ser sancionado pelo descumprimento desses regulamentos, como se verá mais adiante.

35. É verdade que a CVM conferiu às Bolsas essa autorização de exercício de poder regulamentar de forma genérica através da já citada Instrução 312/99. No entanto, essa autorização pode e deve ser revogada a qualquer tempo, ao menor sinal de comportamento contrário ao interesse público.

trário ao dominante, tivesse o intuito de delegar às Bolsas, associações privadas de corretores, um *ius puniendi* amplo.[36] Ademais, não seria com base em uma interpretação extensiva dos dispositivos legais relativos ao poder de polícia das Bolsas que se poderia admitir o exercício desse poder em relação a sujeitos não claramente submetidos a ele pela lei. Os preceitos restritivos de direitos (ou que impliquem possibilidade de restrição, como é o caso) devem ser interpretados restritivamente.[37] Justamente por isso, foi vetada a proposta de alteração da Lei 6.385/1976 que atribuiria esse poder de polícia amplo às Bolsas de Valores.[38]

Prevalece, então, a primeira posição: as Bolsas somente podem atingir as companhias, seus administradores e acionistas através da limitação à negociação em seus recintos dos papéis emitidos pelas companhias. As limitações dessa posição, que se resumem na possível falta de eficácia dos regulamentos expedidos pelas Bolsas, com fundamento na impossibilidade de punição a infrações dos mesmos, são facilmente superadas pela disciplina contratual das relações entre as Bolsas e os destinatários das suas normas. É o que se analisará no próximo tópico.

5. *Fundamento contratual dos poderes da BOVESPA*

A submissão das companhias ao Regulamento de Listagem do Novo Mercado e ao Regulamento de Práticas Diferenciadas de Governança Corporativa reveste-se de caráter estritamente voluntário. Assim, o ingresso de uma determinada companhia no Novo Mercado se dá pela celebração do "Contrato de Participação no Novo Mercado" com a BOVESPA; do mesmo modo, a classificação de uma companhia como sendo de "Nível 1" ou de "Nível 2 de Governança Corporativa" se verifica pela celebração do respectivo "Contrato de Adoção de Práticas Diferenciadas de Governança Corporativa".[39]

Juridicamente, tais atos têm natureza de contrato, pois são negócios que decorrem do acordo entre as declarações de vontade de dois sujeitos de direito, visando à criação, modificação ou extinção de relações jurídicas de natureza patrimonial entre eles. No caso, as partes do contrato são a companhia aberta, de um lado, e a BOVESPA, de outro. O conteúdo do contrato consiste nas cláusulas dos regulamentos.

Não basta, entretanto, a celebração dos contratos em apreço pelas companhias emissoras, para que estas passem a negociar seus valores mobiliários nos termos do No-

36. Cf. Celso Antônio Bandeira de Mello, "(d)everas, a restrição à atribuição de atos de polícia a particulares funda-se no corretíssimo entendimento de que não se lhes pode, ao menos em princípio, cometer o encargo de praticar atos que envolvem o exercício de misteres tipicamente públicos quando em causa liberdade e propriedade, *porque* ofenderiam o equilíbrio entre os particulares em geral, ensejando que uns oficialmente exercessem supremacia sobre outros" (Celso Antônio Bandeira de Mello, "Serviço público e poder de polícia: concessão e delegação", *Revista Trimestral de Direito Público* 20/27, São Paulo, 1997).

37. Carlos Maximiliano, *Hermenêutica e Aplicação do Direito*, 16ª ed., Rio de Janeiro, Forense, 1997, p. 248.

38. O Projeto de Lei 23, de 2001, que se tornou a Lei 10.303/2001, continha dispositivo que expressamente sujeitava ao poder disciplinar exercido pelas Bolsas as companhias abertas, seus acionistas, administradores e membros do conselho fiscal. As principais razões do veto presidencial a esse dispositivo dizem que "o regime legal pátrio não aparenta se compatibilizar com a delegação de poder de polícia que se configuraria com a aceitação do dispositivo de que se cuida" e que "a Bolsa de Valores é pessoa jurídica de direito privado que, não obstante o interesse público que a envolve, e a sua característica legal de auxiliar desta Comissão, não desempenha atividades típicas de Estado, entre as quais se encontra o exercício de poder de polícia em sentido estrito, previsto no dispositivo acima enfocado, independentemente do tradicional poder disciplinar afeto às Bolsas relativamente aos seus membros".

39. Leiam-se, nesse sentido, a cláusula 3.1, alínea "iii" do Regulamento de Listagem do Novo Mercado, a cláusula 3.1, alínea "i" e a cláusula 4.1, alínea "i" do Regulamento de Práticas Diferenciadas de Governança Corporativa.

vo Mercado ou das Práticas Diferenciadas de Governança Corporativa. Os regulamentos em exame também exigem que os acionistas controladores, administradores e membros do conselho fiscal das companhias emissoras firmem termos de anuência aos seus preceitos. A razão é que os regulamentos lhes impõem uma série de deveres adicionais àqueles da legislação societária vigente. A celebração desses termos de anuência, evidentemente, também configura contrato, embora seus respectivos instrumentos sejam firmados apenas pelas referidas pessoas. Também aqui, há acordo de vontades entre dois sujeitos de direito: a BOVESPA, de um lado, que elabora as cláusulas dos termos de anuência e as submete à adesão dos acionistas controladores, administradores e conselheiros fiscais das companhias emissoras; e, de outro lado, estes mesmos acionistas controladores, administradores e conselheiros fiscais, que aderem às cláusulas dos mencionados regulamentos.

Esse caráter voluntário da adesão aos regulamentos, acrescido da nítida relação de coordenação entre os vários contratos firmados nesse sentido pelas companhias e seus acionistas controladores, administradores e conselheiros fiscais com a BOVESPA, conduz a hipótese em exame à categoria dos contratos plurilaterais normativos. De fato, encontram-se presentes todos os traços caracterizadores dos contratos plurilaterais: a vinculação das partes aos termos da normativa resulta de sua adesão voluntária; há pluralidade de partes (a BOVESPA, as várias companhias, seus acionistas controladores, administradores e conselheiros fiscais); é sempre possível a saída das partes ou a adesão de novos contratantes, sem que isso implique qualquer alteração ao contrato em si; e a adesão de cada uma das partes é distinta do contrato em seu conjunto, de modo que os vícios daquela não prejudicam a subsistência deste último. O caráter normativo do contrato, por sua vez, provém de seu objeto, que consiste na disciplina da conduta ulterior das partes, como por exemplo: compromisso com a dispersão acionária; adoção de determinados critérios para a elaboração das futuras demonstrações financeiras; observância de regras especiais para a composição dos órgãos internos das companhias; e obrigação do acionista controlador de realizar oferta de compra de todas as ações em circulação em determinadas hipóteses.[40]

Mas a característica mais marcante da regulamentação em exame é, indubitavelmente, a sua função econômica organizacional, consistente em disciplinar um segmento especial de negociação de valores mobiliários — função essa que é, justamente, a característica central dos contratos plurilaterais.[41] Nesse sentido, todos os contratos firmados compartilham de uma "comunhão de escopo", consistente no estabelecimento dessa organização, que visa disciplinar um feixe de relações jurídicas estabelecidas entre suas partes (relações internas) e entre elas e os investidores do mercado (relações externas). Por essas razões, a normativa em exame, a par de constituir um contrato plurilateral normativo, subsume-se nitidamente na categoria do "contrato-organização".[42]

Partindo-se do fundamento contratual, passa-se agora a analisar a legalidade, primeiramente, da aplicação de sanções pelo descumprimento dos deveres e obrigações impostos por esses regulamentos e, depois, do procedimento de alteração aos mesmos.

6. *Legalidade da imposição de sanções e da alteração aos regulamentos*

O Regulamento de Listagem no Novo Mercado e o Regulamento de Práticas Di-

40. Leia-se, nesse sentido, o clássico estudo de Tullio Ascarelli, "O contrato plurilateral", in *Problemas das Sociedades Anônimas e Direito Comparado*, 2ª ed., São Paulo, Saraiva, 1969, pp. 255-312, especialmente, pp. 302-307.

41. Ascarelli, ob. cit., pp. 292-293.

42. Quanto à teoria do contrato-organização, leia-se: Calixto Salomão Filho, "Interesse social: concepção clássica e moderna", in *O Novo Direito Societário*, São Paulo, Malheiros Editores, 1998, pp. 33 a 35.

ferenciadas de Governança Corporativa prevêem uma série de sanções pelo descumprimento dos deveres que prescrevem para as companhias emissoras, seus acionistas controladores, administradores e conselheiros fiscais. Essas sanções dividem-se em pecuniárias (ou seja, multa) e não pecuniárias. As primeiras são objeto, também, dos Regulamentos de Aplicação de Sanções Pecuniárias, aos quais se adere por força dos regulamentos em estudo.

As sanções não pecuniárias, por sua vez, consistem, entre outras, na divulgação em separado da cotação dos valores mobiliários da companhia, na suspensão de sua negociação e na rescisão (ou, para sermos mais rigorosos, resolução) do contrato celebrado entre a BOVESPA e a companhia.[43]

O fundamento contratual dissipa quaisquer dúvidas a respeito da possibilidade da imposição de sanções aos destinatários das normas dos regulamentos. A lei confere aos jurisdicionados a mais ampla autonomia para estipularem sanções pelo descumprimento dos deveres entre eles avençados, conforme expressamente previsto no Código Civil, através das chamadas "cláusula penal" (arts. 916 a 927) e "cláusula resolutiva" (arts. 119, parágrafo único e 1.092, parágrafo único).

Merece exame, agora, a forma de alteração dos regulamentos. Esse procedimento é essencialmente o mesmo no Regulamento de Listagem do Novo Mercado e no Regulamento de Práticas Diferenciadas de Governança Corporativa. A cláusula 14.2 do primeiro dispõe o seguinte:

"14.2 Modificações. Qualquer modificação relevante a este Regulamento somente poderá ser levada a efeito pela BOVESPA desde que, em Audiência Restrita[44] realizada entre as Companhias que tenham aderido ao Novo Mercado, em prazo fixado pelo superintendente geral, o qual não será inferior a 15 (quinze) dias, não haja manifestação contrária, expressa, superior a 1/3 (um terço) dos participantes da referida Audiência Restrita."

Assim, as alterações relevantes a ambos os regulamentos subordinam-se ao princípio da maioria, devendo ser aprovadas, expressa ou tacitamente, por um quórum extremamente qualificado, bastando um terço das companhias, mais uma, para vetar qualquer proposta de alteração.

Sabendo-se que a adesão aos regulamentos tem natureza contratual, poder-se-ia alegar que a alteração das suas cláusulas exigiria o consenso de todos os contratantes. A ser assim, não bastaria a sua aprovação por maioria qualificada. Aqueles que discordassem da alteração efetuada poderiam impugná-la, sustentando que as cláusulas 14.2 dos regulamentos seriam nulas por envolverem condição potestativa (art. 115 do Código Civil).[45] Isso, entretanto, não é verdade.

O mecanismo de alteração proposto se coaduna com a natureza jurídica da regulamentação em exame, de contrato plurilateral normativo e, mais especificamente, de contrato-organização. De fato, a aplicabilidade do princípio da maioria aos contratos plurilaterais é, justamente, um dos mais no-

43. A rescisão do contrato também implica outras sanções, notadamente o dever do acionista controlador de realizar oferta pública de aquisição das ações dos demais acionistas pelo seu valor econômico, no caso das companhias listadas no Novo Mercado e das companhias de Nível 2.

44. Nos termos da cláusula 2.1 do Regulamento de Listagem do Novo Mercado, Audiência Restrita "significa o procedimento de consulta que se realizará previamente a qualquer modificação relevante do Regulamento de Listagem, com a finalidade de: (i) colher sugestões apresentadas pelas Companhias, seus Administradores e Acionista Controlador que tenham aderido ao referido Regulamento, relativas à matéria que a BOVESPA pretenda modificar; e (ii) deliberar acerca de tal modificação".

45. No nosso Direito Privado, os contratos se regem pelo princípio da autonomia da vontade, só podendo ser alterados mediante consentimento expresso das partes contratantes, proferindo-se nova declaração de vontade que altere a anterior. A violação a esse princípio significa que uma das partes está se submetendo ao arbítrio da outra, o que caracteriza condição potestativa, nos termos do art. 115 do Código Civil, e acarreta a nulidade do negócio.

táveis atributos dessa modalidade de contrato, distinguindo-os dos tradicionais contratos de permuta, como a compra e venda, e que somente podem ser alterados mediante o consentimento unânime das partes. A aplicabilidade desse princípio assenta-se na comunhão de escopo que caracteriza os contratos plurilaterais, dando ensejo a "interesses comuns", pertinentes à própria organização como um todo, e distintos dos interesses individuais das partes. As deliberações por maioria são, então, legítimas, na medida em que atendam a esses interesses comuns.[46]

No caso da regulamentação em estudo, tais interesses comuns são impostos pela legislação, consistindo, essencialmente, na implementação dos princípios jurídicos que regem o nosso mercado de capitais, dentre os quais se destaca o princípio da eficiência, implementado, principalmente, pela ampla divulgação de informações sobre as companhias e os valores por elas emitidos. A modificação dos mencionados regulamentos pela vontade da maioria se reveste, assim, de absoluta legalidade, na medida em que observe os citados princípios.[47]

Ainda que assim não fosse, a alteração pelo mecanismo proposto tratar-se-ia, quando muito, de condição potestativa relativa, que é perfeitamente admitida em direito, pois não há submissão completa de uma das partes à vontade da outra. Com efeito, a alteração não é imposta pela BOVESPA unilateralmente, mas, sim, aprovada pela maioria qualificada das companhias, no interesse do mercado como um todo.

Nesse sentido, a doutrina dominante entende que a condição potestativa se torna perfeitamente lícita quando é subordinada a parâmetros objetivos, que reduzem a sujeição de uma parte ao arbítrio da outra, ao determinarem que tal sujeição ocorra de acordo com certas regras e dentro de determinados limites previamente acordados pelas partes, exatamente como ocorre no caso em exame. Essa circunstância elimina ou, pelo menos, relativiza o caráter potestativo da alteração das cláusulas, tornando-as plenamente admissíveis.[48] Note-se, de resto, que,

46. Ascarelli, ob. cit., pp. 291-292.

47. Vale ressaltar que a evolução do direito brasileiro sempre foi no sentido de consagrar o princípio da maioria em termos cada vez amplos no âmbito do Direito das Sociedades, que são, aliás, a modalidade mais conhecida de contrato plurilateral. No início, o art. 331 do Código Comercial simplesmente dispunha que seriam decididos pelo voto da maioria os negócios sociais; a redação desse dispositivo conduziu a doutrina a afirmar que ele não alcançaria as alterações do contrato social, as quais deveriam ser aprovadas pela unanimidade dos sócios (nesse sentido, leiam-se José Xavier Carvalho de Mendonça, *Tratado de Direito Comercial Brasileiro*, v. III, 4ª ed., Freitas Bastos, 1945, p. 140, e Pontes de Miranda, *Tratado de Direito Privado*, t. XLIX, 2ª ed., Rio de Janeiro, Borsói, 1965, p. 122). Em 1882, a nossa primeira lei sobre as sociedades anônimas passou a prever a possibilidade de alteração do estatuto social pela maioria dos sócios reunidos em assembléia (Lei 3.150, de 4.11.1882, art. 15, § 4º c/c o art. 6º, item 1º). Depois, o art. 15 do Decreto 3.708, de 10.1.1919, estendeu o princípio da maioria à alteração do contrato social das sociedades por quotas de responsabilidade limitada, alcançando a maioria absoluta das sociedades existentes no país, que são organizadas de acordo com esse tipo societário. Então, o art. 38, inc. V da antiga Lei do Registro do Comércio (Lei 4.726, de 13.7.1965), permitiu ao contrato social prever a possibilidade de suas alterações pela maioria dos sócios, em quaisquer tipos de sociedades. Por último, o art. 35, inc. VI da atual Lei do Registro de Empresas (Lei 8.934, de 18.11.1994) estendeu o princípio da maioria à alteração do contrato social de todos os tipos de sociedades. Essa linha evolutiva do direito brasileiro demonstra a importância crucial do princípio da maioria para o bom funcionamento das organizações em geral, no sentido do entendimento propugnado no texto.

48. Esse é exatamente o entendimento de Clóvis Beviláqua, redator do anteprojeto de Código Civil, segundo o qual "não é também uma condição a que depender, exclusivamente, do arbitrio de uma das partes. Se, porém, o facto, apenas em parte, depende do arbitrio do agente, a condição é admissivel" (*Código Civil dos Estados Unidos do Brasil Comentado*, ed. histórica, Rio de Janeiro, Rio, 1977, p. 369; grafia do original). Leia-se, também, a opinião de Vicente Ráo a respeito, ao comparar a condição potestativa absoluta com a potestativa relativa: "Se alguém declarar que se obriga sob a condição de cumprir a sua obrigação 'se quiser' (ou usando expressão equivalente), ou sob a condição de se verificar certo ato que só de seu mero arbítrio dependa, nulo será o ato jurídico por faltar, a quem

em cada contrato específico, a parte (seja ela a companhia, o acionista controlador ou outros) jamais ficará sujeita ao arbítrio exclusivo da contraparte (BOVESPA).

Por fim, pode-se dizer que bem faria a BOVESPA se observasse o procedimento previsto na cláusula 14.2 em quaisquer alterações que venham a ser efetuadas nos regulamentos, independentemente de qualquer juízo de relevância sobre elas, evitando, assim, futuros questionamentos sobre a validade de alterações efetuadas.

7. *Resumo conclusivo*

O advento do Novo Mercado e das Práticas Diferenciadas de Governança Corporativa é o principal evento da história recente do mercado de capitais brasileiro, não só pelo seu potencial de reanimar esse mercado, como também pela sua envergadura e pioneirismo.

Essa iniciativa da BOVESPA condiz com a natureza de associação privada das Bolsas de Valores, voltada, no entanto, a função de interesse público, e reforça significativamente a importância da auto-regulação no mercado de capitais brasileiro.

A normativa expedida pela BOVESPA encontra-se em consonância com os princípios jurídicos vigentes em nosso mercado de capitais, dentre os quais se destaca o princípio da eficiência (concorrência perfeita), implementado principalmente pelo princípio da *full and fair disclosure*, e aborda as principais limitações do nosso mercado de capitais, absorvendo, ainda, importantes proposições da doutrina de governança corporativa. É inegável que a normativa tende a elevar a eficiência do mercado.

Não obstante a BOVESPA possuir poder regulamentar para expedir a normativa em exame, nosso sistema jurídico não concede poder disciplinar suficiente às Bolsas para impor as sanções nela previstas às companhias listadas, seus acionistas, administradores e membros do conselho fiscal. A imposição de sanções tem, assim, que se apoiar no fundamento contratual, encontrado nos contratos celebrados entre a BOVESPA e os sujeitos dessa normativa, que caracteriza um contrato plurilateral normativo, ou mais especificamente, de organização.

O fundamento contratual confere, ainda, legalidade ao procedimento de alteração dos regulamentos, cujos limites encontram-se nos princípios e leis que regem nosso mercado de capitais.

contrai, a vontade *atual* de se obrigar e, conseqüentemente, por ausência de vínculo de direito.

"Outrotanto, porém, não sucede quando a verificação ou não-verificação do evento é deixada à vontade de uma das partes em circunstâncias tais que permitam pressupor venha sua deliberação futura a ser determinada por motivos sérios dentro da ordem normal das coisas e não por mero arbítrio.

"Válidas também se consideram as condições nas quais a verificação do evento depende em parte do contraente e em parte do acaso ou da vontade de terceiro" (*Ato Jurídico: Noção, Pressupostos, Elementos Essenciais e Acidentais. O Problema do Conflito entre os Elementos Volitivos e a Declaração*, 4ª ed., São Paulo, Ed. RT, 1997, p. 278).

RESPONSABILIDADE DOS SIGNATÁRIOS DE ACORDO DE VOTO NO REGIME DA LEI 10.303/01

Felipe de Freitas Ramos

1. Introdução. Do conflito de interesses. 3. Do conflito entre o interesse social e o acordo de voto sob a vigência da Lei 6.404/76. 4. Do conflito entre o interesse social e o acordo de voto sob o prisma da Lei 10.303/01. 5. Da responsabilidade civil do acionista pelo seu exercício de voto. 6. Da presunção de culpa do acionista na atual Lei das Sociedades Anônimas. 7. Conclusão. Bibliografia.

1. Introdução

A expressa regulamentação legal dos acordos de acionistas no direito brasileiro, introduzida por meio da Lei 6.404/76 representou, naquela ocasião, uma verdadeira exceção dentre as demais legislações cujos ordenamentos jurídicos sofreram substancial influência do direito romano.[1] Esta tendência foi posteriormente seguida por vários outros países.[2]

Se a expressa regulamentação objetivava, essencialmente, diminuir as controvérsias acerca de tal figura jurídica, com toda segurança seria possível afirmar que não poucos foram os casos em que a prestação jurisdicional do Estado foi requerida com o objetivo de solucionar divergências entre seus signatários, e, em algumas situações, entre estes e a própria companhia.

Muito embora os acordos de acionistas – quando celebrados com a estrita observância do disposto no art. 104 do Código Civil Brasileiro,[3] e observadas as limi-

1. A Exposição de Motivos do Projeto de Lei que se converteu na Lei 6.404/76 assim justificava a previsão legal do acordo de acionistas: "O art. 118 regula o acordo de acionistas, modalidade contratual de prática intensa em todas as latitudes, mas que os códigos teimam em ignorar. Ocorre que essa figura jurídica é da maior importância para a vida comercial, e a ausência de disciplina legal é, certamente, a causa de grande número de abusos e malefícios que se lhe atribuem. Com efeito, como alternativa à *holding* (solução buscada por acionistas que pretendem o controle preconstituído, mas que apresenta os inconvenientes da transferência definitiva das ações para outra sociedade) e o acordo oculto e irresponsável (de eficácia duvidosa, em grande número de casos), cumpre dar disciplina própria ao acordo de acionistas, que, uma vez arquivado na sede da companhia e averbado nos registros ou nos títulos, é oponível a terceiros e tem execução específica. Trazidos, pois, à publicidade (§5º do art. 118) esses acordos representam ponto médio entre a *holding* e o acordo oculto, com as vantagens legítimas que ambos podem apresentar, e sem os inconvenientes para a companhia ou para os sócios que também podem acarretar.".

2. O Peru e o Uruguai são países que seguiram o exemplo brasileiro, passando a regular legalmente os acordos de acionistas, os quais se encontram previstos, na legislação peruana, no art. 8º da Ley General de Sociedades, e, na legislação uruguaia, no art. 331 da Ley de las Sociedades Comerciales.

3. De acordo com a Lei 10.406, de 10 de janeiro de 2002.

tações impostas pela própria lei societária[4] – gerem obrigações e direitos entre os contratantes (*conventio legis contractus*), freqüentemente, convenentes de má-fé se valem de artifícios ardilosos com o objetivo de se absterem de adimplir as obrigações pactuadas, violando o *pacta sunt servanda*.

A invocação do princípio societário da prevalência do interesse social sobre o interesse dos sócios, comando legal expressado no art. 115 da Lei 6.404/76,[5] passou a ser, reiteradamente, argüido para fundamentar tal inadimplemento.

Dentre as matérias elencadas passíveis de regulação por acordo de acionistas, previstas na Lei, as questões relativas à chamada "governança corporativa" têm ocupado relevante destaque. E de forma diversa não poderia deixar de ser, uma vez que as disposições relativas ao poder de voto produzem efeitos que se irradiam para fora da esfera particular dos contratantes, atingindo incisivamente a própria companhia.

No âmbito institucional, a insegurança quanto à aplicabilidade das disposições contratuais produzem um preocupante quadro de incertezas quanto aos rumos das atividades da companhia, o que acaba por influenciar, de forma determinante, a decisão de possíveis investidores em aportar recursos nesta. Dentre os elementos que constroem a imagem da companhia junto ao mercado, o relacionamento intersócios ocupa papel fundamental, não podendo, assim, a empresa ser condenada à "ditadura dos irresponsáveis".

Atentando para tal questão, a lei societária possibilitou, nos termos do art. 118, § 3º, que as obrigações estabelecidas no referido contrato fossem passíveis de execução específica.

Malgrado a relevância de tal previsão legal, que veio a representar importante instrumento para o cumprimento das obrigações assumidas, em algumas situações a execução específica mostrou-se insuficiente para o atendimento oportuno dos interesses da companhia e de seus acionistas. A morosidade da Justiça faz da via judicial, na imensa maioria dos casos, a mais lenta forma de satisfação dos interesses.

Sob a ótica da empresa, as freqüentes guerras de liminares travadas entre seus acionistas só vêm a obstar as atividades da companhia, contribuindo, de forma contundente, para a ocorrência de consideráveis prejuízos àquela.

Nesse sentido, objetivando assegurar maior segurança jurídica aos subscritores de acordo de voto, e, como conseqüência, evitando prejuízos à própria companhia e aos pactuantes, o legislador inovou ao adicionar ao art. 118 da Lei 6.404/76, por intermédio da Lei 10.303/01, dentre outros, os §§ 8º e 9º, os quais passamos a transcrever:

"§ 8º. O presidente da assembléia ou do órgão colegiado de deliberação da companhia não computará o voto proferido com infração de acordo de acionistas devidamente arquivado.

"§ 9º. O não comparecimento à assembléia ou às reuniões dos órgãos de administração da companhia, bem como as abstenções de voto de qualquer parte de acordo de acionistas ou de membros do conselho de administração eleitos nos termos de acordo de acionistas, assegura à parte prejudicada o direito de votar com as ações pertencentes ao acionista ausente ou omisso e, no caso de membro do conselho de administração, pelo conselheiro eleito com os votos da parte prejudicada."

4. A liberdade dos acionistas em celebrar as convenções de voto esbarra na responsabilidade imputada pelo art. 115. As palavras de Alfredo Lamy e Bulhões Pedreira refletem este entendimento, na medida em que "a lei reafirma expressamente o princípio – que decorre do sistema – de que a liberdade de convenção sobre o exercício do direito de voto é limitada pela disciplina legal desse direito e das responsabilidades do acionista ao exercê-lo" (*A Lei das S.A.*, v. II, p. 291).

5. "Art. 115. O acionista deve exercer o direito de voto no interesse da companhia; considerar-se-á abusivo o voto exercido com o fim de causar dano à companhia ou a outros acionistas, ou de obter, para si ou para outrem, vantagem a que não faz jus e de que resulte, ou possa resultar, prejuízo para a companhia ou para outros acionistas."

Tais dispositivos nada mais fazem do que evidenciar a intenção do legislador em tornar mais coercitivo o cumprimento das disposições firmadas em acordo de voto, seja no âmbito das assembléias gerais, seja em reuniões de órgãos colegiados, notadamente, no conselho de administração.

Por força do § 8º acima transcrito, resta ao presidente de assembléia geral (ou do órgão colegiado), não uma faculdade, mas sim o dever legal de não computar voto que não esteja em consonância com as disposições firmadas em acordo de acionistas, desde que devidamente arquivado na sede da companhia.

Segundo Modesto Carvalhosa e Nelson Eizirik,[6] o § 9º do art. 118 da Lei das S.A. representa uma prerrogativa legal que garante ao signatário prejudicado, através de mecanismo similar ao exercício da autotutela, a defesa e garantia dos termos pactuados no acordo: "O § 9º, por sua vez, estabelece um mecanismo de auto-execução específica do acordo de acionistas, distinto da execução judicial já prevista na lei e que se dá por meio do voto da parte signatária prejudicada em substituição à ausência ou à abstenção de voto de qualquer signatário do acordo ou de seu representante no conselho de administração. Tal mecanismo funda-se no princípio da autotutela, por meio do qual assegura-se aos particulares, em situações bastante singulares e previstas em lei, o direito de agir direta e suficientemente, ou seja, sem a intervenção judicial, suprindo, no presente caso, a ausência ou a omissão de algum signatário do acordo ou de um conselheiro para, assim, obter o integral cumprimento do que foi decidido na reunião prévia".

Entendemos que, muito embora a solução adotada pelo § 9º assemelhe-se à autodefesa, não poderíamos assim classificá-la, uma vez que a autodefesa (ou auto-tutela) é exercida em nome próprio, e jamais em nome de terceiro.[7] Ocorrendo o descumprimento do acordo de voto, ao acionista prejudicado é outorgado o direito de votar com as ações do inadimplente. Logo, estará aquele votando em nome do signatário descumpridor, como se este último fosse.

Relevante ressaltar, ainda que sucintamente, que as inovações insurgidas pelo art. 118, §§ 8º e 9º, da Lei 10.303/01, não se esgotam no âmbito da maior coercibilidade das obrigações contratuais celebradas. A expressa vinculação legal dos demais órgãos colegiados, em especial do conselho de administração, às disposições dos acordos de acionistas – eterna discussão que atormentava e dividia a doutrina – representa, em nosso entendimento, fundamental avanço para o exercício da boa governança corporativa.

Juntamente com as inovações decorrentes da reforma em comento, mais precisamente, no que se refere à auto-execução específica conferida aos acordos de acionistas, surge o questionamento sobre a quem competiria a responsabilidade pelo voto proferido pelo acionista prejudicado, nos termos do § 9º supracitado, em caso de conflito com o interesse social. Caberia ao acionista inadimplente ou ao acionista prejudicado que votou com as ações daquele, em consonância com o texto legal, o dever de reparar o dano causado à companhia?

6. Artigo publicado no jornal *Valor Econômico*, em 20.12.2001.

7. Servimo-nos das palavras de Michel Foucault, ao escrever sobre as duas formas de regulamentação judiciária, de litígio e de disputas ocorridas na civilização grega, citando, para tanto, Homero, para demonstrar o espírito que norteia a autotutela: "Dois guerreiros se afrontavam para saber quem estava errado e quem estava certo, quem havia violado o direito do outro. A tarefa de resolver esta questão cabia a uma disputa regulamentada, um desafio entre dois guerreiros. Um lançava ao outro o seguinte desafio: 'És capaz de jurar diante dos deuses que não fizeste o que eu afirmo?'. Em um procedimento como este não há juiz, sentença, verdade, inquérito nem testemunho para saber quem disse a verdade. Confia-se o encargo de decidir não quem disse a verdade, mas quem tem razão, à luta, ao desafio, ao risco que cada um vai correr" (Michel Foucault, *A Verdade e as Formas Jurídicas*, p. 53).

Lembramos que a responsabilização dos signatários de acordo de voto, pela ocorrência de prática prevista no art. 115 não é fruto da recente alteração promovida pela Lei 10.303/01. O art. 118, § 2º, que assim dispõe, está presente desde a vigência da Lei 6.404/76.

Entretanto, tal questão tomou relevante contorno e importância após a recente reforma, uma vez que esta veio a permitir a auto-execução dos acordos de voto, *vis a vis* os novos §§ 8º e 9º do art. 118.

2. Do conflito de interesses

O pêndulo da abordagem do presente trabalho assenta na idéia do conflito de interesses. Sobre a relação entre o interesse social e o interesse dos acionistas, faremos breves comentários, uma vez que tal aspecto já foi, de forma exaustiva e apropriada, objeto de longo e profundo estudo pela mais consagrada doutrina.

Nesse passo, podemos dizer que o interesse social é representado pelo interesse comum dos acionistas, não havendo, *a priori*, uma distinção completa entre o interesse social e o interesse dos acionistas.

Assim, o voto proferido atendendo aos interesses do universo acionário, da companhia, e mesmo da comunidade em que exerce suas atividades, cumprindo, assim, sua função social, levaria a companhia a realizar sua finalidade. Desta forma, o interesse comum dos acionistas (*uti singuli*) estaria absolutamente alinhado ao interesse social (*uti socii*).

Sobre o tema, vejamos o que diz Luiz Gastão Paes de Barros Leães: "Prescreve o art. 115, *caput*, da Lei 6.404/76, que o acionista deve exercer o direito de voto no interesse da companhia – entendendo-se o interesse da companhia, não como o somatório dos interesses privados dos sócios, nem como um interesse autônomo desvinculado dos interesses dos acionistas da companhia, mas como o interesse comum dos sócios (*qua socci* e não enquanto indivíduos), norteado no sentido da realização do objeto social".[8]

No sentido inverso, podem acontecer situações em que o exercício do direito de voto, visando a atender ao interesse *uti singuli*, se dê em detrimento do interesse *uti socii*, situação na qual o interesse particular do acionista não estaria em conformidade com o interesse social.

É neste sentido que ensina o mestre Tullio Ascarelli: "O voto é concedido ao sócio para a tutela de seu interesse como sócio; encontra a sua justificação e seu limite na comunhão de interesses; só no limite de seu interesse como sócio que os acionistas são (até com sacrifício de seu interesse extra-social frente ao interesse social) sujeitos à deliberação da maioria".[9]

De forma objetiva, o art. 115 estabelece que o acionista deve votar com a observância do interesse social, considerando-se abusivo, dentre outros, o voto que resulte ou venha a resultar em prejuízo para a companhia. Assim, sem exceção, todo o voto que vier a acarretar dano à companhia, dolosa ou culposamente, será, por definição, contra o interesse social.[10]

Somente a título ilustrativo, Modesto Carvalhosa[11] exemplifica uma deliberação tomada contra os interesses sociais, quando os votos emitidos em conformidade do acordo de acionistas, aprove a distribuição

8. "Conflito de interesses e vedação de voto nas assembléias das sociedades anônimas", *RDM* 92/107.

9. *Studi in Tema di Società*, p. 164.

10. As responsabilidades e efeitos dos votos proferidos contra o interesse da companhia, na forma do art. 115, estendem-se aos conselheiros, conforme se extrai dos ensinamentos de Arnoldo Wald: "Assim sendo, no caso de conflito de interesses, os representantes do acionista interessado no contrato não podem votar, aplicando-se o art. 115 e respectivo par. ún. da Lei 6.404/76 (...)", concluindo o autor: "o impedimento do conselheiro retira-lhe a possibilidade de votar as matérias nas quais há conflito de interesses, não se computando pois o seu voto (...)" (*Revista de Direito Bancário, do Mercado de Capitais e da Arbitragem* 11/24-25).

11. *Acordo de Acionistas*, p. 115.

integral dos dividendos apurados, resultando, em razão da situação econômica da companhia, em acentuada e perigosa descapitalização. Neste exemplo, em detrimento do interesse social da companhia – a qual se viu prejudicada pela deliberação aprovada – os acionistas teriam atingido os seus interesses particulares.

3. *Do conflito entre o interesse social e o acordo de voto sob a vigência da Lei 6.404/76*

Sob a égide da legislação societária anterior, conforme já mencionado, muito embora o signatário fosse igualmente obrigado a respeitar as disposições contratualmente firmadas, o eventual descumprimento de compromisso de voto se resolveria por meio de execução específica. Desta maneira, a solução do conflito de interesses instaurado, inevitavelmente, caberia ao judiciário (ou ao juízo arbitral, se assim as partes tivessem firmado[12]).

Assim, restaria ao pactuante que alegasse conflito entre o interesse social e a obediência do acordo de voto, inadimplir suas obrigações contratuais, votando de forma diversa da acordada. Aos acionistas prejudicados, por sua vez, o pleito através da via judicial se mostraria como a forma le-

12. A evolução do instituto da arbitragem no Brasil pode ser dividida a partir de um importante marco: a promulgação da Lei 9.307/96. Antes da vigência do referido diploma legal, a arbitragem era, basicamente, regulada pelo Decreto 3.900, de 1867 e pelas disposições do Código Civil, arts. 1.037 a 1.048. O entendimento que dominava na doutrina e na jurisprudência era o de que, malgrado o *pacta sunt servanda* que vinculava as partes ao convencionarem por solucionar eventuais conflitos através da arbitragem, tal disposição não atingia o Judiciário, razão pela qual o magistrado não estaria impedido de apreciar a lide que a este viesse a ser submetida. Neste sentido já escrevia o célebre Clovis Beviláqua que a cláusula compromissória (*pactum de compromittendo*) é simples expressão da obrigação de fazer, que traça norma tão-somente às partes pactuantes e não aos órgãos do Poder Judiciário (Parecer do Consultor Jurídico do Ministério das Relações Exteriores sobre o Protocolo relativo às Cláusulas Arbitrais de Genebra de 1923, datado de 23.7.1923).

Asseverava tal jurista, naquela ocasião, que "a função do juiz é de ordem pública, é forma de soberania nacional, que não pode ser impedida, arredada ou modificada por convenção das partes. Assim, no direito pátrio, a cláusula compromissória é valida, obriga as partes, como qualquer outra cláusula contratual, mas não obriga o juiz". Conviria, em seu entender, que fosse votada uma lei sobre a arbitragem onde ficasse expressamente consignado que a competência dos juízes comuns estaria prejudicada para a apreciação de matéria quando as partes tivessem celebrado compromisso, cabendo aos juízes, quando não ajustado entre as partes, nomear os árbitros para apreciação do conflito. Anos mais tarde, mais precisamente, 73 anos e um mês após a data do referido parecer, foi aprovada a Lei 9.307, que regulamenta a arbitragem no Brasil. Considerada como um divisor de águas para o desenvolvimento do dito instituto no País, cogitou-se da inconstitucionalidade da Lei de Arbitragem, em especial, dos arts. 6º e 7º, através do AgR em Sentença Estrangeira 5.206-7, oriunda da Espanha, o *leading case* sobre a matéria no Brasil. Sobre a questão, suscitava-se que os mencionados artigos, ao possibilitarem a "execução específica da obrigação de fazer (firmar o compromisso arbitral), se necessário o provimento judicial substitutivo da manifestação de vontade da parte recalcitrante" seria inconstitucional (Arnoldo Wald, *Revista de Direito Bancário, do Mercado de Capitais e da Arbitragem* 7/324). Os ministros do Supremo Tribunal Federal, ao decidirem de forma unânime pelo provimento do referido Agravo Regimental, em 12.12.2001, dividiram-se quanto à constitucionalidade dos arts. 6º e 7º da Lei 9.307/96. Os ministros Sepúlveda Pertence, Sydney Sanches, Néri da Silveira e Moreira Alves se posicionaram pela inconstitucionalidade de tais dispositivos, enquanto que os ministros Nelson Jobim, Ilmar Galvão, Ellen Gracie, Maurício Corrêa, Marco Aurélio e Celso de Mello votaram pela constitucionalidade dos mesmos. Cumpre salientar o argumento do excelentíssimo Ministro Sepúlveda Pertence, o qual entende inconstitucionais os arts. 6º e 7º da Lei 9.307/96, entre outras razões, por ser vedado ao juiz substituir a vontade bilateral das partes até então não pronunciada. Contra-argumentando, o Ministro Maurício Corrêa concluiu que "na execução da cláusula compromissória o juiz não *substitui* a vontade das partes, mas a concretiza".

Quanto à possível infração da Lei ao art. 5º, XXXV, da CF, o entendimento assentado consagra que são livres as partes para optarem pela arbitragem, visto que o princípio da inafastabilidade do controle jurisdicional não estabelece que as partes interessadas não poderão excluir da apreciação judiciais suas questões ou conflitos, mas tão somente que galmente apropriada para a satisfação de seus interesses.

A doutrina é unânime em classificar como sem efeito aquele acordo que obrigue os signatários a votar de forma contrária ao interesse social, conforme se observa das lições de Celso Barbi Filho:[13]

"O fato de uma convenção de voto ser válida não significa necessariamente que tenha eficácia.

"Há situações em que o confronto do conteúdo do ajuste com a legislação societária, com a realidade econômico-financeira da sociedade, ou mesmo com o contexto que se desenha na assembléia geral, fazem que o acordo não tenha eficácia em determinada votação, sem que, contudo, perca sua licitude ou validade.

"É o que acontece nos conflitos ligados ao interesse social e à interpretação do acordo em assembléia (...)".

Conforme mencionado na parte introdutória do presente trabalho, em caso de conflito de interesses caberia aos convenentes descumprir o acordo, eximindo-se, assim, de eventual responsabilização, quando do efetivo e potencial risco de dano à companhia. Infelizmente, tal conduta se difundiu inadvertidamente, produzindo efeitos, por certo, não objetivados pelo legislador. É o caso do acionista de má-fé, que, por divergências com os demais acionistas signatários, invocava tal princípio, como forma de fraudar o pactuado.

4. *Do conflito entre o interesse social e o acordo de voto sob o prisma da Lei 10.303/01*

Como visto acima, à luz da Lei 10.303/01, a contrário senso, não mais se faz imprescindível o recurso à via judicial, como forma de satisfação das pretensões relativas às obrigações de voto eventualmente inobservadas. A auto-execução por parte do prejudicado, a qual se opera de forma imediata, sem a necessidade de suspensão da assembléia geral, veio a se tornar a forma mais eficaz e rápida para o cumprimento daquelas obrigações. Com isto, a configuração da conduta culposa pelo signatário, em razão de sufrágio dado em cumprimento de acordo de acionistas que resulte em dano para a companhia, tornou-se mais complexa e nebulosa.

Quando o conflito de interesses se der no âmbito do conselho de administração, restaria ao conselheiro renunciar ao cargo que ocupa, como forma de se eximir de eventuais responsabilidades originadas da deliberação tomada.[14] Tal faculdade inexiste quando o conflito se assenta na esfera das assembléias gerais.

A *ratio* do § 9º do art. 118 é conferir maior rapidez na execução das disposições dos acordos de voto, através da maior coercibilidade de suas disposições. E não o fez tão-somente como ferramenta para proteção dos direitos e pretensões dos acionistas contratantes de boa-fé, mas, principalmente, para evitar danos à companhia, que por diversas vezes ficava sujeita às desavenças pessoais entre seus sócios, sofrendo, reiteradamente, consideráveis prejuízos.

Entretanto, o mecanismo de execução das obrigações de voto avençadas ora adotado pela Lei 10.303/01 veio a gerar efeitos outros, talvez até mesmo não pretendidos pelo legislador, pois no caso de desrespeito àquele com fundamento no efetivo conflito de interesses, a execução das obrigações independeria da apreciação da ma-

a lei não excluirá da apreciação do Poder Judiciário lesão ou ameaça a Direito. Neste sentido, "o direito de ação, à luz do princípio da autonomia das vontades, representa uma faculdade inerente à própria personalidade, não a um dever" (Cândido Rangel Dinamarco, *Execução Civil*, Malheiros Editores, 4ª ed., p. 364). Desta forma, acordado entre as partes a arbitragem, estaria o Poder Judiciário impossibilitado de apreciar a matéria objeto da lide, tendo a Lei 9.307/96 atendido, ainda que com redação diversa da sugerida por Clovis Beviláqua em 1923, a sugestão do douto jurista.

13. *Acordo de Acionistas*, p. 100.

14. Arnoldo Wald citando Modesto Carvalhosa, ob. cit., p. 21.

téria pelo poder judiciário. Isto equivale a dizer que os efeitos daquela deliberação social independe da intervenção do Estado.

De forma a oferecer uma sistemática lógica e coerente, o art. 118, § 2º, conforme já observado, estabelece que os celebrantes não poderão invocar as disposições convencionadas em acordo de acionistas para se eximirem de responsabilidades advindas do exercício dos seus direitos de voto, cujos princípios encontram-se definidos no art. 115. Vale dizer, a maior coercibilidade dos acordos de voto em nada alterou a prevalência do interesse da companhia sobre o interesse particular dos acionistas.

Assim é que "as deliberações tomadas contra aquele, e que, por conseguinte, acarretarem prejuízos à companhia, serão passíveis de anulação".[15]

Antes da promulgação da Lei 10.303/01 – conforme já acima exposto – a execução das obrigações assumidas, em caso de desobediência de pacto de voto, desafiaria tutela jurisdicional. Destarte, havendo decisão assemblear com infração de acordo de voto, aqueles prejudicados teriam legitimidade processual para propor ação pleiteando a execução específica das obrigações estabelecidas. Isto significa dizer que ao juiz (ou ao árbitro, conforme o caso) caberia interpretar o referido acordo de acionistas e proferir sentença, cujos efeitos seriam os de uma declaração de vontade consoante os termos contratados. Neste sentido já proclamava Jürgen Dohm: "La fiction du jugement est en effect exempte de toute limitation subjective de la force de chose jugée: la déclaration de volonté est assimilée à une déclaration émise volontairement par le débiteur condamné".[16]

Reportando-nos ao questionamento acima insurgido, naquele regime somente o comando legal seria capaz de suprir a ausência de declaração de vontade do convenente descumpridor.

Com isto, qualquer que fosse a decisão proferida pelo Poder Judiciário, restaria o inadimplente isento quanto à responsabilidade por eventuais prejuízos trazidos à companhia em virtude da deliberação tomada, uma vez que a vontade ausente, quando do exercício do direito de voto pelo signatário, teria sido suprida por ordem judicial.[17]

Com a estrutura introduzida pela Lei 10.303/01, aqueles votos proferidos em discordância com o acordo de acionistas não deverão ser computados pelo Presidente da Assembléia (ou do órgão colegiado). E, ainda, quando ausente ou omisso o signatário, fica outorgado ao acionista prejudicado o direito de votar com as ações daquele, de forma a fazer cumprir o acordo de acionistas.

O recém criado § 9º do art. 118 da Lei Societária nada mais fez do que conferir ao acionista prejudicado uma espécie de mandato legal, de forma que os próprios acionistas possam funcionar como guardiões do acordo. Deste modo, agindo o acionista prejudicado com base em prerrogativas e direitos oriundos de um mandato legal, não caberia sua responsabilização por prejuízos advindos do exercício daqueles votos. Vale lembrar que o mandante é responsá-

15. Tullio Acarelli. *Problemas das Sociedades Anônimas e Direito Comparado*, p. 553

16. *Les Accord Sur L'Exercice Du Droit de Vote de L'Actionnaire – Etude de Droit Suisse et Allemand*, p. 168.

17. Sobre a possível responsabilização do Estado, a doutrina tem se manifestado amplamente no sentido de somente fazê-lo com base em *error in judicando*, no caso de ter este culpa *lato sensu*, o que vale dizer, somente em caso de dolo ou fraude. Podemos dizer que tais situações representam exceção à regra da responsabilidade objetiva do Estado, preconizada no art. 37, §6º, da Constituição Federal.

"É impossível responsabilizar-se o Estado por ato jurisdicional, quando a parte interessada provar a existência da ofensa a uma norma preexistente ou erro de conduta e a relação de causa e efeito entre o fato e o dano alegado, sem o que não há de cogitar do dever do Estado de indenizar pelo ato jurisdicional atacado, mormente se praticado dentro dos limites legais, sem abuso ou excesso de poder" (TJMG, 4ª Câmara, Ap. 130.964/0, Rel. Carreira Machado, j. em 3.12.1998, *RT* 768/337).

vel por todas as obrigações assumidas pelo mandatário, se contraídas dentro dos poderes a este conferidos.[18]

Reportamo-nos às palavras de Paulo Cezar Aragão: "(...) admite o novo § 9º do art. 118 um caminho alternativo de execução direta, por assim dizer, das obrigações assumidas, mediante o exercício pela parte prejudicada – à qual se conferiu um *mandato legal* por assim dizer – do voto próprio às ações de acionista ausente ou omisso para proferir voto contra ou a favor de deliberações determinadas (...)".[19]

Pedimos vênia para tecer breve crítica à redação do § 9º do art. 118. Conforme já mencionamos anteriormente, o objetivo do legislador ao introduzir a nova regulamentação dos acordos de acionistas foi conferir maior coercibilidade ao cumprimento das disposições naqueles avençadas, e, principalmente, oferecer maior celeridade na solução dos litígios relacionados com os acordos de voto. Os §§ 8º e 9º do art. 118 demonstram de forma inequívoca este espírito.

Nesse passo, optou o legislador por atribuir ao presidente da assembléia geral (ou de outro órgão colegiado da companhia que esteja vinculado ao acordo de acionistas) o dever legal (e não a faculdade) de não computar o sufrágio do signatário que infrinja acordo de voto pactuado. É o que reza o §8º do art. 118.

Ainda, consoante o § 9º da Lei, ao acionista prejudicado fica assegurado o direito de votar com as ações do acionista ausente ou omisso (ou, quando o inadimplemento se dá no âmbito do conselho de administração, ao conselheiro indicado pelo acionista prejudicado[20]) de forma a dar cumprimento ao acordo de acionistas celebrado.

Note-se que, de acordo os parágrafos acima, caso o signatário venha a comparecer à assembléia geral, e, quando do exercício de seu direito de voto, o faça sem a observância do pacto de voto, caberá ao presidente da assembléia, tão somente, o dever legal de não computar o referido sufrágio, sem, contudo, conferir ao acionista prejudicado, nesta hipótese, o direito de votar com as ações do acionista inadimplente. O chamado mandato legal somente é outorgado quando o signatário deixa de comparecer à assembléia geral, ou, quando presente, abstenha-se de votar. Não há que se falar na aplicação do §9º do art. 118 quando o signatário vota de forma contrária ao acordo de acionistas.

Nesses termos, se a nova redação do art. 118 visava a conferir maior celeridade ao cumprimento dos compromissos de voto, parece-nos equivocada a inaplicabilidade

18. O art. 675 do Código Civil Brasileiro assim dispõe: "O mandante é obrigado a satisfazer todas as obrigações contraídas pelo mandatário, na conformidade do mandato conferido, e adiantar a importância das despesas necessárias à execução dele, quando o mandatário lhe pedir".

19. "A disciplina do acordo de acionistas na Reforma da Lei das Sociedades por Ações", in *Reforma da Lei das Sociedades Anônimas*, p. 373.

20. Apesar da imprecisa e lacunosa redação de alguns dos dispositivos da Lei 10.303/01, o texto do art. 118, §9º, é absolutamente claro no que se refere à legitimidade para o exercício do direito de voto quando o descumprimento do acordo de voto ocorre no âmbito do conselho de administração. Neste caso, caberá ao conselheiro indicado pelo acionista prejudicado, a faculdade legal de utilizar-se do direito de voto do conselheiro inadimplente, votando em consonância com o acordo de acionistas. Destarte, não prospera a crítica formulada por Paulo F. C. Salles de Toledo: "(...) segundo o disposto no §9º do art. 118 da LSA, o membro do conselho de administração – quando "eleito nos termos de acordo de acionistas" – ausente à reunião do órgão ou que, mesmo presente, se abstiver de votar, ensejará que a "a parte prejudicada" vote em seu lugar. A situação é estranha, uma vez que possibilita que alguém, estranho ao conselho de administração, participe das reuniões com o poder de censurar os atos dos conselheiros, chegando ao extremo de afastá-lo temporariamente de suas funções, exercendo-as no lugar dele" (*Reforma da Lei das Sociedades Anônimas*, cit., p. 427). Ora, não faria, de fato, qualquer sentido uma solução onde o acionista prejudicado estaria habilitado a votar diretamente, como se o conselheiro descumpridor fosse. Entretanto, não é isto que a redação do referido dispositivo legal preceitua. Equivocou-se o renomado jurista ao formular tal comentário.

do § 9º quando o signatário vota de forma contrária à acordada, prejudicando consideravelmente a consecução de tal objetivo. Por certo, há uma enorme diferença entre não computar o voto contrário ao acordo e suprir a vontade do acionista que está descumprindo o acordo de acionistas.[21]

De acordo com a atual redação legal, caberia ao acionista prejudicado pleitear o cumprimento do acordo através de tutela jurisdicional, exatamente como antes da vigência da Lei 10.303/01. Equivocou-se o legislador, no nosso entendimento, ao deixar de conferir ao acionista prejudicado o direito de votar com as ações do signatário que votar diversamente do firmado, restringindo tal faculdade legal somente ao caso de ausência ou omissão do pactuante.

Ademais, ao não emprestar a solução, objeto do § 9º do art. 118, para os casos em que o subscritor inadimplente profere voto de forma contrária ao acordo de acionistas, estabelecendo tão-somente ao presidente da assembléia geral, ou do órgão colegiado, o dever de não computar aqueles votos, esqueceu-se o legislador de regulamentar os efeitos advindos de tal ato, em especial para fins do quórum de aprovação das matérias. Aqueles votos proferidos com as ações do pactuante inadimplente, e que, por violarem pacto de voto, não foram computados, deverão ser computados para fins de quórum de deliberação?

Vejamos o seguinte exemplo: imaginemos uma companhia cujo capital social é representado por mil ações ordinárias. Dois acionistas dessa companhia – sendo que o acionista A detém ações representativas de 50% do capital social votante, ou seja, possui 500 ações ordinárias, e o acionista B detém ações representativas de 20% do capital social votante, ou seja, 200 ações ordinárias – celebram acordo de voto. Na ocasião de uma Assembléia Geral, os referidos signatários pactuam, em reunião prévia, que votarão a favor de determinada matéria a ser deliberada no referido conclave, cujo quórum de aprovação é de 60% do capital votante – somente a título exemplificativo.

Entretanto, quando do exercício de seus respectivos direitos de voto, o acionista B vota de forma diversa da pactuada, inadimplindo o acordo de acionistas. Por força do disposto no art. 118, §8º, da Lei 6.404/76, ao presidente da Assembléia Geral caberá não computar tal sufrágio. O não-cômputo do voto em discordância com o acordo de acionistas significa, conseqüentemente, o não cômputo daquelas ações para fins de quórum de deliberação? Pensamos que sim. No nosso entendimento, não faria qualquer sentido, de um lado, deixar de computar os votos proferidos com determinadas ações, por infringir dispositivo do acordo de acionistas, e, de outro lado, continuar a computar as mesmas ações para se determinar o quórum de aprovação de determinada matéria.

Como conseqüência, para a aprovação daquela determinada matéria, que necessitaria, a princípio, do voto favorável de acionistas detentores de, pelo menos, 600 ações ordinárias (vale dizer, 60% do capital votante, que, neste caso, é representado por mil ações ordinárias), com o não-cômputo do voto do acionista B, excluir-se-ia do cálculo do quórum de aprovação as ações por aquele detidas. Assim, a matéria em questão seria aprovada mediante o voto favorável de acionistas detentores de, pelo menos, 480 ações ordinárias (60% de 800 ações). No nosso exemplo, o voto favorável do acionista A, que detém 500 ações, já seria o suficiente para aprovar aquela deliberação. Atendo-se a uma interpretação literal do art. 118 – vale dizer, não se admitindo a aplicação do §9º do art. 118 no caso de sufrágio contrário ao acordo de acionistas –, esta seria a única interpretação que nos parece lógica no mecanismo estabelecido no artigo em comento.

Passado isto, examinemos o seguinte questionamento, sobre o qual se assenta o presente estudo. Se contra o acionista pre-

21. Paulo Cezar Aragão, ob. cit., p. 371.

judicado nos parece desarrazoado imputar a responsabilidade pelo voto dado em decorrência de direito expressamente assegurado por dispositivo legal – vale dizer, em obediência a uma prerrogativa conferida pelo Estado – poderíamos responsabilizar, a contrário senso, o acionista inadimplente que, em defesa do interesse social, se absteve de cumprir acordo de voto, mas que, por força daquele mesmo dispositivo legal, se viu vinculado com aquela decisão colegiada, que veio a acarretar prejuízos à companhia?

5. *Da responsabilidade civil do acionista pelo seu exercício de voto*

5.1 Sob o regime da Lei 6.404/76

Antes de qualquer resposta à indagação acima, importante mencionar que o art. 115 da Lei das S.A. não sofreu relevante alteração pela Lei 10.303/01, permanecendo filiado ao princípio da responsabilidade civil subjetiva, em face da existência dos elementos *dolo* e *culpa*, os quais se encontram expressamente previstos neste. Basta citar que o agente se responsabiliza tanto pelas condutas que tenham *por finalidade* causar dano à companhia (*dolo*), quanto por aquelas de que resultem, ou *possam resultar*, prejuízos à companhia (*culpa*), refletindo o disposto no art. 186 do Código Civil[22] (grifos nossos).

A demonstração da ofensa a uma norma preexistente ou erro de conduta, do dano, e do nexo de causalidade entre os dois primeiros ensejaria a responsabilidade subjetiva do agente. A não comprovação de qualquer dos elementos implicaria a inexistência do dever de reparação.

Sob o prisma da legislação anterior, a prova da conduta culposa do signatário de acordo de acionistas se mostrava mais simples e menos duvidosa. Poderíamos dizer que, em caso de efetivo conflito entre o interesse social e o sentido do voto avençado, qualquer atitude, que não a desobediência do dever acordado, importaria, quase que inapelavelmente, assumir que o signatário previu (ou poderia prever) o eventual dano à companhia, agindo, destarte, culposamente.

5.2 Sob o regime da Lei 10.303/01

De forma diversa, com a vigência do art. 118, § 9º, a não observância do dever de voto pelo convenente não mais desafia a apreciação do magistrado, ou do juízo arbitral. Ao prejudicado é legalmente assegurado o direito de suprir aquela declaração de vontade não declarada, o que se opera de forma automática, sem que haja necessidade de suspensão da assembléia geral (ou reunião do conselho de administração, conforme o caso). Assim, encerrada a assembléia geral, as deliberações tomadas produzirão seus efeitos de imediato.

Ou seja, no atual mecanismo, imposto pelo presente regime legal, restringiu-se consideravelmente a possibilidade de o acionista não adimplir suas obrigações contratuais (em caso de conflito de interesses, ou abuso do direito de voto), como forma de demonstrar seu *animus* de fazer prevalecer o interesse da companhia, e eximir-se de eventual responsabilidade perante a companhia.

Efetivamente não se poderia cogitar da não responsabilização do descumpridor de acordo de acionistas no atual regime societário, ainda que este viesse a demonstrar que envidou seus melhores esforços no sentido de alertar aos demais acionistas quanto ao potencial prejuízo à companhia. Caso o fosse, estaríamos diante da esdrúxula situação onde – sem a ocorrência das excludentes da responsabilidade – não se poderia responsabilizar qualquer pessoa por aqueles votos lançados, uma vez que o acionista prejudicado, independentemente do exercício da prerrogativa assegurada a este por força do § 9º do art. 118 da Lei, já esta-

22. De acordo com a Lei 10.406/02.

ria sendo responsabilizado pelos votos proferidos com suas próprias ações, e, caso fosse possível sua responsabilização, estaríamos diante de um *bis in idem*. Ademais, agindo este nos termos de um mandato legal, estaria o mandante – vale dizer, o acionista prejudicado – obrigando o mandatário, o que por si só já o eximiria da obrigação de reparar o dano causado.

Caso prevalecesse este entendimento, o acionista contratante de má-fé deteria importante instrumento para se escusar de cumprir suas obrigações de voto sem sequer responder por perdas e danos frente aos demais. Vale notar que, com a auto-execução do acordo de voto, não há o que se falar sobre efetiva lesão aos direitos dos outros pactuantes, elemento essencial para que se cogite do dever de indenizá-los.

A conjugação dos §§ 2º, 8º e 9º do art. 118 nos leva a crer que o legislador, ao outorgar maior força ao acordo de acionistas, indiretamente, acabou por restringir de forma substancial a possibilidade do signatário de demonstrar a sua não-concorrência para eventual dano causado à companhia.

6. Da presunção de culpa do acionista na atual Lei das Sociedades Anônimas

Diante das considerações acima, seria de causar certa estranheza, pelo menos em princípio, a coexistência da responsabilidade subjetiva, na qual a culpa constitui um de seus três elementos essenciais, com as disposições concernentes aos acordos de acionistas introduzidas pela Lei 10.303/01. Admitir a teoria da responsabilidade subjetiva clássica no atual regramento nos levaria a acolher o entendimento de que a mesma legislação que, de um lado, abraça o princípio da culpa para fins de responsabilização e reparação do dano incorrido, de outro lado, praticamente, impossibilita ao acionista pactuante demonstrar a inocorrência da conduta culposa.

Cabe colocar, *ad argumentandum*, que, muito embora a obtenção de liminar suspendendo a realização de assembléia geral (ou do conselho de administração) represente, na prática, a medida mais aconselhável a ser tomada pelo acionista acordante em situação de conflito de interesses, não estamos cogitando, para fins do presente trabalho, qualquer intervenção do Poder Judiciário, uma vez que esta representaria uma solução tangencial à problemática apresentada, sem desafiar, de forma efetiva, um estudo apropriado do tratamento legal da matéria e seus efeitos.

Se a aplicação da responsabilidade civil subjetiva no regime trazido pela Lei 10.303/01 nos causa certo desconforto, tampouco poderíamos conceber que o art. 115 filia-se à teoria objetiva, cuja responsabilidade consubstancia-se no dano e na autoria do evento danoso, fazendo-se desnecessária a comprovação de culpa do agente.

A responsabilização civil objetiva no ordenamento jurídico brasileiro, cuja regra repousa na responsabilidade subjetiva, somente se dá nas hipóteses especialmente excetuadas em lei, ou ainda, segundo Caio Mario, quando a lesão provém de situação criada por quem explora profissão ou atividade.[23]

Assim, não existindo previsão legal expressa, não seria possível, simplesmente por interpretação, atribuir ao acionista celebrante de acordo de voto uma responsabilidade objetiva pelos danos causados à companhia pelos votos proferidos pelo prejudicado consoante o acordo. De mais a mais, o art. 115 continua a consagrar, de forma expressa, a culpa como elemento constitutivo do dever de reparação.

Se, por um lado, inaplicável seria a responsabilização subjetiva junto à nova estrutura societária reformada pela Lei 10.303/01, ainda mais absurdo seria abraçar a aplicação da responsabilidade objetiva, pelos motivos e razões expostos logo acima.

A exegese das disposições do art. 118 com relação aos demais dispositivos da Lei

23. *Responsabilidade Civil*, p. 275.

nos remete à existência de uma presunção de culpa nos danos causados à companhia pelo voto prestado pelo signatário de acordo de acionistas, invertendo-se, destarte, o *onus probandi*.

Sobre a questão cabe mencionar as lições de enorme valia proferidas por Aguiar Dias: "Se é relativamente fácil provar o prejuízo, o mesmo já não acontece com a demonstração da culpa. A vítima tem à sua disposição todos os meios de prova, pois não há, em relação à matéria, limitação alguma. Se, porém, fosse obrigada a provar, sempre e sempre, a culpa do responsável, raramente seria bem-sucedida na sua pretensão de obter ressarcimento. Os autores mais intransigentes na manutenção da doutrina subjetiva reconhecem o fato e, sem abandonar a teoria da culpa, são unânimes na admissão do recurso à inversão da prova, como fórmula de assegurar ao autor as probabilidades de bom êxito que de outra forma lhe fugiriam totalmente em muitos casos. Daí decorrem as presunções de culpa e de causalidade estabelecidas em favor da vítima: com esse caráter, só pela vítima podem ser invocadas. Assim, o princípio de que ao autor incumbe a prova não é derrogado em matéria de responsabilidade civil".[24]

Completando a linha de raciocínio acima traçada, conclui o autor com absoluta propriedade: "Ora, quando a situação normal, adquirida, é a ausência de culpa, o autor não pode escapar à obrigação de provar toda vez que, fundadamente, consiga o réu invocá-la. Mas, se, ao contrário, pelas circunstâncias peculiares à causa, outra é a situação-modelo, isto é, se a situação normal se faça crer na culpa do réu, já aqui se invertem os papéis: é ao responsável que incumbe mostrar, contra essa aparência, que faz surgir a presunção de culpa de sua parte".[25]

De forma igualmente elucidativa, o mestre Alvino Lima assevera: "Violar um preceito legal, que obrigue o causador do dano, no caso de simples fato, ou seja, de aplicação insofismável da teoria do risco, a repará-lo é, sem dúvida, violação de obrigação preexistente (...). Conseqüentemente, dizer-se que se trata de uma espécie de obrigação legal desconhecida pelo autor, nada exprime para justificar que, na responsabilidade decorrente das presunções irrefragáveis, o fundamento jurídico da responsabilidade repousa na culpa, tal como a concebe a teoria clássica".[26]

Neste sentido, o art. 115 é absolutamente claro quando estabelece a obrigação dos acionistas de exercerem seus direitos de voto no interesse da companhia. O comando legal se evidencia de forma absolutamente inquestionável. Logo, todo voto que não seja proferido no interesse da companhia (vale dizer, que não seja contrário ao interesse social) representará um erro de conduta. A conduta será culposa por definição.

Parece-nos irrefutável que, diante das novas regulamentações dos acordos de voto, a relação outrora vislumbrada na lei societária se modificou de tal forma que a presunção mais plausível quando da ocorrência de um dano advindo de voto proferido consoante o acordo de acionistas é a de conduta culposa dos signatários. Assim, caberia àqueles a prova em contrário.

Em face do exposto, somos tendentes a acreditar que a atual sistemática da Lei 6.404/76 exalta a teoria da culpa presumida no caso de prejuízos originados pelo voto proferido em conformidade com acordo de acionistas. Diante da completa vedação ao inadimplemento das obrigações de voto assumidas (vez que, seja por si mesmo, seja através de mandatário legal, os signatários terão concorrido para a ocorrência do prejuízo), cremos que, somente aceitando a existência de presunção de culpa, estaria o texto legal absolutamente lógico e inteligível.

Vale lembrar que a presunção de culpa, neste caso, por não estar expressamente prevista em lei, admite prova em contrário, havendo, entretanto, a inversão do ônus

24. *Da Responsabilidade Civil*, pp. 100-101.
25. Ob. cit., p. 102.
26. *Culpa e Risco*, p. 75.

da prova. Merecem destaque os ensinamentos de Caio Mario acerca do assunto: "A presunção de culpa pode variar de intensidade. Ou assume as características de uma *praesumptio iuris et de iure*, quando a lei a estabelece em termos peremptórios, fazendo crer que abraçou sem rebuços a doutrina objetiva, o que ocorre em alguns casos já examinados de responsabilidade pelo fato das coisas; ora permanece no campo da presunção *iuris tantum*, partindo da indicação de um responsável cuja culpa é presumida, porém admitindo que possa ele trazer elementos de prova convincentes de sua ausência de culpa".[27]

Ademais, a apropriada hermenêutica quanto à extensão do disposto no art. 118, § 2º nos leva a entender que, se a invocação dos acordos de acionistas não desonera seus signatários quanto à responsabilidade do direito de voto imposta pelo art. 115, não seria lógico imaginar que a incidência de hipótese tipificada em lei o pudesse.

Assim é que os efeitos do disposto no art. 118, § 2º, se estendem de forma a alcançar o eventual exercício do voto pelo acionista prejudicado, na forma do § 8º do mesmo artigo.

Se tal efeito não imaginava alcançar o legislador ao emprestar maior força aos acordos de acionistas, certo é que não faz qualquer sentido a aplicação da teoria subjetiva na responsabilidade imputada pelo art. 115 aos signatários daquele (somente, e tão-somente, àqueles vinculados por acordo), dentro dos ditames da atual Lei das Sociedades por Ações.

Seguramente, as inovações incorridas na regulação dos acordos de acionistas vieram a trazer consideráveis benefícios à companhia, além de, é claro, aos pactuantes, na medida em as possibilidades de fraude ao cumprimento das avenças ajustadas se reduziram significativamente com a vigência do art. 118, §§ 8º e 9º. A companhia, por sua vez, fica menos vulnerável às desavenças pessoais entre seus acionistas – o que, indubitavelmente, afeta de forma bastante negativa suas atividades – sem que haja, contudo, um enfraquecimento quanto à responsabilidade pelos votos prestados por seus acionistas. A proteção do interesse da sociedade permanece intocada e inalterada.

Parece-nos, entretanto, que o legislador perdeu a oportunidade de, expressamente, vincular o art. 118, §§ 8º e 9º, à responsabilidade tratada no art. 115, deixando ao poder julgador a tarefa de solucionar eventuais litígios sobre a questão.

7. *Conclusão*

A tentativa de oferecer maior segurança, eficácia e rapidez à solução dos litígios entre os signatários de acordos de acionistas mostrou-se uma preocupação bastante presente no legislador ao promover a reforma da Lei das Sociedades por Ações.[28] As experiências presenciadas, quando da vigência do texto legal anterior à referida

27. Ob. cit., p. 265.

28. A redação do art. 118, § 3º, previa outro mecanismo para dinamizar a execução das obrigações assumidas nos acordos de voto. Entretanto, a redação original foi objeto de veto, justamente por não estar em consonância com a agilidade requerida para a solução dos litígios entre os pactuantes. Vejamos a redação vetada, e as razões do veto: "Art. 118. (...) § 3º. Nas obrigações previstas no acordo, os acionistas podem promover a execução específica das obrigações assumidas e a sentença judicial, uma vez transitada em julgado, ou a decisão proferida por juízo que condenarem o acionista a proferir voto nos termos do acordo de acionistas, produzirá todos os efeitos do voto não proferido (...)". Assim o Ministério da Fazenda justificou o veto à redação acima: "A necessidade de se vetar o parágrafo acima transcrito decorre de manifesto conflito com o interesse público, eis que tal dispositivo colide com o art. 461 do Código de Processo Civil, exigindo sentença transitada em julgado em questão que, em tese, pode ser objeto de tutela antecipada. A aceitação do parágrafo acima acarretaria, nitidamente, um retrocesso, especialmente se considerado que a redação atual do § 3º do art. 118 da lei societária é satisfatória e permite aos interessados o uso, consentâneo com dinamismo das relações sociais, das relevantes e efetivas regras do vigente Código de Processo Civil atinentes à execução específica de obrigações".

reforma, vieram a evidenciar as conseqüências desastrosas sofridas pelas companhias em virtude de divergências pessoais entre seus acionistas.

Foi com esse intuito que se aprovou a redação na qual ao acionista prejudicado é assegurado o direito de votar com as ações do inadimplente, proferindo o sufrágio com as ações deste último, na forma das avenças ajustadas no acordo.

Por certo a solução sugerida pelo § 9º do art. 118 da Lei 10.303/01 veio a alterar de forma substancial a relação dos conveentes com as disposições dos acordos. A automática execução dos pactos de voto pelo acionista prejudicado, sem a necessidade de intervenção do Judiciário, veio a vincular de forma irrefragável os signatários com as deliberações tomadas nas assembléias gerais.

Com efeito, ocorrendo prejuízos à companhia ou aos demais acionistas, em virtude de voto proferido pelo acionista prejudicado, a real e justa apuração quanto à responsabilidade pelo prejuízo causado veio a se tornar mais difícil e imprecisa. Como avaliar se o signatário agiu com imprudência, imperícia ou negligência quando do exercício de seu voto, se, por força de lei, este estaria compelido a votar na forma do acordo de acionistas, ainda que havendo conflito de interesses?

Conforme mencionado acima, agindo o acionista prejudicado com base em uma espécie de mandato legal, não poderia este ser responsabilizado, uma vez que atuou com observância de prerrogativa legal, como se mandatário fosse. Agindo dentro dos limites impostos pela Lei, estará o acionista prejudicado atuando em nome do subscritor inadimplente, vinculando, por conseguinte, aquele.

Assim, a apropriada hermenêutica dos §§ 8º e 9º do art. 118 e sua integração com o art. 115 nos levam a afirmar que aos signatários é atribuída uma presunção de culpa na hipótese de deliberação tomada com a observância do acordo, mas contra o interesse social.

Acreditamos que os eventos futuros poderão dar uma maior noção dos efeitos da nova regulamentação dos acordos de acionistas. De todo modo, parece-nos que, inevitavelmente, deverá o acionista agir mais cautelosamente quando decidir vincular seu voto aos pactos de acionistas, uma vez que, havendo conflito de interesses, caberia a ele provar a inexistência de culpa, diversamente do que ocorria sob a vigência do texto legal anterior.

Bibliografia

AGUIAR DIAS, José de. *Responsabilidade Civil*, 10ª ed. Forense, Rio de Janeiro.

ASCARELLI, Tullio. *Problemas das Sociedades Anônimas e Direito Comparado*, Campinas, Bookseller, 2001.

————. *Studi in tema di società*, Milão, Giuffrè, 1952.

BARBI, Celso Filho. *Acordo de Acionistas*. Belo Horizonte, Del Rey, 1993.

BARRETO, Celso de Albuquerque. *Acordo de Acionistas*. Rio de Janeiro, Forense, 1982.

BERMUDES, Sergio. *Introdução ao Código de Processo Civil*. 2ª ed., Rio de Janeiro, Forense, 1996.

BUGARELLI, Waldirio. *Questões Atuais de Direito Empresarial*. São Paulo, Malheiros Editores, 1995.

CARVALHOSA, Modesto. *Acordo de Acionistas*. São Paulo, Saraiva, 1984.

COELHO, Eduardo de Melo Lucas. *Direito de Voto dos Accionistas nas Assembleias Gerais das Sociedades Anónimas*. Lisboa, Rei dos Livros, 1987.

CORDEIRO, António Menezes. *Da Responsabilidade Civil dos Administradores das Sociedades Comerciais*. Lisboa, Lex, 1997.

DOHN, Jürgen. *Les Accords sur l'Exercice du Droit de Vote de l'Actionnaire*. Genebra, Librarie de l'Université, Georg & Cie S.A., 1971.

FOUCAULT, Michel. *A Verdade e as Formas Jurídicas*. Rio de Janeiro, Nau, 1996.

LAMY FILHO, Alfredo, e BULHÕES PEDREIRA, José Luiz. *A Lei das S. A.* v. II, 2ª ed., Rio de Janeiro, Renovar, 1996.

LEÃES, Luiz Gastão Paes de Barros. "Conflito de interesses e vedação de voto nas assembléias das sociedades anônimas", in *Revista de Direito Mercantil* 92.

LIMA, Alvino. *Culpa e Risco*, 2ª ed., Ed. RT, São Paulo, 1999.

LIMA, Cláudio Vianna de. *Curso de Introdução à Arbitragem*. Lumen Juris, Rio de Janeiro, 1999.

LOBO, Jorge (Coordenador). *Reforma da Lei das Sociedades Anônimas – Inovações e questões controvertidas da Lei n. 10.303, de 31 de outubro de 2001*. Rio de Janeiro, Forense, 2002.

MARADIAGA, Jorge Roberto. *La Sindicación de Acciones*. Buenos Aires, Depalma,1981.

NOVAES FRANÇA, Erasmo Valladão Azevedo e. *Invalidade das Deliberações de Assembléia das S/A*. São Paulo, Malheiros Editores, 1999.

PEREIRA, Caio Mário da Silva. *Responsabilidade Civil*, 7ª ed., Forense, Rio de Janeiro, 1996.

SASOT BETES, Miguel A., e SASOT, Miguel P. *Sociedades Anónimas – Las Asambleas*. Buenos Aires, Ábaco de Rodolfo Depalma, 1978.

STOCO, Rui. *Tratado de Responsabilidade Civil*, 5ª ed., Ed. RT, São Paulo, 2001.

VIDIGAL, Geraldo de Camargo, e SILVA MARTINS, Ives Gandra. *Comentários à Lei das Sociedades por Ações*. Rio de Janeiro, Forense, 1999.

WALD, Arnoldo. "Da constitucionalidade da Lei n. 9.307/96", in *Revista do Direito Bancário, do Mercado de Capitais e da Arbitragem* 7, São Paulo, Ed. RT, 2000.

————. "A evolução do regime legal do conselho de administração, os acordos de acionistas e os impedimentos dos conselheiros decorrentes de conflito de interesses", in *Revista do Direito Bancário, do Mercado de Capitais e da Arbitragem* 11, São Paulo, Ed. RT, 2001.

————. "O acordo de acionistas e o poder de controle do acionista majoritário", in *Revista de Direito Mercantil* 110, São Paulo.

A SPE — SOCIEDADE DE PROPÓSITO ESPECÍFICO

LEONARDO GUIMARÃES

1. Introdução. 2. O instituto da "joint venture": 2.1 O que é a "joint venture"; 2.2 Formas legais; 2.3 Duração; 2.4 Controle acionário e administração do empreendimento; 2.5 Número e natureza dos participantes. 3. A quais propósitos se presta a "joint venture": 3.1 Expansão em novos mercados não-domésticos; 3.2 Desenvolvimento e exploração de um novo produto; 3.3 Execução de contrato de propósito específico. 4. SPE — Sociedade de Propósito Específico: 4.1 O que é a SPE — Sociedade de Propósito Específico; 4.2 Referências legislativas à SPE — Sociedade de Propósito Específico na Legislação brasileira; 4.3 Exemplos atuais de utilização de SPEs. 5. Conclusões: 5.1 Conclusões de ordem jurídica fundamental; 5.2. Conclusões pragmáticas acerca da SPE — Sociedade de Propósito Específico.

I — Introdução

A importância crescente do direito societário no Brasil, derivada, mormente, (a) do alargamento das relações com outros países (leia-se globalização) e (b) da desestatização das empresas controladas pelos governos federais, estaduais e, em alguns casos, até mesmo municipais, vem trazendo em seu rastro a necessidade contínua do desenvolvimento de estruturas aptas a acolher aportes cada vez maiores de capital e de partícipes.

Sob tal égide, o Brasil tem importado, em escala crescente, formas societárias desenvolvidas na Itália, Inglaterra, Alemanha e, inegavelmente, nos Estados Unidos, adaptando-as, tanto quanto necessário, à realidade nacional, a fim de aplicá-las na elaboração de estruturas comerciais profícuas ao atendimento dos anseios e pretensões de investidores pátrios, ou não.

Entrementes, ainda que diversas as formas societárias legalmente delineadas pelo legislador, vislumbra-se inexistir previsão expressa, no país, para a formação e funcionamento da chamada *joint venture company*. Por conseguinte, exsurge patente a inexistência de legislação específica, no Brasil, acerca de um tipo de *joint venture* cuja utilização tem sido, recentemente, bastante difundida, máxime no setor de privatizações: a SPE, ou Sociedade de Propósito Específico.

Tratando-se de forma societária com características únicas, torna-se amplamente justificável o presente estudo, desenvolvido de forma bastante pragmática, tendo por objeto, primeiramente, a *joint venture*, e, em um segundo momento, a SPE — Sociedade de Propósito Específico, tendente a divisar, ainda que de modo perfunctório, suas origens e estruturas, perfilando-se, finalmente, as diversas hipóteses para sua aplicação.

2. *O instituto da "joint venture"*

2.1 *O que é a "joint venture"?*

O fenômeno crescente da globalização, aliado ao desenvolvimento empresarial moderno, têm contribuído, inegavelmente, para a formação de empreendimentos comuns por empresas independentes. De um norte, a transnacionalização das empresas, que as fazem olhar o mundo como um único mercado, a ponto de tornar uma marca de refrigerantes a mais conhecida do globo, gera a necessidade destas organizações se associarem a outras para, por exemplo, melhor conhecer os diversos mercados mundiais. De outro, a necessidade de vultuosos investimentos em tecnologia geram custos que uma só companhia não está apta a suportar. Por fim, o volume de informações que requer essa atividade global é melhor atendido quando empresas se juntam em um mesmo setor de atividades, ou em certas áreas específicas, para desenvolver um objetivo comum.

Essas, bem como outras, são razões fortes o suficiente para estimular não apenas os empresários, mas, outrossim, os legisladores a procurarem novas formas de associações, tendentes a responder a esta crescente demanda. Em beneplácito a estas pretensões, "as *joint ventures* foram, por certo, uma das primeiras manifestações dessas conveniências empresariais, e formaram-se, seja através da constituição de *partnerships* (sem personalidade jurídica) entre sociedades, seja associando empresas numa terceira corporação, para a realização dessa indispensável cooperação".[1]

A *joint venture*, instituto tipicamente norte-americano, ainda que maturado no período imediatamente posterior à segunda grande guerra,[2] viu suas primeiras definições clássicas surgirem, tão-somente, entre as décadas de setenta e oitenta, como por exemplo a externada na obra de Young and Bradford, como sendo, em breve síntese, um negócio, corporação ou sociedade, formado por duas ou mais companhias, indivíduos ou organizações, sendo que pelo menos um deles é uma entidade comercial que colima expandir suas atividades para conduzir um novo negócio mercantil. Em geral, o controle desta sociedade deve ser divido entre seus partícipes de forma mais ou menos igualitária, tendo-se por cuidado não conferi-lo a qualquer das partes, individualmente.[3]

Ainda buscando definições norte-americanas para o tema, impende destacar a simples, porém interessante, opinião de Charles Drake considerando a *joint venture* uma *partnership for a single business*.[4]

Podem, ainda, ser conceituadas doutrinariamente como "uma modalidade de *partnership* temporária, organizada para a execução de um único ou isolado empreendimento lucrativo e, usualmente, embora não necessariamente, de curta duração. Trata-se de uma associação de pessoas que combinam seus bens, dinheiro, esforços, habilidade e conhecimentos com o propósito de executar uma única operação negocial lucrativa".[5]

Confluindo todas as definições supra, a melhor caracterização acerca do tema parece vir, realmente, da obra de Goodman and Lorensen: "A joint venture is commonly described as an entity that is owned, operated and jointly controlled by a small group as a separate and specific business project organized for the mutual benefit of the ownership group".[6]

1. Alfredo Lamy Filho e Bulhões Pedreira, *A Lei das S/A*, Renovar, 1998, p. 91.

2. Edgard Herzfeld e Adam Wilson, *Joint Ventures*, 3ª ed., Jordans, 1996, p. 3.

3. Young and Bredford, *Joint Ventures: Planning and Action*, 1977, pp. 11-15.

4. Charles Drake, *Law of Partnership, 1972*, p. 233.

5. Len Young Smith e G. Gale Roberson, *Business Law*, 4ª ed., St. Paul Minn., 1977, p. 698, citado em Modesto Carvalhosa, *Comentários à Lei de Sociedades Anônimas*, t. 4, Saraiva, 1998, p. 360.

6. Goodman and Lorensen, *Ilustration of Accounting for Joint Ventures*, 1993, cit. em Edgard Herzfeld e Adam Wilson, ob. cit., p. 5.

Em outros países, como a Itália, não há variação quanto ao entendimento acerca do tema: "Si oppone all'essercizio di un'attività congiunta in ipotesi di partnershipil compimento da parte dei *ventures* di una pluralità di atti che, pur funzionali alla reallizazione di un affare di comune interesse, matengono una própria individualità economica e giuridica senza confluire in un'attività direttamente imputabili ad un soggeto distinto dai contraenti".[7]

Estruturas símiles à *joint venture* ainda são encontradas na legislação francesa, sob o desígnio de *Groupment d'Internêt Économique — GIE*, na alemã, sob o modelo da *Gleichordnungskornzern*, bem como nos direitos português e japonês, dentre outros.[8]

Com efeito, no âmbito nacional, muito embora sejam reduzidos os escólios acerca do tema, há ressaltar-se a inclinação dos estudiosos no sentido de inferir à *joint venture* as mesmas características basilares delineadas supra, ou seja, uma fusão de interesses entre uma empresa e um grupo econômico, pessoas jurídicas ou naturais, desejosas em expandir e/ou diversificar, sua base econômica, tendo por escopo a auferição de lucros ou benefícios, com duração permanentes ou prazos determinados.[9] Maria Helena Diniz, em seu *Dicionário Jurídico*, reputa-a modalidade de *partnership* organizada para a execução de um único e isolado empreendimento lucrativo e, usualmente, de curta duração. "É uma associação de pessoas que combinam seus bens, dinheiro, esforços, habilidades e conhecimentos para executar uma única operação negocial lucrativa".[10]

Esta nova forma associativa responde, com efeito, à dinâmica empresarial, arrimando, e fomentando, as exigências de uma área em permanente mutação.

Face à sua "juventude", entrementes, as polêmicas acerca do instituto são numerosas, envolvendo desde a natureza dos seus partícipes, até a possibilidade da indeterminabilidade da sua duração, cabendo, adiante, avaliá-las para uma melhor compreensão do tema, a fim de que, após, seja possível analisar-se uma de suas formas, qual seja a SPE — Sociedade de Propósito Específico.

2.2 Formas legais

A *joint venture*, pode, mas a tanto não é obrigada, ser formada pelas próprias sociedades partícipes, em uma espécie de consórcio, sem a necessidade de criação de uma terceira entidade a representá-las.[11] Não obstante tal permissivo legal, para uma melhor consecução de suas finalidades — sem que haja alteração, ou mesmo interferência em sua "função-fim" —, as corporações têm adotado a alternativa de criar, em conjunto, uma nova pessoa jurídica, conferindo-lhe a função de desenvolver este novo projeto. Em ambas as hipóteses, não possuirá a *joint venture* personalidade jurídica.

A dicotomia verificada supra é destacada em todas as obras acerca da matéria, nacionais ou alienígenas, tendo o direito norte-americano adotado a terminologia *corporate joint venture*,[12] ou *incorporated joint venture*,[13] para a companhia formada separadamente do corpo de suas controladoras e *unincorporated joint venture*, ou *non corporate joint venture*[14] para aquelas em que não há criação de nova sociedade.

7. Andréa Astolfi, *Il Contratto di Joint Venture*, Milano, Giuffrè, 1991, p. 94.

8. Modesto Carvalhosa, *Comentários à Lei de Sociedades Anônimas*, t. 4, Saraiva, 1998, p. 367.

9. V. W. Rasmussen, *Holdings e Joint Ventures*, Ed. Aduaneiras, 1988, p. 177.

10. Maria Helena Diniz, *Dicionário Jurídico*, Saraiva, 1999, p. 6.

11. Edgard Herzfeld e Adam Wilson, *Joint Ventures*, 3ª ed., Jordans, 1996, p. 6.

12. "US Accounting Principles Board", *Opinion* n. 18.

13. Alfredo Lamy Filho e Bulhões Pedreira, *A Lei das S/A*, Renovar, 1998, p. 71.

14. Alfredo Lupatelli Jr. e Eliane Marica Octaviano Martins, "'*Joint Venture*' — Aspectos legais e estratégicos", 2000, *IOB* 3/16.497.

Cumpre asseverar, ainda, a possibilidade da *joint venture* ver-se insculpida, no Brasil, em qualquer um dos modelos societários existentes (na medida em que, como ressaltado alhures, a *joint venture*, em si, não sendo forma legal de associação societária prevista pelo legislador pátrio, não possui a chamada *personalidade jurídica*), afigurando-se prática mais comum a criação de uma sociedade anônima para comportá-la, ainda que a estrutura da sociedade por quotas de responsabilidade limitada também possa ser utilizada.

2.3 Duração

A *joint venture* pode ter prazo de duração determinado, ou não, cabendo às companhias formadoras avaliar, conforme o empreendimento, a necessidade desta delimitação.

Observa-se, na prática, que, diferentemente da sua outra forma (*unicorporated joint venture*), as *corporate joint ventures* são normalmente constituídas por prazos indeterminados,[15] ou, ainda que determinados, bastante longos. Tal ocorrência é derivada, diretamente, da necessidade de extensão do seu prazo de funcionamento para que se opere, à tempo, o retorno dos recursos aportados na formação desta nova sociedade.

2.4 Controle acionário e administração do empreendimento

Ainda que tal sorte de entendimento não seja iterativo nem mesmo no direito comparado, inclinam-se os doutrinadores no sentido de que a *joint venture* deva possuir seu controle, quer seja representado por ações, quer seja por quotas, igualmente distribuído entre os seus integrantes, sem que qualquer das partes o detenha de forma absolutamente majoritária. No entender de Rasmussem, "uma participação com maioria absoluta não funciona numa *joint venture*, porque esta transação, normalmente, é baseada em talentos ou tecnologia inovadora, que exige uma participação ativa na gestão e não distribuição de benefícios, e, sem este fator primordial, a *joint venture* acaba em conflito entre as partes".[16]

No entanto, a dúvida não reside, ou não deveria residir, apenas na possibilidade, ou não, de um dos *joint ventures* possuir maior número de ações, ou quotas, que o outro. Tão importante quanto definir-se a possibilidade de um dos participantes da sociedade deter, sozinho, este controle acionário é saber se este poderá impor, individualmente, a sua administração.

Também neste aspecto há divergências. Uma corrente — a qual, aliás, obteve maior número de defensores — entende que a administração de sociedades desta natureza poderia ser escorreitamente executada, individualmente, por um dos grupos membros,[17] enquanto outra preconiza ser tal escolha vedada, porquanto lesiva aos interesses da sociedade em si.[18]

O legislador brasileiro, ao que parece, solucionou esta questão no tocante às *joint ventures* associadas sob a forma de S/A, na medida em que, prevendo na Lei 6.404/1976, em seu art. 15, § 1º, a emissão de ações ordinárias de diversas classes, propiciou que um acionista, ainda que possuidor de um mesmo número de ações que o outro, possa vir, dependendo das atribuições conferidas às classes destas ações, a administrá-la.

Dessume-se do cotejo entre as questões envolvendo o controle acionário e administrativo da *joint venture* a seguinte conclusão: a *joint venture* deverá, seguindo os princípios norteadores de sua formação, possuir suas ações, ou quotas, distribuídas de forma tendente a não conferir a um de

15. Young and Bredford, *Joint Ventures: Planning and Action*, 1977, p. 4.

16. V. W. Rasmussen, *Holdings e Joint Ventures*, Ed. Aduaneiras, 1988, p. 179.

17. Corrente defendida por Edgard Herzfeld e Adam Wilson, in ob. cit.

18. W. G. Friedmann e G. Kalmanoff, *Joint International Business Ventures*, 1961, Columbia University Press.

seus membros, de forma individuada, o controle acionário, podendo-se, entrementes, restar divisado, tanto no momento da sua criação, quanto posteriormente, quem será o seu efetivo administrador.

2.5 Número e natureza dos participantes

A constituição de uma *joint venture* não comporta a participação de um grande número de membros, nem admite que estes tenham qualquer tipo de relação jurídica entre si, quer como afiliados, quer como subsidiários um do outro.[19]

No Brasil, país que acatou, por analogia, a aplicação desta regra, poder-se-ia dizer, frente a um acurada exegese da legislação pertinente, que o número mínimo de participantes de uma sociedade desta natureza seria 2 (dois), não havendo especificação quanto ao máximo. Tal assertiva está arrimada nas disposições insculpidas na própria legislação atinente às S/A.

Lado outro, há diversa questão merecedora de reflexão: pode a *joint venture* contar com a participação de pessoas naturais? Ainda não há uma unanimidade quanto ao tema. O Professor Alfredo Lamy Filho entende que não. Em seu conceito, tal espécie societária só pode fazer-se constituir a partir de uma aliança entre pessoas jurídicas.[20] Entrementes, esta não parece ser a posição dominante, mesmo por quê, aparentemente, não há justificativa plausível para que pessoas físicas não possam contratar, junto a uma pessoa jurídica, a criação de uma sociedade desta natureza.

3. A quais propósitos se presta a "joint venture"

Tendo por escopo uma melhor compreensão da necessidade da existência das *joint ventures*, e da sua aplicabilidade em casos concretos, foram traçadas, adiante, as principais hipóteses de empreendimentos nos quais se mostra profícua a sua utilização. Ressalte-se, ainda, que, para classificar e agrupar estes empreendimentos em classes diferentes, levou-se em conta, mas a estes não se limitaram, quatro aspectos principais: (i) se são as *joint ventures* ligadas a um único projeto,[21] ou a mais projetos co-relatos; (ii) o número de participantes envolvidos na sua estruturação e a natureza de sua ligação fora do negócio; (iii) se a sociedade engloba todo um empreendimento, ou faz parte, enquanto membro, de um projeto global; e (iv) se os *joint ventures* são residentes, todos, no mesmo país.[22]

Com efeito, ventiladas tais considerações, curial examinar, a seguir, três das principais *business situations* nas quais se é utilizada a forma societária em tela.

3.1 Expansão em novos mercados não-domésticos

Em determinadas situações, o desejo de distribuir algum produto em um mercado não-doméstico pode tornar-se difícil, ou mesmo impossível. Tal pretensão pode ser inviabilizada, por exemplo, por altas taxas alfandegárias exigidas, ou mesmo pela proibição da entrada, no país, do próprio bem, objeto da exportação. Em casos tais como o vertente, pode o empresário tomar duas atitudes: a) abrir uma subsidiária no território; b) ou estabelecer uma *joint venture*, com alguma outra pessoa, física ou natural, que ali esteja estabelecida, observando-se, obviamente, a legislação adequada.

Muitas vezes, todavia, a subsidiária se mostra inócua, quer face a necessidade de aporte integral de recursos, quer ante o des-

19. Goodman e Lorensen, *Ilustration of Accounting for Joint Ventures*, 1993, cit. em Edgard Herzfeld e Adam Wilson, ob. cit., p. 5.

20. Alfredo Lamy Filho e Bulhões Pedreira, *A Lei das S/A*, v. I, Renovar, 1998, p. 71.

21. Chamado de "Single Purpose Consortium" por Boulton, *Business Consortia*, Swet and Maxwel, 1961.

22. Classificação divisada por Edgard Herzfeld e Adam Wilson, in ob. cit., p. 11.

conhecimento das práticas comerciais desenvolvidas no local. Em circunstâncias tais, afigurar-se-ia viável a utilização de um sistema de *joint venture*, a fim de que pudesse o investidor supra-nacional beneficiar-se da experiência de um parceiro, deixando, pois, de aportar parte dos recurso que, inicialmente seriam necessários.

3.2 Desenvolvimento e exploração de um novo produto

Em uma época marcada por mudanças rápidas na economia, em que conglomerados produzem desde um lápis a um carro, alianças estratégicas se tornam, muitas vezes, imprescindíveis para o desenvolvimento, ou a exploração de um novo produto. Empresas que possuem o *know-how* para fabricar um produto se unem a outras que sabem como divulgá-lo e, entre si, formam uma *joint venture* para desenvolver este projeto. Tal circunstância é ensejadora, na prática, da constituição de diversas sociedades desta natureza.

3.3 Execução de contrato de propósito específico

Talvez a *joint venture* constituída para fomentar empreendimentos de propósitos específicos seja, atualmente — face as razões a serem adiante expostas —, o modelo mais utilizado no país. Em um período de projetos de grandiosas dimensões, faz-se necessária, para sua execução, a reunião de diversos participantes a fim de dividir, não apenas a responsabilidade do negócio, mas também, e principalmente, seu custo.

Dentro deste vértice de necessidades surgiu a chamada SPE — Sociedade de Propósito Específico (*Special Purpose Company*).

4. SPE — Sociedade de Propósito Específico

Após a análise dos princípios norteadores da formação e desenvolvimento comuns à todas as espécies de *joint venture* — e, por conseguinte, daquela objeto do presente estudo, a SPE — Sociedade de Propósito Específico —, tecidas sob a ótica do direito pátrio e comparado, buscar-se-á, adiante, tanto quanto possível, divisar os aspectos particulares desta forma associativa, frente, máxime, à legislação brasileira, divisando-se, outrossim, sua aplicação em casos práticos.

4.1 O que é a SPE — Sociedade de Propósito Específico

A primeira consideração importante a ser ventilada acerca desta interessante forma de *joint venture* gira em torno da sua natureza jurídica. Trata-se a SPE de um novo modelo de sociedade mercantil? A resposta que se nos afigura mais acertada é não, porquanto, para que possa existir, exige-se da SPE, enquanto *corporate joint venture* — ou seja, *joint venture* constituída separadamente do corpo das suas controladoras[23] —, que se revista de uma das formas societárias previstas no ordenamento jurídico pátrio. Destarte, à SPE, em si, não se pode conferir a qualidade de sociedade mercantil. Ela, na realidade, estará insculpida dentro de uma das formas societárias pré-existentes no direito brasileiro. O escólio de Ferri corrobora, integralmente tal assertiva, ao definir que "a sociedade por ações, constituída em função de uma *joint venture*, é um exemplo de utilização da estrutura organizativa societária por fenômeno não societário".[24] Na expressão de Bonvinciani, a *joint venture* estaria "encapsulada" dentro da S/A.[25]

Assim, o tipo societário escolhido (S/A, Ltda., ou outro) para agasalhar a SPE desempenharia uma função instrumental em

23. Alfredo Lamy Filho e Bulhões Pedreira, *A Lei das S/A*, v. II, Renovar, 1998, p. 183.

24. Giuseppe Ferri, *Le Societá*, v. 10, t. 3, Torino, Editrice Torinese, 1971.

25. Daniele Bovincini, *Le Joint Venture — Tecnica Giuridica e Prassi Societaria*, Milano, Giuffrè, 1977.

testilha com o contrato preliminar e subjacente utilizado para a sua efetiva criação, no qual esta encontra sua fonte e ao qual se adapta em relação à composição dos interesses nele delineado.[26]

Cientes, portanto, do que não é, convém externar, de outro norte, o que é a Sociedade de Propósito Específico? Ainda que de difícil classificação, poder-se-ia considerar a SPE, de um ponto de vista macroeconômico, como uma estrutura negocial, para a qual duas ou mais sociedades vertem seus esforços econômicos, tecnológicos, industriais, dentre outros, de forma a criar uma pessoa jurídica para executar determinados e específicos objetivos. Impende ressaltar que a formação e o desenvolvimento desta SPE deverá respeitar, no que lhe couber, os princípios gerais norteadores da constituição de qualquer *joint venture*, elencados alhures.

4.2 Referências legislativas à SPE — Sociedade de Propósito Específico na Legislação brasileira

A primeira referência de uma norma cogente prevendo a criação de uma estrutura símile à SPE no Brasil se encontra consubstanciada na Portaria 107, emitida pelo Instituto Brasileiro de Desenvolvimento Florestal — IBDF, a qual instituiu o chamado *consórcio-societário*, determinando que a conjugação interempresarial visando a venda, no exterior, das mercadorias ali elencadas se fizesse mediante a criação de um ente, dotado de "personalidade jurídica, revestindo a forma de sociedade comercial, organizada por instrumento público ou particular e com seus atos constitutivos arquivados na repartição ou órgão competente" (art. 11).[27]

Fora tal hipótese, verificou-se recente alteração na Lei regente das licitações públicas — Lei 8.666/1993 —, através da sanção da Lei 9.074/1995, face a qual o Poder Público passou a exigir, em concorrências, a celebração de um consórcio (instrumental) entre as sociedades licitantes, determinando, outrossim, que a vencedora, logo após o anúncio do resultado, fosse extinta e, em seu lugar, constituída uma SPE — Sociedade de Propósito Específico.[28]

Neste mesmo período, também a Lei 8.987/1995, acerca do regime de concessão e permissão da prestação de serviços públicos previsto no art. 175 da Constituição Federal, preconizou, em seus arts. 19 e 20, a necessidade da formação de uma SPE para assumir obras públicas licitadas.

Desde então, a exigência da adoção deste procedimento acabou se tornando padrão — ainda que a tanto não se limite sua aplicação —, em quase todas as licitações, privatizações e concorrências públicas atuais, resultando na definitiva disseminação da estrutura das sociedades de propósito específico no País.

4.3 Exemplos atuais de utilização de SPEs

Este novo procedimento administrativo pode ser melhor ilustrado pelo edital de licitação da Companhia Docas do Estado de São Paulo (CODESP), referente à concessão de armazéns no Porto de Santos, o qual, em seus itens 52, 53 e 59, determina: "Item 52. Poderão participar da Licitação empresas que satisfaçam plenamente a todas as regras deste Edital e a legislação em vigor, inclusive Empresas reunidas em Consórcio (...); Item 53. Para os fins do disposto no item 52 deste Edital, a Empresa a celebrar o Contrato de Arrendamento com a CODESP, vencedora da licitação, deverá ser Empresa ou Entidade Isolada ou Sociedade constituída com os membros do Consórcio, de *propósito específico* e *finalidade única* de explorar o arrendamento, com o objeto explicitado neste Edital, com proi-

26. Andréa Astolfi, *Il Contratto de Joint Venture*, Milano, Giuffrè, 1981.

27. Mauro Rodrigues Penteado, "Associações voluntárias de empresas", *RDM* 52/48.

28. Modesto Carvalhosa, *Comentários à Lei de Sociedades Anônimas*, t. 4, Saraiva, 1998, p. 355.

bição expressa de praticar quaisquer atos estranhos a tais atividades; Item 59. No caso de consórcio, a licitante vencedora deverá se constituir em Empresa, sob a forma de sociedade anônima, na conformidade da lei brasileira, antes da celebração do Contrato de Arrendamento, para o atendimento do disposto no item 56, cujo Estatuto, com posição acionária e administradores, deverá ser aquele previsto na Proposta de Habilitação".[29]

A sociedade designada nesta licitação é, justamente, a SPE, devido ao seu caráter de especificidade de propósito.

São inúmeros e crescentes os processos de licitação, bem como diversas outras oportunidades de negócios, nos quais se exige a formação de SPE para desenvolver determinados empreendimentos, como vêm noticiando, iterativamente, os jornais especializados, além dos veículos de divulgação de obras governamentais:

(i) "Oportunidades de investimentos

"São amplas as oportunidades para investimentos proporcionadas pelo empreendimento porto de Suape. Empresas privadas ou estatais poderão construir e operar suas próprias instalações portuárias e industriais.

"Como as obras complementares estão sendo analisadas e negociadas:

"— Usina termelétrica a gás natural: anunciada a conclusão dos entendimentos para a construção, até 2002, de uma UTE com potência de 260MW, a ser operada pela *SPE — Sociedade de Propósito Específico* Termopernambuco, formada pela Petrobrás, Eletrobrás e Chesf, em parceria coma a Asea Brown Boveri Energy Ventures".[30]

(ii) "A *Sociedade de Propósito Específico* (*SPE*) que o Grupo Ultra criará com o Banco Nacional de Desenvolvimento Econômico e Social (BNDES) para disputar o controle da Copene pode contar com outros participantes. De acordo com o presidente do Ultra, Paulo Cunha, investidores institucionais seriam os parceiros em potencial".[31]

(iii) "A BNDESPar (empresa de participações do banco) dispõe de R$ 5 bilhões para adquirir participação acionária e parte desse total será investida nas privatizações. A primeira investida deverá ocorrer no dia 17 de fevereiro, na privatização da Celpe. 'O banco está disposto a associar-se a alguma empresa, por meio de uma *sociedade de propósito específico* (*SPE*), na venda da Celpe', adianta o presidente do BNDES, Andrea Calabi".[32]

A mais recente modalidade de utilização prática da SPE diz respeito a possibilidade da mesma ser criada para a administração de passivos tributários:

"Uma *SPE* para a multa da Receita

"O Banespa está estudando a seguinte solução para a confusão criada a partir da multa aplicada pela Receita Federal. Vai criar outra empresa, uma *Sociedade de Propósito Específico*, que ficará com este passivo fiscal. Isto porque a atual direção do banco vai questionar a multa na justiça. E acha que o assunto só vai se resolver daqui a uns cinco anos. Como não se pode esperar tanto tempo para privatizar o banco, esta foi a forma de isolar o problema e manter a venda. Quando o assunto for decidido, o Governo, dono da *SPE*, é que pagará o rombo."[33]

Ressai hialina, da leitura dos artigos supra, a diversidade de utilizações práticas para a SPE — Sociedade de Propósito Específico, devendo seu emprego em casos concretos avolumar-se, ainda mais, conforme sejam delineadas novos empreendimentos para os quais possa a mesma voltar-se.

29. Modesto Carvalhosa, ob. cit., pp. 356-357.

30. *Site* www.brazil-in-action.gov.br, pesquisado dia 6.5.2000.

31. *Site* www.radiobrás.com.br, pesquisado no dia 6.5.2000.

32. *Site* de buscas www.uol.com.br, extraído do *Jornal do Commercio de Recife*, 15.1.2000.

33. Jornal *O Globo*, Panorama Econômico, 7.10.1999.

5. *Conclusões*

Poder-se-iam dividir em dois os campos de conclusões extraídas do presente estudo, tendo por objeto a Sociedade de Propósito Específico: aquelas de ordem jurídica fundamental, dentro das quais se indigitam as bases de formação e desenvolvimento da SPE, e outras, de caráter mais pragmático, acerca da sua utilização concreta.

5.1 Conclusões de ordem jurídica fundamental

Frente às considerações externadas no curso deste trabalho, poder-se-ia inferir às Sociedades de Propósito Específico as seguintes características:

a) é uma *corporate joint venture*, devendo possuir, portanto, uma estrutura societária destacada das sociedades que a constituem;

b) pode assumir qualquer forma societária prevista na legislação pátria, muito embora venha sendo, freqüentemente, insculpida dentro de uma sociedade anônima;

c) não possui, em si, personalidade jurídica;

d) admite a constituição por prazo determinado, ou não, conforme o caso;

e) deve ter suas ações, ou quotas, distribuídas de forma igualitária entre os partícipes do empreendimento, ainda que a administração possa ser conferida, isoladamente, a apenas um destes;

f) não admite grande número de partícipes — ainda que não haja um limite fixo para tal limitação numérica;

g) inadmite, outrossim, relacionamento jurídico entre os empreendedores originais, tais como a constituição de SPE por sociedades coligadas;

h) deve ser, obrigatoriamente, constituída por, no mínimo, 2 (dois) empreendedores;

i) poderá contar com pessoas naturais, ou físicas, como suas constituintes;

j) não é sociedade mercantil; e

k) deverá executar empreendimento, ou empreendimentos, específicos.

5.2 Conclusões pragmáticas acerca da SPE — Sociedade de Propósito Específico

A SPE é, por concepção, uma *joint venture* para a qual duas, ou mais, sociedades vertem seus esforços econômicos, tecnológicos, industriais, financeiros, dentre outros, de forma a criar uma pessoa jurídica cujo escopo é executar determinados e específicos objetivos. A formação e o desenvolvimento da SPE deve respeitar, por conseguinte, os princípios gerais norteadores da constituição de qualquer *joint venture*, dentre os quais, mais especificamente, aqueles supra-indigitados.

Observa-se, ainda, que, face a própria característica de mutabilidade constante do direito comercial, e, mormente, do direito societário, seu campo de aplicação vem se ampliando conforme os operadores do direito vem descobrindo novas hipóteses para sua utilização.

Deflui-se de todo o exposto ser a SPE, em apertada síntese, uma estrutura negocial que busca a conjugação de recursos e aptidões de duas ou mais entidades, mediante a constituição de uma efetiva sociedade mercantil — através da qual esta *venture* obterá personalidade jurídica —, com o objetivo *específico* de levar avante um empreendimento comum.[34]

34. Modesto Carvalhosa, *Comentários à Lei de Sociedades Anônimas*, t. 4, Saraiva, 1998, p. 345.

Jurisprudência Comentada

ACIONISTA CONTROLADOR — IMPEDIMENTO AO DIREITO DE VOTO

Comentários de
ERASMO VALLADÃO A. E N. FRANÇA
ao inquérito administrativo CVM n. TA/RJ2001/4977 (termo de acusação)

Inquérito administrativo CVM n. TA/RJ2001/4977 (termo de acusação)

Indiciados: Álvaro Pereira de Moraes Filho

Tele Celular Sul Participações S/A

Rela.: Diretora Norma Jonssen Parente

Ementa: O acionista controlador, por força do disposto no § 1º do artigo 115 da Lei n. 6.404/1976, está impedido de votar em decisão assemblear em que tenha interesse, no caso o pagamento de "royalties" pelo uso de marca pertencente ao controlador indireto.

Os documentos comprobatórios de que as condições do contrato a ser celebrado com o acionista controlador são eqüitativas e comutativas deverão estar à disposição dos acionistas na assembléia em que a matéria for deliberada. Aos minoritários não pode ser subtraída a oportunidade de verificar a eqüitatividade da decisão tomada.

Decisão: Vistos, relatados e discutidos os autos, o Colegiado da Comissão de Valores Mobiliários, com base na prova dos autos e na legislação aplicável, decidiu responsabilizar os indiciados pelas irregularidades objeto de apuração no presente inquérito, aplicando-lhes as seguintes penalidades:

a) à Tele Celular Sul Participações S/A a penalidade de *multa de R$ 100.000,00 (cem mil reais)*, prevista no artigo 11, inciso II da Lei n. 6.385/1976, por infração ao disposto no § 1º do artigo 115 da Lei n. 6.404/1976;

b) a Álvaro Pereira de Moraes Filho as penalidades de *multa de R$ 20.000,00 (vinte mil reais)*, prevista no artigo 11, inciso II, da Lei n. 6.385/1976, por infração ao disposto no § 1º do artigo 115 e de *advertência*, prevista no inciso I do artigo 11 da Lei n. 6.385/1976, por infração ao parágrafo único do artigo 116 da Lei n. 6.404/1976.

Os indiciados punidos terão um prazo de 30 (trinta) dias, a contar do recebimento de comunicação da CVM, para interpor recurso, com efeito suspensivo, ao Conselho de Recursos do Sistema Financeiro Nacional, nos termos do parágrafo único do artigo 14 da Resolução n. 454, de 16.11.1977, do Conselho Monetário Nacional, prazo esse, ao qual, de acordo com orientação fixada pelo Conselho de Recurso do Sistema Financeiro Nacional, poderá ser aplicado o disposto no artigo 191 do Código de Processo Civil, que concede prazo em dobro para recorrer quando litisconsórcios tiverem diferentes procuradores.

Proferiu defesa oral a Dra. Beatrice Mason, advogada dos acusados Tele Celular Sul Participações S/A e Álvaro Pereira de Moraes Filho.

Participaram do julgamento os seguintes membros do colegiado: Diretores Norma Jonssen Parente, Relatora, Luiz Antonio de Sampaio Campos, Marcelo F. Trindade e Wladimir Castelo Branco Castro, e o Presidente, José Luiz Osório de Almeida Filho.

Rio de Janeiro, 19 de dezembro de 2001.

Norma Jonssen Parente — Diretora-Relatora. José Luiz Osório de Almeida Filho — Presidente da Sessão.

RELATÓRIO

I — Em assembléia geral extraordinária realizada em 25.4.2000 da CTMR Celular S/A, foi aprovado por unanimidade dos acionistas presentes, inclusive com o voto do acionista controlador, a Tele Celular Sul Participações S/A, o pagamento de 1% da receita líquida à Telecom Italia Mobile, controladora indireta, a título de *royalties* pelo uso da marca TIM.

II — Por entender que a Tele Celular Sul Participações não poderia ter votado esse assunto, a Superintendência de Relações com Empresas SEP, após a solicitação de esclarecimentos e de não ter conseguido sucesso para que fosse realizada nova assembléia, propôs a instauração do presente termo de acusação por eventual abuso de poder, conflito de interesses e autorização para a celebração de contrato com a controladora indireta sem a comprovação de que o mesmo seria efetuado em condições eqüitativas.

III — Ao apreciar a proposta da SEP, o Colegiado em reunião realizada em 10.7.2001 aprovou o referido termo com o objetivo de apurar a responsabilidade da Tele Celular Sul Participações e de seu representante legal Álvaro Pereira de Moraes Filho por infração ao disposto no artigo 115 e § 1º da Lei n. 6.404/1976, devendo ainda o Sr. Álvaro ser responsabilizado por infração ao disposto no parágrafo único do artigo 116 da mesma lei por não ter colocado à disposição dos acionistas a comprovação de que as condições para a celebração de contrato com a TIM eram eqüitativas e comutativas, como se infere dos artigos 117, § 1º, alínea "f", e 245, todos da lei societária.

IV — Devidamente intimados, os acusados apresentaram em comum, ainda que separadamente, as seguintes razões de defesa que passarei a resumir:

Do devido processo legal

1. os procedimentos instaurados pela CVM até aqui subverteram o princípio do devido processo legal, uma vez que iniciados com uma decisão condenatória, qual seja, a determinação de que a CTRM convocasse imediatamente a assembléia para re-deliberar sobre o pagamento devido a título de uso da marca TIM e em face da resistência, decidiu pela instauração do presente inquérito;

2. é necessário que a CVM não conduza o inquérito considerando esse pré-julgamento como se fosse uma presunção absoluta, sob pena de se transformar em mero ritual para corroborar a determinação inicial;

3. a CVM ao vislumbrar, na sua opinião, indício de descumprimento de lei deveria solicitar informações e esclarecimento a CTRM e, uma vez não satisfeita, provocar a manifestação da área jurídica e somente após submeter ao colegiado a decisão sobre a instalação do inquérito;

4. os defendentes têm todo interesse em cumprir a lei, mas não podem se curvar a interpretações puramente formais e apressadas da legislação, que podem comprometer a sua capacidade de realizar o seu próprio objeto social;

5. esperam os defendentes que se desarmem os espíritos e se desfaçam os préjulgamentos para que o inquérito cumpra os seus legítimos objetivos;

Da competência da CVM

6. na lista de atribuições e competência da CVM, não há qualquer menção à determinação de convocação de assembléia e tampouco à possibilidade de ordenar a anulação de deliberação tomada em assembléia validamente convocada, instalada e realizada;

7. não há previsão legal para que a CVM determine, como o fez, a convocação de AGE para re-deliberar sobre matéria já deliberada ou para anular deliberação tomada em assembléia;

8. para o particular entende-se que tudo que não é proibido por lei é permitido, enquanto para a administração pública (aí incluída a CVM), a prática de qualquer ato somente é permitida quando expressamente prevista em lei, sob pena de estar agindo ilegalmente;

9. através do Memo/CVM/GJU-1/ N.266/98, foi reconhecido que para anular decisão assemblear os acionistas devem recorrer ao Poder Judiciário;

Dos "royalties" pelo uso de marca

10. apesar de não haver exigência estatutária para que o contrato em questão fosse submetido à aprovação da assembléia, a companhia, seguindo a tradição de transparência na condução dos negócios, o fez, tendo comparecido à assembléia, além da Tele Celular Sul Participações, outros acionistas minoritários;

11. os contratos de licença de uso de marca obedecem a cláusulas uniformes que sequer são questionadas ou negociadas, sendo que no caso foi levada à aprovação da assembléia o percentual de remuneração que pode variar;

12. o percentual aprovado de 1% da receita líquida da companhia é quase uma unanimidade no mercado, tendo em vista que a legislação do imposto de renda (artigo 50 da Lei n. 8.383/1991), estabeleceu como limite máximo de remissibilidade para o exterior e dedutibilidade de despesas com pagamento de *royalties* o percentual de 1% para contratos entre controlador e controlada;

13. é raríssimo que alguma sociedade pague percentual superior a 1% como também percentual inferior, conforme se vê dos inúmeros contratos em anexo;

Da distinção entre conflito de interesses (impedimento de votar) e abuso de direito de voto

14. o *caput* do artigo 115 contempla hipótese de exercício abusivo do direito de voto respondendo o acionista pelos danos causados, nos termos do § 3º;

15. já o § 1º contempla hipótese diversa: a do impedimento de votar em determinada deliberação tendo como conseqüência a anulabilidade da deliberação, conforme o disposto no § 4º;

16. enquanto a existência de um conflito de interesses impede que determinado acionista vote em determinada deliberação, o exercício abusivo do direito de voto constitui uma extrapolação por parte do acionista impedido;

17. não podem ocorrer ao mesmo tempo conflito de interesses e abuso do direito de voto, pois, ou bem o acionista tem interesse conflitante com o da companhia e por essa razão está impedido de votar em certa deliberação, ou bem tem o direito de votar e deve exercer o voto no interesse da companhia, não podendo os defendentes infringir ao mesmo tempo o *caput* do artigo 115 e seu § 1º;

Da ausência de conflito de interesses (§ 1º do artigo 115)

18. conflito de interesses na legislação societária deve ser entendido como divergência ou oposição de interesses, ou seja, o acionista controlador e a companhia teriam interesses divergentes ou opostos, de forma que o prejuízo de um significaria vantagem para o outro;

19. interesse particular significa interesse que assiste somente àquele acionista, não se traduzindo em vantagem para mais ninguém;

20. assim, parece claro que a lei deu às expressões "interesse conflitante" e "beneficiá-lo de modo particular" sentido e tratamento equivalentes de tal forma que, se confrontando com uma situação em que tivesse de escolher entre o interesse da companhia e o seu, o acionista se veria forçado a votar contrariamente ao interesse da companhia para proteger seu interesse particular ficando proibido de votar;

Da inadmissibilidade da tese do conflito formal de interesses

21. a posição de Modesto Carvalhosa em defesa da interpretação de que a lei emprega a palavra conflito em sentido lato, de maneira a abranger qualquer situação em que o acionista figure em pólo oposto à sociedade numa relação jurídica chegando ao ponto de afirmar que o conflito das partes é da natureza do negócio jurídico, denominada como "Conflito Formal de Interesses", em que se baseou a decisão do Colegiado, é minoritária na doutrina;

22. na ânsia de defender de forma intransigente a proteção de acionistas minoritários, o jurista acabou interpretando a lei no plano de seu ideário particular, muito além da letra, do espírito e da sistemática da própria lei;

23. o direito de voto dos acionistas no nosso sistema legal só é suspenso e restrito em situações excepcionalíssimas na vida da sociedade;

24. é uma ficção imaginar que, impedido o controlador de votar, a reduzida minoria que geralmente comparece às assembléias e que muitas vezes representa participações de reduzido valor econômico seja capaz de tomar, de forma isenta, a deliberação que melhor atenda ao interesse da sociedade;

25. se é dado a poucos acionistas, representando um percentual baixíssimo do capital votante, o poder de decidir sozinhos o destino da companhia, acaba se instalando a barganha em prejuízo da sociedade;

26. a legislação societária não considera o acionista como um órgão da sociedade que deve exercer o voto sem levar em conta o próprio interesse, mas, sim, buscando a satisfação do interesse da companhia. O acionista ao votar não está obrigado a abdicar de seus interesses para perseguir o interesse coletivo;

27. o acionista deve abster-se de votar quando a satisfação do interesse individual implicar no sacrifício do interesse da sociedade ou quando tiver que agir como julgador dos seus próprios atos ou manifestações (caso da aprovação do laudo de avaliação dos bens que contribuir como capital ou apreciação das próprias contas como administrador);

28. a mera contraposição de sociedade ligada ao controlador Tele Celular Sul em pólo diverso de um contrato de licenciamento de marca utilizada internacionalmente pelas empresas de telefonia móvel do grupo Telecom Italia, mediante contraprestação fixada segundo padrão usual no mercado brasileiro, não pode ser considerada como uma situação em que a satisfação do interesse do acionista implica no sacrifício de interesse da sociedade;

29. embora diversos, os interesses do acionista controlador e da sociedade não são contrários mas sim convergentes, tendo a deliberação possibilitado a satisfação de ambos;

30. adotando-se o critério meramente formal, o preceito do § 1º do artigo 115 não seria aplicável ao caso em exame, pois a parte do contrato de licenciamento da marca TIM seria a Telecom Italia Mobile que não é acionista da CTMR;

Da inexistência de conflito no caso sob análise

31. a simples existência ou celebração de contrato entre controladora indireta e controlada não constitui abuso de poder por parte do controlador;

32. a autorização para pagamento dos *royalties* de forma alguma configura um benefício para o controlador ao qual ele não faz jus em prejuízo da companhia. Muito ao contrário, a remuneração acordada é justa e a companhia também será beneficiada pelo uso da marca TIM;

33. enquanto a CTRM tem interesse em usar a marca TIM, notoriamente uma marca fortíssima em telefonia celular móvel, a Telecom Italia Mobile tem interesse em licenciar o uso da marca TIM para a CTRM, havendo, portanto, convergência de interesses e não conflito;

34. sendo convergentes os interesses das partes, desde que o preço acordado seja compatível com os padrões de mercado, não há conflito de interesses e não há benefício particular. O pagamento de 1% de receita líquida a título de *royalties* está em linha com as práticas de mercado e a legislação tributária;

35. de acordo com a vasta maioria dos juristas brasileiros, antes de se aplicar a proibição de voto a determinado acionista há que se identificar de forma concreta e inequívoca a existência ou surgimento de um benefício para o acionista;

36. não há como caracterizar o conflito de interesse e conseqüentemente impedir o acionista controlador de votar em certa deliberação se não estiver comprovado o benefício singular do controlador em detrimento da companhia ou demais acionistas ou a contraposição de interesses entre o acionista e a companhia;

Da ausência de abuso de direito de voto ("caput" do artigo 115)

37. esse dispositivo é claro no sentido de que o exercício abusivo do direito de voto somente se configura quando o acionista tem por finalidade causar dano à companhia ou a outros acionistas, ou obter vantagem a que não faz jus ou que resulte ou possa resultar em prejuízo para a companhia ou demais acionistas;

38. a parte final da alínea "f" do artigo 117 somente considera caracterizado o abuso de poder por parte do controlador na contratação com a companhia quando houver favorecimento a ele ou condições não eqüitativas, o que não se verifica no caso uma vez que a fixação dos *royalties* em 1% da receita líquida está em perfeita consonância com as práticas de mercado;

39. o abuso no direito de voto somente se caracteriza quando o acionista intencionalmente vota contrariamente aos interesses da companhia, sendo que a comprovação de tal conflito ou benefício ao acionista controlador depende de aferição a ser feita pelo Poder Judiciário, e jamais pelos demais acionistas ou pela CVM;

Da validade da deliberação

40. ainda que houvesse conflito de interesses, a doutrina é unânime em afirmar que a deliberação seria anulada se, uma vez afastado o voto conflitante, os votos remanescentes não forem suficientes para fazer prevalecer a deliberação;

41. no caso, além da defendente, compareceram à assembléia outros acionistas minoritários e todos eles votaram pela aprovação do pagamento de *royalties* pelo uso da marca TIM;

42. assim, ainda que insistisse em entender que havia conflito de interesses, a CVM jamais poderia ter ordenado a re-deliberação da matéria ou a anulação da deliberação como fez;

Do cumprimento de todos os requisitos para a realização da assembléia

43. os requisitos de convocação da assembléia foram cumpridos à risca, não havendo dispositivo que obrigue o aviso de convocação mencionar que o controlador não votará esta ou aquela matéria, e nem poderia, uma vez que a convocação parte dos órgãos da administração e não compete a eles determinar se o controlador votará ou não;

44. se o próprio controlador reconhecer a existência de um conflito de interesses, ele deverá declarar este fato à assembléia e se absterá de votar, cabendo lembrar que nenhum dos presentes levantou a hipótese de conflito de interesses ou manifestou qualquer discordância dos procedimentos adotados;

Do ônus da prova

45. A CVM decretou *a priori* a existência de ato ilegal por parte do acionista controlador sem qualquer base ou averiguação e depois argumentou que a documentação, demonstrando que os valores dos *royalties* são eqüitativos, deveria ser colocada à disposição dos acionistas;

46. ora, tal entendimento não apenas coloca a CVM em posição de estar fazendo exigência ilegal como inverte totalmente o princípio do ônus da prova, sendo totalmente inconcebível que os defendentes sejam acusados de ter violado norma inexistente e que, além disso, tenham o ônus de provar que não contrataram com a companhia em condições de favorecimento;

47. não é juridicamente aceitável que a CVM se utilize de normas não existentes para acusar de prática de atos ilegais com base no fato de os defendentes não apresentarem provas negativas;

48. não há qualquer indício, que dirá prova, de que os defendentes cometeram as infrações alegadas, sendo que a única razão pela qual resultou o presente inquérito foi o fato de que a deliberação fixava *royalties* pelo uso de marca pertencente à controladora indireta;

49. é inegável que não ocorreu contratação em condição de favorecimento e que, portanto, inexistiu qualquer violação dos dispositivos legais apontados pela CVM;

V. O Sr. Álvaro Pereira de Moraes Filho apresentou, ainda, as seguintes razões de defesa:

Preliminar de impossibilidade de imputar as infrações ao artigo 115 e § 1º ao defendente

1. os dispositivos legais que teriam sido violados contêm comandos dirigidos aos acionistas, quais sejam, no *caput* do artigo 115 o de exercer o direito de voto no interesse da companhia, e no § 1º o de não votar em situações de conflito;

2. o defendente não compareceu àquela assembléia nem como acionista da CTRM nem como representante da acionista TSU;

3. não tem cabimento indiciar o defendente pela prática de ilícitos cuja autoria não se pode atribuir ao mesmo, que foi acusado na qualidade de representante legal da TSU, acionista controladora da CTRM;

Da ausência do nexo causal entre ações ou omissões do defendente e as violações a ele atribuídas

4. o artigo 117, § 1º, define como uma das hipóteses de abuso de poder contratar com a companhia em condições de favorecimento ou não eqüitativas;

5. no caso, falta um elemento essencial: o contrato, que até o momento não foi celebrado;

6. se o contrato for assinado e o defendente o firmar em nome da companhia, estará agindo legitimado por decisão assemblear. Faltam também indícios e provas de que houve favorecimento ou condições não eqüitativas;

7. quanto à acusação de violação ao artigo 245, novamente faltam elementos que levem ao entendimento da alegada violação. Não houve favorecimento do controlador indireto ou condições não eqüitativas relativamente à fixação dos *royalties*;

8. a própria CVM admite que não apenas não há comprovação das alegadas infrações como inclusive reconhece que pode haver benefícios para a CTMR em decorrência da licença da marca TIM;

9. no que diz respeito à violação ao artigo 116, parágrafo único, esta somente poderia subsistir caso comprovadamente o acionista controlador ou seu representante legal tivessem usado seu poder de controle para desviar a companhia de seu objeto e sua função social;

10. o inteiro teor do presente inquérito e as próprias declarações da CVM deixam claro que não há qualquer indício ou comprovação de violação a qualquer dos dispositivos apontados.

É o relatório.

VOTO

1. Cabe esclarecer inicialmente que o presente inquérito não foi instaurado em face da resistência da empresa em não convocar nova assembléia, como insinuado pela defesa, mas por importar tal atitude em desrespeito à lei, cujo cumprimento cabe a CVM fiscalizar.

Formalmente, também não há necessidade de a área técnica questionar a empresa e submeter o assunto previamente à área jurídica antes de propor a abertura do inquérito ao Colegiado.

Não tendo sentido, portanto, falar-se, em pré-julgamento.

2. Deve ser esclarecido, ainda, que, no caso, não está em discussão se a CVM tem ou não competência para determinar a convocação assemblear ou de ordenar a anulação de deliberação, e, sim, apurar a responsabilidade de ato praticado em desconformidade com a lei.

3. A questão principal tratada no presente inquérito diz respeito ao fato de o acionista, no caso o acionista controlador, ter votado em assembléia em que deveria ter se considerado impedido em assunto em que tinha interesse ou que o beneficiava de modo particular, ou seja, o pagamento de *royalties* pelo uso da marca TIM ao controlador indireto, a Telecom Italia Mobile.

4. A despeito de o contrato ter que ser submetido ou não, por força do estatuto social, à aprovação da assembléia geral, por, segundo a defesa, possuir cláusulas uniformes, o percentual cobrado ser quase uma unanimidade e de seguir o padrão adotado pelo mercado, não há dúvida de que ao fazê-lo o controlador deveria se abster de votar.

5. O fato de o controlador não votar propiciaria, sem dúvida, maiores discussões sobre a matéria, mais transparência e maior interesse dos demais acionistas, evitando, assim, questionamentos futuros. Que interesse teriam os acionistas minoritários em participar das discussões se antecipadamente já sabiam que o contrato seria inevitavelmente aprovado? Por outro lado, que interesse teria o controlador em apresentar as razões que justificassem a celebração do contrato se não há necessidade do apoio dos minoritários?

6. É por isso que deve ser ressaltada a importância das decisões assembleares que não podem ser utilizadas como instrumentos destinados a legitimar a vontade do controlador ou ao cumprimento de meras formalidades. Neste caso, é indiferente realizá-las ou não, pois, na prática, pouco representam. O melhor, talvez, seria, até, que não fossem realizadas.

7. Dessa forma, não posso concordar com a afirmação da defesa de que a reduzida minoria que comparece às assembléias e que normalmente representa participações de reduzido valor econômico não seja capaz de tomar a deliberação que melhor atenda ao interesse social. Certamente nenhum acionista votará contra os interesses da companhia só porque o contrato será celebrado com o controlador, pois estaria votando contra os próprios interesses. Assim, como o voto da maioria pode ser abusivo o da minoria também, sendo que tanto um quanto o outro são indesejáveis e devem ser coibidos.

8. Não é verdade que o acionista só deve se abster de votar quando o seu interesse particular implicar no sacrifício do interesse da sociedade. Também não é verdade que, para caracterizar o conflito de interesses e impedir o voto do acionista controlador, há que se comprovar o benefício singular do controlador em detrimento da companhia ou demais acionistas ou a contraposição de interesse entre o acionista e a companhia, como afirma a defesa.

9. No caso, há, até, a convergência de interesses entre a CTRM e Telecom Italia Mobile por serem empresas que possuem a mesma atividade e a cobrança de *royalties* pode ser aceita, pois, em relações comerciais, uma empresa não deve se beneficiar da outra gratuitamente. É importante deixar claro, contudo, que o que se quer não é impedir a celebração do contrato, mas que o mesmo não seja imposto aos acionistas sem que se mostre que a remuneração é justa e qual o benefício para a empresa.

10. Na presente hipótese, é inquestionável, a meu ver, que o benefício do controlador decorre do próprio contrato por figurar ele nos dois lados, razão pela qual deveria abster-se de votar independentemente de o contrato ser ou não eqüitativo. Trata-se de negociação consigo próprio.

11. Ao referir-se a deliberações que puderem beneficiar o acionista, a lei não pressupõe que o acionista está contratando com a companhia contra o interesse social. Por outro lado, o conflito de interesses não pressupõe que os interesses sejam opostos mas que o acionista tenha duplo interesse.

12. O conflito de interesses, na verdade, se estabelece na medida em que o acionista não apenas tem interesse direto no negócio da companhia mas também interesse próprio no negócio que independe de sua condição de acionista por figurar na contraparte do negócio. Não precisa o conflito ser divergente ou oposto ou que haja vantagem para um e prejuízo para o outro. A lei emprega a palavra conflito em sentido lato, abrangendo qualquer situação em que o acionista estiver negociando com a sociedade.

13. Também não se pode considerar os votos dos demais acionistas como válidos, dado que a decisão da CTRM foi unânime, o que dispensaria a realização de nova assembléia. A realidade é que não se pode considerar válida uma assembléia só por não haver voto divergente ou por terem sido cumpridas as formalidades. O que se faz necessário é que a matéria a ser votada seja demonstrada aos acionistas que é de interesse da companhia e que as condições do contrato são eqüitativas e que não há favorecimento.

14. Cabe esclarecer que o presidente da Tele Celular Sul Participações era o Sr. Álvaro Pereira de Moraes Filho, a quem competia a execução das atividades relacionadas ao objeto social da companhia[1] que, entre outras, devia exercer o controle da sociedade exploradora do serviço móvel celular.

15. Diante disso, cabia a ele exclusivamente o exercício do poder de controle da CTRM[2] e ao discutir matéria de interesse do controlador indireto estava ele obrigado, pessoalmente ou através de procurador, a se abster de votar.

16. Assim, ainda que o abuso de voto previsto no *caput* do artigo 115 da Lei n. 6.404/1976 não esteja caracterizado, não há como deixar de reconhecer que o acionista controlador votou, através de seu representante, quando deveria se abster, contrariando o disposto no § 1º do mesmo artigo que estabelece:

"Art. 115. (...)

"§ 1º. O acionista não poderá votar nas deliberações da assembléia geral relativas ao laudo de avaliação de bens com que concorrer para a formação do capital social e à

1. O art. 31, item I, do Estatuto Social da Tele Celular Sul Participações estabelece as seguintes competências ao diretor presidente: "I — Diretor Presidente — A execução das atividades relacionadas ao objeto social da companhia, observadas a política e as diretrizes regimentais e estatutárias, conforme especificado no Regime Interno da Companhia".

2. O art. 2º, item I, do Estatuto Social de Tele Celular Sul Participações dispõe que a companhia tem por objeto: "I — exercer o controle da sociedade exploradora do Serviço Móvel Celular, nas Áreas de Concessão 5 e 6".

aprovação de suas contas como administrador, nem em quaisquer outras que puderem beneficiá-lo de modo particular, ou em que tiver interesse conflitante com o da companhia."

17. Por outro lado, o Sr. Álvaro, como pessoa encarregada de exercer o poder de controle da Tele Celular Sul Participações e, até mesmo porque era o diretor-presidente da CTMR Celular, a quem competia cumprir e fazer cumprir as disposições legais, deveria ter tomado, mas não tomou, todas as providências necessárias à comprovação perante a assembléia de que o contrato atendia às condições eqüitativas e comutativas ou que não havia favorecimento ao controlador. De fato, a lei não proíbe que a companhia contrate com sociedade coligada, controladora ou controlada ou mesmo em que tenha interesse, mas as condições não devem ser de favorecimento ou não eqüitativas. O contrato deve observar também condições comutativas ou ter o pagamento compensatório adequado. A propósito, confiram-se os seguintes dispositivos da Lei n. 6.404/1976:

"Art. 245. Os administradores não podem, em prejuízo da companhia, favorecer sociedade coligada, controladora ou controlada, cumprindo-lhes zelar para que as operações entre as sociedades, se houver, observem condições estritamente comutativas, ou com pagamento compensatório adequado; e respondem perante a companhia pelas perdas e danos resultantes de atos praticados com infração ao disposto neste artigo."

"Art. 117. (...)

"§ 1º. (...)

"f) contratar com a companhia, diretamente ou através de outrem, ou de sociedade na qual tenha interesse, em condições de favorecimento ou não eqüitativas."

18. Portanto, a comprovação do cumprimento dessas condições é condição essencial para que o contrato submetido à assembléia seja votado. Porém, em nenhum momento, no caso, foram oferecidos elementos comprobatórios que permitissem aos acionistas minoritários verificar a eqüitatividade da decisão tomada. É inegável que dos minoritários foi subtraída qualquer oportunidade de discutir as condições contratuais. Assim, não se pode afirmar que o representante do acionista controlador tenha agido com lealdade para com os demais acionistas, como é exigido pelo parágrafo único do artigo 116 da Lei n. 6.404/1976, a saber:

"Art. 116. (...)

"Parágrafo único. O acionista controlador deve usar o poder com o fim de fazer a companhia realizar o seu objeto e cumprir sua função social, e tem deveres e responsabilidades para com os demais acionistas da empresa, os que nela trabalham e para com a comunidade em que atua, cujos direitos e interesses deve lealmente respeitar e atender."

19. Ante o exposto, proponho a aplicação aos indiciados das seguintes penalidades:

a) à Tele Celular Sul Participações S/A a pena de multa de R$ 100.000,00, prevista no artigo 11, inciso II, da Lei n. 6.385/1976, por infração ao disposto no § 1º do artigo 115 da Lei n. 6.404/1976; e

b) a Álvaro Pereira de Moraes Filho a pena de:

(i) Multa de R$ 20.000,00, prevista no artigo 11, inciso II, da Lei n. 6.385/1976, por infração ao disposto no § 1º do artigo 115;

(ii) Advertência, prevista no artigo 11, inciso I, da Lei n. 6.385/1976, por infração ao parágrafo único do artigo 116 da Lei n. 6.404/1976.

É o meu voto.

Rio de Janeiro, 19 de dezembro de 2001.

Norma Jonssen Parente — Diretora-Relatora.

VOTO

Diretor Wladimir Castelo Branco Castro: Eu acompanho o voto da relatora.

VOTO VENCIDO

Diretor Marcelo F. Trindade: Fiquei vencido porque, a meu juízo, a única imputação a ser acolhida é aquela formulada ao acionista controlador — Tele Celular Sul Participações S/A —, por infração do § 1º do art. 115 da Lei n. 6.404/1976, e isto pelos seguintes fundamentos:

A Tele Celular Sul Participações S/A é acionista controladora da CTMR Celular S/A. O acionista controlador da Tele Celular Sul Participações S/A, por sua vez, é a Bitel Participações S/A, que a seu turno é subsidiária integral da sociedade holandesa Stet Mobile Holding NV (tudo segundo dados extraídos do IAN das companhias brasileiras).

Segundo a área técnica — e tal fato não foi negado —, a Stet Mobile Holding NV é sociedade ligada à Telecom Italia Mobile, detentora da marca TIM.

Parece-me, por isto, que a acionista Tele Celular Sul Participações S/A, sendo controladora da CTMR, e ao mesmo tempo controlada indiretamente pela detentora da marca TIM, estaria impedida de votar na deliberação assemblear de aprovação do pagamento de *royalties* pela cessão do direito de uso da referida marca.

A meu sentir, incidiria na hipótese a regra do art. 115, § 1º, da Lei n. 6.404/1976, que diz:

"Art. 115. (*omissis*)

"§ 1º. *O acionista não poderá votar nas deliberações da assembléia geral* relativas ao laudo de avaliação de bens com que concorrer para a formação do capital social e à aprovação de suas contas como administrador, nem em quaisquer *outras que puderem beneficiá-lo de modo particular*, ou em que tiver interesse conflitante com o da companhia" (grifos nossos).

A doutrina é tão farta quanto controvertida, sobre a extensão das hipóteses previstas em tal norma, e sobre a natureza da disposição legal.

Com efeito, apesar de a dicção do referido § 1º do art. 115 ser peremptória no sentido de que "o acionista não poderá votar" nas deliberações que menciona, estabeleceu-se em doutrina grande discussão sobre tratar-se, no caso, de um *impedimento* ao voto — passível portanto de ser examinado antes dele ser proferido —, ou de *vício* do voto, dependente, para sua ocorrência, de um interesse conflitante e um prejuízo para a companhia, a serem verificados *a posteriori* da deliberação.

Permito-me recorrer, em prol da síntese, às lições de Erasmo Valladão Azevedo e Novaes França, naquela que é, a meu sentir, a mais completa monografia sobre o tema editada no Brasil. Diz o autor, tratando do parágrafo único do art. 115:

"Antes de mais nada, soa perfeitamente claro que as duas primeiras hipóteses nele reguladas, são hipóteses de *divieto di voto*. Nas deliberações relativas ao laudo de avaliação dos bens que conferiu ao capital social e à aprovação das suas contas como administrador, o acionista está proibido de votar (...) Nos casos enfocados, pois, a violação do *divieto* acarreta, *ipso facto*, a nulidade do voto e a conseqüente anulabilidade da deliberação, *se o voto for determinante para a formação da maioria*.

"Dúvidas existem quanto à terceira hipótese regulada no § 1º, do art. 115: deliberações que puderem beneficiar o acionista de modo particular. Segundo Leães, nas duas primeiras hipóteses haveria vedação de voto; ocorreria o conflito de interesses, por sua vez, 'em todas as demais hipóteses em que for apurada efetiva conflituosidade, expressa em uma vantagem experimentada pelo acionista 'de modo particular' (a lei brasileira, como se vê, repete a locução alemã)'. Para Comparato, haveria proibição de voto 'nas situações de conflito aberto de interesses, relacionadas no § 1º do art. 115: deliberações relativas ao laudo de avaliação dos bens com que o votante concorrer para a formação do capital social, aprovação de contas do votante como administrador ou concessão de vantagens pessoais. Trata-se, afinal, de mera aplicação do princípio *nemo iudex in causa propria*'.

"A razão, neste ponto, parece estar com Comparato. (...) Ora a vantagem indevida, capaz de acarretar prejuízos à companhia ou aos outros acionistas, conforme acentua o próprio Leães, somente pode ser verificada mediante um juízo de mérito e não um juízo puramente formal. Não é o caso, porém, da hipótese questionada, como se viu, em que, por meio de um critério formalístico, permite-se apurar o conflito no exercício do voto. Pode-se concluir, assim, que, na hipótese de deliberação que beneficie o acionista de modo particular, está-se também, tal como nas duas primeiras hipóteses, previstas no § 1º do art. 115, diante de um caso de *divieto di voto*, sendo nulo o voto proferido em desrespeito à proibição, independentemente de qualquer indagação acerca do conteúdo da deliberação ou de eventual prejuízo potencial ou atual, à companhia" (*Conflito de Interesses nas Assembléias de S/A*, São Paulo, Malheiros Editores, 1993, pp. 87-91 — grifou-se).

Como se vê, se não há disputa quanto às duas primeiras hipóteses tratadas no § 1º do art. 115, unanimemente reconhecidas como de impedimento de voto, a questão é controversa quando se adentra à terceira hipótese prevista na norma, qual seja, a da deliberação que possa beneficiar "*de modo particular*" o acionista. E neste ponto a conclusão de Erasmo França é coincidente com a de Fábio Konder Comparato, no sentido de que se está diante de um *conflito formal*, ou presumido, de interesses, passível de ser examinado antes da deliberação — o que parece, em minha opinião, o entendimento correto.

A quarta hipótese de que trata o § 1º do art. 115, e a mais geral delas, é a do acionista "*que tiver interesse conflitante com o da companhia*" no que se refere à deliberação. Neste caso a doutrina francamente majoritária, com a voz dissonante de Modesto Carvalhosa, é no sentido de que o conflito, como questão de fato, deva ser examinado caso a caso, pois se trataria de uma modalidade de voto abusivo, como referido pelo *caput* do art. 115. O conflito teria que ser, nessa medida, *substancial*, e não *formal*.

Assim, aplicando-se o parágrafo único do art. 115 à hipótese dos autos, é preciso saber se há, no caso, impedimento de voto, porque a deliberação beneficia "*de modo particular*" o controlador do acionista votante, ou se está diante de um caso de acionista com "*interesse conflitante com o da companhia*", devendo o conflito ser apurado *a posteriori*, segundo a melhor doutrina.

No caso, tratando-se de um contrato bilateral (isto é, com obrigações para ambas as partes) a ser celebrado entre o controlador do acionista e a companhia, a doutrina mais uma vez não é unânime. Recorra-se novamente à síntese de Erasmo França:

"Comentando a hipótese à luz da Lei 6.404, Carvalhosa rejeita expressamente a lição de Valverde, sustentando ser 'impossível encarar a questão casuisticamente'. Para ele, 'o conflito de interesses das partes, *que existe em todo contrato bilateral ou unilateral*, é a razão formal para a suspensão do exercício do voto pelo acionista pré-contratante ou contratante com a sociedade. Daí, não poder o sócio — que é ou será parte contratual — formar a vontade da outra parte, que é ou será a companhia'.

"Já Leães entende que o interesse conflitante deverá ser apurado em cada caso concreto, conforme as circunstâncias, afastando um critério puramente formal, ou apriorístico.

"Para Comparato, igualmente, a existência de uma contradição de interesses é *quaestio facti*, a ser apreciada em concreto; segundo ele, porém, ocorrerá também impedimento de voto, na medida em que 'o conflito de interesses transpareça *a priori* da própria estrutura da relação ou negócio sobre que se vai deliberar, *como por exemplo, um contrato bilateral entre a companhia e o acionista*'.

"Neste ponto estamos com Leães (e, em parte, com Comparato). Em primeiro lugar, parece evidente que o legislador brasileiro, ao disciplinar a matéria, não teve em vista um conceito meramente formal de conflito de interesses, restrito à hipótese em que o acionista se acha em situação contraposta à companhia, como ocorre num contrato bilateral. O conceito adotado em nossa lei de sociedades por ações deve ser extraído, a nosso ver, do *caput* do art. 115, onde se define o voto abusivo (...)" (ob. cit., pp. 92-93 — sublinhou-se).

E conclui o professor paulista:

"Por último, deve-se salientar que outro indício de que o legislador não teve em mira instituir uma proibição de voto no caso de interesses formalmente conflitantes encontra-se no art. 117, § 1º, letra 'f', da Lei 6.404/1976.

"(*omissis*)

"Lida *a contrario sensu*, essa norma significa, evidentemente, que o acionista controlador está autorizado a contratar com a companhia, desde que em condições eqüitativas. Ora, a hipótese de um contrato entre o acionista e a companhia é considerada a hipótese paradigmática de conflito formal de interesses, *ipotesi di scuola*, como diz Galgano. Fosse intenção da Lei estabelecer um controle *ex ante* desse tipo de conflito, não teria jamais admitido a possibilidade de realização de um contrato entre o acionista controlador e a companhia, no qual aquele determina a vontade desta. Sucede que, como ressaltado por Leães, o legislador brasileiro, consciente da realidade que hoje constituem os grupos societários, seguiu a tendência de adotar um controle *ex post* do exercício do voto em caso de conflito de interesses.

"Entendemos, dessa forma, que ao fazer referência a 'interesse conflitante com o da companhia', no § 1º, do art. 115, a lei não está se reportando a um conflito meramente formal, mas sim a um conflito *substancial*, que só pode ser verificado mediante o exame do conteúdo da deliberação. Tal como na Itália, pois, a lei, nessa hipótese, proíbe, cautelarmente, o acionista de votar. Se o acionista vota, deve-se verificar então o modo como votou: se, efetivamente, sacrificou o interesse da companhia ao seu interesse pessoal, com prejuízo, potencial ou atual, à companhia ou aos outros acionistas, seu voto será nulo, bem como anulável a deliberação tomada, *se o voto foi decisivo para a formação da maioria*. Em suma, a lei não estabeleceu para tal situação um *divieto di voto*, como fez para as demais hipóteses do § 1º, do art. 115" (ob. cit., pp. 96-97 — grifou-se).

Nesse ponto, pessoalmente me parece que a opinião mais acertada é a do Professor Comparato, com a distinção de que, a meu ver, tratando-se de contrato entre o acionista e a companhia, a hipótese é de *benefício particular*, e não de *conflito de interesses* genericamente considerado — dado também entender que tal conflito deva ser apreciado *ex post*.

Na verdade, embora a doutrina sempre considere o *benefício particular* a que se refere o § 1º do art. 115 como um benefício *na qualidade de acionista*, tal assertiva parece irrealística, dado que a própria lei, dentre os direitos essenciais dos acionistas, inclui o de serem tratados de maneira idêntica, quando detentores da mesma espécie e classe de ações. Tal regra levaria quase sempre à nulidade da deliberação assemblear que pretendesse conferir direitos especiais a certos acionistas, independentemente da discussão sobre o impedimento de voto.

A mim me parece que, embora tratando de *benefício particular*, quis a lei extremar uma hipótese mais ampla que as anteriores, porém ainda previamente perceptível, de conflito de interesses, a qual ocorre sempre que se possa atestar prévia e induvidosamente que a deliberação trará benefício ao acionista, não extensível aos demais, ou à companhia.

Por isso entendo que na deliberação sobre a celebração de um contrato bilateral entre a companhia e o acionista está previamente impedido o voto deste último, não porque enxergue necessariamente no contrato um *conflito de interesses* — interesses que, aliás, normalmente convergem —, mas porque nele vejo um *benefício particular* (a contraprestação), benefício este que, concedido ao acionista contratante, não é estendido aos demais acionistas, por razões óbvias.

O argumento de que o art. 117, § 1º, "f" da Lei admite a contratação entre o acionista controlador e a companhia, em condições eqüitativas, parece-me, *data venia*, pouco expressivo. Ao discutir-se o impedimento do voto não se está discutindo a proibição de contratar, mas apenas a legitimidade do voto do controlador quanto à matéria. O contrato pode ser celebrado, desde que o beneficiário não vote. Além disto, é preciso lembrar que o contrato pode ser celebrado sem manifestação assemblear — o que, aliás, ocorre em grande parte dos casos —, ou sem a manifestação do voto do controlador, e ainda assim ele continuará respondendo, na forma do art. 117, se retirar benefício indevido como contraparte do negócio.

Assim no caso concreto, parece-me estar comprovado, quanto ao acionista Tele Celular Sul Participações S/A, companhia controlada pela detentora da marca cujo direito de uso estava sendo cedido onerosamente, a existência de um interesse particular desse acionista, *diverso* — embora não necessariamente conflitante — do da companhia, pois o benefício que o contrato pode trazer-lhe (em verdade ao seu controlador) é *diverso* daquele atribuído à companhia e aos demais acionistas.

A meu juízo, nesses casos o acionista deve abster-se de votar, em obediência à regra do § 1º do art. 115 da Lei n. 6.404/1976, pois a regra do impedimento de voto deve ser posta em prática previamente à deliberação.

Não fosse assim, a lei enunciaria a norma de modo distinto, isto é, sem proibir o voto — como faz —, mas sim limitando-se a determinar a composição dos prejuízos na hipótese de eles virem a ocorrer.

No caso, a deliberação assemblear já se consumou, e o voto foi exercido, segundo os elementos que constam dos autos, em desconformidade com o preceito legal antes mencionado, e por isso acompanho o voto da Diretora-Relatora, quanto à imposição de multa à acionista controladora.

Quanto ao mais, *data venia*, discordo do voto da Diretora-Relatora, pois não me parece ser o caso de punir qualquer administrador da CTMR, dado que não vejo aplicação possível do art. 116 da Lei das S/A à espécie, nem encontro elementos de prova capazes de autorizar a afirmação de que o voto tenha sido exercido em prejuízo da companhia, ou que as condições contratuais não sejam eqüitativas — o que talvez pudesse ser apurado em inquérito.

Além disto, gostaria de acrescentar que não está provado nos autos que os demais acionistas que deliberaram a aprovação do contrato estivessem impedidos de votar, fato que, por ora, a meu ver, impossibilita a conclusão no sentido de que a deliberação em si não seja válida, pois, como se viu dos grifos que fiz nas transcrições de doutrina acima, para que a deliberação seja inválida é preciso que o voto tenha sido "*decisivo*" ou "*determinante*" para a formação da maioria.

É como voto.

DECLARAÇÃO DE VOTO

Diretor Luiz Antonio de Sampaio Campos:

1. Sou levado a divergir dos votos proferidos pelas razões de direito que, resumidamente, vão a seguir expostas.

2. A questão do conflito de interesse e o direito de voto nas assembléias dos acionistas interessados não é nova nem aqui nem alhures. Páginas e mais páginas têm sido dedicadas pela doutrina para tratar da questão na busca de uma solução que dê o melhor tratamento à matéria.

3. No desenrolar destas discussões, não faltaram movimentos que pretenderam impedir, a qualquer título, o voto do acionista que tivesse eventual conflito de interesse, partindo da posição de um conflito meramente formal; alguns movimentos defenderam a tipicidade fechada, na qual haveria o impedimento do direito de voto apenas nas matérias elencadas em rol taxativo e exaustivo; finalmente, outros entenderam que o impedimento de voto deveria ser verificado *ex post*, com a comprovação de que o acionista votante haveria, de fato, no caso específico, sacrificado o interesse social em benefício do seu interesse específico e extra-societário (cf. Luigi Mengoni, "Conflitto di interessi in materia sociale", *Rivista delle Società*, 1956, pp. 434 e ss.).

4. A linha que afinal veio a prevalecer para a hipótese de conflito de interesse, como ficará demonstrado abaixo, foi aquela para qual o conflito de interesse deveria ser apreciado no caso concreto e específico de forma substancial e não formal, e ao meu ver é aquela que melhor defende os valores da sociedade e se integra no sistema do anonimato.

5. A lei brasileira de sociedades por ações, Lei n. 6.404/1976, trata de uma forma bastante extensa e cuidadosa o abuso do direito de voto, o conflito de interesses e a responsabilidade do acionista controlador, conforme artigos 115 e seguintes, o que, inclusive, levou alguns autores estrangeiros a considerar o tratamento até excessivo.[3]

6. Interessa-nos para o caso, mais especificamente, o art. 115, § 1º da Lei n. 6.404/1976:

"Art. 115. (*omissis*)

"§ 1º. O acionista não poderá votar nas deliberações da assembléia geral relativas ao laudo de avaliação de bens com que concorrer para a formação do capital social e à aprovação de suas contas como administrador, nem em quaisquer outras que puderem beneficiá-lo de modo particular, ou em que tiver interesse conflitante com o da companhia."

7. O busílis está, então, em saber se as disposições do artigo 115, § 1º, da Lei n. 6.404/1976 requerem a abstenção do voto do acionista em qualquer hipótese ou não. A doutrina é unânime no que toca às duas primeiras hipóteses, notadamente aquelas que tratam do laudo de avaliação e da aprovação de contas por administradores. Já no que toca às duas hipóteses seguintes, apesar de haver algumas poucas manifestações em sentido oposto, pode-se dizer que há uma folgada predominância do entendimento de que não se cuida de impedimento *a priori*, ou presuntivo, como se observará abaixo.

Da inexistência de conflito de interesses genérico e formal

8. No Brasil, a questão do conflito de interesses já foi por muitos abordada, inclusive por nossos tribunais superiores, e não há, a meu ver, grande controvérsia sobre o que deve ser considerado conflito de interesses e mesmo sobre a postura que deve ser adotada pelo acionista interessado no que toca ao exercício do direito de voto.

9. O acionista, tanto aqui como em outras legislações, é livre para exercer o seu direito de voto. Este direito de voto deve ser livremente exercido conforme a sua autodeterminação, tomando por baliza o interesse social, a teor do artigo 115 da Lei n. 6.404/1976 e, no caso do acionista controlador, o artigo 116, parágrafo único da Lei n. 6.404/1976. Não convém aqui discutir o que vem a ser o interesse social: se o interesse da sociedade, se o interesse comum dos sócios, etc. pois é irrelevante para o desate da questão. A já famosa discussão sobre a "batalha do Reno" fica para outra ocasião.

3. "La ley brasileña de sociedades por acciones sancionada en diciembre de 1976, también se refiere en su articulado al tema que nos ocupa. Quizá, en mi concepto, de una forma un tanto excesiva" (*Primer Congreso de Derecho Societario, Nulidad de las Deliberaciones Asemblearias por Abuso o Desvlución de Poder*, v. II, Depalma, 1979, p. 137).

10. Assim, o direito inglês, onde impera a *common-law*:

"It was said in a Scottish case that: 'Prima facie, the shareholders are the best judges of their own affairs, and it is only where it appears that some sinister motive has operated, or that interests other than the interest of the company have plainly prevailed, that the Court will entertain a complaint'. The test always is 'Is the thing complained of a thing done in the interest of the company? — or, to put it perhaps more accurately'. 'Is the action of the majority irreconcilable with their having proceeded upon any reasonable view of the company's interest?'" (*Company Law*, Charlesworth & Morse, London, Sweet & Maxwell, p. 304).

11. E, na esteira do sistema continental-europeu, a Itália, no ensinamento de Campobasso:

"L'esercizio del diritto di voto è in via di principio rimesso all'apprezzamento discrezionale del socio, il quale deve però esercitarlo in modo da non arrecare un danno patrimoniale alla società. Con l'osservanza dello stesso limite, il gruppo di comando può liberamente determinare la volontà della società ed è perciò ogni sindacato dell'autorità giudiziaria sul merito delle deliberazioni assembleari, cioè sulla convenienza e sull' opportunità delle decisioni della maggioranza.

"Infatti, le deliberazioni assembleari regolarmente adotatte sono annullabili solo se la maggioranza si sia ispirata esclusivamente ad interessi extrasociali, con danno (anche solo potenziale) per la società. Ne consegue che l'interesse sociale funge solo da limite alla libertà di espressione del voto: la maggioranza non è tenuta a conformare le sue decisioni ad un interesse sociale oggettivamente ed astrattamente predeterminato. E ciò vuoi se si concepisce l'interesse sociale come interesse comune dei soci al'esercizio di un'attività economica a scopo di lucro (teoria contrattuale), vuoi se lo si concepisce come interesse dell'impresa sociale come tale, superiore e diverso dall'interesse dei soci (teoria instituzionale)" (*Diritto Commerciale*, 2, *Diritto delle Società*, Gian Franco Campobasso, p. 304).

12. Nessa linha também a lição de Ascarelli:

"È solo difatti ai fini di una tutela del proprio interesse nella società che il voto viene concesso; è solo in quanto volto al raggiungimento del comune interesse (comunque inteso) che il voto entra nella formazione di una deliberazione per la quale vige la regola maggioritaria; è solo nei limiti del loro interesse come soci che gli azionisti sono (persino col sacrificio del loro interesse extrasociale di fronte all'interesse sociale) soggetti alla deliberazione della maggioranza" (*Studio in Tema di Società*, Tullio Ascarelli, Dott. A. Giuffrè Editore, 1952, p. 166).

13. Nada mais natural do que isso. E, assim, a liberdade do voto é a regra, talqualmente a liberdade de iniciativa e todas as demais liberdades.

14. Todavia, em alguns casos — restritíssimos por definição e muito específicos — a Lei n. 6.404/1976 permite que o direito de voto possa ser retirado do acionista. Noutros casos, porém, a Lei n. 6.404/1976 permite que o acionista profira seu voto, mas se constatar que o acionista deixou de cumprir com o seu dever, impinge-lhe a coima de ilegalidade, permitindo a sua desconstituição.

15. Há, portanto, uma espécie de recomendação expressa ao acionista que se atenha ao interesse social. Tal é, em minha opinião, a hipótese do voto por acionista interessado, em aparente conflito de interesse.

16. E isso porque não é certo, nem muito menos garantido, que o acionista faltará com o seu dever perante os demais acionistas e a própria companhia para, com o voto, tirar proveito próprio e indevido.

17. Nesse sentido, permite-se ao acionista votar, na suposição de que ele não faltará com os deveres que lhe são impostos no artigo 115, *caput*, e no artigo 116, parágrafo único, na hipótese de ser acionista controlador; mas comprovado por ligeiramente que seja, que este faltou com o seu dever, seu voto será tido como ilegal e a deliberação poderá ser anulada, se este voto tiver sido determinante para a formação da maioria necessária à validade da deliberação.

18. Este, a meu ver, foi o espírito que presidiu o artigo 115 da Lei n. 6.404/1976 e seus parágrafos, conforme se depreende da lição de Alfredo Lamy Filho e José Luiz Bulhões Pedreira:

"Nesse artigo o ponto básico é um só, desde logo apresentado pela lei, e do qual defluem os demais comandos legais: 'o acionista de direito deve exercer o direito de voto no interesse da companhia'. O abuso de direito e o conflito de interesses decorrem da desobediência a tal comando básico: se o voto não satisfaz a tal preceito não é direito, é violação do direito" (*A Lei das S/A*, v. II, p. 238).

19. Em outra passagem, os mesmos autores bem definem o direito-função do exercício de voto, inclusive à luz dos eventuais interesses opostos, e a diversidade de papéis e interesses que pode ter o acionista qualquer que ele seja, controlador ou minoritário:

"A pessoa que é acionista desempenha, simultaneamente, diversos outros papéis sociais, nos quais busca fins e tem interesses que são estranhos aos da companhia, ou com eles conflitam. Pode, por exemplo, ser administrador ou empregado da companhia, fornecedor de bens ou serviços adquiridos pala companhia ou comprador dos seus produtos, empresários de empresa concorrente, parentes de algum de seus diretores ou seu acionista controlador. Ao prescrever o exercício do direito de voto no interesse da companhia, a lei proíbe ao acionista colocar a serviço de qualquer outro papel que ocupe um poder jurídico que é conferido para o desempenho da função de membro da Assembléia Geral. A caracterização do direito de voto como 'direito-função' e a distinção entre os atos do acionista enquanto sócio e como pessoa são outros modos de exprimir o mesmo princípio" (ob. cit., pp. 228-229).

20. Por isso já se disse que o acionista é quem deve julgar, a princípio, se está ou não em conflito de interesse, no sentido de que somente o acionista pode, de antemão, saber se irá privilegiar algum interesse (i.e. o interesse que não é o da sociedade). Não se pode nem mesmo afastar a hipótese de que um acionista detentor de interesse irreconciliável com o da companhia, ao cabo, opte pelo interesse social.

21. Ouça-se, aqui, a lição de Ferri:

"Se questo è, ciò che rileva giuridicamente non è la prosecuzione di un interesse proprio del socio e distinto da quello della società, e neppure la posizione di conflitto in sé e per sé, ma è che la prosecuzione del proprio interesse non sia possibile senza il sacrificio dell'interesse della società, e più precisamente senza danno per la società.

"In linea di principio pertanto, poiché la posizione di conflitto in sé può importare il pericolo di una deviazione nell'esercizio del voto, la legge impone al socio un dovere di astensione. *Tuttavia la legge lascia al socio di valutare la situazione e di decidere astenersi o non asternersi* e nel 2º comma stabilisce i criteri sulla base dei quali pervenire a una decisione, che sono poi quegli stessi criteri che dovrà seguire il giudice in caso di impugnativa della deliberazione.

"Se al vantaggio della società corrisponde il vantaggio personale del socio, il socio potrà partecipare alla votazione e questa sarà perfettamente valida anche se adottata con il suo voto determinante; se invece al vantaggio personale del socio corrisponde il danno della società, evidentemente il socio deve astenersi dal voto e, se non lo fa, la deliberazione è impugnabile se presa con il concorso determinante del suo voto.

"Questa puntualizzazione è necessaria, perchè in questo modo possono essere convenientemente risolti tutti quei problemi che si pongono nel fenomeno di gruppo, con riferimento ai rapporti che si instaurano tra società dello stesso gruppo, problemi che sarebbero davvero insolubili se si dovesse afermare il difetto di legittimazione al voto del socio sulla base della semplice posizione di conflitto" (*Trattato di Diritto Civile Italiano*, *Le Società*, Giuseppe Ferri, UTET, pp. 592-593 — grifou-se).

22. Nesse sentido, a lição de Campobasso:

"*La norma, letta unitarimente, non inibisce affatto il voto al socio in conflitto di interessi, ma gli lascia l'alternativa fra il non votare ed il votare in modo da non recare un danno alla società, esponendosi in caso contrario all'annullamento della delibera.* Né la norma impedisce al socio di perseguire con la delibera anche un proprio interesse personale, purché ciò non avvenga a discapito del patrimonio sociale. In definitiva, non si ha sospensione dal voto ma solo una *limitazione* nell'esercizio del voto. Ne consegue perciò, ad esempio, che la società capogruppo può votare nell'assemblea delle societá controllate e perseguire anche un proprio vantaggio particolare, purchè le deliberazioni adottate non siano causa di una possibile lesione patrimoniale per la controllata" (*Diritto Commerciale*, 2, *Diritto delle Società*, Gian Franco Campobasso, 3ª ed., UTET, p. 305 — grifou-se).

23. Na mesma linha, Ferrara Corsi:

"14.12 *Limiti al voto in caso di conflito di interesse e per il principio della buona fede* — l'esercizio del diritto di voto, salvo nell'ipotesi di cui all'art. 2.441, *è rimesso all'apprezzamento discrezionale del socio. Tuttavia nell'ipotesi in cui il socio si trovi in conflitto d'interessi con la società, deve esercitarlo in modo da non recar dano alla medesima: il che significa praticamente che deve sempre tener presente l'interesse comune potendo soddisfare l'interesse extrasociale nei limiti in cui sia conciliabile con quello.* Dispone l'art. 2.373: 'Il diritto di voto *non può essere esercitato* dal socio nelle deliberazioni in cui egli ha, per conto proprio o di terzi, un *interesse in conflitto con quello della società.* In caso d'inosservanza della disposizione del comma precendente la deliberazione, *qualora possa recare danno alla società*, è impugnabile a norma dell'art. 2.377 se, senza il voto dei soci che avrebbero dovuto astenersi dalla votazione, non si sarebbe raggiunta la necessaria maggioranza'.

"*Non è vero infatti che il socio in conflitto d'interessi debba astenersi dal votare, bensì che se vota, deve esercitare il voto in modo da non recar danno allá società: dunque non si ha sospeinsione ma* ***limitazione del voto****, che non dev'essere esercitato per un interesse contrario alla società con pregiudizio della medesima.*[1] S'intende pertanto che delle azioni spettanti al socio in conflito d'interesse deve in ogni caso tenersi conto ai fini della regolare costituzione dell'assemblea (2.373), mentre non se ne tiene conto — sempre che l'azionista in conflito si astenga dal voto — ai fini del calcolo della maggioranza (*retro*, n. 14.10, nota 2)" (*Gli Imprenditori e le Società*, Francesco Ferrara Jr. e Francesco Corsi, 9ª ed., Milano, Giuffrè Editore, pp. 520-523 — grifou-se).

24. Para que não haja dúvida sobre o teor e a força da lei italiana, veja-se o que diz, em tradução livre, o Código Civil Italiano, no seu artigo 2.373, *caput*, em tudo similar com a parte final do parágrafo único do artigo 115 da Lei n. 6.404/1976: "O direito de voto não pode ser exercido pelo sócio nas deliberações em que tenha, por conta própria ou de terceiro, um interesse em conflito com a da sociedade (art. 2.391)".

25. Frise-se que os tribunais não ficaram mudos ao ensinamento da doutrina:

"Nell'ipotesi di conflitto di interessi con la società, è rimessa esclusivamente al socio la valutazione in ordine all'obbligo di asternesi dal voto e non al presidente dell'assemblea o all'assemblea stessa, i quali non possono deliberare l'esclusione del socio dal voto ma solo impugnare la delibera, se ricorrono i requisiti previsti dal secondo comma dell'art. 2.373 c.c. (App. Bari, decr. 23 febbraio 1988, e Trib. Foggia, decr. 23 ottobre 1987, entr. In Dir. fall., 1988, II, 716).

"La configurabilità di un interesse individuale del socio in potenziale contraso con l'interesse sociale non à sufficiente a privare il socio della legittimizione ad esercitare il diritto di voto. Per poter accertare che esiste conflitto rilevante ai sensi dell'art. 2.373 c.c. *è indispensabile verificare che lo scopo effettivamente perseguito dal socio sia incompatibile con la realizzazione dell'interesse sociale e che il perseguimento dell'interesse individuale possa recare danno alla società*. L'interesse personale del socio ad ostacolare il procedimento disposto a norma dell'art. 2.409 c.c. e a precludere il risanamento delle irregolarità amministrative accertate è in contrasto con l'interesse sociale e rappresenta un effetto illecito e motivo di nullità della deliberazione. (Trib. Milano, 20 gennaio 1994, *Giur. Comm.*, 1995, II, 237)" (*Códice delle Società*, Vicenzo Scalese, 2ª ed., Milano, Dott. A. Giuffrè Editore, p. 305 — grifou-se)

26. E aqui talvez seja o momento para se abrir um parêntese para explicar que o conflito de interesses referido na Lei n. 6.404/1976, ao contrário do que entendeu o voto da ilustre Diretora-Relatora, não é qualquer conflito de interesse, muito menos a expressão conflito de interesse que se vê sendo utilizada comumente, a torto e a direito, num sentido *lato*.

27. A expressão conflito de interesse tem de ser examinada na sua acepção técnica.

28. Primeiramente, deve ficar dito que o interesse em conflito há de ser extrasocial, não decorrente da situação de sócio do acionista. Este interesse extrasocial, estranho mesmo à relação social, é que deve se contrapor ao interesse social. A contraposição entre interesses de acionistas não autoriza a aplicação do § 1º do artigo 115 da Lei n. 6.404/1976.

29. Mais ainda, esta contraposição, este conflito, deve ser substancial, não formal, efetivo e inconciliável. Seria aquele conflito de interesse que não permitiria a convergência ou a conciliação, mas que, para o atendimento do interesse de uma das partes, necessariamente se exigiria o sacrifício da outra parte. Para se alcançar um interesse, ter-se-ia invariavelmente que prejudicar o outro.

30. Veja-se, neste particular, a lição de Pier Giusto Jaeger:

"La soluzione del problema non sembra peraltro eccessivamente difficile. Una prima indicazione, che vale a delimitare il campo dell'indagine, si trae dalla stessa disposizione dell'art. 2.373 primo comma, la quale si riferisce alle *deliberazioni in cui* il socio ha un interesse in conflitto con l'interesse della società (62). È evidente quindi, che, nel caso concreto, nell'àmbito di applicazione della norma non rientrano qualsiasi interesse del socio e qualsiasi interesse proprio del gruppo sociale, ma soltanto quegli interessi relativamente ai quali assume rilevanza il contenuto della delibera (63), ovverosia quelli il cui regolamento costituisce l'oggetto della delibera medesima. Crediamo, poi, che *all'espressione 'conflitto d'interessi' si debba attribuire un preciso significato tecnico, e che tale espressione indichi una relazione di incompatibilità assoluta, non comprendendosi in essa, invece, altri tipi di interferenze fra interessi le quali dano luogo soltando a rapporti di incompatibilità relativa o potenziali* (64).

"(...) giacchè soltanto quando fra due interesse esiste un rapporto di incompatibilità assoluta si può dire che la realizzazione di uno di esse 'esige' il sacrificio dell'altro" (*L'Interesse Sociale*, Milano, Dott. A. Giuffrè Editore, 1972, pp. 209 e 222 — grifou-se).

31. E Galgano:

"Hay conflicto de intereses entre socio y sociedad cuando el socio se encuentra en la condición de ser titular, ante determinada decisión, de un doble interés: de su interés de socio y, además, de un interés *externo de la sociedad, y esta duplicidad de intereses ha de ser de tal naturaleza que no pueda obtener el uno sin sacrificar el otro interés.*

"La simple duplicidad de la posición de intereses en cabeza de un mismo sujeto por sí sola no implica, sin embargo, una situación de conflicto en sentido técnico. Las dos posiciones pueden ser entre sí solidarias, ya que el socio puede alcanzar su propio interés sin perjudicar el interés de la sociedad. Inclusive, en el contrato consigo mismo el comportamiento del representante no es posible censurarlo, cuando 'el contenido del contrato esté determinada en forma que excluya la posibilidad de conflicto de intereses' (art. 1395)" (*Derecho Comercial*, Francesco Galgano, v. II, Editorial Temis S/A, p. 410 — grifou-se).

32. A jurisprudência italiana acompanha a doutrina:

"Ai sensi dell'art. 2.373 c.c c'è conflitto d'interessi socio e società quando il socio si trova ad essere portatore di fronte ad una data deliberazione d'un duplice interesse: del suo interesse di socio e, intoltre, di un interesse estraneo alla società *e questa duplicità di interessi è tale per cui egli non può realizzare l'uno, se non sacrificando l'altro, determinando perciò una situazione di rischio per la società*" (Trib. Napoli, decr. 24 gennaio 1989, *Dir. fall.*, 1989, II, 1169 — grifou-se).

33. Essa posição, é bom que se diga, já vem também da longa tradição do Direito Brasileiro.

34. Veja-se o que dizia Trajano de Miranda Valverde:

"455. O interesse contrário é uma questão de fato, a ser, pois, apreciada em cada caso (art. 120). A deliberação não deixa, entretanto, de ser válida. Pode ser anulada por outro motivo, como se eivada de erro, dolo, fraude ou simulação (art. 156). A sociedade, porém, se sofreu prejuízos com a operação ou negócio deliberado pela assembléia geral, terá contra o acionista, que a determinou, a ação de responsabilidade civil, para obter a devida reparação. A prova do prejuízo é que alicerçará a ação, no pressuposto, é evidente, de que o interesse contrário do acionista foi que prevaleceu na referida deliberação" (*Sociedade por Ações*, v. II, p. 116).

35. No mesmo sentido, Carlos Fulgêncio da Cunha Peixoto:

"Entretanto, o objetivo do dispositivo é proibir ao acionista votar sobre matéria em que seu interesse entre em choque com o da sociedade.

"(...)

"Não é fácil a tarefa de aferir os interesses da sociedade e os do acionista para saber se existe ou não choque. A matéria é de fato e deve ser examinada em cada caso, *pois, mesmo em uma operação de compra e venda, em determinadas condições, não se poderá dizer, de antemão, se haverá antagonismo entre as partes*. Pode, como proclama Eduardo de Carvalho, 'dar-se a hipótese de haver convergência ou mutualidade de interesses, por beneficiar a ambas as partes a transação incriminada'" (*Sociedades por Ações*, v. 3, Carlos Fulgêncio da Cunha Peixoto, p. 81 — grifou-se).

36. Após a promulgação da Lei n. 6.404/1976, a doutrina continuou a se posicionar de forma remansosa no mesmo sentido da lei anterior, sendo a voz destoante a de Modesto Carvalhosa, para quem bastaria o conflito de interesses aparente e formal, não se exigindo o conflito substancial.

37. A voz de Modesto Carvalho é, segundo meu conhecimento, a que se alinha ao voto proferido pela Diretora-Relatora, no que toca à desnecessidade do conflito substancial de interesses, mas está longe de me convencer, com a devida vênia.

38. A seguir a linha de que o exame da hipótese de conflito de interesse deve ser casuísta e considerar o conflito substancial e não meramente formal, dê-se o exemplo de Erasmo Valladão de Azevedo França, com a autoridade de quem é monografista sobre a matéria, como bem advertiu o Diretor Marcelo Trindade em seu voto: "Entendemos, dessa forma, que a fazer referência à 'interesse conflitante com o da companhia', no § 1º, do art. 115, a lei não está se reportando a um conflito meramente formal, mas sim a um conflito *substancial*, que só pode ser verificado mediante o exame do conteúdo da deliberação" (*Conflito de Interesses nas Assembléias de S/A*, p. 97).

39. No mesmo sentido, Luiz Gastão Paes de Barros Leães:

"Inicialmente, cumpre advertir que a configuração dos interesses conflitantes é de natureza substancial, e não meramente formal, como a significar a posição das partes contratantes, que de resto existe em todo contrato bilateral ou sinalagmático" (in *Estudos e Pareceres sobre Sociedades Anônimas*, São Paulo, Ed. RT, 1989, p. 32).

40. Em obra mais recente, veja-se a lição de Calixto Salomão Filho:

"Assim, procuram-se evitar os inconvenientes das concepções extremas do conflito de interesses: a concepção enumerativa (ou formal), que com relação ao ordenamento alemão peca pela falta e pelo excesso — de um lado, não permite prever todas as hipóteses de conflito (exigindo, portanto, o recurso à analogia, freqüentemente de duvidosa eficácia); de outro, inclui casos não necessariamente de conflito (como os contratos entre sócio e sociedade), diminuindo a capacidade negocial da sociedade —, e a concepção genérica (ou material), que permite uma intromissão judicial excessiva nos negócios sociais, com revisão do mérito das decisões sociais.

"Com essa análise — por assim dizer — casuística do interesse do sócio, ainda que baseada em critérios objetivos, procura-se tutelar a 'legalidade do procedimento deliberativo'. É indúbio que esse tipo de controle é o mais apto ao mesmo tempo a avaliar e a não obstruir uma atividade procedimental por antonomásia como é a atividade social" (*O Novo Direito Societário*, Calixto Salomão Filho, Malheiros Editores, p. 173).

41. Finalmente, a lição do Prof. Alfredo Lamy Filho:

"3. O CONFLITO DE INTERESSES ENTRE O MAJORITÁRIO E A EMPRESA

"(...)

"3.6 Mais ainda, o acionista, controlador ou não — por força do disposto no artigo 115, 'deve exercer o direito de voto no interesse da companhia' — *isto é, se houver divergência ou conflito entre o interesse da companhia e o do acionista — há que prevalecer o interesse da empresa — sob pena de o voto considerar-se abusivo*.

"3.7 Esta, aliás, é regra básica no direito societário, consagrada universalmente: o acionista deve votar e o administrador deve agir no interesse da companhia como um todo, 'as a whole' como prescreve o direito inglês, e não para atender ao seu interesse próprio ou ao de quem o elegeu.

"3.8 E, no § 4º desse mesmo artigo 115, que disciplina o abuso do direito de voto, ficou expresso que 'a deliberação tomada em decorrência do voto de acionista que tem interesse conflitante com o da companhia, é anulável'" (*A Lei das S/A*, Alfredo Lamy Filho e José Luiz Bulhões Pedreira, v. II, p. 463 — grifou-se).

42. Poder-se-ia prosseguir citando Fran Martins (*Comentários à Lei das S/A*, v. II, p. 84), Lacerda Teixeira e Tavares Guerreiro (*Das Sociedades Anônimas no Direito Brasileiro*, v. I, p. 278) e tantos outros que cuidaram da matéria, mas a essa altura parece-me ocioso, até mesmo porque o disposto no § 4º do artigo 115 da Lei n. 6.404/1976 deixa claro que a questão não é formal, pois caso contrário o voto não poderia ser proferido, mas, sim, substancial, e com isso prevê a anulabilidade de deliberação onde há o voto com conflito de interesse e não a nulidade e mesmo faz referência expressa à responsabilidade sobre o dano causado e à devolução das vantagens que tiver auferido.

43. E nem se diga que este entendimento é decorrente de países que adotaram o sistema legal continental-europeu ou romano-germânico, como tem se ouvido por aí, pois nos sistemas jurídicos onde vigora a *common-law* também não há o tal impedimento de voto que se pretende no voto da Diretora-Relatora.

44. Assim a lição de Charlesworth e Morse:

"We have seen that under the principle of majority rule the company in general meeting may waive a breach of fiduciary duty by a director who contracts with the company as in the *N. W. Transportation* case, or by one who makes a secret profit out of his position as in *Regal (Hastings) Ltd v. Gulliver*, or way waive a breach of a director's duty of care, as in *Pavlides v. Jensen*. It has often been stated that although the directors of a company owe fiduciary duties to the company, as such, shareholders do not: "When voting, a shareholder may consult his own interests" (*Company Law*, Charlesworth & Morse, London, Sweet & Maxwell, p. 302).

45. E o questionamento deste voto ficará limitado ao *standard for the benefit of the company as a whole*, conforme o ensinamento do clássico Gowers:

"In the first place it is now plain that 'bona fide for the benefit of the company as a whole' means not two things, but one thing. It means that the shareholder must proceed on what, in his honest opinion is for the benefit of the company as a whole. The phrase, 'the company as a whole' does not (at any rate in such a case as the present) mean the company as a commercial entity; it means the corporation as a general body. That is to say the case may be taken of an individual hypothetical member and it may be asked whether what is proposed is, in the honest opinion of those who voted in its favour, for that person's benefit" (*Principles of Modern Company Law*, p. 600).

46. No direito americano veja-se que também não há impedimento a que o acionista vote questões sobre as quais tenha interesse direto, exigindo-se, evidentemente, que o voto seja *fair*, conforme a lição de Norman D. Lattin:

"A shareholder in voting his shares must act fairly and in good faith toward other shareholders and may not legally enter into an agreement with other shareholders to so vote his shares as to perpetrate a fraud upon another shareholders (...) If he happens to be the majority shareholder, he may not legally use his voting power to advance his own interests at the expense of the minority, nor may he create proxies to use this power for their own personal gain. *He may, however, vote his shares in support of the ratification of a voidable personal contract or other transaction with his corporation where good faith and fairness of deal are present, though there be a personal benefit to himself. And his good faith will project him if he happens to have voted into office a board of directors who prove faithless or incompetent, or to have voted for resolutions which, when set in motion, prove disastrous to his corporation*" (*Lattin on Corporations*, p. 355 — grifou-se).

47. A jurisprudência, por sua vez, já teve oportunidade de se manifestar sobre a matéria e seguiu a linha da doutrina que, como se disse e demonstrou, no Brasil é tranqüila, destoando apenas Modesto Carvalhosa.

48. Assim, o trecho do voto do Ministro Aldir Passarinho Júnior, proferido no julgamento do Recurso Especial n. 131.300-RS (Recte.: Ponta Funda Participações e Administração S/A; Recdas.: Varig S/A e Fundação Ruben Berta):

"Sr. Presidente, desde o início do julgamento em sessão passada, entendi de acompanhar o voto do eminente Ministro-Relator. Esse conflito entre interesses de determinados acionistas e a empresa tem que ser absolutamente estridente, porque uma pessoa jurídica tem por objetivo o lucro, e o dono da empresa é exatamente quem detém a maioria do capital. É claro que a lei traça alguma proteção para os acionistas minoritários. Mas não é possível, como propõe a parte em memorial, que se dê a isso o mesmo tratamento, ela exemplifica, de um magistrado que julgará uma questão de seu interesse, tendo que ser imparcial. Na verdade, na sociedade comercial há conflitos de interesses e de força, prevalecendo a força do capital, porque isso é inerente à natureza da sociedade. Não existindo um interesse estritamente colidente de um acionista em relação à própria empresa, não há razão para se afastar da votação o acionista, no caso o majoritário, ficando muito difícil se gerir uma sociedade, porque a todo o momento se poderá interpretar que tal ou qual atitude deste acionista estaria ou não colidindo com o interesse daquela, quando é ele, por ter a maioria do capital, quem toma as decisões."

49. Isto tudo serve para demonstrar que a tônica nacional, de ontem e de hoje, e mundial é no sentido de que o conflito de interesse deve ser apreciado em cada caso, mediante a verificação de que o acionista interessado, ao manifestar seu voto, sacrificou o interesse social em virtude de seu benefício extra-societário; mediante a verificação de que o conflito seria incontornável e que não haveria como o acionista exercer seu voto sem que este fosse manifestado em detrimento de um dos interesses envolvidos, mais especificamente o interesse da sociedade.

50. A presunção *a priori* é algo, a meu ver, muito violento e assistemático dentro do regime do anonimato, pois afasta a presunção de boa-fé, que me parece ser a presunção geral e mais tolhe um direito fundamental do acionista ordinário que é o direito de voto, no pressuposto de que ele não teria como resistir à tentação. Dito de outra forma, estar-se-ia a expropriar o direito de voto do acionista no pressuposto de que ele poderia vir a prejudicar a companhia mediante o seu exercício, em virtude de um aparente conflito de interesse. Haveria a presunção de que o acionista perpetraria uma ilegalidade acaso fosse lícito que proferisse o seu voto, numa espécie de consagração da fraqueza humana. Prefiro, em situações genéricas, entender que as pessoas cumprem a lei, que não se deixam trair por seus sentimentos egoísticos, porque, como disse, a boa-fé é a regra, igualmente o cumprimento da lei e a inocência. Ora, se isto não fosse verdade talvez fosse melhor não haver sociedade, pois a confiança é algo fundamental nas relações societárias, até mesmo nas companhias abertas, pois ninguém, em sã consciência, gostaria de ser sócio de alguém em que não confia, principalmente se este alguém for o acionista controlador. Parece-me, assim, evidente a distorção pois a presunção de hoje e sempre é que as pessoas cumprem a lei.

51. Recordo aqui, inclusive, o fato de que, no caso do acionista controlador ao se lhe exigir a abstenção, a lei estaria retirando de suas mãos a decisão primeira sobre o interesse social, muito embora fosse ele quem estivesse em melhor condição para julgar a adequação de determinada deliberação ao interesse social, pois, ao menos teoricamente, é ele quem, dentre os acionistas, melhor conhece a situação da companhia, acompanha de perto seus negócios e que está com ela mais comprometido.

52. Diga-se, a propósito, que há previsão expressa na própria Lei das S/A, conforme se verifica do artigo 245, que permite a negociação com partes relacionadas:

"Art. 245. Os administradores não podem, em prejuízo da companhia, favorecer sociedade coligada, controladora ou controlada, cumprindo-lhes zelar para que as operações entre as sociedades, se houver, observem condições estritamente comutativas, ou com pagamento compensatório adequado; e respondem perante a companhia pelas perdas e danos resultantes de atos praticados com infração ao disposto neste artigo."

53. Veja-se, no particular, o entendimento de Luiz Gastão Paes de Barros Leães: "A Lei Brasileira, ademais, em seu art. 245 regula as relações entre sociedades controladoras e controladas, permitindo que, nesse caso, 'as operações entre as sociedades' possam submeter o interesse de uma ao interesse de outra, desde que haja 'pagamento compensatório adequado' (...)" (in "Conflito de interesses e vedação de voto nas assembléias das sociedades anônimas", *apud Revista de Direito Mercantil* 92/110, São Paulo, out./dez. 1993).

54. Ives Gandra da Silva Martins e Geraldo de Camargo Vidigal referem-se a opiniões autorizadas neste sentido:

"Alerta Fran Martins que não é vedado ao acionista controlador contratar com a sociedade, seja diretamente, seja por meio de terceiros, visto que os acionistas, mesmo o controlador, não se confundem com a companhia. Essa contratação, entretanto, deve ser feita dentro das normas comuns das atividades da sociedade, tendo em vista o interesse da mesma. O que a lei não admite é que essa contratação seja feita em condições de favorecimento ou não eqüitativas, estas, segundo Wilson de Souza Campos Batalha, consideradas as realizadas em condições anormais, estranhas à regra comum dos negócios, incompatíveis com os usos e costumes negociais" (in *Comentários à Lei das Sociedades por Ações*, Rio de Janeiro, Forense Universitária, 1999, p. 356).

55. As legislações que quiseram efetivamente afastar *a priori* o direito de voto, fizeram-no expressamente, enumerando, não um conceito geral de conflito de interesses, mas especificando taxativamente as hipóteses onde haveria um conflito de interesses presuntivo.

56. Nessas legislações, considerou-se que em determinadas situações haveria uma presunção de conflito de interesses e optou-se por impedir que o voto fosse proferido, mas fez-se através da indicação clara e precisa de hipóteses específicas, como aliás fez a legislação brasileira nas duas primeiras hipóteses do parágrafo único da artigo 115, notadamente quanto ao laudo de avaliação e à aprovação de contas. Mas, repita-se, em nenhum local onde há uma referência genérica a conflito de interesses, a doutrina e a jurisprudência posicionaram-se no sentido do conflito formal e *a priori*.

57. De outro lado, a evolução legislativa dos países onde se cuidava apenas das hipóteses de conflito de interesses presuntivos, terminou por demonstrar que o conceito era insuficiente, dada a estreiteza da fórmula, que seria muito rígida para determinadas situações e frouxa para outras, razão pela qual foram migrando para o conceito genérico.

58. Foi isso que se deu na Alemanha no início, que ainda no século XIX, pioneiramente tratava de hipóteses de conflitos de interesses determinados e terminou por alterar o tratamento em razão da insuficiência do conceito de conflito de interesses presuntivos, conforme se verifica-se do texto abaixo:

"52. A) Comme nous l'avons vu, les règles du droit allemand interdisant l'exercice du droit de vote, dans certains cas de conflits d'intérêts présomptifs, soulèvent de nombreux problèmes fort complexes. Ce sont des règles rigides et longtemps avant la mise en vigueur de la loi allemande de 1937 on a constaté que, d'une part, elles sont trop étroites dans de nombreux cas de conflits d'intérês effectifs et, d'autre part, il y a certaines catégories de faits (par exemple des actes juridiques à effectuer vis-à-vis d'un actionnaire) oú l'application de ces règles ne paraît possible que sous des conditions tout à fait particulières. Aussi longtemps avant 1937, la doctrine allemande a-t-elle été à la recherche d'une 'clause générale' c'est-à-dire d'une régle plus souple et mieux adaptée aux faits pour la protection de la société contre les dangers d'un vote abusif de ses propres actionnaires" (F. Henzfelder, "La protection de la societé anonyme contre des abus de vote em cas de conflits d'intérêts en droit allemand", *Revue Trimestrielle de Droit Commercial*, fondée par Jean Escarra et Roger Houin, t. XXI, ano 1968, p. 285).

59. Em minha opinião, não pode ser diferente o tratamento quando houver referência genérica a conflito de interesses, pois dada a subjetividade da avaliação e a largueza do conceito, parece-me impensável que a avaliação primeira do conflito de interesse fosse de outra pessoa que não o acionista interessado, pois só ele poderá, antes mesmo de proferir o voto, avaliar se está em conflito de interesses ou não com a companhia na deliberação, inclusive porque somente ele sabe o teor do voto que proferirá.

60. Lúcida a opinião de Julio Costas Comesaña, em monografia específica, ao concluir que um dever de abstenção genérico em hipótese de conflito de interesses é algo que não se ajusta ao melhor sistema:

"Consideramos que un deber general de abstención de voto es excesivo. En primer lugar, porque no parece que pueda presumirse *iuris et de iuri* que el socio se decantará *siempre* por el interés extrasocial ante cualquier clase de conflicto con el interés social. En segundo lugar, si se considera como parece razonable que es la Junta General la competente para decidir cuando existe conflicto de intereses al margen de las situaciones enumeradas por la LSRL, también parace igualmente razonable estimar que el socio o socios en conflicto no pueden participar en esta votación previa, con lo que estaríamos invirtiendo la regla de la mayoría propiciando el abuso de la minoría, pero también, si el socio interesado forma parte de la minoría, el deber genérico de abstención de voto puede convertirse en un instrumento de la mayoría para expropiar los derechos de la minoría reconocidos por la Ley" (*El Deber de Abstención del Socio en las Votaciones*, Edita Tirant lo Blanch, Valencia, 1999, p. 61).

61. Certamente a questão ganha maior relevo quando se considera que o acionista supostamente impedido de votar seria o acionista controlador e detentor do maior percentual das ações da companhia. Nessa hipótese, o acionista controlador não poderia votar, segundo sustenta a tese do conflito aparente e formal, muito embora fosse ele quem sofreria em maior proporção o acerto ou desacerto da decisão — ressalvando, evidentemente, em alguns casos específicos a questão das ações preferenciais — considerando que as ações são bens de segundo grau, como afirmou Ascarelli.

62. E o que é pior — e parece-me que não se tem atentado para isso com a devida reflexão — é que, se o voto proferido aos acionistas a quem o voto seria permitido contrariasse o interesse social, o máximo que se obteria seria a desconsideração do voto, mas jamais a aprovação da deliberação.

63. Uma vez que no caso específico não haveria possibilidade de uma decisão judicial que suprisse a manifestação — ou a não manifestação — de vontade dos acionistas, nessa situação jamais se atingiria o conteúdo positivo de uma deliberação, mas apenas a desconstituição dos votos viciados. Ou, o que talvez fosse pior, esses acionistas poderiam apenas e comodamente optar por não comparecer à assembléia ou nela comparecendo se absterem de votar. Nessa hipótese, não haveria nem mesmo voto a ser anulado e permaneceria a mesma questão da impossibilidade de se dar um conteúdo positivo à deliberação.

64. A assimetria me parece evidente, na primeira hipótese (i.e. de a operação ter sido celebrada em decorrência do voto viciado), ao menos em tese, é possível se atingir a justiça, qual seja, desconstituir os votos viciados e a deliberação, caso tenham sido tais votos determinantes para sua adoção, desfazendo-se o negócio sem prejuízo das eventuais perdas e danos; nas segunda e terceira hipóteses, desconstitui-se o voto mas não se atinge o conteúdo positivo da operação, podendo-se eventualmente obter perdas e danos na segunda hipótese, mas dificilmente na terceira.

65. O sistema que a meu ver melhor compõe os interesses envolvidos e melhor resolve a questão é aquele que exige que a operação seja justa, que o pagamento seja adequado, em condições de mercado. Isso deveria ser atingido através de opiniões de especialistas independentes, que atestariam, em benefício da companhia e de seus acionistas como um todo, a justiça e a correção da operação com a parte interessada, respondendo perante estas pessoas.

66. A operação, como disse Lattin, deveria demonstrar que "*good faith and fair-*

ness of the deal are present". A operação deveria resistir ao *fairness test*, bastante difundido no direito comercial norte-americano.

67. Recordo aqui a lição de Mengoni:

"Si dirá, infine, che il sistema di tutela della minoranza, qui delineato, urta contro gravissime difficoltà di prova. Ma è l'único possibile. Andare oltre significherebbe distruggere l'autonomia della società, che sarebbe poi come intonare il 'muoia Sansone e i Filistei'. D'altro lato, basta sfogliare la raccolta delle sentenze del Tribunale Supreme germanico, per rendersi conto che, sol che si voglia, il sistema è in grado di funzionare. Tutto sta avere coraggio e a non lasciarsi impressionare dagli alti lai, che i gruppi azionarii di controllo elevano ogni volta che il giudice li coglie con le mani nel sacco della minoranza" (ob. cit., p. 464).

68. É por essas razões que entendo que, no caso específico, não há elementos para se afirmar com convicção que há conflito de interesses. Digo mais, se conflito de interesses houvesse, seria até de ordem indireta, já que considerando a estrutura acionária das companhias envolvidas, a companhia votante não estaria diretamente interessada na questão nem dela se beneficiaria, pois quem está a celebrar o contrato com a companhia CTMR Celular S/A é a sua acionista controladora indireta Telecom Italia Mobile.

69. É importante ressaltar que não se trata de uma "companhia de papel" ou de uma sociedade constituída para proteger o acionista controlador. Cuida-se de companhia de verdade, com acionistas minoritários, talvez em número e percentual até maiores do que a CTMR Celular.

70. Nessa linha, não há nem mesmo prova de que houve determinação ou direcionamento, por parte da acionista controladora, para que sua controlada votasse em sentido predeterminado.

71. Quando muito, poder-se-ia dizer que o acionista em questão estaria em uma situação de decidir entre o seu interesse direto como acionista e o interesse de sua acionista controladora, o que não é nada fácil e que, no meu entendimento, não representaria conflito de interesses para efeito do artigo 115, pois ali se cuida de conflito próprio e não de terceiro. A CVM precisaria provar que houve a instrução do voto da controlada por parte do controlador, o que não procurou fazer.

72. A pergunta básica para a desconsideração da personalidade jurídica não foi respondida. Foi a companhia que agiu ou foi ela mero instrumento nas mãos de seu sócio controlador?

73. O fato é que o voto da Diretora-Relatora expressamente reconhece que não faz qualquer juízo de valor sobre a lesividade ou não do voto proferido aos interesses sociais.

74. Como dito, a meu ver, para entender que haveria proibição ao direito de voto e que, portanto, o voto proferido teria sido ilegal, a CVM deveria ter comprovado que efetivamente o interesse social havia sido sacrificado, e isso, com vantagem de estar falando já após os fatos.

75. Tal prova não foi feita; dela não se desincumbiu a CVM, nem procurou fazê-lo, razão pela qual, ao menos por hora com a prova que foi produzida, não vejo fundamento jurídico para decidir contra os indiciados.

76. Finalmente, recordo que os acionistas minoritários que compareceram à assembléia, e que desenganadamente são partes independentes e não relacionadas aos indiciados, votaram favoravelmente à aprovação da deliberação, não tendo havido um único acionista sequer que tenha comparecido à assembléia e questionado a operação, sendo de se recordar que um dos acionistas que compareceram à assembléia é detentor de cerca de 1% do capital preferencial e 0,5% do capital total.

Inexistência de benefício particular

77. O ilustre Diretor Marcelo Trindade, a seu turno, muito embora tenha afastado a proibição do voto por conflito de interesse no caso, entende que o voto não poderia ter sido proferido em decorrência de suposto benefício particular.

78. Data venia, sou também obrigado a divergir.

79. Há um argumento que me parece definitivo para se afastar a tese do benefício particular e ele reside no fato de que o acionista votante não poderá auferir nenhum benefício particular por conta do contrato a ser celebrado.

80. Com efeito, o contrato será, como dito acima, celebrado entre a companhia CTMR e a Telecom Italia Mobile. O acionista controlador da companhia Tele Celular Sul Participações S/A não é parte do contrato, nem receberá qualquer remuneração em virtude deste contrato; a contrapartida irá direto para a Telecom Italia Mobile, que é controladora da acionista votante.

81. Portanto, se benefício particular houvesse, não seria do votante, mas sim de seu controlador. Ressalto, por óbvio, que não se cuida no caso — e isso ninguém alegou — de fraude ou abuso da personalidade jurídica, que pudesse dar ensejo à desconsideração da personalidade jurídica, na esteira do entendimento da doutrina, dos tribunais e da própria CVM.

82. No caso específico, a companhia votante sempre existiu. Aliás, essa companhia é que foi objeto de privatização e que como se disse tem diversos acionistas minoritários.

83. Como é de correntia sabença, as normas restritivas de direito devem ser assim interpretadas; que dirá aquela que retira um direito fundamental das ações ordinárias que é o direito de voto. Não pode, portanto, ser alargado este conceito para restringir direitos de terceiros não amparados pela norma.

84. Não obstante ser irrelevante para a solução da questão, porque, como se viu, não há benefício particular do acionista votante, também entendo que a hipótese não seria de benefício particular independentemente da estrutura societária.

85. Com efeito, a expressão benefício particular foi inserida na legislação brasileira com o Decreto n. 2.627/1940, artigo 82. Até então, a expressão utilizada, desde a Lei n. 3.150 de 1889, era *vantagem*.

86. Todavia, Trajano de Miranda Valverde deu, como origem do citado artigo 82 do Decreto n. 2.627, o artigo 142 do Decreto n. 434, de 4 de julho de 1891.

87. O Decreto n. 434/1891, que deu nova regulamentação às sociedades anônimas e que vigorou até o advento do Decreto n. 2.627/1940, nada inovou com relação ao tratamento do voto em relação à antiga Lei n. 3.150, dizia: "Não podem votar nas assembléias geraes: os administradores, para approvarem os balanços, contas e inventários; os fiscais, os seus pareceres; e os accionistas, a avaliação de seus quinhões, ou quaesquer vantagens estipuladas nos estatutos ou contracto social".

88. Como bem salientou Erasmo Valladão de Azevedo França em monografia sobre a matéria (ob. cit., p. 70), o termo constante do Decreto não se referia a qualquer vantagem, mas sim a vantagem específica e lícita constante do artigo 3º, § 3º, da mesma Lei n. 3.150:

"É lícito, depois de constituída a sociedade, estabelecer-se em favor dos fundadores ou terceiros, que hajam concorrido com serviços para a formação da companhia, qualquer vantagem consistente em uma parte dos lucros líquidos."

89. O conceito de vantagem nos é dado por Carvalho de Mendonça, comercialista:

"Os *fundadores* e os *terceiros*, que tenham concorrido com serviços para formação da sociedade, podem perceber vantagens, consistentes em comissões, percentagens etc. Tudo que rompe a igualdade que, em princípio, deve reinar entre os sociais considera-se como vantagem particular.

"Essas vantagens deduzem-se dos lucros líquidos anuais durante determinado prazo (a lei, aliás, não estabelece) ou do próprio capital da sociedade. No primeiro caso, tem o caráter aleatório.

"(...)

"Em hipótese alguma, as vantagens aos fundadores ou a terceiros podem ser estabelecidas pelos próprios fundadores ou pelos administradores da sociedade, porém, somente, pela assembléia geral dos acionistas, depois de declarada constituída a sociedade. Quer dizer isso que, não obstante constarem do prospecto da subscrição, a assembléia deve manifestar o seu voto certo, especial, inequívoco sobre a concessão de tais vantagens. Essa assembléia é a própria constituição da sociedade anônima. É assim que se deve entender e conciliar os arts. 6º, 10 e 20 do Decreto n. 434, de 4 de julho de 1891.

"Os fundadores, se também subscritores ou acionistas, não podem constar na qualidade de acionistas, nas deliberações sobre quaisquer vantagens estipuladas em seu favor nos estatutos ou no contrato social" (*Tratado de Direito Comercial Brasileiro*, J. X. Carvalho de Mendonça, v. II, Bookseller Editora e Distribuidora, Campinas/SP, pp. 346-349).

90. E o mesmo Carvalho de Mendonça, ao discutir hipótese de contrato entre o sócio e companhia, expressamente exclui a possibilidade disso se constituir como vantagem. Ouça-se a lição do mestre:

"1.146 *bis*. Pergunta-se: o acionista pode votar sobre negócio que lhe diga respeito e que porventura contrate com a sociedade? Poderá votar em si mesmo para os cargos de administrador ou fiscal? A opinião geral é que a lei não vedando, implicitamente permite que vote o acionista, ainda que seja administrador. As proibições são de direito estrito. Os votos dos outros acionistas podem eliminar a influência dos votos interessados. Que lucraria a lei estabelecendo a proibição se não evitar os acionistas transferirem as ações a figuras de palhas para a votação nas assembléias? É melhor que cada um assuma francamente a responsabilidade dos seus atos" (ob. cit., v. IV, livro II, pp. 30-31).

91. Para aqueles que sustentam, como Leães, que a expressão "benefício particular" tem origem na lei alemã, e não na Lei n. 3.150 de 1889, a conclusão também não seria diferente.

92. Comparato nos dá o legítimo testemunho do entendimento da doutrina alemã sobre a questão:

"No tocante aos benefícios ou vantagens indevidos, que resultam da deliberação impugnada, ou que tendem a derivar do voto abusivo, ainda que não vitorioso, a doutrina alemã apresenta uma precisão digna de nota. O § 243 da lei acionária germânica de 1965 usa da expressão 'vantagens especiais ou particulares' (*besondere Vorteile*). Em seus abalizados comentários à *Aktiengesetz*, Godin e Wilhelmi esclarecem que se trata de vantagens que não são normalmente atribuídas a todos quantos se encontram na mesma situação jurídica perante a companhia; ou seja, uma violação do princípio de igualdade relativa que consubstancia a justiça distributiva, como assinalamos. Assim é que o acionista controlador pode auferir, como resultado da deliberação impugnada, benefícios econômicos diversos da simples distribuição de dividendos ou bonificações em dinheiro. Ora, embora seja controlador, ele não deixa de ser acionista, não podendo portanto pretender, nessa qualidade, vantagens diversas das que competem, por lei, aos demais acionistas" (*Direito Empresarial — Estudos e Pareceres*, Fábio Konder Comparato, Saraiva, p. 90).

93. E a doutrina francesa também define a vantagem, o benefício particular, de forma semelhante, conforme a lição de Dominique Schimidt:

"Section 1, Sous-section 1, § 1. L'avantage particulier

"Seront succesivement évoquées la notion d'avantage particulier (A) et sa portée (B).

"A) LA NOTION

"La notion est vaste: en effet, ou peut considérer qu'il y a avantage particulier chaque fois qu'une personne retire de la société un droit ou un gain non partagé avec les associés. L'avantage est particulier d'une part parce qu'il profite à une ou plusieurs personnes, d'autre part parce qu'il n'est pas commun. Est commun ce qui est partagé par tous les membres d'un groupe. Est particulier ce qui n'est pas partagé. L'avantage particulier a ansi une signification potentielle étendue: constitue un avantage particulier le produit de l'usage par un dirigeant des biens de la société dans un intérêt personnel, ou encore la délibération qui favorise les membres de la majorité au détriment des minoritaires, ou encore la réservation à un bénéficiaire du droit de souscrire une augmentation de capital. Autant d'avantages particuliers au sens le plus large du terme" (*Le Conflits d'Intérêts dans la Société Anonyme*, Dominique Schmidt, Joly Éditions, 1999, Paris, pp. 52-53).

94. E o mesmo autor, em outra passagem, citando doutrina:

"Cette analyse a influencé nombre d'auteurs. C. Lyon-Caen et L. Renault enseignent que 'tout ce qui rompt l'égalité entre les actionnaires constitue un avantage particulier', et Copper-Royer: 'D'une manière générale, on devra reconnaître qu'il y aura avantage particulier chaque fois que la société attribuera à un associé, ou à certains associés, ou encore à certains futurs associés, un droit allant à l'encontre du principe l'égalité qui doit dominer les rapports de tous les actionnaires les uns avec les autres', précisant en note: 'certains auteurs ont tendance à restreindre la notion de l'avantage particulier aux seuls avantages d'ordre pécuniaire (...) La vérité juridique nous semble autre. Il y a avantage particulier dans toute clause rompant l'égalité contractuelle entre les associés'" (ob. cit., p. 55).

95. Isso tudo serve para demonstrar que o conceito de benefício particular está ligado diretamente ao conceito de igualdade entre os acionistas, ou seja, tudo aquilo que dê um tratamento aos acionistas — enquanto acionistas, é bom que se frise — diferente do que está geralmente disponível aos demais acionistas pode representar uma vantagem ou um benefício particular. Rompida esta igualdade, poderia haver um benefício particular.

96. A esse respeito, bem notou Erasmo Valladão Azevedo e Novaes França, ao explicitar que:

"Nesse passo porém o legislador não teve em mente os benefícios ou vantagens indevidos, de caráter extra-social, de que cuida o § 243, inciso 2, da Lei Acionária Alemã, mas benefícios perfeitamente lícitos, que a lei permite sejam atribuídos aos acionistas" (ob. cit., p. 90 — grifou-se).

97. Dito de outra forma, a questão do benefício particular, da vantagem, decorre do tratamento do acionista na qualidade de acionista, e não em outra situação em que eventualmente se encontre o acionista, pois, nesta hipótese, parece-me se enquadrar o conflito de interesses.

98. Tal, a meu ver, não se confunde, contudo, com o pagamento de uma contraprestação ou do exercício de um direito de acionista pelo acionista. Assim é que o pagamento ao acionista relativamente a um contrato não rompe essa igualdade, uma vez que o valor que este acionista receberá será a contraprestação do objeto do contrato. Não recebe ele este valor por ser acionista, nem celebra ele o contrato por ser acionista. O ponto central parece-me ser que aqueles que se encontram na mesma situação jurídica perante a companhia, na qualidade de acionista, devem ser tratados igualmente. No caso específico, parece-me não haver tal violação.

99. Relativamente à aplicação do artigo 116 da Lei das S/A, pelas mesmas razões expostas pelo Diretor Marcelo Trindade, discordo do voto da Diretora-Relatora.

100. De fato, a própria Diretora-Relatora deixa claro em seu voto que não está examinando o mérito ou a eventual lesividade da operação submetida à deliberação assemblear. Sua análise, como reconhecido, restringe-se a um exame pura e meramente formal acerca da existência ou não de um aparente conflito de interesse. Em momento algum está referido que a contratação não seria eqüitativa ou que estaria fora de condições de mercado. Para responsabilizar o controlador por conta do seu voto, a teor do artigo 116 da Lei das S/A, entendo necessário que ficasse caracterizado que o voto visou a prejudicar a companhia; que teria havido o exercício abusivo do direito de voto, o que, como dito, não restou provado.

101. Mais ainda, o indício que existe nos autos, juntamente com a presunção de boa-fé, é que a operação não seria lesiva, haja vista que a totalidade dos acionistas minoritários, detentores de ações ordinárias e preferenciais, que estiveram presentes à assembléia não se opuseram à deliberação, a qualquer título.

102. Finalmente, sou obrigado a discordar da afirmação constante do voto da Diretora-Relatora de que não se poderia considerar válida a assembléia, ainda que as formalidades tenham sido cumpridas e não tenha havido voto divergente, como reconhece a Diretora-Relatora.

103. O fundamento da Diretora-Relatora reside no fato de que seria necessário demonstrar aos acionistas que a operação seria do interesse da companhia e que as condições do contrato seriam eqüitativas, não existindo favorecimento ao controlador.

104. Ora, se há uma certeza na doutrina é que o vício do voto não atinge a deliberação se os demais votos proferidos não estiverem viciados. Trata-se da já famosa *prova de resistenza* de que falavam os juristas italianos.

105. Nesse contexto, tem-se que, em matéria de voto ou ausência de voto (i.e. não reconhecimento de direito de voto a determinada ação e vício de voto), as deliberações somente podem ser invalidadas, a qualquer título, se cabalmente comprovado que o resultado seria outro caso não houvesse ocorrido tal vício na deliberação.

106. Este entendimento é manso e pacífico, conforme já foi exposto por todos aqueles que, com proficiência, trataram da matéria, fazendo a distinção entre o vício do voto e o vício da deliberação. Esta última só é viciada se, considerado o vício de voto existente e expurgado os seus efeitos, não se puder atingir a maioria necessária para a deliberação.

107. Nessa linha, a lição insuperável por tudo e por todos de Tullio Ascarelli:

"De fato, é desnecessário lembrar deverem os vícios 'do voto' ser considerados separadamente dos vícios da deliberação.

"(...) A nulidade ou anulação do voto só influirá na validade da deliberação da assembléia quando alterar a maioria necessária" (*Problemas das Sociedades Anônimas e Direito Comparado*, Saraiva e Cia., 1945, p. 415).

108. Portanto, independentemente do voto e da vontade da Tele Celular Sul, a deliberação seria adotada, pois os votos remanescentes seriam suficientes para a validade e aprovação da deliberação.

109. A essa mesma conclusão chegou o insigne mestre Sylvio Marcondes, como se verifica da passagem abaixo:

"Pode, todavia, haver dúvidas quanto ao vício decorrente da falta da necessária maioria de votos favoráveis. É nula ou anulável a deliberação assim tomada? É evidente que, se não é conseguida a maioria necessária, a deliberação não existe. O problema é, no entanto, delicado nas hipóteses em que *se descobre não ter sido obtida a maioria* pelo fato de um ou mais votos — *considerados válidos* — serem, ao contrário, *nulos ou virem a ser anulados*. De fato é desnecessário lembrar deverem, os vícios do 'voto', ser considerados separadamente dos vícios da deliberação. *Pode o voto ser nulo ou anulável* (...) e a prescrição da ação cabível *não é disciplinada pelo art. 156*. A nulidade ou anulação do voto só influirá na validade da deliberação da assembléia *quando alterar a maioria necessária.*

"a) é imprescindível *distinguir os vícios de deliberação* da assembléia dos *vícios de voto*; b) a argüição da *nulidade do voto não se subordina* à ação de anulação, prevista no art. 286, da Lei n. 6.404; c) nem está, a ação competente, sujeita à prescrição aí estabelecida; d) a deliberação da assembléia *somente terá validade* se, para *a formação da maioria necessária, forem dispensáveis os votos nulos*" (in *Questões de Direito Mercantil*, Sylvio Marcondes, Saraiva, 1977, p. 52).

110. Essa também é a solução adotada em Portugal, consoante o ensinamento de Eduardo de Melo Lucas Coelho, em monografia sobre a matéria:

"Nem mesmo a circunstância de o voto se reputar elemento constitutivo do acto orgânico-deliberativo, em trânsito para o segundo plano da cena colegial com a determinação, pelo apuramento, da natureza, positiva ou negativa, da deliberação.

"Vimos, com efeito, não ser por isso que o voto perde a sua independência original, permanecendo dotado de autonomia apesar da preeminência adquirida pelo acto orgânico unitário recém-nascido ([288]) ([299]).

"Mas, então, a deliberação pode efectivamente ser influenciada pela anulação do voto. Pela eficácia *ex tunc* da anulação tudo se passa como se o voto nunca tivesse sido declarado ([300]). Perde a natureza de concreto elemento constituinte da deliberação, exclui-se do círculo dos votos emitidos e vê-se arredado do apuramento e da valoração.

"Basta, então, que sem o voto ou votos inválidos deixe de subsistir a maioria que no caso era indispensável à formação da deliberação, para que esta seja necessariamente afectada.

"*E só o será, inversamente, nesta mesma circunstância* ([301]) — *utile per inutile non vitiatur*" (in *A Formação das Deliberações Sociais, Assembléia Geral das Sociedades Anônimas*, Eduardo de Melo Lucas Coelho, Coimbra Editora, 1994, pp. 174-178 — grifou-se).

111. A demonstrar que a questão não é nova e já foi firmada pela doutrina há décadas, cite-se o ilustre comercialista italiano De Gregorio:

"362. *Necesidad de la distinción entre causas de anulabilidad o nulidad del voto del accionista singular y de la deliberación de la asamblea.*

"Para volver al campo de las deliberaciones que presuponen una *asamblea*, esté o no regularmente constituida, podemos considerar como una eficaz contribución de la doctrina a la sistematización de esta difícil materia la neta distinción entre nulidad o anulabilidad del negocio singular de voto de cada accionista y la nulidad o anulabilidad de la deliberación de la asamblea, de manera que esta última pueda seguir siendo plenamente válida no obstante la invalidez del primero. Estamos frente a una solución que facilita muchísimo la actividad de las sociedades anónimas, aun cuando alguna vez su actuación a nosotros no nos parezca plenamente conforme a ciertos principios, comúnmente afirmados, que deberían guiar la formación de las voluntades colegiales. En cuanto a esta solución se ha creado una frase muy expresiva: someter la deliberación a la *prueba de resistencia*. Es decir: a) si, considerado nulo el voto de algunos votantes, queda un número de votos suficientes según la ley o el estatuto para que la propuesta sea aprobada, la deliberación sigue siendo válida ('resiste a la prueba de la sustracción de los votos'); *b) si, considerados como votantes contra la propuesta aquellos accionistas que hayan sido injustamente excluidos de la asamblea, sigue siendo siempre superior el número de los votos favorables al de los votos contrarios, la deliberación es igualmente válida ('resiste a la prueba de la agregación de los votos')*" (in *Derecho Comercial de Las Sociedades & de Las Asociaciones Comerciales*, Alfredo de Gregorio, t. 6, Ediar, Buenos Aires, Soc. Anón. Editores, 1950, pp. 702 703) (grifou-se).

112. Na Espanha, conforme a opinião de Julio Costas Comesaña:

"2.1 La prueba de resistencia

"La nulidad del voto emitido por el socio en conflicto de intereses *ex* art. 52 LSRL constituye el único efecto jurídico seguro resultante de la infracción de tal norma prohibitiva. Los efectos de esta nulidad del voto sobre la validez del acuerdo dependen del resultado de la prueba de resistencia (*prova di resistenza)*, de tal forma que si deducido el voto o votos nulos por infracción del deber de abstención el resultado de la votación no varía, es decir, si sigue existiendo la mayoría de votos necesaria, la infracción del art. 52 LSRL no produce ningún efecto sobre un acuerdo que es el resultado de la voluntad de la mayoría no interesada de la junta. Por el contrario, si después de la resta de los votos no válidamente emitidos por conflicto de intereses no se alcanza la mayoria de votos precisa, el acuerdo es impugnable por infracción del principio mayoritario (art. 53 LSRL)" (ob. cit., p. 293).

113. Finalmente, o local onde os esclarecimentos e as informações devem ser prestados aos acionistas é a assembléia geral, onde a matéria constante da ordem do dia é colocada em discussão e aprovação.

114. É bem de ver que os acionistas que estavam presentes — e aí não se diga apenas o acionista controlador, mas todos os acionistas, independentemente de terem ou não direito de voto — são as pessoas que devem julgar se as informações, justificações e esclarecimentos prestados são suficientes ou não para que o voto seja proferido, devendo questionar se entenderem que não são suficientes.

115. No caso específico, vejo que os acionistas consideraram suficientes as informações, inclusive aquelas eventualmente prestadas oralmente, e documentos apresentados à assembléia, tanto que se julgaram em condições de votar favoravelmente à aprovação da matéria submetida à deliberação. Não cabe à CVM entender que os tais documentos e informações foram insuficientes, pois não é ela acionista, quanto mais quando não havia nenhum representante da CVM na assembléia e, apesar do que é informado na manifestação de voto da Diretora-Relatora, a ata foi lavrada sob a forma de sumário das deliberações tomadas, conforme autorização do § 1º do art. 130 da Lei n. 6.404/1976, por não constarem de seu teor as deliberações tomadas e não ter sido feito nenhum relato circunstanciado.

116. Por estas razões é que sou levado a divergir dos demais votos proferidos, sem que disso se possa inferir, necessariamente, que entenda benéficos contratos como o da espécie, considerando inclusive a forma de remuneração proposta. Mas o fato é que, a meu sentir, não há prova para demonstrar o conflito de interesses e, como disse o célebre Brandeis, Juiz da Suprema Corte Americana, no exercício do dever de julgar deve-se ficar muito atento para não transformar opiniões pessoais em princípios legais, ou, nas suas próprias palavras: "But, in the exercise of this high power, we must be ever on our guard, lest we erect our prejudices into legal pinciples. If we would guide by the light of reason, we must let our minds be bold." (New State Ice Co. vs. Liebman).

Rio de Janeiro, 19 de dezembro de 2001.

Luiz Antonio de Sampaio Campos — Diretor.

DECLARAÇÃO DE VOTO

Presidente Luiz Osório de Almeida Filho: Acompanho o voto da Diretora-Relatora.

Entretanto, gostaria de acrescentar que, em minha opinião, contratos desse tipo, que obrigam a companhia ao pagamento ao controlador, seja direto ou indireto, a título de *royalties*, de um percentual calculado sobre o seu faturamento, e não do lucro efetivamente obtido, contêm um vício, na medida em que essa remuneração independe dos esforços do controlador, ou de quem quer que seja, no sentido de tornar a manter lucrativa a empresa controlada, mas depende apenas da circunstância de estar a empresa em funcionamento.

Nesse sentido, vale mencionar que a Instrução CVM n. 323/2000, no inciso V do seu artigo 1º, definiu como exercício abusivo do poder de controle "*a celebração de contratos de prestação de serviços, inclusive de gerência e de assistência técnica, com sociedades coligadas ao acionista controlador ou por ele controladas, em condições desvantajosas ou incompatíveis às de mercado*".

De todo modo, ressalvada a hipótese de abuso de poder, entendo que à CVM não cabe analisar o mérito desses contratos, substituindo o acionista no exercício do seu poder de voto. Porém, deve ela cuidar para que haja a devida transparência acerca das circunstâncias que envolvem esse tipo de contratação.

E, no meu pensar, essa transparência não é obtida com a simples sujeição da matéria à assembléia, para que esta decida acerca da possibilidade dessa contratação ou não, mas, somente, com a divulgação de todos os dados e informações possíveis acerca do contrato, de modo a permitir que os demais acionistas da controlada possam exercer o seu direito de voto adequadamente, sem o voto daquele que esteja em conflito de interesses, permitindo a formulação de um juízo acerca dos custos e benefícios da matéria a ser votada, o que não ocorreu no caso presente.

Aqui permito-me traçar um paralelo entre as partes beneficiárias e esses contratos que remuneram os controladores com base no faturamento da companhia. Aquelas, títulos estranhos ao capital social que conferiam a seus titulares, geralmente fundadores e acionistas controladores, eventual direito de participação nos lucros da companhia, foram excluídas da Lei das S/A pela Lei n. 10.303/2001, em virtude dos reclamos do mercado decorrentes dos abusos havidos, enquanto esse tipo de contrato garante ao acionista controlador, direto ou indireto, uma remuneração independente da existência de lucro na companhia. Havendo uma ampla e adequada divulgação de informações acerca desse tipo de contratação, por certo o mercado penalizará as empresas que adotem esta prática.

Aproveito a oportunidade para exortar aos acionistas controladores que ao decidirem celebrar com as suas controladas contratos dessa natureza que se preocupem em fornecer o maior número de informações possíveis aos demais acionistas, a fim de permitir o adequado julgamento acerca dos fatos.

Finalmente, lamento o absenteísmo de acionistas não controladores na Assembléia com matéria de tamanha relevância.

Comentários de

Erasmo Valladão A. e N. França

A decisão proferida pelo Colegiado da CVM no inquérito administrativo n. TA/RJ2001/4977, supratranscrita, dispensa um comentário mais alongado, dada a amplitude com que o assunto foi discutido.

Muito mais apropriado nos pareceu, assim, fazer breve apresentação de algumas das questões versadas no julgamento, que giram em torno do importantíssimo e controvertido tema do *conflito de interesses*, para despertar a atenção do leitor que porventura não tenha sentido estímulo de ler os votos de todos os componentes daquele colegiado, em face de sua extensão.

No caso concreto, debatido no julgado da CVM, a acionista controladora de determinada companhia votou em deliberação que atribuiu o pagamento de *royalties*, pela companhia controlada, à controladora indireta (ou seja, à sociedade que controla a acionista controladora da companhia).

O § 1º, do art. 115, da Lei de S/A, como se sabe, interdiz o voto do acionista em determinadas deliberações:

"§ 1º. O acionista não poderá votar nas deliberações da assembléia geral relativas ao laudo de avaliação de bens com que concorrer para a formação do capital social e à aprovação de suas contas como administrador, nem em quaisquer outras que puderem beneficiá-lo de modo particular, ou em que tiver *interesse conflitante com o da companhia*."

Uma primeira questão que se põe, em ordem lógica, é saber no que consistem os interesses que poderiam estar *em conflito*, vale dizer, o que se entende, de um lado, por *interesse da companhia* (seria, numa perspectiva *institucionalista*, o interesse da empresa, o da pessoa jurídica, ou, numa perspectiva *contratualista*, o interesse comum dos sócios?[4]) e o que se entende, de outro lado, por *interesse* — contraposto — *do acionista* (seria um interesse decorrente da sua condição de acionista, como, por exemplo, um interesse em obter um dividendo maior em prejuízo do fortalecimento da empresa societária, ou um interesse extra-social?).

Uma segunda questão, também fundamental, é a de verificar se a lei estabelece, em todas as quatro hipóteses constantes do mencionado dispositivo (laudo de avaliação de bens, aprovação das próprias contas, benefício particular e conflito de interesses), casos de *proibição de voto*, mesmo (e se assim for, a mera circunstância de o acionista votar acarretará, *ipso facto*, a invalidade do voto), ou, diversamente, se em alguma ou algumas daquelas hipóteses, a preocupação da lei é com o *conteúdo do voto*, com o modo como o acionista irá votar (e se assim for, a mera circunstância do voto já não será suficiente para invalidá-lo, exigindo-se ainda a ocorrência de prejuízo, real ou potencial, para a companhia).

Na hipótese de *interesse conflitante*, mais especificamente falando, a indagação que se coloca é se a lei veda, *ex ante*, o voto, quando há um conflito meramente *formal* (tal como o que ocorre, por exemplo, quando o acionista está em posição contraposta à da companhia, como num contrato bilateral que vai realizar com aquela) ou, ao contrário, se a proibição legal refere-se a um conflito *substancial* (que só pode ser verificado caso a caso, *ex post*, quando o acionista, ao votar, sacrifica, efetivamente, o interesse da companhia ao seu próprio interesse, vale dizer, quando o acionista, no exemplo do contrato que vai realizar com aquela, obtém vantagem a que não faz jus, em detrimento da companhia).

Na hipótese discutida pelo Colegiado da CVM, como se disse, a acionista controladora votou em deliberação que atribuiu o pagamento de *royalties*, pela companhia, à controladora indireta (isto é, à sociedade que controla a acionista controladora da companhia).

Admitindo-se, nesse caso, que se confundissem as duas sociedades (vale dizer, admitindo-se que a acionista controladora estivesse atribuindo *royalties* a si própria e não à controladora indireta), estaria ela, só por essa circunstância, impedida de votar na deliberação, independentemente de se indagar se o pagamento se dava em condições de mercado, iguais às em que a companhia pagaria a terceiro eventualmente dono da marca? Ou, diversamente, seu voto só poderia ser invalidado se o pagamento deliberado se desse em condições de favorecimento ou não eqüitativas?

Outra questão foi levantada no voto do Diretor Marcelo Trindade. O § 1º do art. 115 impede o voto do acionista nas deliberações "que puderem beneficiá-lo de modo particular" . Essa hipótese é considerada, pela maioria da doutrina, como sendo de *proibição de voto*. A atribuição de *royalties* a si próprio seria um "benefício particular", no sentido da lei (caso em que o acionista interessado estaria impedido de exercer o voto)? Ou essa expressão, "benefício par-

4. Para o estudo exaustivo do que se entende por interesse da companhia remetemos o leitor para o clássico de Pier Giusto Jaeger, *L'Interesse Sociale*, Giuffrè, Milão, 1964, especialmente Capítulos II e III. Para uma visão mais atual, consulte-se Calixto Salomão Filho, "Interesse social: concepção clássica e moderna", in *O Novo Direito Societário*, Malheiros Editores, 1998, pp. 13-42.

ticular" , diria respeito a um benefício, legítimo, a ser outorgado em decorrência de determinados atos praticados pelo acionista *na condição de acionista* — e não de contratante com a companhia (como, por exemplo, a atribuição de partes beneficiárias ou outras vantagens em homenagem ao acionista fundador da companhia que, no caso, não poderia votá-las em seu próprio favor)?

Mais uma indagação de interesse, ainda: entendendo-se que a acionista controladora não poderia, de qualquer modo, votar (independentemente de se indagar, portanto, da ocorrência, ou não, de prejuízo para a companhia), poderia ela ser apenada mesmo se, sem o seu voto, ainda assim prevalecesse a deliberação, em face dos votos de outros minoritários que a acompanharam? Ou seja, mesmo se, sem aquele voto, a deliberação se mostrasse *resistente*?

Tais são as interessantes questões sobre as quais se controverteu no julgado, dignas de serem lidas e meditadas.

Em nossa modesta opinião, e pelas razões constantes do erudito voto vencido do Diretor Luiz Antonio de Sampaio Campos, que endossamos integralmente, a CVM decidiu erroneamente, em especial no tocante à última questão enfocada, já que a deliberação se mantinha de pé mesmo sem o voto da controladora.

São Paulo, 17 de abril de 2002.

DECADÊNCIA DO CRÉDITO TRIBUTÁRIO

Comentários de

ZANON DE PAULA BARROS

aos embargos de divergência no REsp 169.246-SP do STJ

Embargos de divergência no REsp 169.246-SP (1998/0063404-5)

Rel.: Ministro Milton Luiz Pereira

Embte.: Estado de São Paulo

Advs.: Aylton Marcelo Barbosa da Silva e outros

Embdo.: Cooperativa de Produtores de Cana-de-Açúcar e Álcool do Estado de São Paulo Ltda. — Coopersucar

Advs.: Geraldo Valentim Junior e outros

Ementa: Processual Civil. Embargos de Divergência (arts. 496, VIII e 546, CPC; art. 266, RISTJ). Tributário. ICM. Constituição do crédito. Decadência. CTN, artigos 150, § 4º e 173, I.

1. A lavratura do auto de infração é uma das bases de procedimento administrativo fiscal e não encerramento do lançamento fiscal e tributário. A constituição do Crédito tributário é ato complexo.

2. A data do fato gerador, por si, não é o termo inicial da decadência. Opera-se depois de cinco anos, contados do primeiro dia do exercício seguinte àquele em que se extinguiu o direito potestativo do Estado rever e homologar o lançamento. Interpretação conjugando as disposições dos artigos 150, § 4º e 173, I, CTN.

3. Precedentes jurisprudenciais.

4. Embargos acolhidos.

ACÓRDÃO

Vistos, relatados e discutidos os autos em que são partes as acima indicadas, acordam os Ministros da Primeira Seção do Superior Tribunal de Justiça. "A Seção, por unanimidade, recebeu os embargos, nos termos do voto do Sr. Ministro Relator." Os Srs. Ministros José Delgado, Eliana Calmon, Franciulli Netto e Castro Filho votaram com o Sr. Ministro Relator.

Ausentes, justificadamente, os Srs. Ministros Francisco Falcão, Garcia Vieira e Francisco Peçanha Martins.

Brasília (DF), 18 de junho de 2001 (data do julgamento).

Ministro Humberto Gomes de Barros — Presidente. Ministro Milton Luiz Pereira — Relator.

RELATÓRIO

O Sr. Min. Milton Luiz Pereira (Relator): os Embargos apontam divergência entre o julgamento do Recurso Especial 169.246-SP, Relator o Ministro Ari Pargendler e o Recurso Especial 63.529-2-PR, Relator o Ministro Humberto Gomes de Barros. As ementas dos v. Acórdãos são as seguintes, respectivamente:

"Tributário. Decadência. Tributos Sujeitos ao Regime de Lançamento por Homologação. Nos tributos sujeitos ao regime de lançamento por homologação, a decadência do direito de constituir o crédito tributário se rege pelo artigo 150, § 4º, do Código Tributário Nacional, isto é, o prazo para esse efeito será de cinco anos a contar da ocorrência do fato gerador; a incidência da regra supõe, evidentemente, hipótese típica de lançamento por homologação, aquela em que ocorre o pagamento antecipado do tributo. Se o pagamento do tributo não for antecipado, já não será o caso de lançamento por homologação, hipótese em que a constituição do crédito tributário deverá observar o disposto no artigo 173, I, do Código Tributário Nacional. Recurso especial não conhecido" (fl. 88).

"Processual e Tributário. Executivo Fiscal. Intervenção do Ministério Público. Desnecessidade. Direito de Constituir o Crédito Tributário. Decadência. Art. 173, III do CTN.

"I – A intervenção do Ministério Público no processo de execução fiscal não é necessária, porque o Estado autor já está assistido por órgão especializado: seu advogado. Tornar obrigatória a intervenção do MP no executivo fiscal seria reduzir à inutilidade o Advogado do Estado.

"II – O art.173, I, do CTN deve ser interpretado em conjunto com seu art. 150, § 4º.

"III – O termo inicial da decadência prevista no art. 173, I do CTN não é a data em que ocorreu o fato gerador.

"IV – A decadência relativa ao direito de constituir crédito tributário somente ocorre depois de cinco anos, contados do exercício seguinte àquele em que se extinguiu o direito potestativo de o Estado rever e homologar o lançamento (CTN, art. 150, § 4º)" (fls. 91-92).

Alega o Embargante:

"Como não houve, por parte da Fazenda Estadual, impugnação aos valores declarados pelo contribuinte, ocorreu a chamada homologação tácita do lançamento.

"Com tal homologação, deu-se a definitividade do crédito tributário. O § 4º do art. 250 determina que tal ato (mesmo que tácito) definitivamente extingue o crédito.

"Pois bem. Extingue o crédito desde que o valor declarado pelo contribuinte tenha sido recolhido pelo mesmo. Caso contrário, não há que se falar em extinção do crédito e, isto sim, em obrigação do devedor em saldar aquele valor, agora inalterável pelo transcurso do lapso legal.

'Vale dizer que o lançamento apenas se pode considerar definitivo, em duas situações:

'a) depois de expressamente homologado;

'b) cinco anos depois de ocorrido o fato gerador, sem homologação expressa;' (fls. 5 do acórdão divergente).

"Se no presente caso o débito é relativo ao mês de maio de 1989, a definitividade do lançamento deu-se em maio de 1994. Aqui se marca inicialmente o lapso a ser observado pelo art. 173 do CTN sendo que, desse modo, apenas decairia a Fazenda Estadual de seu crédito em 1º de janeiro de 2000. Tendo sido inscrito e ajuizado o débito em 1995, não pode o mesmo ser alcançado pelo instituto de caducidade.

"Não caberia a afirmação de que o acórdão trazido como paradigma encontra-se isolado ou ultrapassado pelo entendimento desta Corte.

"Tal questão já foi objeto de debate na Primeira Seção deste Tribunal, quando da análise do EREsp n. 44.260-PR, *DJU* de 22.5.1997, Rel. Min. Demócrito Reinaldo (restando vencido), que tratou da repetição de indébito do empréstimo compulsório incidente no consumo de combustível (...)" (fls. 95-96).

Impugnação apresentada às fls. 114-117.

É o relatório.

VOTO

O Sr. Min. Milton Luiz Pereira (Relator): como pomo da divergência, ergue-se julgado assim sumariado:

"Tributário. Decadência. Tributos Sujeitos ao Regime do Lançamento por Homologação. Nos tributos sujeitos ao regime do lançamento por homologação, a decadência do direito de constituir o crédito tributário se rege pelo artigo 150, § 4º do Código Tributário Nacional, isto é, o prazo para esse efeito será de cinco anos a contar da ocorrência do fato gerador; a incidência da regra supõe, evidentemente, hipótese típica de lançamento por homologação, aquela em que ocorre o pagamento antecipado do tributo. Se o pagamento do tributo não for antecipado, já não será o caso de lançamento por homologação, hipótese em que a constituição do crédito tributário deverá observar o disposto no artigo 173, I, do Código Tributário Nacional. Recurso especial não conhecido" (REsp 169.246, 2ª T., Rel. Min. Ari Pargendler, fl. 88).

Para confronto, a trato de paradigma, foi pontuado precedente, encimado por esta ementa:

"Processual e Tributário. Executivo Fiscal. Intervenção do Ministério Público. Desnecessidade. Direito de Constituir o Crédito Tributário. Decadência. Art. 173, III do CTN.

"I – A intervenção do Ministério Público no processo de execução fiscal não é necessária, porque o Estado autor já está assistido por órgão especializado: seu advogado. Tornar obrigatória a intervenção do MP no executivo fiscal seria reduzir à inutilidade o Advogado do Estado.

"II – O art. 173, I, do CTN deve ser interpretado em conjunto com seu art. 150, § 4º.

"III – O termo inicial da decadência prevista no art. 173, I do CTN não é a data em que ocorreu o fato gerador.

"IV – A decadência relativa ao direito de constituir crédito tributário somente ocorre depois de cinco anos, contados do exercício seguinte àquele em que se extinguiu o direito potestativo de o Estado rever e homologar o lançamento (CTN, art. 150, § 4º)" (fl. 98).

A divergência é atiçada pelo envolvimento de duas posições: o aresto embargado, ditando que o prazo decadencial inicia-se do fato gerador do tributo, enquanto o paradigma recusa a data daquele fato, estadeando a ocorrência "cinco anos depois do primeiro dia do exercício seguinte", ou seja, após a efetividade do lançamento.

Evidenciadas compreensões diferentes versando a mesma questão jurídica, configurada a divergência, os embargos merecem admissão e conhecimento.

Aberto o pórtico processual para o exame, convém aprumar a narrativa da Recorrente na via Especial, conforme o enredo recursal, sem rebate eficaz da parte recorrida, explicando:

"(...) O débito de ICMS que foi inscrito é relativo a débito referente ao mês de maio de 1989. A partir desta data, segundo dispõe o artigo 150, § 4º, do CTN, a Fazenda Pública tem 5 (cinco) anos para homologar o lançamento efetuado pelo próprio contribuinte. Essa homologação, que torna o lançamento definitivo, somente se dá em duas hipóteses: a) se for expressamente homologado e b) cinco anos depois de ocorrido o fato gerador, sem homologação expressa.

"No presente caso, não houve homologação do lançamento porquanto não houve o seu recolhimento correto. Assim que foi encontrado o erro no recolhimento, que foi efetuado sem os consectários legais, foi feita a imputação discutida nestes autos.

"Essa imputação foi feita em agosto de 1995, ou seja, após os cinco anos previstos no artigo 150, § 4º do CTN, mas dentro dos cinco anos subseqüentes previstos no artigo 173, I, do mesmo diploma legal.

"Dessa forma, tem-se que, passados os cincos anos de que trata o artigo 150, § 4º, inicia-se o prazo do artigo 173, I, do CTN, onde a Fazenda Pública terá cinco anos para constituir o crédito contados a partir do primeiro dia do exercício seguinte àquele em que o lançamento poderia ter sido efetuado, que seria a partir de 1º de janeiro de 1995.

"Vê-se, pois, que a imputação feita pelo Fisco Estadual foi dentro do prazo legal, uma vez que o fato gerador era de maio de 1989, enquanto a inscrição da dívida se deu em agosto 1995" (fls. 18 e 19).

Mas, já na apreciação feita nas instâncias ordinárias, foi assoalhado que, "(...) no caso dos tributos com fato gerador instantâneo o prazo de decadência passará a ser contado a partir do 1º dia do exercício seguinte. Verifica-se que a discriminação do débito possui data referente a maio de 1989 e a inscrição da dívida ocorreu em 15 de agosto de 1995. Se o tributo, no caso o ICMS, possui fato gerador instantâneo, o prazo de decadência passou a ser contado a partir do 1º dia útil do exercício seguinte, ou seja, 1990. Logo o lançamento deveria ter sido efetuado até o 1º dia do exercício de 1995 e não somente em agosto de 1995" (fls. 23)" (fl. 12).

Nesta Instância Superior esse entendimento encontrou âncora no voto-condutor lavrado pelo eminente Relator Ministro Ari Pargendler, textualmente:

"Aqui, o contribuinte antecipou o montante do tributo a seu juízo devido. A Fazenda Pública tinha cinco anos, a partir do fato gerador do imposto, para homologar esse pagamento expressa ou tacitamente (CTN art. 150, § 4º). Decorrido esse prazo, decaiu do direito de constituir o crédito tributário correspondente às diferenças, a seu ver, exigíveis" (fl. 86).

Diante dos registros feitos e das boas razões desenvolvidas no douto aresto embargado, parece-me que o assunto não pode ser destramado apenas com o pregão do artigo 150, § 4º, CTN. Exige que, também, sejam consideradas as disposições do artigo 173, do mesmo estatuto legal. Com essa preocupação, calha à fiveleta lição escrita pelo exímio Hugo de Brito Machado, *verbis*:

"Parece predominante, entretanto, o entendimento pelo qual: (a) o prazo de decadência se inicia no primeiro dia útil do exercício financeiro seguinte àquele em que o tributo poderia ter sido lançado; (b) se antes disto o sujeito passivo é notificado de alguma medida preparatória indispensável ao lançamento, o início do prazo decadencial é antecipado para a data dessa notificação; (c) a notificação é feita depois de iniciado o prazo decadencial, não o interrompe nem o suspende.

"Outra divergência profunda diz respeito ao momento em que se deve considerar exercido o direito de constituir o crédito tributário. Segundo as diversas correntes doutrinárias, esse momento seria: a) aquele em que o fisco determinasse o montante a ser pago e intimasse o sujeito passivo para fazê-lo; b) a decisão, pela procedência da ação fiscal, em primeira instância administrativa; c) a decisão definitiva em esfera administrativa; d) a inscrição do crédito tributário como dívida ativa.

"Para quem se situa na posição 'a', um simples auto de infração seria o *lançamento*. Com a sua lavratura estaria exercido o direito de constituir o crédito tributário e, portanto, não se poderia mais cogitar de decadência.

"Tal posição nos parece insustentável. O lançamento, como vimos ao estudar a constituição do crédito tributário, é procedimento administrativo integrado em duas fases. A lavratura do auto de infração é o encerramento apenas da primeira fase. Com a impugnação formulada pelo sujeito passivo tem início a fase litigiosa, que é a segunda do procedimento administrativo de lançamento.

"O Tribunal Federal de Recursos orientou suas decisões no sentido de que o auto de infração é lançamento tributário, e não apenas início do procedimento administrativo de lançamento. Essa posição, todavia, não se concilia com a tese, também adotada por aquele Colendo Tribunal, de que a Administração, quando tiver de fazer um lançamento tributário, há de assegurar o direito de defesa ao contribuinte. A oportunidade de defesa é, obviamente, posterior à lavratura do auto de infração. Assim, ou o lançamento não se completa com o auto de infração, ou, se se completa, a oportunidade de defesa não é essencial no lançamento.

"Para os que se colocam na posição 'b' o auto de infração ainda não seria um lançamento por lhe faltar o pronunciamento de autoridade administrativa com poder decisório, não tendo sido assegurado ao sujeito passivo o direito de defender-se. Assim, com o julgamento da impugnação em primeira instância estaria suprida essa falta, completando-se o lançamento.

"Também não nos parece que seja assim. Se a própria administração fazendária ainda admite discutir a exigência, é porque esta não está ainda perfeita, assentada em bases definitivas, o que na verdade só vem a ocorrer com o julgamento último, ou com a não interposição do recurso no prazo legal. A fragilidade da posição 'b' se revela sobretudo nos casos em que a decisão em primeira instância seja contrária à Fazenda Pública e venha a ser reformada, prevalecendo a final a exigência.

"Com efeito, acertada nos parece a posição 'c', pois somente quando a Administração, que é parte no procedimento e é quem efetua o lançamento, não mais admite discuti-lo, pode-se considerar consumado o lançamento.

"Consuma-se, pois, o lançamento:

"1º) não havendo impugnação, com a homologação do auto de infração;

"2º) havendo impugnação e sendo a decisão primeira favorável à Fazenda, se o sujeito passivo não recorrer;

"3º) havendo recurso, com a decisão definitiva, favorável à Fazenda.

"Em resumo: o lançamento está consumado, e não se pode mais cogitar de decadência, quando a determinação do crédito tributário não possa mais ser discutida na esfera administrativa" (*Curso de Direito Tributário*, 5ª ed., Forense, pp. 135 a 137).

Por essa lúcida linha de pensar, ressoa forte a fundamentação deitada pelo eminente Ministro Humberto Gomes de Barros, como Relator do v. acórdão paradigma, assinalando:

"(...)

"Como se percebe, a lide remanescente envolve o confronto de duas teses:

"a) de um lado, o Aresto adota como termo inicial da decadência, a data a partir da qual seria possível consumar-se o lançamento;

"b) de outra parte, o Estado afirma que o prazo decadencial inicia-se quando se escoa o prazo deferido ao credor para consumar o lançamento. Vale dizer desde quando já não é mais possível lançamento.

"O art. 173 do CTN expressa-se nestas palavras:

'O direito de a Fazenda Pública constituir o crédito tributário extingue-se após cinco anos, contados: I – do primeiro dia do exercício seguinte àquele em que o lançamento poderia ter sido efetuado;'

"Examinado isoladamente, o texto legal deixa margem às duas interpretações.

"Com efeito, a utilização do verbo poder, em seu modo condicional, autoriza o entendimento de que o prazo começa a partir do momento em que seria lícito à Administração fazer o lançamento. Por igual, o termo 'poderia', permite dizer que o prazo somente começa depois que já não mais é lícita a prática do lançamento.

"A dificuldade desaparece, quando se examina o art. 173, em conjunto com o precito contido no art. 150, § 4º do CTN.

"O art. 150 trata do lançamento por homologação.

"Seu § 4º estabelece o prazo para a prática deste ato.

"Tal prazo é cinco anos, a contar da ocorrência do fato gerador.

"O § 4º adverte para circunstância de que, expirado este prazo sem que a Fazenda Pública se tenha pronunciado, considera-se definitivo o lançamento.

"Vale dizer que o lançamento apenas se pode considerar definitivo em duas situações: a) depois de expressamente homologado; b) cinco anos depois de ocorrido o fato gerador, sem homologação expressa.

"Na hipótese de que agora cuidamos, o lançamento poderia ter sido efetuado durante cinco anos, a contar do vencimento de cada uma das contribuições" (fls. 103 e 104).

No ponto primordial essa dissertação encontra apoio em precedentes desta Corte; *inter alia:*

"O prazo de decadência de cinco anos deve ser contado do primeiro dia do exercício seguinte e extingue-se na data em que se tenha iniciado a constituição do crédito (art. 173, inciso I do CTN) (...)" (REsp 56.210-4-MG, Rel. Min. Garcia Vieira, *DJU* de 6.2.1995).

"Tributário. ICM. Anulação de Débito Fiscal. Constituição do Crédito. Lavratura do Auto de Infração. Artigo 173, I, CTN.

"1. A lavratura do auto de infração é uma das bases de procedimento administrativo fiscal e não encerramento do lançamento fiscal e tributário, a constituição do crédito tributário é ato complexo.

"2. O direito da Fazenda Pública constituir o crédito tributário, no caso concreto, extingue-se após cinco anos, quando a sua determinação não possa mais ser discutida na esfera administrativa.

"3. Recurso provido" (REsp 36.473-6-SP, Rel. Min. Milton Luiz Pereira, *DJU* de 17.4.1995).

"Recurso Especial. Crédito Tributário. Constituição.

"A constituição do crédito tributário é ato complexo. Não se exaure com a expedição do auto de infração. Somente após exaurida a defesa administrativa, forma-se para efeito de execução, a presunção de legalidade e veracidade" (REsp 2.674-SP. Rel. Min. Vicente Cernicchiaro, *DJU* de 25.6.1990).

Por filiação às razões desenvolvidas e incorporando os fundamentos dos precedentes destacados nas respectivas ementas, compreendendo que, no caso, não se operou a *decadência, voto acolhendo os embargos*, prevalecendo o assentamento da construção pretoriana.

É o voto.

Comentários de

Zanon de Paula Barros

A Primeira Seção do Superior Tribunal de Justiça, decidindo Embargos de Divergência no Recurso Especial n. 169.246-SP, em que foi embargante o Estado de São Paulo, promulgou acórdão, com a seguinte ementa:

"Processual Civil. Embargos de Divergência (arts. 496, VIII e 546, CPC; art. 266 RISTJ). Tributário. ICM. Constituição do Crédito. Decadência. CTN, artigos 150 § 4º e 173, I.

"1. A lavratura do auto de infração é uma das bases de procedimento administrativo fiscal e não encerramento do lançamento fiscal e tributário. A constituição do crédito tributário é ato complexo.

"2. A data do fato gerador, por si, não é o termo inicial da decadência. Opera-se depois de cinco anos, contados do primeiro dia do exercício seguinte àquele em que se extinguiu o direito potestativo do Estado rever e homologar o lançamento. Interpretação conjugando as disposições dos artigos 150, § 4º e 173, I, CTN.

"3. Precedentes jurisprudenciais.

"4. Embargos acolhidos."

Em seu voto o ilustre Relator, Ministro Milton Luiz Pereira, transcreve opinião do professor Hugo de Brito Machado, onde se vê:

"Outra divergência profunda diz respeito ao momento em que se deve considerar exercido o direito de constituir o crédito tributário. Segundo as diversas correntes doutrinárias, esse momento seria: a) aquele em que o fisco determinasse o montante a ser pago e intimasse o sujeito passivo para fazê-lo; b) a decisão, pela procedência da ação fiscal, em primeira instância administrativa; c) a decisão definitiva em esfera administrativa; d) a inscrição do crédito tributário como dívida ativa.

"(...)

"O Tribunal Federal de Recursos orientou suas decisões no sentido de que o auto de infração é lançamento tributário e não apenas início do procedimento administrativo de lançamento. Essa posição, todavia, não se concilia com a tese, também adotada por aquele Colendo Tribunal, de que a Administração, quando tiver de fazer um lançamento tributário, há de assegurar o direito de defesa ao contribuinte.

"(...)

"Com efeito, acertada nos parece a posição 'c', pois somente quando a Administração, que é parte no procedimento e é quem efetua o lançamento, não mais admite discuti-lo, pode-se considerar consumado o lançamento.

"Consuma-se, pois, o lançamento:

"1º) não havendo impugnação, com a homologação do auto de infração:

"2º) havendo impugnação e sendo a decisão primeira favorável à Fazenda, se o sujeito passivo não recorrer;

"3º) havendo recurso, com a decisão definitiva, favorável à Fazenda.

"Em resumo: o lançamento está consumado, e não se pode mais cogitar de decadência, quando a determinação do crédito tributário não possa mais ser discutida na esfera administrativa."

Temos, então, que a Primeira Seção do STJ, acompanhando posição do Professor Hugo de Brito Machado, considerou que o auto de infração não configura lançamento, o qual somente está configurado com o encerramento do processo administrativo, seja por decisão final, seja por falta de defesa. Por outro lado, quanto à decadência, a decisão contida na ementa baseia-se, pelo que se vê, no argumento do embargante, Estado de São Paulo, nos seguintes termos:

"Se no presente caso o débito é relativo ao mês de maio de 1989, a definitividade do lançamento deu-se em maio de 1994. Aqui se marca inicialmente o lapso a ser observado pelo art. 173 do CTN sendo que, desse modo, apenas decairia a Fazenda Estadual de seu crédito em 1º de janeiro de 2000. Tendo sido inscrito e ajuizado o débito em 1995, não pode o mesmo ser alcançado pelo instituto de caducidade."

Parece-nos que cometeram-se, no julgamento, lamentáveis equívocos.

Examinemos, em primeiro lugar, a hipótese de o auto de infração constituir ou não lançamento tributário.

O CTN define o lançamento (art. 142) como: "(...) o procedimento administrativo tendente a verificar a ocorrência do fato gerador da obrigação correspondente, determinar a matéria tributável, calcular o montante do tributo devido, identificar o sujeito passivo e, sendo caso, propor a aplicação da penalidade cabível".

Efetivamente o lançamento decorre de um "procedimento" administrativo que visa a buscar os elementos que permitem a cobrança do tributo e, se aplicáveis, as penalidades decorrentes de descumprimento da legislação. No momento em que todos esses elementos estão devidamente consubstanciados em ato administrativo o lançamento foi efetuado. Isto tanto ocorre quando a Fazenda Pública efetua o lançamento sem que tenha havido qualquer infração ou omissão do contribuinte (como no caso do IPTU), como na hipótese de auto de infração. Houve, no artigo 142 do CTN certa imprecisão ao considerar o lançamento "um procedimento administrativo tendente a (...)". O procedimento é antecedente ao lançamento e, uma vez identificados os elementos buscados pelo procedimento e realizado o ato administrativo formal precisando-os, efetuou-se o lançamento. Lançamento é ato administrativo e não procedimento. É, na verdade, a conseqüência do procedimento. Essa é a lição de Alberto Xavier:[1]

"Conforme atrás já se deixou sublinhado, o art. 142 do Código Tributário Nacional incorre em sério equívoco ao caracterizar o lançamento como procedimento administrativo, quando na realidade este instituto assume o caráter de um ato jurídico, mais precisamente o ato administrativo que aquele procedimento visa a preparar."

Não é discrepante desse entendimento o pronunciamento da professora Misabel Abreu Machado Derzi:[2]

"O lançamento pode ser procedido ou sucedido por um procedimento administrativo, entendido esse como 'sucessão ordenada de formalidades tendentes à prática ou à execução de um ato administrativo por parte de uma autoridade ou órgão administrativo'.

"Pode ocorrer que a Administração disponha de todos os elementos necessários ao lançamento e que proceda ao ato sem instauração de um prévio procedimento. Notificado o contribuinte do teor do lançamento assim efetuado, pode dar-se o pagamento, com a extinção do crédito tributário, sem ocorrência de procedimento prévio ou posterior. Mas também o sujeito passivo inconformado poderá impugnar a cobrança, inaugurando um procedimento contencioso, depois de já efetivado o lançamento."

O artigo 145, do CTN, já nos mostra o real entendimento do artigo 142 ao determinar:

"Art. 145. O lançamento regularmente notificado ao sujeito passivo só pode ser alterado em virtude de:

"I – impugnação do sujeito passivo;

"(...)."

Ora, o lançamento só pode ser regularmente notificado ao sujeito passivo se já estiver efetuado. Caso contrário não haveria a notificação do lançamento mas dos atos preparatórios dele. Além disto, só se pode alterar o que já está feito. A impugnação e os recursos administrativos do sujeito passivo terão por escopo anular ou alterar o lançamento efetuado.

O auto de infração é ato administrativo e sempre decorrente de um procedimento da autoridade fiscal, visando a verificar a ocorrência do fato gerador da obrigação correspondente, determinar a matéria tributável, calcular o montante do tributo devido, identificar o sujeito passivo e, sendo caso, propor a aplicação da penalidade cabível. Apurados esses elementos, a autoridade fiscal lavra o auto de infração (ato administrativo), constituindo o crédito tributário, especificando as penalidades que couberem, notificando o sujeito passivo da autuação. Tal ato administrativo consubstancia, então, sem sombra de dúvidas, um lançamento tributário. Isto não quer dizer, no entanto, que o crédito constituído, ou melhor, declarado pelo lançamento consubstanciado no auto de infração já seja exigível. Não o será enquanto não esgotadas as defesas e recursos administrativos cabíveis.

Veja-se, a título de exemplo, a situação de uma duplicata aceita mas ainda não vencida. Não se pode dizer que tal duplicata não é um título de crédito apenas porque ainda não exigível. Cumprindo ela os requisitos do formalismo, cartularidade etc., inerentes aos títulos de crédito, não se lhe pode negar a condição de título de crédito. A exigibilidade, no entanto, do crédito nela consubstanciado somente ocorrerá com o vencimento.

Para Fábio Fanucchi,[3] acompanhando Pinheiro Xavier, o lançamento constitui o

1. *Do Lançamento no Direito Tributário Brasileiro*, Resenha Tributária, 1977, p. 89.

2. *Comentários ao Código Tributário Nacional*, coord. Carlos Valder do Nascimento, 3ª ed., Forense, p. 354.

3. *A Decadência e a Prescrição em Direito Tributário*, 3ª ed., Resenha Tributária, p. 34.

título jurídico da obrigação tributária, *verbis*:

"O lançamento representa 'título jurídico da obrigação de imposto' e tem a natureza de 'abstração com eficácia preclusiva', no dizer de Pinheiro Xavier.

"Para o professor português, há uma explicação unitária da função do lançamento na dinâmica da obrigação tributária, possível de responder a todas as interrogações surgidas no embate entre as teorias constitutivista e declarativista: o lançamento é título jurídico da obrigação, ou seja, o ato (ou documento que corporiza esse ato), sem o qual não se pode invocar a existência de um fato e que, enquanto subiste produzindo os efeitos jurídicos que lhe são próprios, demonstra plenamente que o fato existe e que é eficaz. É o ato (ou documento) suficiente para invocar uma dada situação jurídica.

"(...)

"A partir da existência do título, enquanto não informado por fatores supervenientes (impugnação ou recurso, por exemplo) o seu conteúdo, ele prevalece até mesmo sobre situação real de direito ditada no contexto próprio à obrigação tributária."

Assim, embora bem apresentada e endossada pela Primeira Seção do Superior Tribunal de Justiça, não pode ser aceita a interpretação dada pelo ilustre Professor Hugo de Brito Machado para o artigo 142 do CTN.

Quanto à decadência é evidente o equívoco da decisão.

Tem havido alguma imprecisão na diferenciação entre decadência e prescrição, havendo, inclusive, autores que alegam a inutilidade da distinção, como se refere Antônio Luiz da Câmara Leal,[4] citando Ruggiero:

"Ruggiero assim se manifesta: 'Há entre os dois institutos analogias e nexos múltiplos, tanto que na prática se torna muitas vezes árduo discernir se se trata de decadência ou de prescrição extintiva; o que levou alguns escritores a negarem qualquer diferença entre eles'."

De um modo geral, no entanto, tem-se, por pacífico que a decadência extingue o direito em que se funda a ação, enquanto a prescrição extingue o direito em que se funda a ação, enquanto a prescrição extingue a ação que protege o direito. O prazo de decadência a partir de seu início corre inexoravelmente, não se suspende nem se interrompe.

Mais uma vez é a lição de Antônio Luiz da Câmara Leal:[5]

"A decadência se opera, automaticamente, pelo decurso do prazo extintivo e inércia do titular. Verificadas essas duas condições, a sua consumação é fatal, não admitindo causas preclusivas.

"Como dizem Planiol e Ripert, os prazos prefixos (ou decadência) diferem ainda da prescrição por não poderem ser alongados nem por uma causa de suspensão, nem por um ato interruptivo. Nesse mesmo sentido é a lição de Coviello, Ruggiero, Barassi, Brugi, Modica e Scicíliani.

"Somente o exercício efetivo do direito, dentro do termo a ele prefixado, impede a decadência."

No Código Tributário Nacional o prazo de decadência do direito de a Fazenda Pública constituir (declarar) o crédito tributário vem especificado em dois momentos: a) no artigo 150, § 4º e b) no artigo 173 e seus incisos, com a seguinte redação:

"Art. 150. O lançamento por homologação, que ocorre quanto aos tributos cuja legislação atribua ao sujeito passivo o dever de antecipar o pagamento sem prévio exame da autoridade administrativa, opera-se pelo ato em que a referida autoridade, tomando conhecimento da atividade assim exercida pelo obrigado, expressamente a homologa.

4. *Da Prescrição e da Decadência*, 2ª ed., Forense, p. 118.

5. Ob. cit., p. 126.

"(...)

"§ 4º. Se a lei não fixar prazo à homologação, será ele de 5 (cinco) anos, a contar da ocorrência do fato gerador: expirado esse prazo sem que a Fazenda Pública se tenha pronunciado, considera-se homologado o lançamento e definitivamente extinto o crédito, salvo se comprovada a ocorrência de dolo, fraude ou simulação.

"Art. 173. O direito de a Fazenda Pública constituir o crédito tributário extingue-se após 5 (cinco) anos, contados:

"I – do primeiro dia do exercício seguinte àquele em que o lançamento poderia ter sido efetuado;

"II – da data em que se tornar definitiva a decisão que houver anulado, por vício formal, o lançamento anteriormente efetuado."

A decisão entendeu que o prazo de decadência somente começa a correr após a extinção do prazo do art. 150, como se vê no voto do ilustre Relator quando transcreve voto do Ministro Humberto Gomes de Barros, Relator do acórdão paradigma:

"Como se percebe, a lide remanescente envolve o confronto de duas teses:

"a) de um lado, o aresto adota, como termo inicial da decadência, a data a partir da qual seria possível consumar-se o lançamento;

"b) de outra parte, o Estado afirma que o prazo decadencial inicia-se quando se escoa o prazo deferido ao credor para consumar o lançamento. Vale dizer, desde quando já não é mais possível o lançamento.

"O art. 173 do CTN expressa-se nestas palavras:

'O direito de a Fazenda Pública constituir o crédito tributário extingue-se após cinco anos contados:

'I – do primeiro dia do exercício seguinte àquele em que o lançamento poderia ter sido efetuado'.

"Examinado isoladamente, o texto legal deixa margem às duas interpretações.

"Com efeito, a utilização do verbo poder, em seu modo condicional, autoriza o entendimento de que o prazo começa a partir do momento em que seria lícito à Administração fazer o lançamento. Por igual, o termo 'poderia' permite dizer que o prazo somente começa depois que já não mais é lícita a prática do lançamento.

"A dificuldade desaparece, quando se examina o art. 173, em conjunto com o preceito contido no art. 150, § 4º, do CTN.

"O art. 150 trata do lançamento por homologação.

"Seu § 4º estabelece o prazo para a prática deste ato.

"Tal prazo é de cinco anos, a contar da ocorrência do fato gerador.

"O § 4º adverte para a circunstância de que, expirado este prazo sem que a Fazenda Pública se tenha pronunciado, considera-se definitivo o lançamento.

"Na hipótese de que agora cuidamos, o lançamento poderia ter sido efetuado durante cinco anos, a contar do vencimento de cada uma das contribuições."

A interpretação toma o significado do verbo poder, no condicional "poderia", de modo que arruina a lógica do sistema.

Veja-se que o § 4º do artigo 150 determina que, nos casos de lançamento por homologação, se a Fazenda Pública não se pronunciar, no prazo de cinco anos, contados do fato gerador, sobre o pagamento feito, o crédito tributário fica *definitivamente* extinto. É evidente que o pronunciamento da Fazenda terá que ser sobre a regularidade ou irregularidade do lançamento (por homologação) e do pagamento. Entender que está homologado apenas o valor pago é, em primeiro lugar, declarar inútil o texto do § 4º do art. 150. Há que observar-se que o artigo 150 fala em "lançamento por homologação em que cabe ao sujeito passivo apurar o crédito tributário e efetuar o pagamento sem prévio exame da autoridade administrativa. Ora, o que está homologado ao final de cinco anos, se não houver pronunciamento contrário da Fazenda, é esse lançamento e, portanto, a própria apuração do crédito tributário extinto pelo pagamento. Na verdade, o lançamento como ato administrativo é privativo da autoridade, ocorrendo efetivamente com a homologação expressa ou tácita. Assim, se no prazo de cinco anos, contados do fato gerador, a Fazenda Pública não se pronunciou sobre o crédito tributário o lançamento está efetuado, considerados como verdadeiros os valores levantados pelo contribuinte e extinto o crédito tributário. É a palavra do saudoso Aliomar Baleeiro:[6]

"Pelo art. 150, o pagamento é aceito antecipadamente, fazendo-se o lançamento *a posteriori:* — a autoridade homologa-o, se exato, ou faz o lançamento suplementar, para haver a diferença acaso verificada a favor do Erário.

"É o que se torna mais nítido no § 1º desse dispositivo, que imprime ao pagamento antecipado o efeito de extinção do *crédito,* sob condição resolutória de ulterior homologação. - Negada essa homologação, anula-se a extinção e abre-se oportunidade a lançamento de ofício.

"(...)

"Outro lançamento poderá surgir à base da mesma obrigação, complementando o primeiro, se este não for homologado, isto é, reconhecido exato. Nesta última hipótese, a da homologação, extingue também a obrigação tributária."

É claro que a homologação só pode existir se houve algum pagamento, pois é exatamente através desse pagamento que o contribuinte declara a ocorrência do fato gerador constitutivo da obrigação tributária e o valor que apurou como crédito tributário. É esse ato que a Administração homologa, expressamente ou, pelo decurso do prazo, tacitamente.

Não tendo havido o pagamento, não ocorre o lançamento por homologação e, então, aplica-se a regra do art. 173 e o prazo de decadência já não se conta de acordo com o § 4º do art. 150. É aqui, exatamente, que se encontra o maior equívoco da decisão da Primeira Seção do STJ. Ao interpretar o inciso I do artigo 173 o acórdão aprovou o argumento paradoxal da Fazenda Estadual: que o prazo de decadência do direito de lançar começa a contar-se após extinto esse direito.

O artigo 173, do CTN não pode ser visto como complemento ou, de alguma forma ligado ao § 4º, do art. 150, para não se cair no paradoxo referido. O art. 150, § 4º estabelece o prazo fatal para a Fazenda Pública rever o lançamento por homologação, enquanto o inciso I, do art. 173 estabelece prazo para a Fazenda efetuar o lançamento, quando de sua competência ou, se por homologação, não tenha o contribuinte efetuado o pagamento. Neste último caso a contagem do prazo de decadência se inicia do primeiro dia do exercício seguinte "àquele em que o lançamento poderia ter sido efetuado". Ora, quando o lançamento poderia ter sido efetuado? Imediatamente após ocorrido o fato gerador ou, no caso de lançamento por homologação, imediatamente após decorrido o prazo dado pela lei ao contribuinte para fazer ele o pagamento segundo seus próprios cálculos.

Antes de ocorrido o fato gerador, por não ter nascido a obrigação tributária, inadmissível o lançamento. A Fazenda não o poderia fazer em hipótese alguma. Essa a única interpretação possível e aceitável para o inciso I do artigo 173, do CTN: a Fazenda Pública decai do direito de lançar no prazo de cinco anos contados: a) no lançamento por homologação, do primeiro dia do exercício seguinte ao término do prazo dado ao contribuinte para o pagamento; b) no lançamento com base em declaração do sujeito passivo imediatamente após vencido o prazo para a apresentação da declaração; e c) nos demais casos, imediatamente após a ocorrência do fato gerador. Estes são os momentos a partir dos quais a Fazenda Pública pode efetuar o lançamento. Não o fazendo até cinco anos, contados da data em que o *poderia* ter feito, ocorre a caducidade do seu direito de lançar.

6. *Direito Tributário Brasileiro*, Forense, 1972, p. 462 (grifos do original).

Acrescente-se que a decisão paradoxal adotada pela Primeira Seção do Superior Tribunal de Justiça pode criar uma situação insustentável e caótica para os contribuintes. A nova posição é contrária até mesmo à grande maioria das posições adotadas pela Fazenda Pública em todos os níveis federativos, que sempre admitiram o prazo de cinco anos, no máximo, contados do primeiro dia do exercício seguinte ao do fato gerador. Com a nova decisão o fisco poderá exigir dos contribuintes, especialmente nos casos de lançamento por homologação, prova do pagamento de tributos cujo fato gerador ocorreu até há dez anos. Como dificilmente alguém terá os comprovantes de mais do que cinco anos, os contribuintes correrão o risco de receberem lançamento e cobrança de tributos já efetivamente pagos, cujo pagamento não poderão comprovar.

Pareceres

IMPUTAÇÃO DE DECLARAÇÃO FALSA (§ 3º, ART. 23 DA LEI 4.131/1962) E DA VEDAÇÃO À COMPENSAÇÃO PRIVADA DE CRÉDITOS (ART. 10 DO DECRETO-LEI 9.025/1946)

Recurso interposto junto ao Conselho de Recursos do Sistema Financeiro Nacional à decisão prolatada pelo Departamento de Fiscalização do Banco Central do Brasil que considerou improcedente a defesa apresentada pela Empresa Recorrente

Sérgio I. Eskenazi Pernidji e Mônica Castro de Mello Bity

Introdução. Premissas. O controle do câmbio no Brasil. As operações de exportação sob a modalidade de pagamento antecipado — Definição e regulamentação pelo Banco Central do Brasil. Da declaração falsa em contrato de câmbio e a penalidade aplicável. Da compensação privada de créditos. Conclusão.

Não obstante as razões expostas pela Recorrente em defesa tempestivamente apresentada, o Banco Central, na sua função de órgão fiscalizador das operações de câmbio, atribuída pela legislação em vigor, houve por bem aplicar à Recorrente a pena de multa pecuniária, no valor de R$ 2.029.275,00 (dois milhões, vinte e nove mil, duzentos e setenta e cinco reais), com fulcro no disposto no art. 23, § 3º da Lei 4.131/1962, com a redação dada pelo art. 72 da Lei 9.069/1995.

De conformidade com a decisão ora recorrida, entendeu o Banco Central ter a Recorrente prestado *declaração falsa* em contratos de câmbio, objeto da venda de moeda estrangeira celebrada no Mercado de Câmbio de Taxas Livres, ao classificar valores recebidos de empresa com sede no exterior como pagamentos antecipados de exportações.

Apesar do caráter da declaração prestada pela ora Recorrente no contrato de câmbio antes referido ser meramente indicativo de intenção, no entender do Banco Central a declaração prestada nos contratos de câmbio demonstrou-se falsa, pelo fato de ter a Recorrente promovido, em seqüência ao fechamento dos contratos de câmbio, remessas para o exterior, a título de empréstimos, da moeda nacional, obtida com a venda da moeda estrangeira, em favor da empresa no exterior remetente dos recursos em moeda estrangeira.

Posteriormente, promoveram as empresas a liquidação de seus respectivos compromissos — a ora Recorrente, de sua obrigação de promover a exportação de determinada mercadoria e, a empresa no exterior, de sua obrigação de liquidar o empréstimo contraído — através da compensação dos respectivos créditos e débitos.

Julgados pelo Banco Central como improcedentes os argumentos apresentados, cabe à Recorrente, em sede de recurso, demostrar a este egrégio Conselho, os fundamentos de suas razões. Pretende a Recorrente indicar qual a tutela das normas ditas infringidas, o que lhe permitirá comprovar que as operações realizadas não ferem, de forma alguma, os fundamentos destas mesmas normas.

Pretende, ainda, a Recorrente demonstrar a este Conselho, através de minuciosa análise de cada uma das assertivas do Banco Central que embasaram a decisão ora recorrida, que inexiste base legal para a aplicação da penalidade que lhe foi imposta, contra a qual se insurge.

Enfatize-se, para o fim de servir de pano de fundo à esta defesa, que a penalidade de multa pecuniária imputada pelo Banco Central à Recorrente ***não*** teve como fundamento a contratação de operações de câmbio de ***compra*** de moeda estrangeira, realizada mediante a prestação de declaração provada falsa, com a finalidade de obter cobertura indevida para a remessa de divisas ao exterior.

Em verdade, foram consideradas falsas as declarações prestadas pela Recorrente em contratos de câmbio que suportaram a venda de moeda estrangeira por ter sido promovido, em datas subseqüentes, a transferência internacional de moeda nacional, sem a realização da exportação anunciada.

Fundamentou o Banco Central também sua decisão no fato de que a Recorrente, ao realizar as operações de mútuo um dia após o recebimento dos recursos em moeda nacional decorrentes da venda de moeda estrangeira no mercado de câmbio de taxas livres, auferiu lucros indevidos, em abandono à destinação e à finalidade originalmente anunciada para a utilização das divisas ingressadas através do fechamento das operações de venda de câmbio de exportação.

Alega a R. Decisão do Banco Central que teria a Recorrente manipulado recursos que fez introduzir no País, de modo a auferir vantagens financeiras indevidas, não tendo havido a incorporação dos recursos ingressados em seu processo produtivo, configurando, portanto, motivos que justificaram a aplicação de tão gravosa pena prevista no § 3º do art. 23 da Lei 4.131/1962.

A imputação da penalidade cominada à Recorrente, conforme restará provado perante este R. Conselho, reveste-se de evidente equivoco, uma vez que decorre exclusivamente da interpretação superficial e errônea das disposições legais e regulamentares referentes às regras de controle cambial.

É também equivocada a interpretação da natureza das declarações prestadas nos contratos de câmbio, especialmente quando relacionadas à operação de pagamento antecipado de exportação, o que permitiu ao Banco Central entender como tipificada a conduta prevista no § 3º do art. 23 da Lei 4.131/1962, isto é, declaração de informação falsa em contrato de câmbio.

Pretende a ora Recorrente submeter a este R. Conselho a apreciação da questão, confiante de ver reformada a decisão proferida pelo Banco Central, para que seja arquivado o Processo Administrativo em tela, uma vez que restará demonstrado que a Recorrente não praticou qualquer operação ou teve conduta que possa ser considerada infringente ao disposto no § 3º do art. 23 da Lei 4.131/1962, ou mesmo a qualquer das disposições legais e aos normativos em vigor, referentes às operações de câmbio.

Conforme será demonstrado, o emaranhado das disposições legais acerca do controle cambial no Brasil, editadas há mais de quatro décadas, sem que tenha sido implementada uma ampla revisão de seus dispositivos e notadamente dos princípios jurídicos que devem permanecer requerendo a tutela do Estado, vem permitindo a interpretação equivocada de suas disposições.

O conjunto de normas aplicáveis a este caso, como se demonstrará, foi promulgado, em grande parte, para atender às necessidades e conveniências de momentos econômicos diversos, onde houve a necessidade de adaptar as normas cambiais, para o fim de servir à política econômica. Muitas destas normas permanecem formalmente em vigor — embora derrogadas — e são adotadas nos dias de hoje, quando não mais estão presentes os fundamentos que as motivaram, gerando, por conseqüência, distorções em sua aplicação.

O Banco Central, na análise do caso em tela, utilizou-se de interpretação extensiva ou analógica de determinações proibitivas ou punitivas, que se encontram previstas em vetustas normas legais, sem o apropriado e correto exame da finalidade do ditame legal.

Resgatar a correta interpretação destes normativos, demonstrará a inadequação de sua aplicação e, por conseqüência, a regularidade e a legitimidade dos atos praticados pela Recorrente.

Para este fim, e de forma a ficar demonstrada a improcedência das acusações imputadas e da conseqüente aplicação da penalidade à Recorrente, cumpre, em um primeiro momento, fazer uma breve análise da evolução histórica do controle do câmbio no País e o desenvolvimento da política cambial brasileira.

Demostrará a Recorrente, em seguida, a legitimidade das operações por ela realizadas, em estrita observância às disposições legais e a aos normativos do Banco Central aplicáveis, o que será alcançado através da análise da natureza jurídica das operações de pagamento antecipado de exportação, da legalidade das operações de remessa internacional de moeda nacional e, finalmente, da inaplicabilidade ao presente caso, da norma que restringe a compensação privada de créditos.

Premissas

Tem o Brasil uma longa história de restrições sobre operações de câmbio. Decorreram estas restrições de diversas circunstâncias (tais como, as dificuldades no balanço de pagamentos que resultaram em escassez crônica de divisas) que determinaram a necessidade do Estado de estabelecer mecanismos de controle das operações de aquisição de moeda estrangeira.

Durante muitos anos, o País conviveu com os mais variados obstáculos à movimentação de moeda estrangeira, que foram estabelecidos por normas editadas pelo Poder Executivo em função da necessidade de solucionar, sempre em caráter emergencial, questões circunstanciais de ordem econômica. Excepcionalmente, em função de circunstâncias diversas, houve alguns raros momentos de relativa liberdade cambial, que eram substituídos por longos períodos onde imperava a rigidez no controle das operações de câmbio.

Atualmente, o controle de câmbio no País, consiste em um sistema desordenado de normas, que ao longo dos anos deixaram de ser consolidadas em única matriz, que contemplasse, de forma clara e objetiva, as regras fundamentais aplicáveis às operações de câmbio, a qual estariam subordinados todos os demais normativos ou regulamentos editados pela autoridade cambial.

Alguns dos princípios de controle das operações de câmbio e dos capitais estrangeiros investidos no País estão contidos na Lei 4.131/1962. Remanesceram, entretanto, diplomas legais anteriores, cujos fundamentos para sua edição perderam-se no tempo, mas que, nada obstante, são revigorados e aplicados às operações atuais, como se não trouxessem em seu bojo o ônus de terem sido editados para atender a uma necessidade específica dos anos em que foram promulgados.

A conjugação destas normas resulta, muitas vezes, na imputação de penalidades de elevada gravidade às operações de câmbio legítimas, cursadas em completa observância às regras vigentes, com fundamento na interpretação literal ou gramatical de normas derrogadas.

Vale lembrar o ensinamento do Professor Caio Tácito, ao lecionar que o critério da interpretação literal da norma jurídica, "evidenciou há muito, as suas insuficiências". Deve a lei "ser entendida em consonância com a relação de causalidade, que inspira o nascimento, devendo o interprete socorrer-se da chamada interpretação lógica, na razão que ditou o preceito, na transformação por que passou o direito com a promulgação da lei, nas condições ambientais que a inspiraram".

A aplicação de normas cambiais, de caráter eminentemente econômico, editadas em momentos distintos do cenário em que foram concebidas, geram distorções insuportáveis. Somente o estudo da origem histórica da lei que regula a matéria cambial e a análise da conjuntura econômica que justificou a sua criação, indicarão, com exatidão, a expressão do pensamento do legislador da época, auxiliando na compreensão do alcance e das razões da sua promulgação.

Portanto, necessário se faz entender a evolução dos preceitos do controle de câmbio no País, outorgando especial enfoque à prestação de falsa declaração em contratos de câmbio e às disposições referentes à compensação privada de créditos.

O controle do câmbio no Brasil

1. O ano de 1920 marcou o início da política de controle cambial do Brasil, com a promulgação da Lei 4.182, que instituiu a fiscalização de bancos e casas bancárias para coibir o jogo sobre o câmbio e assegurar apenas a realização de operações legítimas, autorizando o Ministro da Fazenda a baixar regulamentos indispensáveis a execução da referida lei, e sempre que necessário:

(a) "exigir provas de que as operações de compra e venda são reais e legítimas, proibindo-as em caso contrário";

(b) "a impor multas correspondentes, no máximo ao dobro da operação, e, no mínimo de cinco contos de réis, às pessoas e às instituições que infringirem os preceitos deste artigo e as instruções do Ministro da Fazenda, tendentes à boa execução da presente lei".

2. Em 16 de março de 1921, foi aprovado o Decreto 14.728, que regulamentou a Lei 4.182/1920, cujo Capítulo V foi inteiramente dedicado às exportações de valores e às operações cambiais, que passaram a depender de prévia autorização, exigindo, em seu art. 36, "a prova da legitimidade das transações" sobre câmbio e determinando providências tendentes "à proibição de exportação de valores e a remessa de fundos para o exterior, fora dos casos especificados".

3. Dentre as exigências impostas, destacava-se a prévia autorização da Inspetoria Geral de Bancos a todas as remessas de fundos para o exterior e a todas as operações de compra de cambiais. Estava, como se pode notar, demonstrada a preocupação do legislador com a situação cambial do Brasil, tendo sido por isso criado uma reserva de mercado a cargo das instituições autorizadas, cuja infringência implicava na imposição de multas.

4. O referido Decreto do ano de 1921, estabeleceu, pela primeira vez, disposições destinadas a reprimir a infringência das regras de controle cambial, estabelecendo sanções — a penalidade de multa de 50% da importância e o seqüestro do valor da transação — aos que realizassem operações sem a necessária autorização prévia.

5. Após a crise de 1929 e a revolução de 1930, foi promulgado o Decreto 20.451, de 20 de setembro de 1931, o qual "atendendo à anormalidade da atual situação e a necessidade de centralizar as operações de aquisição cambiária para o fim de evitar especulações danosas aos interesses do País", estabeleceu que as vendas das letras de exportação e outros valores transferidos do estrangeiro somente poderiam ser feitas ao

Banco do Brasil, o que significava *a instituição de um monopólio de compra de cambiais.*

6. Em plena vigência deste monopólio, tendo em vista que as prescrições legais vinham sendo burladas com a prática de operações lesivas aos interesses nacionais, o Governo fez publicar o Decreto 23.258, de 19 de outubro de 1933, com o qual objetivava definir as OPERAÇÕES DE CÂMBIO ILEGÍTIMAS, submetendo-as às sanções da Lei 4.182/1920, já citada.

7. Pela sua importância, julgamos oportuno transcrever alguns trechos de seu texto:

"Decreto 23.258, de 19.10.1933

"Dispõe sobre as operações de câmbio, e dá outras providências.

"Atendendo a que a fiscalização bancária, foi instituída no interesse do bem público, para, entre outros fins, prevenir e coibir o jogo sobre o câmbio, assegurando somente as operações legítimas; (...)

"Atendendo a que a Lei 4.182, de 1920, art. 5º, dá competência ao Governo para estabelecer condições e cautelas que forem necessárias para regularizar as operações cambiais e reprimir o jogo sobre o câmbio;

"Atendendo ainda a que tem sido objetivo do Governo centralizar no Banco do Brasil S/A tudo quanto se refere ao mercado cambial, conforme faz certo o Decreto 20.451, de 28 de setembro de 1931, que conferiu a esse estabelecimento de crédito o monopólio da compra de letras de exportação e valores transferidos ao estrangeiro, para o fim de tornar possível a distribuição de câmbio com equidade, no intuito de satisfazer os compromissos públicos externos, importação de mercadorias e outras necessidades;

"Atendendo, o finalmente, a que as prescrições legais vêm sendo burladas com a prática de operações lesivas aos interesses nacionais, por entidades domiciliados no País;

"Decreta:

"Art. 1º. São consideradas operações de câmbio ilegítimas as realizadas entre bancos, pessoas naturais ou jurídicas, domiciliadas ou estabelecidas no País, com quaisquer entidades do exterior, quanto tais operações não transitem pelos bancos habilitados a operar em câmbio, mediante prévia autorização da fiscalização bancária a cargo do Banco do Brasil.

"Art. 2º. São também consideradas operações de câmbio ilegítimas as realizadas em moeda brasileira por entidades domiciliadas no País, por conta e ordem de entidades brasileiras ou estrangeiras domiciliadas ou residentes no exterior.

"Art. 3º. São passíveis de penalidades *as sonegações de coberturas nos valores de exportação* bem como o aumento de preço de mercadorias importadas, para obtenção de coberturas indevidas" (grifos nossos).

8. Neste Decreto do ano de 1933, preocupou-se o legislador em definir as operações ilegítimas de câmbio, compreendendo:

"(a) as operações não realizadas através dos bancos autorizados a operar em câmbio e mediante prévia autorização da fiscalização bancária; e

"(b) as operações efetuadas em moeda brasileira, por conta e ordem de entidades brasileiras ou estrangeiras residentes ou domiciliadas no exterior."

9. Os diplomas legais sobre a matéria, editados entre os longínquos anos de 1920 a 1933, compunham naquele momento, o conjunto de normas superiores que regulavam a definição e o controle das operações de câmbio. Foram consideradas operações lícitas de câmbio somente aquelas cursadas através de instituição bancária previamente autorizada. As infrações a este controle eram punidas com multas.

10. Posteriormente, houve um abrandamento desta rigidez no controle do câmbio, pois o Decreto 24.268/1934 permitiu a realização de algumas operações de câmbio por sociedades não bancárias "habilitadas a operar em câmbio" (conforme art.

1º do Decreto 23.258/1933) com a condição de que fossem estas entidades devidamente autorizadas pela fiscalização bancária.

11. Importantíssimo foi o Decreto-lei 7.293/1945, criador da Superintendência da Moeda e do Crédito (SUMOC), antecessora do Banco Central na orientação da política de câmbio e das operações bancárias em geral.

12. Com o final da II Grande Guerra, após a assinatura do Acordo de Bretton Woods e a adesão do Brasil ao mesmo, iniciou-se um processo de liberalização dos pagamentos internacionais, com eliminação das restrições cambiais que poderiam dificultar o desenvolvimento do comércio mundial. No Brasil, de conformidade com a orientação traçada pelo referido Tratado, foi promulgado, em princípios de 1946, o Decreto-lei 9.025, que praticamente *aboliu o regime de controles de câmbio* então vigente, e *assegurou ampla liberdade de compra e venda de cambiais e moedas estrangeiras* (cf. Jayme Leonel, *Controle de Câmbios*, 1955, pp. 31 e 32).

13. Exemplo típico do casuísmo das normas cambiais, aquele diploma legal, na esteira incentivadora do comércio internacional desenhada pelo Tratado de Bretton Woods e, em decorrência do excesso de moeda estrangeira acumulada no País à época, chegou a prever a possibilidade de serem promovidas ***exportações do Brasil para o exterior em moeda nacional***, isto é, *sem a entrada das divisas correspondentes*, o que contrariava todos os conceitos de controle de câmbio então vigentes.

14. Foi através do referido Decreto-lei 9.025/46, que se introduziu, o conceito de vedar a realização de ***compensação privada de créditos*** cuja norma, ainda em vigor, vem persistentemente sendo apontada como o fundamento à vedação da aplicação do instituto da compensação em operações cambiais. *Como se demonstrará oportunamente, de forma mais ampla, o referido Decreto-lei teve por objeto, na verdade, liberalizar as operações cambiais e não restringi-las, tendo sido a vedação da compensação privada prevista para o fim de controlar as operações que sonegavam obrigações de caráter fiscal.*

15. Em verdade, entre o ano de 1946, quando foi promulgado o Decreto-lei 9.025, e o ano de 1948, vigorou no País, não um controle do câmbio, mas sim um regime de simples fiscalização sobre as operações de câmbio. *Conforme já referido, durante este período vigorava um regime de plena liberdade cambial, instituído pelo Decreto-lei 9.025/1946, que posteriormente provou-se equivocado.* "De grandes credores que éramos, passamos, em pouco tempo, à posição de devedores em quase todas as moedas" (Haroldo R. Levy, *Prática Cambial no Brasil*, São Paulo, Max Limonad, 1956, p. 85).

16. Com o advento da Lei 262, de 23 de fevereiro de 1948, inaugurou-se um novo período: "o controle do câmbio passou a ser exercido de modo concreto, através da política de subordinação do intercâmbio comercial com o exterior ao regime de prévio licenciamento, na esperança de que pudesse ser corrigido o desequilíbrio de pagamentos internacionais" (Jayme Leonel, *Controle de Câmbios*, ob. cit., p. 37).

17. Concentraram-se as atenções das autoridades monetárias no controle das importações que demandavam moeda estrangeira para sua liquidação. A partir do final da década de 40, e após a edição da referida Lei 262, seguiram-se diversas normas que ratificaram o regime do prévio licenciamento das operações de comércio exterior.

18. Em janeiro de 1953, a Lei 1.807 criou o chamado "mercado de câmbio de taxas livres", permitindo que algumas operações de câmbio fossem efetuadas por taxas livremente convencionadas pelas partes. Gozavam desta condição todas as operações que não se referiam a: (a) exportação e importação de mercadorias, com os respectivos serviços correlatos; (b) aos serviços governamentais, inclusive os relativos às sociedades de economia mista; e, (c) aos empréstimos, créditos e financiamentos, obtidos no exterior, e registrados na SUMOC. Tais operações continuariam sendo cursadas por taxas fixadas pelo Conselho da SUMOC, sujeitas às suas leis e regulamentos.

19. Curioso notar que já naquele período, a legislação em matéria cambial era considerada confusa e contraditória pois, por diversas vezes, a autoridade monetária, legislando discricionariamente sobre a política cambial, exercia esta prerrogativa em conflito com a legislação vigente.

20. A Lei 3.244, de 14 de agosto de 1957, dispondo sobre a da importação de mercadorias e do imposto correspondente, além de penalizar fraudes específicas quanto a valor, natureza ou quantidade dos produtos importados, cuidou, também, das fraudes inerentes ao câmbio, determinando multas às quais ficavam sujeitas as infrações cambiais, apuradas por ocasião do despacho aduaneiro.

21. O Decreto 42.820 do mesmo ano, que regulamentou a Lei 3.244/1957, ratificava a aplicação de multas às infrações cambiais e outorgava aos estabelecimentos bancários autorizados a operar em câmbio a exclusividade na atuação no mercado de taxas livres. Trouxe o referido Decreto do ano de 1957, em seu bojo, a regra que reconheceu a liberdade do ingresso e saída de recursos em dinheiro e de títulos do País, dispondo, ainda, sobre as contas em cruzeiros e em moeda estrangeira de titularidade de residentes no exterior, cuja regulação encontrava raízes no citado Decreto-lei 9.025, de 1946.

22. Em 1962, surgiu o diploma legal que regulava a movimentação e registro dos capitais estrangeiros — Lei 4.131/1962 — regulamentado pelo Decreto 55.762/1965, que introduziu algumas normas destinadas ao tratamento das operações de câmbio, que se encontravam previstas nos arts. 23 a 28 e no art. 58.

23. O art. 23 da Lei 4.131/1962 prevê que as operações no mercado de taxas livres deveriam, obrigatoriamente, ser efetuadas através de estabelecimentos autorizados a operar em câmbio. Os §§ 2º a 4º do referido art. 23, estabelecem as infrações correspondentes às irregularidades no preenchimento das declarações a serem prestadas em formulário exigido para cada operação de câmbio, quais sejam:

(i) a declaração de falsa identidade (§ 2º do art. 23 e art. 41 do Decreto 55.762/1965);

(ii) a declaração de informações falsas (§ 3º do art. 23 e art. 42 do Decreto 55.762/1965);

(iii) a declaração de classificação incorreta (§ 4º do art. 23 e art. 43 do Decreto 55.762/1965).

24. Todos os diplomas legais acima referidos sempre foram muito rígidos no controle das operações de câmbio, excetuado o período entre 1946 e 1948, onde vivemos a euforia indevida de um sistema de quase total liberação das operações de câmbio que não se assentava em bases econômicas concretas, decorrente de uma impressão artificial de abundância de moeda estrangeira, conjugada com a necessidade de alinhar o País com o esforço de reconstrução da economia pós-guerra.

25. O exame das normas aplicáveis às operações de câmbio, nos conduzem sempre a uma mesma constatação, qual seja, *o controle das operações de câmbio visava* sempre e primordialmente, *aquelas operações que pudessem representar*, direta ou indiretamente: (i) *a venda de moeda estrangeira para a remessa ao exterior, e ainda*, (ii) *o controle sobre o ingresso das receitas em moeda estrangeira decorrentes das operações de exportação* de mercadorias ou serviços.

26. Outro não podia ser o viés do legislador ao exteriorizar a necessidade das autoridades monetárias em racionar a escassez crônica de moeda estrangeira.

27. A este respeito, consulte-se os diversos dispositivos legais que prevêem punição pela indevida realização de operações de câmbio:

(a) a Lei 4.182, de 1920, buscava "coibir o jogo sobre o câmbio", razão pela qual exigia que a prova da legitimidade das operações de compra e de venda.

(b) o Decreto 14.728/1921, que regulamentou da Lei 4.182/1920, dedicou o Capítulo V à regulamentação das operações de exportação, que passaram a depender de prévia autorização, exigindo, o art. 36, "a prova da legitimidade das transações" sobre câmbio e proibindo "a exportação de valores e a remessa de fundos para o exterior, fora dos casos especificados".

(c) o Decreto 20.451/1931, em sua exposição de motivos, preocupava-se em "centralizar no Banco do Brasil S/A tudo quanto se refere ao mercado cambial (...) para o fim de tornar possível a distribuição de câmbio com equidade, no intuito de satisfazer os compromissos públicos externos, importação de mercadorias e outras necessidades", anotando que "as prescrições legais vêm sendo burladas com a prática de operações lesivas aos interesses nacionais, por entidades domiciliados no País", e punindo "*as sonegações de coberturas nos valores de exportação* bem como o aumento de preço de mercadorias importadas, para obtenção de coberturas indevidas".

(d) O Decreto 42.820/1957 punia "as infrações de natureza cambial (...) com multa de 100% (...) no caso de mercadoria importada sem certificado de cobertura cambial ou além dos limites da licença ou do certificado" ou ainda "(...) nos casos de sub ou superfaturamento ou qualquer outra modalidade de fraude cambial na importação (...)".

(e) A Lei 4.131/1962 pune "a declaração de falsa identidade no formulário (...) assinado pelo cliente e visado pelo estabelecimento bancário e pelo corretor que (...) intervierem na operação de câmbio", assim como "a classificação incorreta, dentro das normas fixadas pelo Conselho da Superintendência da Moeda e do Crédito, das informações prestadas pelo cliente no formulário (...)".

28. No final da década de 80 e início da década de 90, com a criação, pela Resolução CMN 1.552, de 22 de dezembro de 1988, do então denominado "Mercado de Câmbio de Taxas Flutuantes" (ou "Câmbio Turismo"), e com a regulamentação das transferências internacionais de moeda nacional, o sistema de controle de câmbio sofreu profunda alteração. Foram introduzidos no sistema, mecanismos que permitiram a compra e a venda de moeda estrangeira entre instituições bancárias no País autorizadas a operar em câmbio e instituições financeiras com sede no exterior. Estes mecanismos, conjugados com o reconhecimento por parte do Banco Central, da possibilidade ser utilizada a moeda nacional pertencente a instituições financeiras estrangeiras (que se encontrava depositada em contas de não residentes), para a compra de moeda estrangeira, *permitiram a realização das operações de transferência internacional de moeda nacional.*

29. O Mercado de Câmbio Turismo possuía como principais características (i) a possibilidade de serem realizadas operações de câmbio a taxas livremente convencionadas pelas partes, quando então vigia um sistema da câmbio fixo e, (ii) a permissão outorgada aos bancos no País autorizados a operar em câmbio, para realizar, independentemente de consulta ao Banco Central, operações de compra e venda de moeda estrangeira com instituições financeiras no exterior.

30. Na verdade, a Resolução CMN 1.552/1988 previu, inicialmente, que estas operações poderiam ser realizadas com quaisquer instituições no exterior. Este dispositivo foi logo revogado por norma posterior, que exigiu, a partir de então, *para a concretização da operação de câmbio, a condição de instituição financeira do parceiro no exterior.*

31. Estipulava, por sua vez, a Circular BCB 1.500, de 26 de junho de 1989, que as operações da espécie deveriam "ser escrituradas a débito/crédito das contas patrimoniais representativas de direitos e obrigações em moedas estrangeiras, em contrapartida com a rubrica 'Depósitos de Domiciliados no Exterior', em nome do parceiro na transação".

32. Ficava, assim, estabelecida, na prática, a plena liberdade cambial para as instituições bancárias nacionais autorizadas a operar em câmbio, que poderiam realizar operações de compra e venda de moeda estrangeira com instituições financeiras com sede no exterior

33. Através deste segmento de mercado de câmbio, poderiam as instituições financeiras no exterior, desde que atendido o requisito de manter, nos moldes ditados pela Carta Circular 5, de 27 de fevereiro de 1969, conta bancária no País, comprar e vender moeda estrangeira contra moeda nacional com bancos autorizados a operar em câmbio, e desde que os recursos em moeda nacional fossem lançados a débito e a crédito de suas contas denominadas "CC5".

34. Não exigiam os normativos que regulavam estas operações, que a compra e venda de moeda estrangeira contra moeda nacional, realizada entre instituições bancárias no País e instituições financeiras no exterior, dentro dos mecanismos do segmento de Mercado de Câmbio de Taxas Flutuantes, fosse precedida ou condicionada à identificação das origens da moeda nacional. A operação de câmbio não estava condicionada à esta identificação.

35. Diversos foram os normativos posteriores, que tinham por objetivo criar uma melhor identificação das operações que resultavam no aporte da moeda nacional em contas de não residentes, assim como foi exigido um maior rigor das instituições financeiras que abrigavam contas de não residentes, no que diz respeito à qualificação dos titulares destas contas.

36. As normas atualmente em vigor não só exigem amparo documental que respalde as declarações que são prestadas para a realização das operações de crédito e débito da moeda nacional depositada em contas de não residentes, como exigem, para a aquisição de moeda estrangeira, a qualidade de banco correspondente do titular da conta onde serão efetuados os créditos em moeda nacional.

37. A liberdade cambial outorgada às operações de câmbio entre instituições bancárias no Brasil e instituições financeiras no exterior é ampla e claramente autorizada, desde que observados os mecanismos previstos nos normativos do Banco Central. As operações realizadas deste modo não são objeto de controle cambial.

38. Através da regulamentação aplicável às operações conduzidas no Mercado de Câmbio de Taxas Flutuantes, pessoas naturais e jurídicas residentes ou com sede no País, podem promover a aquisição legítima de moeda estrangeira, em operações que não se enquadram no rígido controle de câmbio existente.

39. São conhecidas as diversas manifestações do Banco Central sobre a licitude destas operações, tendo havido a edição, no ano de 1993, de uma Cartilha onde era explicado didaticamente o mecanismo de aquisição de moeda estrangeira dentro deste sistema. Atualmente são inúmeros os normativos que regulam o controle destas operações, as quais para sua realização exigem, como já referido, amparo documental, e a prestação de informações para efeito estatístico, sem a necessidade de autorização prévia por parte do Banco Central.

As operações de exportação sob a modalidade de pagamento antecipado — Definição e regulamentação pelo Banco Central do Brasil

40. O Banco Central define a operação de "Pagamento Antecipado de Exportação" como "a aplicação de recursos em moeda estrangeira na liquidação de contratos de câmbio de exportação, anteriormente ao embarque das mercadorias".

41. O pagamento antecipado à exportação é, portanto, modalidade através da qual o importador no exterior, efetua o pagamento parcial ou integral da transação comercial ao exportador brasileiro, antes do embarque da mercadoria para o exterior, ou seja, a moeda estrangeira é negociada e ingressada antecipadamente ao envio para o exterior das mercadorias adquiridas pelo importador no mercado nacional. Representa, na verdade, para o exportador, um verdadeiro financiamento concedido pelo importador, ou por instituição financeira no exterior por ele mandatada a remeter os recursos.

42. As normas de controle cambial sempre contemplaram este vantajoso mecanismo de financiamento das exportações nacionais, seja efetivado através da abertura de cartas de crédito, ou através da modalidade de pagamento *clean* (livre de quaisquer garantias de performance), de parte ou da totalidade do preço de venda dos produtos destinados à exportação.

43. Por caracterizar as operações de pagamento antecipado de exportação uma modalidade de financiamento — note-se que a definição contempla a expressão "aplicação de recursos" — o Banco Central admite a possibilidade de pagamento de juros sobre os valores liquidados, obedecidos os procedimentos e condições aplicáveis.

44. De conformidade com as normas em vigor na data da realização das operações de exportação realizadas pela Recorrente era: (i) reconhecida pelo Banco Central a característica de financiamento do pagamento efetuado antecipadamente ao recebimento das mercadorias exportadas, e (ii) facultado às partes — exportador nacional e importador — ajustar o montante dos juros que deveriam ser pagos em decorrência do adiantamento efetuado.

45. Sob o ponto de vista cambial, o pagamento antecipado de exportação é modalidade de pagamento através do qual é antecipada a cobertura cambial que irá permitir o aperfeiçoamento da exportação, restando ao exportador nacional, tão-somente, providenciar o envio da mercadoria para o exterior.

46. Na verdade, o exportador nacional ao contratar o pagamento antecipado de suas operações de exportação, faz inserir no contrato de câmbio tal circunstância, pois pretende obter e manter o direito de efetivar o posterior embarque da mercadoria para o exterior, em liquidação do compromisso assumido com a empresa importadora, no prazo fixado para tanto. Este procedimento, de fundamental importância, garante ao exportador o direito de exonerar-se, de forma antecipada, de seu compromisso de promover a cobertura cambial da exportação por ele realizada.

47. Para efeito das normas de controle de câmbio, esta modalidade de operação não oferece qualquer risco de evasão de divisas ou perda de receita cambial, pois as divisas respectivas são objeto de liquidação antecipada, restando assegurada, por conseguinte, a respectiva receita cambial, decorrente da operação de exportação que será futuramente concluída. Esta operação se distingue, neste aspecto específico, daquelas operações através das quais o exportador "promete" a receita cambial, mediante a venda da moeda estrangeira que ainda não recebeu, transferindo à instituição bancária os instrumentos que lhe permitirão o acesso à moeda estrangeira negociada por antecipação.

48. Pelos motivos acima expostos, a pesquisa dos textos normativos sobre a matéria nos indica que a modalidade de pré-pagamento, diferentemente das demais operações de financiamento à exportação, através a venda antecipada da moeda estrangeira, não foi objeto de regras rígidas no que se refere a sua contratação pelo exportador nacional.

49. A contratação de câmbio sob esta modalidade prescinde de qualquer formalidade especial, não sendo exigidas quaisquer comprovações com relação à existência de vínculos contratuais entre o exportador e o importador, muito menos se exige, via de regra, a comprovação da realização da operação comercial que embasou a operação de câmbio. Diferentemente, as demais operações de venda antecipada de moeda estrangeira exigem do exportador nacional a comprovação do embarque das mercadorias que irá gerar os direitos de crédito que permitirão ao banco interveniente na operação, cobrir sua posição de câmbio.

50. Serão objeto de comentário, em momento oportuno, as normas que estabelecem punição ao não embarque de mercadorias objeto de contrato de câmbio fechado sob a modalidade de pagamento antecipado de exportação.

51. Por se constituir em modalidade de financiamento, o Banco Central regulamentou o pagamento pelo exportador de juros remuneratórios sobre os recursos em moeda estrangeira que foram antecipados pelo importador, prevendo que se a operação for contratada por período inferior a 360 dias, os juros podem ser livremente convencionados entre as partes.

52. Durante longo período, o Banco Central admitiu, sem maiores ressalvas, a possibilidade de não vir a ser efetuada a exportação objeto do pagamento antecipado. Tratando esta hipótese como uma obrigação cambial do País, o Banco Central admitiu, de forma expressa, — em não ocorrendo o embarque da mercadoria cujo pagamento fora antecipado — a *faculdade ao exportador de requerer ao Departamento de Capitais Estrangeiros do Banco Central, o registro da operação como investimento direto de capital ou como empréstimo em moeda.*

53. Reconhecendo, ainda, o Banco Central a condição do exportador de "devedor" da moeda estrangeira ingressada antecipadamente, foi previsto que, na hipótese de vir a se frustrar a exportação por qualquer motivo, poderia ser autorizado o retorno das divisas ao pagador no exterior, no valor do principal, vedando, entretanto, nesses casos, a remessa dos juros pactuados e incorridos.

54. Notório o fato de que, no período anterior ao ano de 1991, permaneciam no País grandes volumes de recursos que ingressaram através da modalidade de pagamento antecipado de operações de exportação que, em decorrência do não embarque das mercadorias, constituíram-se em crédito dos importadores para com os exportadores nacionais.

55. Naquele período, estavam em vigor as regras da Circular 1.803, de 16 de agosto de 1990, que dispunham sobre a concessão de adiantamentos, por parte de instituições do exterior, para o financiamento à pré-exportação brasileira, assim estabelecendo o seu art. 1º: "Art. 1º. Poderão ser concedidos, por instituições do exterior, adiantamentos em moedas estrangeiras diretamente a exportadores brasileiros com vistas a liquidação — anteriormente ao embarque — de contrato de câmbio de exportação de produtos agrícolas e agro-industriais".

56. Posteriormente, o Departamento de Câmbio do Banco Central editou a Carta Circular 2.113, abaixo parcialmente transcrita, que regulamentou as disposições da referida Circular 1.803/1990, tornando inequívoca a faculdade outorgada ao exportador — devedor dos recursos ao importador estrangeiro — de remeter juros pactuados para esta modalidade de financiamento, bem como *a possibilidade de, na hipótese de não embarque das mercadorias, proceder, mediante solicitação prévia, o retorno deste recursos ingressados*:

"Carta Circular 2.113 — Regulamenta a Circular 1.803, de 16.8.1990, e redefine critérios para negociação de câmbio sob a modalidade de Exportação Com Pagamento Antecipado.

"Levamos ao conhecimento dos interessados que:

"Art. 1º. As disposições desta Carta Circular admitem a realização de antecipações de recursos em moedas estrangeiras a exportador brasileiro regularmente registrado no Departamento de Comércio Exterior — Decex e efetuadas por:

"I — *Empresas importadoras estrangeiras*, quando conduzidas sob a modalidade de pagamento antecipado de exportação brasileira;

"II — *Por qualquer entidade no exterior* — pessoa física ou jurídica, financeira ou não — quando conduzidas na modalidade e para os fins previstos na Circular 1.803, de 16.8.1990.

"(...)

"Art. 2º. É livre a vinculação de guia ou declaração de exportação a contrato de câmbio liquidado em pagamento antecipado de exportação, ou liquidado nos termos da Circular 1.803, de 16.8.1990, quando efetivada dentro do prazo de 360 (trezentos e sessenta) dias contados da data da liquidação do contrato de câmbio a que se vincula.

"(...)

"Art. 4º. *É admitido o pagamento de juros* sobre os valores liquidados nas formas do art. 2º, observados os seguintes procedimentos e condições:

"(...)

"Art. 5º. Decorrido o prazo de 360 (trezentos e sessenta) dias a que se refere o art. 2º desta Carta Circular sem que o contrato de câmbio tenha sido vinculado a guia ou declaração de exportação, ou, uma vez processada a vinculação, não se tenha verificado o embarque da mercadoria dentro do prazo para tal fim previsto, poderá, nos termos da Lei 4.131/1962, modificada pela Lei 4.390/1964, e regulamentação pertinente, ser requerido ao Departamento de Capitais Estrangeiros — FIRCE, *o registro da operação como investimento direto de capital ou como empréstimo em moeda.*

"Art. 6º. *Não se realizando a exportação por motivo de força maior, poderá o Banco Central/Departamento de Câmbio considerar pedidos de autorização de retorno das divisas ao pagador no exterior, vedada, nesses casos, a remessa de juros relativos a tais operações*" (grifos nossos).

57. Assim, sob a égide da referida Circular 1.803/1990, e sua regulamentação (Carta Circular 2.113/1990) o Banco Central, naquele período, autorizou, de forma constante, o retorno de divisas ao exterior que haviam ingressado no País como pagamento antecipado de exportação.

58. Determinou a referida Carta Circular 2.113/1990 que os contratos de câmbio, relativos às transferências autorizadas pelo Banco Central para retorno destes recursos, fossem formalizados com uso do modelo Banco Central 0203432 ("tipo 04"), classificando-se as respectivas operações sob a conta "Capitais Estrangeiros a Curto Prazo (Obrigações no Exterior de Residentes no Brasil) — Disponibilidades no País — Retorno", Código "60002".

59. Alternativamente, caso não fosse deferido o pedido de autorização de retorno das divisas ao pagador no exterior, determinou o Banco Central que poderiam as partes convolar o adiantamento, concedido ao exportador nacional pelo pagador no exterior, em investimento direto de capital ou em empréstimo em moeda.

60. Note-se que ambas as modalidades acima referidas concedem ao credor dos recursos — convertidos em investimento ou em empréstimo — *o direito ao registro da operação e a obtenção do respectivo certificado*, que permitirá o retorno dos recursos em moeda estrangeira, que será cursado pelo mesmo mercado de câmbio do ingresso — Mercado de Câmbio de Taxas Livres (Comercial) — observadas as regras quanto a pactuação de juros, prazos mínimos, e demais condições estabelecidas pelo Departamento de Capitais Estrangeiros do Banco Central (atual DECEC).

61. Através da edição da Circular 1.971, de 13.6.1991, abaixo parcialmente transcrita, o Banco Central redefiniu os critérios aplicáveis à modalidade de "Exportação com Pagamento Antecipado", revogando as disposições da Circular 1.803/1990:

"Art. 1º. Define-se como 'Pagamento Antecipado de Exportação' a *aplicação de recursos* em moedas estrangeiras na liquidação de contratos de câmbio de exportação, anteriormente ao embarque das mercadorias.

"Parágrafo único. As antecipações de recursos em moedas estrangeiras em pagamento a exportadores brasileiros, para a finalidade prevista no *caput* deste artigo, poderão ser efetuadas pelo importador ou por qualquer pessoa jurídica no exterior, inclusive instituições financeiras.

"Art. 2º. *É admitido o pagamento de juros sobre o valor em moeda estrangeira de contratos de câmbio liquidados em pagamento antecipado de exportação, na forma, prazos e condições definidas em regulamentação complementar.*

"Art. 3º. Na hipótese de não ocorrer o embarque das mercadorias dentro do prazo para tal fim previsto, observar-se-á:

"I — A operação originalmente conduzida como pagamento antecipado de exportação *poderá ser convolada*, a pedido do respectivo pagador no exterior, *em empréstimo em moeda e registrada, no Banco Central/Departamento de Capitais Estrangeiros — FIRCE*, nos termos da Lei 4.131/1962, modificada pela Lei 4.390/1964, e regulamentação pertinente;

"II — O Banco Central do Brasil/Departamento de Câmbio *poderá considerar pedidos de autorização para retorno das divisas ao exterior*, quando inequivocamente o não embarque das mercadorias decorra de motivo de força maior" (grifos nossos).

62. Note-se que, naquela ocasião, permaneceu o Banco Central permitindo que as partes envolvidas — exportador e importador — solicitassem a conversão da operação, "em empréstimo em moeda, respeitados, sempre, as condições de juros máximos, prazos mínimos e forma de pagamento previstos nos normativos editados pelo Departamento de Capitais Estrangeiros". O Banco Central permitiu ainda, em casos excepcionais, decorrentes de motivo de força maior, a formulação de pedidos de autorização para *retorno das divisas ao exterior, não mais sendo facultada a conversão em investimento direto de capital.*

63. Em 25 de setembro de 1992, o Banco Central editou a *Circular 2.231, que divulgou os regulamentos que passaram a reger, a partir de 4.1.1993, as operações de câmbio relativas a exportações brasileiras*, estabelecendo que os referidos regulamentos passaram a constituir capítulos específicos da *Consolidação das Normas Cambiais — CNC.*

64. As disposições sobre as operações de pagamento antecipado de exportação passaram, portanto, a estarem previstas no Título 12, do Capítulo 5 da CNC, onde se lê:

"Consolidação das normas cambiais

"Capítulo: Exportação — 5

"Título: Pagamento Antecipado — 12

"1. Define-se como 'Pagamento Antecipado de Exportação' a *aplicação de recursos* em moeda estrangeira na liquidação de contratos de câmbio de exportação, anteriormente ao embarque das mercadorias.

"2. As antecipações de recursos em moeda estrangeira a exportadores brasileiros, para a finalidade prevista no item precedente, podem ser efetuadas pelo importador ou por qualquer pessoa jurídica no exterior, inclusive instituições financeiras.

"(...) "4. *É admitido o pagamento de juros* sobre o valor em moeda estrangeira de contratos de câmbio liquidados em pagamento antecipado de exportação, observados os seguintes procedimentos e condições:

"a) o período de incidência dos juros e livremente pactuado pelas partes; "(...)

"5. *Na hipótese de não ocorrer o embarque das mercadorias dentro do prazo para tal fim previsto*:

"a) a operação originalmente conduzida como pagamento antecipado de exportação *pode ser convertida* — a pedido do exportador e mediante anuência previa do pagador no exterior — *em investimento direto de capital ou em empréstimo em moeda e registrada*, no Banco Central do Brasil/Departamento de Capitais Estrangeiros — FIRCE, nos termos da Lei 4.131/62, modificada pela Lei 4.390/64, e regulamentação pertinente;

"b) *o Banco Central do Brasil pode considerar pedidos de autorização para retorno das divisas ao exterior, quando inequivocamente o não-embarque das mercadorias decorra de motivo de força maior*" (grifos nossos).

65. A referida Circular 2.231/1992 alterou de 360 (trezentos e sessenta) dias para 180 (cento e oitenta) dias o prazo para liquidação antecipada em relação ao embarque das mercadorias. Com relação a possibilidade de conversão dos créditos do importador no exterior para com o exportador nacional, na hipótese de não embarque das mercadorias, o Departamento de Câmbio do Banco Central *voltou a permitir, como alternativa, o investimento direto no capital da empresa brasileira, mantendo a permissão de conversão em empréstimo em moeda*, mediante a respectiva análise das condições para autorização prévia pelo Departamento de Capitais Estrangeiros.

66. Vale observar que à época em que foram realizadas as operações objeto do presente Recurso, vigoravam as disposições da Circular 2.323, de 17 de junho de 1993, *que suprimiram a autorização, contida na versão original, que permitia a análise pelo Banco Central de pedidos de retorno das divisas ao exterior, quando inequivocamente comprovado que o não-embarque das mercadorias decorresse de motivo de força maior*, e, ainda, alterou para 180 dias o prazo para contratação de operações de pagamento antecipadamente ao embarque das mercadorias.

67. Nada obstante, o referido normativo manteve em vigor a faculdade outorgada pelo Banco Central — mediante solicitação do exportador nacional e anuência prévia do pagador no exterior — para conversão da operação originalmente conduzida como pagamento antecipado, *em investimento direto de capital ou em empréstimo*.

68. Admitia, portanto, o Banco Central, naquele momento, que a operação de câmbio originalmente contratada como pagamento antecipado de exportação, na hipótese de não ocorrer o embarque das mercadorias dentro do prazo previsto para tal fim, fosse convertida em investimento direto ou em empréstimo em moeda, ambas as modalidades com registro no Departamento de Capitais Estrangeiros — FIRCE.

69. As restrições que, no período a partir do ano de 1994, passaram a ser impostas à esta modalidade de contratação de câmbio, tiveram motivações econômicas e não cambiais.

70. O Banco Central, exercendo seu papel de autoridade monetária, preocupado com o acúmulo de aportes de capital estrangeiro no País, que buscava capturar as altíssimas taxas de juros então vigentes, editou diversas normativos, contemplando medidas que visavam, em essência, "fechar as portas" para a internação no País do capital estrangeiro que considerava especulativo.

71. Para este fim, dentre outras de caráter institucional, foram adotadas medidas que visavam restringir ou vedar a utilização de brechas que permitissem que os efeitos indesejados pela autoridade monetária fossem alcançados.

72. As medidas adotadas não tinham por objetivo aperfeiçoar, corrigir ou mesmo alterar o sistema de controle de câmbio existente. Visavam, isto sim, evitar o acesso do capital estrangeiro às aplicações financeiras de curto prazo e o efeito nocivo desta especulação.

73. Identificado que foi o mecanismo do pagamento antecipado à exportação como uma das modalidades de remessa de recursos para o País, cuidou o Banco Central de alterar a norma em vigor, para o fim de prever determinadas penalidades que coibissem o uso abusivo e reiterado daquele mecanismo.

74. Para este fim, o Banco Central estabeleceu a penalidade ao exportador nacional que houvesse realizado operação de câmbio de venda de moeda estrangeira, recebida a título de pagamento antecipado, e não promovesse a exportação, nem convertesse os créditos do pagador no exterior em investimento ou em empréstimo.

75. *Revestiu-se esta penalização ao exportador na suspensão temporária da faculdade de contratar operações de câmbio previamente ao embarque, suprimindo, por um determinado período, o seu acesso a uma importante fonte de financiamento às suas operações.*

76. Conforme já falamos, a penalidade de suspensão temporária da faculdade de fechar câmbio como pagamento antecipado, acima referida, visava, tão-somente, impedir a realização de operações de câmbio que tinham por efeito gerar disponibilidades em moeda nacional, para aplicação no mercado financeiro, aproveitando-se das altas taxas de juros no mercado interno, e posterior retorno para o exterior.

77. Portanto, para repressão da utilização do mecanismo de pagamento antecipado para promover o ingresso de capital especulativo no País, o Banco Central introduziu, através da Circular 2.412, de 11.1.1994, *regra punitiva*, consolidada no item 8 do Título 12 do Capítulo 5 da CNC, abaixo transcrita: "A não utilização da conversão prevista no item 5, na hipótese de não ocorrer o embarque das mercadorias, implica, para o exportador, a perda da faculdade de contratar operações de câmbio previamente ao embarque por 90 (noventa) dias na primeira ocorrência, 180 (cento e oitenta) dias na Segunda ocorrência e 360 (trezentos e sessenta) dias a partir da terceira ocorrência, independentemente de serem consecutivas ou não".

78. *Fica, assim, comprovado que não havia na legislação cambial, ou nos normativos do Banco Central, até aquela data, norma punitiva que pudesse ser imputada ou aplicada ao exportador nacional que não utilizasse a conversão — em investimento ou em empréstimo — dos créditos decorrentes da operação originalmente conduzida como pagamento antecipado de exportação, na hipótese de não embarque das mercadorias.*

79. *Se aplicável a penalidade prevista no referido § 3º do art. 23 da Lei 4.131/1962 às hipóteses previstas no item precedente, não teria havido necessidade de alteração dos normativos do Banco Central para estabelecer a penalidade de perda da faculdade de contratar as operações de pagamento antecipado de exportação. Permanece vigente, até esta data, a referida penalidade.*

80. *A necessidade de adaptação da norma cambial para inclusão de novo dispositivo, visando estabelecer uma penalidade a ser imputada ao exportador nacional que não efetuou o embarque de mercadoria exportada cujo pagamento foi antecipado, demonstra, inequivocamente, que, nestes casos, não se aplicaria a pena de multa prevista no § 3º do art. 23 da Lei 4.131/62.*

81. Note-se que a penalidade imputada é progressiva, pois o período de suspensão da perda da faculdade de contratar operações de câmbio previamente ao embarque, estabelecido em 90 dias para a primeira ocorrência, será duplicado (180 dias) na segunda ocorrência e quadruplicado (360 dias) a partir da terceira ocorrência.

82. Somente ficará liberado da penalidade acima prevista o exportador que utilizar-se da conversão da operação originalmente conduzida como pagamento antecipado em empréstimo ou investimento direto, transformando o pagador no exterior, credor de mercadorias a serem exportadas, em credor de moeda, no primeiro caso, ou em acionista/quotista investidor, no segundo caso.

83. Não podemos, portanto, entender porque o Banco Central, instituidor da penalidade acima referida, imputa à ora Recorrente a penalidade prevista no § 3º do art. 23 da Lei 4.131/1962, quando a julgou inaplicável ao exportador nacional que não promovesse a exportação ou a conversão dos créditos detidos pelo pagador no exterior, formulando regra punitiva que se encontra prevista no item 8 do Título 12 do Capítulo 5 da CNC, e ainda em vigor.

84. Ora, empréstimos podem ser pagos, assim como investimentos diretos de capital, podem ser objeto de retorno. O exportador que se utilizasse de uma das modalidades de conversão dos créditos e reclassificação da operação originalmente conduzida como pagamento antecipado, poderia promover, a qualquer tempo, o retorno dos recursos ao exterior.

85. Atualmente, como é sabido, inexistem prazos mínimos fixados para o retorno de recursos objeto de empréstimos externos. A norma que prevê a possibilidade de convolação do pagamento antecipado de exportação em empréstimo em moeda encontra-se em pleno vigor. Assim, nada obsta que os recursos oriundos da operação originalmente conduzida como pagamento antecipado de exportação, sejam reclassificados como empréstimos externos, e retornados ao exterior, dentro de prazos curtíssimos, criando efeitos em tudo semelhantes à operação objeto deste recurso.

86. Outro exemplo que merece ser trazido a exame, que demonstra que as normas de caráter casuístico não podem ser interpretadas de forma atemporal, está contido na Lei 9.817, de 27 de agosto de 1999, que convalidou as disposições da Medida Provisória 1.569, de 26.3.1997, e suas reedições posteriores (Medidas Provisórias 1.734 e 1.836).

87. De conformidade com aquele texto legal, o importador que promover o pagamento de guia de importação em moeda nacional estará sujeito ao pagamento de penalidade pecuniária equivalente a multa diária a ser recolhida ao Banco Central.

88. Da mesma forma como o Banco Central entendeu necessário limitar o ingresso da moeda estrangeira através do mecanismo de pré-pagamento à exportação, conforme foi acima demonstrado, entendeu ser também necessário impedir o pagamento de importações em moeda nacional, pois identificou nestas operações um mecanismo de acesso do capital estrangeiro às altas taxas de juros praticadas no mercado interno.

89. Naquela ocasião, antes da vedação e da penalidade impostas pela referida Medida Provisória 1.569/1997, era realizada no mercado a seguinte operação: (i) o importador nacional adquiria mercadorias estrangeiras de alta liquidez e aplicava no mercado financeiro os recursos obtidos com as vendas no mercado interno, (ii) em seguida, promovia o pagamento da importação em moeda nacional através dos mecanismos de remessa internacional, através do segmento de Câmbio Turismo, já referido acima, (iii) a moeda nacional remetida era convertida em moeda estrangeira através dos mecanismos vigentes no mercado de câmbio de taxas flutuantes, e remetida para o exportador no exterior.

90. Através destas operações, o importador beneficiava-se das taxas de juros do mercado interno, constituindo-se no veículo de aporte do capital estrangeiro no País, sem o pagamento do imposto sobre operações financeiras ("IOC"), incidente sobre operações de câmbio de ingresso de recursos à curto prazo, então vigente, que desestimulava a entrada do capital estrangeiro especulativo.

91. Visando evitar estes efeitos, foi promulgada a referida Medida Provisória 1.569 (convertida, após diversas reedições, na Lei 9.817/1999), que impôs ao exportador a penalidade pecuniária na hipótese em que este promovesse a liquidação de operação de importação em moeda nacional.

92. Estes dois mecanismos restritivos — a penalidade ao exportador introduzida pela Circular 2.412/1994 e a multa ao importador prevista na Medida Provisória 1.569/1997 — criados por normas casuísticas, visando evitar efeitos que nada tem a ver com o controle de câmbio, se analisados de forma isolada e sem a compreensão dos motivos de sua promulgação, têm o efeito de distorcer a compreensão de todo o arcabouço normativo de controle das operações de câmbio, resultando na aplicação indevida das penalidades previstas na Lei 4.131/1962.

Da declaração falsa em contrato de câmbio e a penalidade aplicável

93. Entende o Banco Central ter a Recorrente prestado uma falsa declaração nos contratos de câmbio de exportação, já acima referidos, pelo fato de ter declarado que os recursos foram por ela recebidos a título de pagamento antecipado à exportação, embora tenha utilizado o respectivo contravalor em moeda nacional, na outorga de mútuo para a mesma empresa pagadora no exterior.

94. Merece, portanto, nossa atenção, a discussão do texto do § 3º do art. 23 da Lei 4.131/1962, já acima referido e a seguir transcrito, norma que entende o Banco Central ter sido desrespeitada pela Recorrente: "§ 3º. *Constitui infração, de responsabilidade exclusiva do cliente, punível com multa de 5 (cinco) a 100% (cem por cento) do valor da operação, a declaração de informações falsas no formulário a que se refere o § 2º.*"

95. Devemos, mais uma vez, e já agora esclarecidas determinadas nuances do controle cambial existente no País, e a inadequação das normas punitivas à algumas operações de câmbio, buscar, de forma mais objetiva e aplicável ao caso concreto, a origem e as razões das regras de controle das operações de câmbio, de forma a permitir uma correta interpretação e aplicação dos dispositivos que punem as ações contrárias à política cambial adotada.

96. Conforme já mencionado, é imprescindível, para a correta interpretação da norma em referência, o exame cuidadoso das regras de controle cambial, que, por serem conjunturais, ou seja, ditadas pela política monetária do País, estão sujeitas a contínuas alterações.

97. Como já aqui demonstrado, no Brasil, assim como em outros Países, o controle das operações de câmbio atende a um só objetivo, ou finalidade, sendo, portanto, na realidade o meio ou o instrumento de que a autoridade monetária dispõe para assegurar o equilíbrio de seu balanço de pagamentos.

98. Caracteriza-se o controle do câmbio pela existência de leis e normas que exigem que as operações sejam realizadas através de bancos autorizados pela autoridade monetária, bem como estabelecem pré-requisitos e limites para a realização de determinadas operações. De forma a fazer valer este controle, a autoridade monetária estabelece os procedimentos que deverão ser obedecidos, assim como as declarações que deverão ser prestadas e a documentação que deverá amparar as operações de compra de câmbio para a remessa para o exterior de recursos em moeda estrangeira.

99. De modo a verificar a legitimidade das operações, determinam os normativos que a venda ou a compra de moeda estrangeira deverá ser realizada com os estabelecimentos bancários autorizados a operar em câmbio, mediante a assinatura de um Contrato de Câmbio, "instrumento especial firmado entre o vendedor e o comprador de moedas estrangeiras, nos quais são prestadas as declarações que identificam as partes e classificam a natureza das respectivas operações de câmbio".

100. De forma a permitir à autoridade monetária exercer o controle sobre as operações de câmbio, determinam as normas em vigor a obrigatoriedade do correto preenchimento dos contratos de câmbio respectivos, devendo ser identificados o comprador e o vendedor da moeda estrangeira (sendo um deles necessariamente uma instituição financeira autorizada a operar em câmbio) e, ainda, estar classificada a natureza da operação da venda ou da compra da moeda estrangeira.

101. A correta identificação das partes — comprador ou vendedor da moeda estrangeira — e da classificação da natureza da operação de câmbio permitirão, ainda, que o banco realizador da remessa determine em qual dos segmentos de câmbio deverá a mesma ser cursada, solicitando o amparo documental exigido pelos normativos do Banco Central e eventualmente, a comprovação do pagamento dos tributos incidentes sobre tais remessas (p. ex., o Imposto de Renda com retenção na fonte sobre rendimentos de não residentes, o imposto sobre operações de câmbio de entrada de divisas no País).

102. Na hipótese de *aquisição de moeda estrangeira* junto a instituição financeira, o comprador deve apresentar os documentos que o autorizam a efetuar a compra (tais como, certificados de autorização emitidos pelo Banco Central, guias de importação), devendo ser declaradas e comprovadas todas as circunstâncias que autorizam a respectiva aquisição. Por sua vez, na hipótese de *venda de câmbio*, a operação, dependendo de sua natureza, pode ou não depender de autorização prévia por parte do Banco Central, devendo, em qualquer circunstância, ser qualificada, para efeito de registro e controle.

103. Para efeito de análise das normas de controle cambial, podem as operações de câmbio ser classificadas em dois grupos distintos. No primeiro grupo, estarão inseridas aquelas operações cujo objeto *é a venda de moeda estrangeira* pelas instituições autorizadas a operar em câmbio, que dependem de autorização do Banco Central — através da emissão de certificados ou autorizações prévias — ou requerem ainda, do comprador da moeda estrangeira, qualificação ou condição especial e a apresentação da documentação que o permitirá adquirir a moeda estrangeira.

104. No segundo grupo estão inseridas aquelas operações que podem ou não depender de autorização prévia do Banco Central, compreendendo os contratos de câmbio cujo objeto *é a compra de moeda estrangeira* pelas instituições financeiras autorizadas a operar em câmbio.

105. Em ambas as hipóteses, devem os compradores ou vendedores da moeda estrangeira, prestar declarações para o efeito de preenchimento do contrato de câmbio, informado corretamente a identificação das partes — pagador/recebedor no exterior e comprador/vendedor da moeda estrangeira no País — e a classificação da natureza da respectiva operação de câmbio.

106. Sendo impossível ou insuficiente a intervenção em todas as operações de câmbio, de modo a exercer o controle desta operações e impedir a ocorrência de irregularidades, fez-se necessário a delegação, por parte da autoridade monetária, destas atribuições aos agentes do mercado, impondo aos corretores e aos bancos o dever de fiscalizar a observância das normas que disciplinam o acesso ao mercado de câmbio.

107. Algumas das principais normas que prescrevem esse dever de fiscalizar aos agentes do mercado estão contidas no art. 23 e seus parágrafos, todos da Lei 4.131/1962, cujo *caput* é o seguinte: "Art. 23. As operações cambiais no mercado de taxas livre serão efetuadas através de estabelecimentos autorizados a operar em câmbio, com intervenção de corretor oficial quando previsto em lei ou regulamento, respondendo ambos pela identificação do cliente, assim como pela correta classificação das informações por este prestadas, segundo normas fixadas pela Superintendência da Moeda e do Crédito".

108. Conforme já referido, a norma contida no *caput* do art. 23 acima transcrita é complementada pelos seus §§ 2º a 4º, que enunciam três tipos de infração, definindo para cada um, os agentes que podem ser responsabilizadas e as sanções aplicáveis. As três infrações tipificadas são: (i) *declaração de falsa identidade no formulário* da operação, imputável ao banco, ao corretor e ao cliente; (ii) *declaração de informações falsas* nos mesmo formulário, somente imputável ao cliente; (iii) *classificação incorreta das informações prestadas* pelo cliente, imputável ao banco e ao corretor.

109. Será objeto de análise apenas a declaração de informações falsas, infração imputada pelo Banco Central a ora Recorrente, prevista no § 3º do art. 23, punível com multa de 100% do valor das operações de câmbio realizadas.

110. A partir da análise da expressão — *declaração de informações falsas* — que compõe o texto do § 3º do art. 23 acima transcrito, podemos afirmar que está excluída a *declaração de falsa identidade*, posto que esta se encontra tipificada no § 2º precedente. Exclui-se, ainda, a hipótese de tratar-se de infração referente *à classificação da natureza da operação de câmbio, por estar prevista no § 4º do mesmo art. 23 e por ser da responsabilidade do agente do mercado, autorizado a operar em câmbio, que é interveniente ou parte da operação.*

111. Diante da subjetividade do texto da norma contida no § 3º do art. 23 da Lei 4.131/1962, deve o interprete buscar a razão, a sua verdadeira finalidade, através da pesquisa das condições que motivaram o seu surgimento.

112. Esta interpretação, portanto, é de fundamental importância para que possamos alcançar a ilegalidade que pretendeu o legislador punir com as disposições do § 3º do art. 23 da Lei 4.131/1962, modificado pela Lei 9.069, de 29.6.1995.

113. Conforme já referido, a Lei 4.595/1964 atribuiu ao Banco Central a competência pela fiscalização do cumprimento das normas reguladoras do mercado de câmbio, autorizando-o a impor sanções de caráter administrativo, previstas em lei, uma vez que as sanções penais somente podem ser impostas pelo Poder Judiciário.

114. Trata a norma prevista no § 3º do art. 23 da Lei 4.131/1962 de proibição de comportamento fraudulento, com a finalidade de obter a realização de operação de câmbio, com a conduta que, por omissão ou por ação, visem o mesmo fim. O elemento subjetivo que diferencia este comportamento *ou conduta é a finalidade a que se destina a falsidade, qual seja, a realização de operação de câmbio ilegal, ilegítima, ou à qual não estaria autorizado a realizar, se prestadas corretamente as informações necessárias.*

115. O objetivo precípuo da tutela jurídica é, nesse caso, o regular funcionamento do mercado cambial, ameaçado pelo comportamento fraudulento do agente que usa da falsidade para realizar operações de câmbio.

116. Recordando a análise da origem histórica dos dispositivos da espécie, vimos que a punição de operações de câmbio fraudulentas sempre foi a preocupação do legislador. A Lei 4.182/1920, já anteriormente mencionada, que instituiu a fiscalização das operações bancárias e cambiais "para o fim de coibir e prevenir o jogo sobre o câmbio", autorizava o Ministro da Fazenda a: (i) exigir provas de que as operações de compra e venda são reais e legítimas, proibindo-as caso contrário; (ii) impor multas correspondentes às pessoas que infringirem seus preceitos. No mesmo sentido, o Decreto 14.728/1921, baixado como regulamento da lei acima citada, instituiu a proibição de exportação de valores e a remessa de fundos para o exterior, fora dos casos especificados.

117. Em maio de 1931, por autorização do Ministro da Fazenda, foi baixada a Circular 5, em cujo art. 3º, § 10 está prescrito o seguinte: "*Os compradores de câmbio que fizerem FALSA DECLARAÇÃO ou incompleta aos bancos por ocasião da compra ficam sujeitos à MULTA de um a cinqüenta contos de réis*".

118. Remonta, portanto, à década de 30, a origem das disposições que se encontram atualmente previstas na Lei 4.131/1962, em seu § 3º do art. 23. A norma originária da punição da FALSA DECLARAÇÃO em operações de câmbio, refere-se exclusivamente às *operações de compra de câmbio*, pois são estas que, desde sempre, mereceram a tutela da autoridade monetária do País que, acima de tudo, visava reprimir e repreender aquelas operações que tivessem por objeto a evasão de divisas, lesivas aos interesses nacionais. *O legislador, atendendo ao interesse do bem público, quis assegurar que somente fossem realizadas operações de câmbio legítimas, punindo com multa, aqueles que transgredissem esta regra.*

119. A simples leitura da norma de caráter punitivo, contida no § 3º do art. 23 acima transcrito, nos demonstra que o motivo que norteou o legislador quando da sua elaboração, foi o de reprimir a prática de operações de câmbio ilegais ou ilegítimas, que o agente, usando de fraude, viesse a realizar, apesar de não autorizado.

120. Conforme esclarece o ilustre Prof. Herculano Borges da Fonseca, a finalidade do legislador foi, no caso, de "coibir a prática fraudulenta (...) com o fito de encobrir operação clandestina, falsa ou ilegítima (...)" (*Regime Jurídico do Capital Estrangeiro*, Rio, 1963, p. 109).

121. Na lição de Arnoldo Wald "a falsa declaração tem sua definição no art. 299 do Código Penal, aplicável por analogia na área disciplinar administrativa por definir adequadamente o conceito do comportamento ilícito que caracteriza a norma. Consiste em omitir em documento público ou particular, declaração que dele devia constar, ou nele inserir, ou fazer inserir declaração falsa ou diversa da que devia ser escrita, com o fim de prejudicar direito, criar obrigação ou alterar a verdade sobre fato jurídico relevante" (*RDM* 58/21 e ss., ano XXIV, 1985).

122. Por esta razão, na imputação da infração prescrita no § 3º do art. 23 da Lei 4.131/1962, deve a autoridade monetária dar ênfase, preocupar-se com a finalidade do agente, ou seja, devendo ser punido aquele que, fez uso de declaração falsa, com a finalidade de prejudicar direitos, criar obrigações ou alterar a verdade sobre fato jurídico relevante.

123. A infração que se deseja penalizar neste comando é a realização de operação ilegal de câmbio, mediante o uso de fraude, ou seja, o agente, usando de falsidade realiza operação de câmbio que não estaria para tanto habilitado. É, portanto, o elemento de dolo, que revela a especial intenção do agente em praticar operação cambial para causar danos ao Estado, que caracteriza a infração. Este dispositivo, portanto, foi editado, reiteramos, para coibir manobras lesivas que pudessem *resultar na evasão de divisas do País.*

124. Este, aliás, vem sendo, de forma coerente, o entendimento do Banco Central e deste Conselho ao decidir pela aplicação da penalidade prevista no citado § 3º do art. 23 da Lei 4.131/1962, quando desta falsa declaração ou declaração incorreta decorre a realização de operação de compra de câmbio ilegítima, com prejuízo às reservas cambiais do País.

125. Transcrevemos, abaixo, trechos da decisão do Banco Central em processo administrativo que deixam claro quais as operações que se pretende coibir através da aplicação da penalidade de multa pecuniária prevista no § 3º do art. 23 da Lei 4.131/1962 (*Revista de Direito Bancário, do Mercado de Capitais e de Arbitragem* 12/176 a 177, ano 4):

"*Ementa*: Câmbio. Classificação incorreta de operação de compra. Inexistência de prejuízo às reservas cambiais, por se tratar de entrada de divisas (retorno do capital). Falha operacional verificada em apenas um contrato. Desproporcionalidade da penalidade prevista na Lei 4.131/62. Processo arquivado. Decisão DECIF/GTSPA: Indiciado Banco X — Processo administrativo. São Paulo, 18 de setembro de 2000.

"1. Trata-se de processo administrativo instaurado contra o banco 'X', por classificação incorreta de operação de compra de câmbio que totalizou R$ 10.445.522,24, realizada por meio de contrato em que eram partes a empresa 'Y' e a sociedade indiciada, como vendedora e compradora, respectivamente.

"2. A instauração, que tem por fundamento legal o estatuído pelo art. 23, § 4º da

Lei 4.131/62, foi motivada por ter a indiciada classificado a operação acima mencionada com o código relativo aos ingressos feitos por pessoas não residentes para a constituição de disponibilidades no País, embora fosse a vendedora das divisa uma empresa com sede no País.

"(...)

"10. Por outro lado, é oportuno lembrar a tese, plenamente aceita por esta Autarquia e pelo Conselho de Recursos do Sistema Financeiro Nacional — CRSFN, de que o espírito do art. 23 da Lei 4.131/62 é o de atribuir responsabilidade a todos os participantes do comércio de câmbio, impondo-lhes o dever de diligência no tocante à defesa das reservas cambiais, não permitindo que o País seja 'saqueado' *por meio de remessas indevidas de moeda ao exterior.* Por tal motivo, os normativos impõem às instituições financeiras a intransigente defesa das reservas cambiais do País, não atuando as mesmas como mera vendedoras de moeda estrangeira, mas assumindo o ônus legalmente imposto de 'fiscal' da regularidade da operação de câmbio.

"11. Ora, importante frisar que a operação apontada como eivada de irregularidade é referente a entrada de divisas no País, não constando nos autos qualquer informação ou evidência no sentido de que teria ocorrido algum prejuízo às divisas do País em virtude daquela operação ter tido curso no 'MTF' ao invés de no 'MTL'.

"(...)

"14. Isto posto, *e considerando que mesmo a aplicação da menor penalidade* prevista para os casos da espécie — multa pecuniária de valor equivalente a 5% (cinco por cento) da operação, conforme art. 23, § 4º, da Lei 4.131/62 — *seria desproporcional com relação à irregularidade praticada*, ou seja, uma única falha operacional, e tendo em vista as fortes atenuantes apontadas no item 8 (ao final) e nos itens 10 a 12 desta, decido pelo arquivamento do presente processo administrativo, recorrendo de ofício ao Conselho de Recursos do Sistema Financeiro Nacional" (grifos nossos).

126. Note-se que na decisão acima transcrita, fica demonstrado o real significado da disposição em exame, ou seja, qual o bem jurídico que esta visa proteger, a tutela que se pretende assegurar, qual seja: coibir *as remessas indevidas de moeda ao exterior*, através da imputação de multa pecuniária, ficando ao largo desta penalidade as operações *referentes a entrada de divisas no País, sem que tenha ocorrido algum prejuízo as suas divisas.*

127. Da mesma sorte não compartilhou aqueles que, utilizando-se de falsa declaração, com intuito de fraude, realizaram operações de compra de moeda estrangeira para remetê-la ao exterior, quando não estavam autorizados ou qualificados a realizá-las, conforme decisão deste Conselho que transcrevemos abaixo:

"Acórdão — CRSFN 3.204/01. Recurso 2759. Processo origem BCB 9200058615. Recurso de Ofício. Recte.: Banco Central do Brasil; Recdo.: CIPAG — Comércio e Indústria de Produtos Agrícolas Ltda.

"*Ementa:* Recurso de ofício. Câmbio. Importação. Falsa declaração em Contrato. Irregular aquisição de moeda estrangeira. Empresa importadora inexistente. Recurso improvido."

128. *Apreciando decisões do Banco Central e deste Conselho, que determinaram a aplicação da penalidade de multa prevista no § 3º do art. 23 da citada Lei 4.131/62, vimos que não se pode atribuir ao exportador nacional, que realizou operações de câmbio que determinaram o ingresso de divisas no País, o mesmo tratamento aplicável aqueles que, realizando operações ilegítimas, adquiriram moeda estrangeira para remessa ao exterior.*

129. No ensinamento do ilustre Professor Caio Tácito, "o conceito de legalidade (do ato administrativo) pressupõe como limites à discricionariedade, que os motivos dominantes sejam razoáveis e o objeto do ato seja proporcional à finalidade prevista ou implícita no ditame legal".

130. A imposição da penalidade pecuniária imputada à Recorrente, à toda evidência, transcende os limites da razoabilidade e da proporcionalidade. Por outro lado, a penalidade de perda da suspensão de contratar operações de pagamento antecipado de exportação, prevista na CNC, aplica-se, razoável e proporcionalmente, ao exportador que, quando do não embarque das mercadorias, não efetuou a conversão do seu débito em investimento direto ou em empréstimo.

131. No ensinamento da Professora Lúcia Vale Figueiredo, "traduz o princípio da razoabilidade a relação de congruência lógica entre o fato (o motivo) e a autuação concreta da Administração" (*Curso de Direito Administrativo*, 2ª ed., 1985, p. 46). No mesmo sentido, recorda Celso Antônio Bandeira de Mello que "o princípio da razoabilidade fundamenta-se nos mesmos preceitos que arrimam constitucionalmente os princípios da legalidade e da finalidade" (arts. 5º, II, LXIX, 37, 84, da Constituição Federal) e adverte com adequação que "uma providência desarrazoada, consoante dito, não pode ser havida como comportada pela lei. Logo, é ilegal, é desbordante dos limites nela admitidos" (*Curso de Direito Administrativo*, 5ª ed., 1994, pp. 28 e 55).

132. Em 16.6.1986, foi promulgada a Lei 7.492, epílogo de um longo processo que modificou o panorama do sistema econômico no Brasil, criminalizando comportamentos lesivos ao Sistema Financeiro Nacional. A referida Lei estabeleceu em seus arts. 21 e 22, abaixo transcritos, a figura penal a respeito das operações de câmbio, buscando o legislador estabelecer a pena de prisão para a repressão de condutas transgressoras:

"Art. 21. Atribuir-se, ou atribuir a terceiro, falsa identidade, para realização de operação de câmbio:

"Pena: Detenção, de 1 (um) a 4 (quatro) anos, e multa.

"Parágrafo único. Incorre na mesma pena quem, para o mesmo fim, *sonega informação* que devia prestar ou *presta informação falsa.*

"Art. 22. Efetuar operação de câmbio não autorizada, com o fim de promover evasão de divisas do País:

"Pena: Reclusão, de 2 (dois) a 6 (seis) anos, e multa.

"Parágrafo único. Incorre na mesma pena quem, a qualquer título, promove, sem autorização legal, a saída de moeda ou divisa para o exterior, ou nele mantiver depósitos não declarados à repartição federal competente" (grifos nossos).

133. Neste sentido, corroborando o entendimento deste Conselho e do Banco Central, o Poder Judiciário, vem decidindo no sentido de imputar a penalidade prevista na Lei 7.492/1996, art. 21, parágrafo único, tão-somente àquelas operações de câmbio em que restou provada a realização da evasão de divisas. Transcrevemos, abaixo, algumas decisões do Tribunal Regional Federal neste sentido:

"Apelação Cível 200595. TRF-4ª R.-RS. Processo 97.04.47809-7. Decisão de 7.11.2000

"*Ementa*: Contrato de câmbio. Desvio de finalidade. Fraude à lei. Aproveitamento como mero mútuo bancário. Não vinculação da empresa cujo nome, mediante abuso de mandato, foi usado na operação simulada. 1. Os contratos de câmbio são rigidamente regulados pelo BACEN, por envolverem o trânsito de divisas estrangeiras, imprescindíveis à economia nacional. Caracteriza ato em fraude à lei o contrato de câmbio simulado, que encobre a renovação vedada de contratos anteriores, que possibilitaram, com a conivência do credor, a evasão de divisas por parte do devedor, que recebia diretamente dos importadores o pagamento das mercadorias exportadas e o aplicava em operações ruinosas na Bolsa de Chicago. 2. A nulidade do ato somente o vicia na parte em que ofende a norma de ordem pública. O contrato de câmbio viciado pode prevalecer como mero mútuo, havendo suporte fático e manifestação de vontade suficiente dos contratantes para caracterizar esse contrato. 3. O mandante não fica obrigado pelos atos do mandatário praticados com abuso e desvio de poder, com conhecimento do outro contratante que foi copartícipe do ato em fraude à lei (art. 1.306 do Código Civil)."

"Apelação Cível 277251. TRF-4ª R.-RS. Processo 1999.04.01.043163-5. Decisão de 7.11.2000

"*Ementa*: Administrativo. Comércio exterior. Evasão de divisas. Multa. Decreto 23.258/33, art. 3º. Prescrição. Inocorrência. Ilegitimidade passiva. Indemonstrada. Imputação não elidida. Multa mantida. 1. Prescreve em vinte anos o direito de o BACEN cobrar multa administrativa por infração cambial (art. 177 do CC). 2. Fechados contratos de câmbio, emitidas Guias de Exportação, remetidas as mercadorias para o exterior do país, (a) a incomprovação de inocorrência de inadimplência do importador, (b) a ausência de prova de reintrodução dos produtos ao mercado interno, e (c) a ausência de procedimentos visando a resguardar o crédito em caso de inadimplência, faz presumir fraude cambial por evasão de divisas. 3. Instada a parte autora, em procedimento administrativo instaurando pelo BACEN, a comprovar (a) reingresso dos produtos ao Brasil, ou (b) medidas efetivas tomadas em caso de inadimplência dos importadores, nada provou, limitando-se a tecer considerações de ordem jurídica. 4. Simples alegações, desacompanhadas de elementos convincentes de provas não elidem a acusação e presunção levantada pela autoridade monetária. 5. Apelação improvida."

"Apelação Criminal 1697. TRF-4ª R.-PR. Processo 96.04.15607-1. Decisão de 28.11.2000

"*Ementa*: Delito de fraude cambial. Operações fraudulentas. Condenação mantida. 1. O conjunto probatório constante dos autos comprova a ação delituosa, incursos dois dos réus nas sanções do art. 21, parágrafo único, da Lei 7.492/86, e do art. 304 do Código Penal, e o terceiro nas do art. 21, parágrafo único, da Lei 7.492/86 c/c art. 29 do Código Penal. 2. Demonstrado o prejuízo oriundo de fechamento de contrato de câmbio para pagamento de importação fraudulenta, por força de remessa de divisas para o estrangeiro, sem a entrada de quaisquer mercadorias no País. 3. Apelo do Ministério Público Federal não-provido. Declarada, de ofício, a extinção da punibilidade dos réus Sérgio Pacheco e Eustáquio José Salomão."

"Recurso Criminal 2392. TRF-4ª R.-PR. Processo 2001.04.01.011338-5. Decisão de 21.8.2001

"*Ementa*: penal. Processual penal. Recurso em sentido estrito. Norma penal. Impossibilidade de utilização da analogia. Rejeição da denúncia. Atipicidade da conduta. Art. 22, par. único, Lei 7.492/86. 1. A norma penal, sobretudo a incriminadora, deve ser interpretada restritivamente, sendo vedado o uso da analogia. 2. O fato praticado pelos recorridos, consistente em operações de exportação de mercadorias sem a comprovação dos contratos de câmbio pertinentes, em que pese ser tão ou mais danoso à economia e à produção nacional, na medida em que saíram mercadorias do País, e não ingressaram, pelo menos ao que se presume, as respectivas divisas, é penalmente impunível, por não se enquadrar no tipo penal contido no parágrafo único do art. 22 da Lei 7.492/86, que trata da evasão de divisas. 3. Deve ser mantida decisão que rejeita a denúncia, quando a conduta descrita apresenta-se atípica. Precedentes desta Corte. 4. Recurso desprovido. Manutenção da decisão que rejeitou a denúncia."

"Apelação Criminal 7895. TRF-3ª R.-SP. Processo 98.03.072474-6. Decisão de 21.3.2000

"*Ementa*: Crime do colarinho branco. Operação de câmbio. Remessa de divisa ao exterior. Licença falsa. *Emendatio libelli*. Possibilidade. 1. Autorização de operação de câmbio verdadeira emitida com base em documentos falsos. O art. 22 da Lei 7.492/86 não tipifica esse fato como delito, nas apenas a autorização falsa. 2. A emissão de autorização verdadeira mas com uso de documentos falsos tipifica o delito de uso de documento falso (CP, art. 304). 3. O juiz pode utilizar-se da *emendatio libelli* para dar ao fato definição jurídica diversa da que constar da denúncia, ainda que, em conseqüência, tenha de aplicar pena mais grave (CPP, art. 383). 4. Materialidade e autoria provadas. condenação daí resultante, mas com o reconhecimento, de ofício, da prescrição da pretensão punitiva com base na pena em concreto. 5. Absolvição do acusado Roberto Pestana mantida por não haver nem indícios de sua participação no delito. 6. Apelação parcialmente provida."

134. Não se pode, portanto, admitir que venha a ser considerada falsa a declaração prestada pela Recorrente quanto à classificação da natureza das operações de câmbio celebradas, mesmo se o embarque das mercadorias, cujo pagamento antecipado foi ajustado, não ocorreu.

135. Como já vimos, o Banco Central, por não deter o poder e o controle sobre o efetivo embarque das mercadorias no prazo fixado, cujo implemento estava condicionado a evento futuro, e premido pela conveniência, e por que não dizer, a necessidade de permitir o ingresso antecipado destes recursos em moeda estrangeira, preocupou-se, exclusivamente, em regulamentar, previamente à ocorrência destes eventos futuros, *a forma pela qual se daria o pagamento dos créditos, detidos pelo importador não residente, junto ao exportador.*

136. Ademais, irrefutavelmente, não foi a intenção do Banco Central determinar que os recursos em moeda estrangeira, oriundos do pagamento antecipado da exportação, fossem exclusiva e definitivamente vinculados à compra de mercadorias para futuro cumprimento dos embarques contratados, vedando sua utilização pelo exportador nacional como capital de giro ou para constituição de créditos com variação cambial, que consistissem em mecanismos de proteção para a instabilidade e imprevisibilidade da desvalorização cambial.

137. Tanto assim é que, como já mencionamos, esta Autarquia definiu a modalidade de pagamento antecipado como a "aplicação de recursos em moeda estrangeira na liquidação de contratos de exportação, anteriormente ao embarque das mercadorias, efetuada pelo importador ou por outra entidade não residente".

138. Ressaltamos que o Banco Central autoriza que esta aplicação em moeda estrangeira, em favor da empresa nacional (beneficiário e vendedor da moeda estrangeira) seja realizada por entidade estrangeira que não o próprio importador.

139. *O fato de não ter direcionado os recursos recebidos para a compra da mercadoria cuja exportação havia ajustado, não pode representar ou permitir a interpretação de falsidade nas declarações prestadas pela Recorrente no preenchimento dos contratos de câmbio em tela.*

140. Como pode haver declaração de intenção falsa, se o pagamento antecipado está vinculado a um evento futuro e, portanto, por definição incerto? A informação que se presta no contrato de câmbio, nesta hipótese, tem, necessariamente, a característica de declaração de intenção, ou seja, de declaração de vontade ou compromisso. Como pode se provar falsa uma intenção? Como pode ser apurada a veracidade de uma declaração de intenção do exportador? Ora, pelo simples fato de ser a Recorrente exportadora e também por representar aqueles valores *recebidos parcela menor da totalidade de seu volume de exportações, há a presunção absoluta quanto a veracidade de sua declaração, que tem a característica, repita-se, de intenção.*

141. Não obstante, nos parece claro e inequívoco que quando um exportador declara estar vendendo a moeda estrangeira por ele recebida de forma antecipada, somente pode declarar que o motivo é o pagamento antecipado à exportação. Que outra declaração mais adequada pode ser prestada pelo exportador, que faz do comércio internacional sua principal atividade? A resposta é simples. Ora, tendo sido ajustado o recebimento dos recursos em moeda estrangeira do importador, contra uma exportação futura, não poderia ser outra a intenção do exportador ao fechar o câmbio, nem poderia existir classificação mais correta a ser por ele prestada nesta ocasião.

142. Como, aliás, já foi mencionado, *permite o Banco Central que o exportador altere sua intenção original*, ao admitir, expressamente, que o pagamento antecipado seja convertido em empréstimo, registrado junto ao Departamento de Capitais Estrangeiros, o que permitirá ao exportador, na qualidade de mutuário, remeter ao exterior, recursos em moeda estrangeira, no prazo fixado para pagamento da obrigação de mútuo. *Neste caso, teria havido falsa declaração por parte da Recorrente se tivesse convertido estes créditos em empréstimos em moeda e solicitado ao FIRCE, na forma da legislação então vigente, a emissão do respectivo certificado de registro?*

143. Seria razoável o entendimento de ser passível de punição a hipótese em que a Recorrente, após ter obtido o Certificado de Registro, tivesse ajustado o pagamento do empréstimo em moeda nacional, mesmo que em prazo antecipado ao previsto no registro da operação? Óbvio que não. Esta presunção, ao nosso entender equivocada, corresponderia admitir que possa ser objeto de punição o pagamento, em moeda nacional, de uma dívida contratada originalmente em moeda estrangeira, cancelando, consequentemente, o compromisso cambial garantido por Certificado de Registro emitido pelo Banco Central.

144. Note-se que houve a necessidade de ser promulgada lei específica para punir o importador que efetuar o pagamento em moeda nacional de uma obrigação originalmente contraída em moeda estrangeira. Mesmo que a referida lei seja de constitucionalidade duvidosa, pois nega o curso forçado da moeda nacional, o poder executivo entendeu necessário fugir da força dos normativos para abrigar-se em instrumento superior, de aparência cogente, o que não é o caso da matéria em debate, calcada na duvidosa interpretação de normas, cuja conjugação fere toda a sistemática de controle de câmbio.

145. Além do mais, e a insistência do argumento se impõe, a declaração supostamente falsa não teve por finalidade a contratação de operação de compra de câmbio a qual a Recorrente não teria direito, em prejuízo às divisas brasileiras. Muito pelo contrário. *A Recorrente promoveu a internação de moeda estrangeira no País, sem contrapartida de qualquer natureza.*

146. O que dizer, então, da hipótese em que o exportador utilizasse os recursos para a compra de um imóvel, ou mesmo a aquisição de um título no mercado de capitais, para proteger-se da desvalorização monetária, ou para aproveitar a remuneração da taxa de juros em um determinado período? Teria, nesta hipótese, o exportador prestado uma falsa declaração em Contrato de Câmbio?

147. Por que não poderia o exportador utilizar os recursos assim recebidos para, por exemplo, liquidar uma dívida anteriormente contraída junto a uma instituição financeira no Brasil ou no exterior? Por que não poderiam os novos recursos recebidos serem utilizados para cobrir necessidades financeiras do exportador, que utilizaria outros recursos para o cumprimento de suas obrigações de comércio exterior?

148. Por que não poderia o exportador, ao qual foram oferecidos e remetidos os recursos em moeda estrangeira (mesmo que não necessitasse naquele momento deste financiamento), aproveitar a oportunidade para deles dispor, antecipando uma eventual escassez futura, na constituição de um "hedge" perfeito para a operação contratada, como se verá mais adiante?

149. Na realidade, não há previsão legal que o impeça, nem se justifica a interpretação extremamente abrangente das normas cambiais para configurar o caráter lesivo das operações para o Estado ou mesmo a falsidade das declarações informadas nos Contratos de Câmbio.

150. A análise das questões acima faz surgir quase que automaticamente as respostas a todas elas. A conclusão inafastável é a de que *inexiste, quer nas normas cambiais, quer na interpretação da intenção do legislador, qualquer vínculo definitivo e inseparável que determine a obrigatoriedade de utilização, pelo exportador nacional, dos recursos recebidos do exterior, por força de pagamento antecipado de exportação, na compra de mercadorias, visando o cumprimento das vendas comprometidas.* Portanto, em conseqüência, não há como se possa permitir a alegação de declaração falsa em contrato de câmbio efetivado nesta modalidade.

151. Nem pode o Banco Central imputar à Recorrente o *desvio de finalidade* dos recursos ingressados no País, sob a natureza de pagamento antecipado de exportação, se o mesmo órgão, prevendo a ocorrência desta hipótese, determinou o tratamento a ser dado aos créditos que passariam a ser detidos pelo pagador no exterior, quando não ocorresse o embarque das mercadorias: *conversão em investimento direto ou em empréstimo*, que ensejaria ao mesmo, de forma ordenada, com o registro da operação no Departamento de capitais Estrangeiros (FIRCE — atual DECEC), *o direito de adquirir moeda estrangeira para retorno do investimento realizado* (ou de seus rendimentos — dividendos e juros sobre o capital próprio).

152. Não seria, portanto, a conversão em investimento ou em empréstimo desvio da finalidade declarada quando do ingresso dos recursos? Assim não nos parece.

153. Uma vez estabelecida a regra referente ao registro e ao conseqüente retorno dos créditos detidos pelo pagador no exterior para com o exportador nacional, pôde o Banco Central *estabelecer a penalidade, até então inexistente*, a ser imposta ao exportador que não obtivesse a anuência do credor para conversão de seus créditos em investimento direto ou em empréstimo, qual seja: a *restrição temporária à contratação de operações de pagamento antecipado de exportação.*

154. Na realidade, a conversão da operação originalmente conduzida como pagamento antecipado de exportação, em investimento direto de capital ou em empréstimo em moeda, caso não ocorra o embarque das mercadorias, *não tem, na verdade, natureza de mera faculdade, pois a sua não utilização implicaria, para o exportador, na imputação da penalidade da perda da prerrogativa de contratar operações de câmbio previamente ao embarque por 90 dias na primeira ocorrência, 180 dias na segunda ocorrência e 360 dias a partir da terceira ocorrência, independentemente de serem consecutivas ou não.* Reiteremos que não havia previsão de punição aplicável ao exportador nacional que não convertesse o seu débito em investimento direto ou em empréstimo.

155. *Esta lacuna foi preenchida pela Circular 2.412/1994, editada para coibir o uso abusivo deste mecanismo, comprovando a inadequação da penalidade prevista no § 3º do art. 23 da Lei 4.131/1962.*

156. A legislação cambial brasileira, conforme demonstramos acima, sempre determinou a aplicação da sanção de multa àqueles que realizavam operações ilegítimas ou irreais de câmbio, realizadas sem o intermédio de bancos para tanto autorizados e habilitados pela autoridade monetária da época, ou que tivessem como efeito sonegar receitas em moeda estrangeira — divisas.

157. *A adoção de penalidade de tamanha gravidade* (até 100% do valor da operação de câmbio) *somente se justificaria para reprimir operações de compra de moeda estrangeira* (e nunca de venda), realizadas contra o interesse do Estado e da política monetária e cambial, que sempre se caracterizaram pela restrição da saída de divisas do País.

158. Portanto, não deve ser esta a penalidade a ser imputada à Recorrente, de vez que não restou comprovada a evasão de divisas ou a prática de operação irregular de câmbio, bem como não se pode falar em declaração falsa, quando não ocorreu o embarque de mercadorias cujo pagamento ou cobertura cambial foi previamente ingressado.

159. Resta, portanto, comprovada que não houve por parte da Recorrente a prestação de declaração falsa para que esta pudesse realizar operação de câmbio para a qual não estaria autorizada ou que não se encontrava prevista nos normativos do Banco Central. Ademais, não estão presentes os elementos que poderiam imputar às operações realizadas pela Recorrente qualquer dano ao Estado, salvo se, em contra-senso, se pudesse argumentar que o ingresso de divisas constituiria atitude lesiva ao País.

160. Entende a Recorrente que estão ausentes nas operações realizadas qualquer motivo que comprove a alegação de declaração falsa ou, ainda, qualquer resultado ou efeito de repercussão desfavorável ao sistema de controle cambial.

161. Esta penalidade não tem nenhum caráter reparatório. Ao contrário. Reveste-se de um caráter punitivo, porque foi estabelecida para coibir a prática de qualquer operação de câmbio considerada ilegítima, como também para punir as sonegações de coberturas de valores de exportação. A penalidade em questão visa punir aquele que, utilizando-se do artifício de uma falsa declaração, *realiza operação de compra de câmbio, obtendo, desta forma cobertura indevida, ou seja, a qual não teria direito se tivesse se utilizado de declaração incorreta ou falsa.*

162. Em verdade, pretende o Banco Central imputar à Recorrente a infração cominada no § 3º do art. 23 da Lei 4.131/1962, tão-somente em razão da outorga de empréstimos ao pagador no exterior, efetuados através de transferência internacional de moeda nacional. Não pode, entretanto, utilizar-se o Banco Central da sanção administrativa para punir conduta que entende — de modo equivocado — ter sido realizada em infringência às disposições vigentes. *A norma administrativa incriminadora deve ser interpretada restritamente, sendo vedada a sua interpretação extensiva para atingir condutas que não se enquadrem especificamente na descrição do elemento objetivo, contido nos seus dispositivos.*

163. Assim, embora não tenham sido realizadas as exportações ajustadas e anunciadas nos contratos de câmbio firmados, não há, conforme quer o Banco Central imputar, ilegitimidade nas operações cursadas pela Recorrente, nem ocorreu prestação de declaração falsa ou com desvio de finalidade pelo fato de ter havido remessas de *moeda nacional* para o exterior, e a subseqüente liquidação das obrigações recíprocas. *Apenas pelo amor ao debate, deve ser enfatizado que para este caso — não concretização da exportação ajustada — há a previsão, nos normativos do Banco Central, da punição ao exportador, qual seja, a suspensão temporária da prerrogativa de realizar operações de venda antecipado de câmbio de exportação.*

164. Não podendo o exportador obter do pagador no exterior a anuência para a conversão de seus créditos, restaria ao mesmo a opção de remeter recursos para pagamento de seu débito, utilizando-se do mecanismo de transferência internacional de moeda nacional, de conformidade com as regras e procedimentos determinados pelo Banco Central, sendo-lhe, neste caso, *imputada a penalidade de suspensão temporária da faculdade de realizar operações de pagamento antecipado de exportação.*

165. Esta penalidade é claramente mais branda que aquela prevista no art. 23, § 3º, da Lei 4.131/1962, posto que não imputa ao exportador o pagamento de multa pecuniária calculada sobre o valor das operações de pagamento antecipado de exportação, mas sim, suspende a este exportador a faculdade de contratar as operações da espécie de forma provisória.

166. Dentro desta ótica, esta seria a única e legítima penalidade que poderia ser imputada à Recorrente, não sendo aplicável, pelos motivos que elencamos acima, a imputação da penalidade de multa pecuniária a que alude o § 3º do art. 23 da Lei 4.131/1962.

167. Na verdade, como já foi apontado, a posterior transferência dos recursos em moeda nacional para o exterior, foi o verdadeiro motivo que ensejou a alegação de que eram falsas as informações prestadas nos Contratos de Câmbio de exportação, celebrados pela Recorrente, que naquele momento detinha a expectativa e o direito de efetuar a exportação e o embarque de mercadorias ao pagador no exterior.

168. Fundamenta-se o Banco Central, na aplicação da penalidade de multa, o fato de que a Recorrente realizou operações de mútuo um dia após o recebimento dos valores correspondentes, em moeda nacional, através do *mecanismo de transferência internacional de reais*, em valor equivalente ao recursos ingressados, auferindo lucros que julgou indevidos, em abandono do objeto originalmente anunciado para a utilização dos recursos.

169. Na verdade, aproveitou-se a Recorrente da disponibilidade de recursos, para a constituição de *hedge ou proteção contra a variação cambial vis-à-vis* o preço das mercadorias no mercado interno, *em valores absolutamente compatíveis com seu volume de exportações.* Se a Recorrente optou por emprestar os recursos na mesma data, foi porque procurou criar uma proteção que lhe pareceu adequada, de vez que não necessitava dos recursos naquele exato momento. Note-se que a operação de exportação não foi cancelada de imediato, mas muito tempo após a contratação inicial.

170. Assim, por mais que o Banco Central julgue indevidos os lucros auferidos pela Recorrente, proporcionados pela presença à época de deságio nas cotações do Mercado de Câmbio de Taxas Flutuantes (MCTF) em relação às do Mercado de Câmbio de Taxas Livres (MCTL), não pode ser aplicada a penalidade prevista no § 3º do art. 23 da Lei 4.131/62, posto que, esta penalidade não guarda relação direta ou indireta com a operação que resultou no cancelamento da operação de exportação.

171. Frise-se que no que se refere especificamente às remessas ao importador, em moeda nacional, realizadas pela Recorrente, a título de empréstimo, não foram apontadas irregularidades de qualquer espécie.

172. Além do mais, deve ser referido que as remessas ao exterior vinculadas ao empréstimo outorgado pela Recorrente foram realizadas em moeda nacional, em observância às normas da Resolução do Conselho Monetário Nacional 1.946, de 29.7.1992, então em vigor, não tendo sido a Recorrente interveniente nas operações de aquisição de moeda estrangeira, que foram promovidas pela beneficiária através do crédito efetuado em moeda nacional, em conta de não residente.

173. As transferências foram cursadas em estrita observância à regulamentação das diversas Circulares e Cartas Circulares editadas pelo Banco Central, que exigiam, fundamentalmente, a identificação do remetente, do beneficiário, das instituições financeiras intervenientes e da natureza do pagamento efetuado, tendo sido regularmente realizada a operação de aquisição de moeda estrangeira promovida pela empresa estrangeira beneficiária da moeda nacional recebida a título de mútuo.

174. Ainda sob o manto do amor ao debate, se a operação resultou em ganho em moeda nacional para a ora Recorrente, tal fato deveu-se por conta da circunstancial diferença existente entre a cotação atribuída à moeda estrangeira nos Mercados de Câmbio de Taxas Livres e de Taxas Flutuantes.

175. O ganho eventual em operações de arbitragem de moeda, não pode ser clas-

sificado como indevido, mormente quando auferidos por agente não vinculado à fiscalização do Banco Central, que dele não obteve nenhuma licença especial para operar em câmbio, e que, portanto, não estava vinculado às normas de caráter subjetivo que determinam a adoção de medidas prudenciais para evitar o desvirtuamento contumaz e de forma premeditada dos mecanismos de compra e venda de moeda estrangeira a que tem acesso.

Da compensação privada de créditos

176. Resta, finalmente, embora não tenha havido penalização com base na norma dita infringida, enfrentar a questão da compensação privada de créditos.

177. A compreensão do verdadeiro alcance desta vedação, embora de caráter acessório neste processo, reveste-se de fundamental importância, de vez que mais uma vez ficará demonstrado a inaplicabilidade de determinadas normas dentro do que chamamos de "emaranhado dos dispositivos cambiais".

178. Seja-nos permitido reproduzir trecho do quanto foi dito sob o título "PREMISSAS" no início deste recurso, pois isto reviverá um dos conceitos que procurou a Recorrente manter sempre presente neste Recurso.

"— *Conforme será demonstrado, o emaranhado das disposições legais acerca do controle cambial no Brasil, editadas há mais de 4 décadas, sem que tenha sido implementada uma ampla revisão de seus dispositivos e notadamente dos princípios jurídicos que devem permanecer requerendo a tutela do Estado, vem permitindo a interpretação equivocada de suas disposições.*

"— *O conjunto de normas aplicáveis a este caso, como se demonstrará, foi promulgado, em grande parte, para atender às necessidades e conveniências de momentos econômicos diversos, onde houve a necessidade de adaptar as normas cambiais, para o fim de servir à política econômica. Muitas destas normas permanecem formalmente em vigor — embora derrogadas — e são adotadas nos dias de hoje, quando não mais estão presentes os fundamentos que as motivaram, gerando, por conseqüência, distorções em sua aplicação.*

"— *O Banco Central, na análise do caso em tela, utilizou-se de interpretação extensiva ou analógica de determinações proibitivas ou punitivas, que se encontram previstas em vetustas normas legais, sem o apropriado e correto exame da finalidade do ditame legal*

"— *Resgatar a correta interpretação destes normativos, demonstrará a inadequação de sua aplicação, e, por conseqüência, a regularidade e a legitimidade dos atos praticados pela Recorrente."*

179. Transcrevemos, abaixo, parte dos artigos do Decreto-lei 9.025/1946, norma que determinou a proibição das operações de compensação privada de crédito de qualquer natureza:

"Art. 1º. É assegurada a liberdade de compra e venda de cambiais e moedas estrangeiras, observadas as determinações deste Decreto-lei e as instruções que forem baixadas pela Carteira de Câmbio do Banco do Brasil S/A, sob a orientação da Superintendência da Moeda e do Crédito.

"(...)

"Art. 4º. Poderão ser vendidas, para satisfazer pagamentos de qualquer natureza, no exterior, as disponibilidades resultantes das compras feitas, na forma do art. 1º deste Decreto-lei pelos Bancos e Casas Bancárias autorizados a operar em câmbio.

"Art. 5º. A fiscalização das operações de câmbio continuará confiada à Carteira de Câmbio do Banco do Brasil S/A que expedirá os necessários regulamentos, obrigados os Bancos e Casas Bancárias a manter um registro especial de operações de câmbio não originárias de importações ou exportações, de cujo movimento total aquela Carteira deverá ter todas as informações.

"Art. 6º. É assegurado o direito de retorno ao capital estrangeiro previamente registrado na Carteira de Câmbio do Banco do Brasil S/A, desde que a parcela anual de transferência não exceda de 20% do capital registrado.

"Parágrafo único. Após dois (2) anos de permanência no País, o capital estrangeiro aplicado em títulos da Divida Interna Brasileira ou de outra renda fixa terá garantida sua transferência imediata e integral.

"Art. 7º. Aplicar-se-ão as disposições deste Decreto-lei, observados os prazos e condições nele estabelecidos, ao capital estrangeiro já colocado no País, mas desde a data do respectivo registro.

"Art. 8º. A remessa de juros, lucros e dividendos não ultrapassará de 8% (oito por cento) do valor do capital registrado, considerando-se transferência de capital o que exceder essa percentagem e vigorando para esse fim os prazos previstos neste Decreto-lei.

"Art. 9º. São permitidas as operações entre bancos, os quais poderão manter posições compradas, dentro das condições que forem fixadas pela Carteira de Câmbio do Banco do Brasil S/A.

"Parágrafo único. Tais operações serão feitas por simples troca de correspondência, independem de interferência de corretor e são isentas, bem como os seus respectivos documentos de quaisquer taxas e impostos, inclusive de selo.

"Art. 10. *É vedada a realização de compensação privada de créditos ou valores de qualquer natureza, sujeitos os responsáveis às penalidades previstas no Decreto 23.258, de 19 de janeiro de 1933.*

"Art. 11. As operações resultantes de intercâmbio e moeda compensada continuarão sujeitas ao regime a que as subordinar a Carteira de Câmbio do Banco do Brasil S/A.

"Art. 12. É assegurado o livre uso no País de fundos em moeda nacional pertencentes a residentes no estrangeiro.

"Parágrafo único. Não se incluem os fundos a que se refere o Decreto-lei 4.166, de 11 de março 1942.

"Art. 13. Somente os Bancos autorizados a operar em câmbio poderão manter contas em moeda nacional ou estrangeira em nome de residentes no exterior.

"Parágrafo único. Excetuam-se da exclusividade mencionada neste artigo as contas de registro transitório de valores a transferir, que o titular tenha confiado a residentes no País.

"Art. 14. Ficam os bancos obrigados a recolher ao Banco do Brasil S/A, a crédito de conta vinculada ao disposto no art. 16 deste Decreto-lei, as importâncias correspondentes a uma cota de 3% sobre o valor das vendas de câmbio que efetuarem, inclusive as que se destinarem a atender as necessidades do Governo.

"(...)

"Art. 17. A Superintendência da Moeda e do Crédito terá a faculdade de dilatar os prazos de retorno do capital estrangeiro, sempre que o exigirem as condições do mercado cambial, de modo a conceder prioridade ao pagamento das importações, à remessa de rendimentos que normalmente represente baixa remuneração de capital, às remessas de imigrantes e às de subsistência.

"Art. 18. Compete à Carteira de Câmbio do Banco do Brasil S/A expedir os regulamentos e instruções que forem necessários à boa execução deste Decreto-lei, especialmente em relação aos arts. 6º e 7º, com o fim de evitar que as transferências neles autorizadas, por seu vulto ou freqüência, passam resultar em retorno de capital em desacordo com as suas disposições. (...)" (grifos nossos).

180. Utilizando-se da prerrogativa que lhe foi outorgada pelo referido diploma legal, a Superintendência da Moeda e do Crédito, por meio da Instrução SUMOC 18, de 17 de agosto de 1946, estabeleceu:

"Art. 1º. *São revogados os arts. 9º I) da Circular 5, de 18 de maio de 1931, e 2º, § 1º da Circular 18, de 22 de dezembro de 1931, do Consultor da Fazenda Pública referentes a exigências de comprovação de venda de moeda estrangeira para o forne-*

cimento de guias de exportação, ficando a Fiscalização Bancária do Banco do Brasil S/A autorizada a conceder, também guias de embarque para mercadorias pagas em moeda nacional."

181. Esta disposição foi regulamentada pela Instrução da Fiscalização Bancária do Banco do Brasil — FIBAN, que expressamente previu a faculdade de "concessão de guias de embarque para exportação contra pagamento em cruzeiro", permitindo a aplicação no "pagamento de exportações de quaisquer disponibilidades em nome de residentes no exterior, em poder de bancos".

182. Examinando-se o quadro cambial à época, pode-se bem compreender os motivos que ditaram a medida. Após o término da II Grande Guerra Mundial, preocupado com o grande acúmulo de divisas no País, e não desejando aumentar as emissões de papel-moeda, foi autorizado o pagamento, em moeda nacional, das receitas de exportação, referentes a qualquer mercadoria, sendo apenas necessário fazer a prova de que os recursos em moeda nacional, a favor do titular no exterior, se achavam disponíveis em bancos no País, por prazo não inferior a 12 meses. Esta limitação dizia respeito a exigência de serem os recursos, em moeda nacional titulados por não residentes, fundos de livre movimentação, isto é, não bloqueados como se encontravam à época os recursos dos países súditos do Eixo.

183. Naquele período, portanto, era legal e autorizada a exportação, até mesmo de café, sem a correspondente entrega de divisas ao Banco do Brasil.

184. A regulamentação do referido Decreto-lei 9.025/1946, publicada no *Diário Oficial* de 28.2.1946, foi realizada mediante instrução baixada pela Fiscalização Bancária do Banco do Brasil, cujas partes relevantes ao tema ora em debate, são adiante transcritas:

"1. *As operações cambiais continuam privativas dos Bancos e Casas Bancárias autorizados a operar em câmbio, permanecendo vedada a realização de qualquer operação privada de crédito ou movimentação de valores de qualquer natureza, que ficam sujeitas às penalidades previstas no Decreto-lei 23.258, de 19.10.1933.*

"(...)

"4. Ficam os Bancos e Casas Bancárias obrigados a manter um registro especial de operações de câmbio não originárias de importações e exportações.

"5. As operações entre Bancos são permitidas nos termos do art. 9º, parágrafo único, sujeitas apenas ao visto da Fiscalização Bancária do Banco do Brasil S/A.

"6. Os Bancos e Casas Bancárias poderão manter posição comprada, dentro dos limites fixados pela Carteira de Câmbio do Banco do Brasil S/A, por intermédio da Fiscalização Bancária.

"Exportação

"1. As exportações continuarão a ser processadas pela forma como vinham sendo feitas anteriormente.

"2. O câmbio referente a exportação será negociado em duas parcelas, sendo 80% à taxa livre e 20% (de acordo com resolução da Superintendência da Moeda e do Crédito, de 28.2.1946, sob 455) à taxa oficial.

"(...)

"4. Os Bancos e Casas Bancárias deverão efetuar as compras da cota oficial diretamente por conta do Banco do Brasil S/A, nas mesmas condições de prazo e praça do contrato relativas à parte livre, não sendo portanto, necessário o seu registro em separado como anteriormente se fazia.

"5. Os Bancos e Casas Bancárias compradores responderão pela liquidação das letras, uma vez pago ao cedente o equivalente do seu valor, bem como pelos ônus dos cancelamentos, na falta de cumprimento dos contratos.

"Importação

"1. O câmbio para a importação continuará a ser autorizado pela Fiscalização

Bancária do Banco do Brasil S/A, mediante apresentação dos documentos anteriormente exigidos, isto é, fatura comercial, fatura consular e 5ª via do despacho, ou em caso de abertura de crédito ou remessa antecipada, mediante assinatura de termo de responsabilidade pela firma interessada, em que se comprometa a apresentar os referidos documentos dentro do prazo nele estipulado.

"2. A fim de facilitar o movimento, ficam os Bancos e Casas Bancárias autorizadas a fechar câmbio para pagamento de faturas de importação cujo valor total não exceda 20.000 cruzeiros, sem licença prévia da Fiscalização Bancária do Banco do Brasil S/A. (...)

"Manutenção

"1. As remessas para manutenção continuam dependendo do visto da Fiscalização Bancária do Banco do Brasil S/A, excetuadas as de importância até 5.000 cruzeiros, que poderão ser fornecidas, anteriormente ao visto da Fiscalização Bancária, pelos Bancos e Casas Bancárias, que enviarão uma via da ficha àquele órgão, no dia imediato à operação.

"2. As remessas para viagem poderão ser concedidas pelos Bancos e Casas Bancárias anteriormente ao visto da Fiscalização Bancária, até a importância de 50.000 cruzeiros, devendo a ficha ser remetida à Fiscalização Bancária no dia imediato à operação, contendo, além dos dados usuais, o número do passaporte, a data da licença da polícia e o meio de transporte, e ser devidamente visada por pessoa responsável do Bancos e Casas Bancárias.

"Lucros, Juros, Dividendos, etc.

"1. O Câmbio para a remessa das rendas citadas, depois de devidamente autorizado pela Fiscalização Bancária do Banco do Brasil S/A, poderá ser fechado em qualquer Bancos e Casas Bancárias.

"2. As importâncias a serem remetidas deverão ser registradas na Fiscalização Bancária do Banco do Brasil S/A, que, verificada a sua legalidade, autorizará a transferência.

"3. Quando os juros, dividendos, lucros, etc., ultrapassarem de 8% (oito por cento) do valor do capital entrada no País e registrado na Fiscalização Bancária, considerar-se-á o excedente como capital, sujeito, portanto, às limitações impostas para tal gênero de transferências.

"Capitais

"1. O capital estrangeiro previamente inscrito na Fiscalização Bancária do Banco do Brasil S/A, terá direito a retorno, desde que as parcelas anuais de transferência não excedam de 20% (vinte por cento) do capital registrado.

"2. O capital estrangeiro aplicado em títulos da Dívida Interna Brasileira ou em outros título brasileiros de renda fixa, terá garantida a sua transferência imediata e integral, após 2 (dois) anos de permanência no País.

"3. As disposições acima são também aplicáveis a capital estrangeiro já colocado no País, a contar, porém, da data da sua inscrição na Fiscalização Bancária.

"4. Serão consideradas como transferência de capital brasileiro para o exterior:

"a) as transferências que forem pleiteadas para as seguintes aplicações: formação de capital de companhias; compra de títulos de dívida em moeda estrangeira; depósitos em conta corrente e quaisquer outras que não se achem enquadradas nas transferências consideradas nos capítulos anteriores;

"b) as transferências provenientes de bens de raiz, heranças e similares.

"5. Os bens, títulos, etc., dos residentes no exterior, continuam sob as vistas da Fiscalização Bancária do Banco do Brasil S/A.

"6. A alteração dos prazos de retorno do capital estrangeiro poderá ser efetuada pela Superintendência da Moeda e do Crédito, sempre que o exigirem as necessidades do mercado cambial.

"Contas Correntes em Moeda Estrangeira

"São permitidas as contas em moeda estrangeira, unicamente em nome de residente no exterior, em Bancos e Casas Bancárias, desde que autorizadas pela Fiscalização Bancária do Banco do Brasil S/A, e movimentadas sob as suas vistas.

"Contas em Cruzeiros, de Residentes no Exterior

"1. *As contas-correntes em cruzeiros, de residentes no exterior, só poderão ser mantidas em Bancos e Casas Bancárias autorizadas a operar em câmbio, ficando a sua movimentação sob as vistas da Fiscalização Bancária,* ***a fim de evitar as operações de compensação privada, nos termos do artigo 10.***

"Contas de Súditos dos Países Incluídos nos Dispositivos do Decreto-lei 4.166, de 11.3.1942

"*As contas de súditos alemães, japoneses ou de qualquer nacionalidade, incluídos nos termos do Decreto-lei 4.166 de 11.3.42, não estão, de forma alguma, enquadradas nos dispositivos do Decreto-lei 9.025, de 27.2.46, aqui regulamentado (parágrafo único do art. 12), continuando sujeitas à legislação e regulamentação anteriores*" (destaques nossos).

185. *Da análise do diploma acima citado, verificamos que a vedação à compensação privada de créditos, ali contida, referia-se, tão-somente, à realização de operações de pagamento em moeda nacional de exportação de mercadorias brasileiras, que não utilizassem recursos depositados em contas de não residentes.*

186. Esta restrição tinha por objetivo, único e fundamental, não permitir que as operações de exportação, *sujeitas à incidência do imposto do selo*, pudessem ser realizadas, frustrando o recolhimento daquele tributo, devido anteriormente quando da conclusão da operação de comércio exterior que exigia a interveniência de bancos autorizados a operar em câmbio.

187. Outro não poderia ser a intenção do legislador de 46, que editava uma norma exigida pelo Tratado de Bretton Woods, liberalizante do controle de câmbio. O referido Decreto-lei 9.025, ressalte-se, visava *assegurar a liberdade de compra e venda de cambiais estrangeiras e o livre uso de fundos em moeda nacional pertencentes a não residentes.*

188. Com base nas disposições do referido Decreto-lei, a Fiscalização Bancária determinou a revogação de vários de seus normativos que determinavam a exigência de comprovação de venda de moeda estrangeira para o fornecimento de guias de exportação, como se demonstra a seguir:

Instrução 18, da Superintendência da Moeda e do Crédito (SUMOC), de 17.8.1946, que revogou as disposições dos arts. 9º, I da Circular 5/1931 e 2º, § 1º da Circular 18/1931, referentes às exigências de comprovação de venda de moeda estrangeira para o fornecimento de guia de exportação, e autorizou a concessão de guias de embarque pagas em moeda nacional.

Instrução 12, de 2.9.1946, que facultou a concessão de guias de embarque para exportação contra pagamento em cruzeiros e autorização a aplicação, no pagamento de exportação, de qualquer disponibilidade em nome de residentes no exterior.

189. Desta forma, seria um completo contra senso interpretar que as normas do Decreto-lei 9.025/1946, que introduziu ampla liberdade cambial e permitiu a exportação em moeda nacional, tivessem sido elaboradas no sentido de restringir, por qualquer forma, a liberdade outorgada a estes pagamentos, ou a livre movimentação de recursos.

190. Muito menos teria sido a intenção do legislador da época vedar a realização de operações que resultassem na compensação de valores devidos em moeda estrangeira quando, expressamente, permitia a exportação de bens, contra o pagamento em moeda nacional pertencentes a estrangeiros, afastando, por completo, até aquele momento, a indispensável cobertura cambial.

191. Os objetivos da vedação eram exclusivamente fiscais. Se autorizada a compensação de créditos e débitos, de forma privada, sem a interveniência de bancos autorizados, ausentes estariam os mecanismos de controle do recolhimento do imposto de selo, incidente, naquela época, sobre estas operações. Neste sentido, consulte-se a Exposição de Motivos do Decreto-lei 7.799, de 30.7.1945, anterior ao Decreto-lei 9.025, de 1946, que afirmava em seu item 5 que "embora se tenha modificado inteiramente a situação cambial, o Decreto a que me referi (Decreto 23.258, de 19.10.1933) de início não deve ser revogado visto que nele ainda se ampara a atual política de câmbio e fiscal, *contribuindo para que as operações se realizem através dos bancos, recolhidos os impostos de selo e de transferência de fundos para o exterior*" (grifos nossos).

192. Ainda neste mesmo sentido, Haroldo R. Levy esclarece que "o registro de operação apenas simbólica, de entrada e saída de divisas, é indispensável para evitar que o ajuste feito sem os contratos normais de câmbio se enquadrem numa compensação privada, o que além de ser operação cambial (a operação simbólica e não a compensação privada — esclarecimento da Recorrente), *é também fraude fiscal, por sonegação dos selos devidos*" (*Prática Cambial no Brasil*, ob. cit., pp. 320 e 321).

193. *Assim, pode-se afirmar que a norma contida no art. 10 do Decreto-lei 9.025/1946 encontra-se derrogada, por não mais existir o tributo cujo pagamento visava controlar.*

194. *O socorro deste dispositivo legal para qualificar como indevidas as operações que resultam na compensação, funda-se em interpretação errônea dos objetivos da norma contida no art. 10 do Decreto-lei 9.025.*

195. Poder-se-ia, por extremo interesse ao debate, interpretar que, embora não embasado em norma vigente, o princípio que exige a *cobertura cambial* nas operações de exportação, tem fundamento na interpretação sistemática do conjunto de normas que regem as operações de câmbio, visando, em última análise, impedir que créditos em moeda estrangeira, oriundos de exportações, possam ser liquidados, sem o controle do Banco Central.

196. De toda sorte, esta interpretação sistemática não pode se afastar do princípio de proteção do crédito gerado contra o exterior, decorrentes de operações de exportação de bens e serviços. Claro está, que se não fosse exigida a cobertura cambial nas operações de exportação e proibido o pagamento destas operações em moeda nacional, a entrada de moeda estrangeira no País poderia se ver frustrada, à exemplo do que ocorreu no passado, quando da edição do controverso Decreto-lei 9.025/1946.

197. A sobrevivência de tão vetusta norma — o Decreto-lei 9.025 foi editado há mais de 50 anos — pode ser explicada em decorrência da necessidade de revigorar a exigência legal da cobertura cambial das receitas de exportação, através de um esforço de interpretação, que busca no Decreto 23.258, raízes que lhe darão força e vigor.

198. Nada obstante, o deslinde do verdadeiro objetivo da norma traz à luz um elemento de compreensão histórica que não pode permitir que, nas circunstâncias deste processo, seja utilizado como forma de punir a Recorrente, *que em nenhum momento, sob nenhuma forma, sonegou cobertura cambial em operações de exportação.*

199. Permitir interpretação diversa, seria ferir não somente os princípios gerais do controle cambial no País, mas, a coerência de todo o sistema propulsor e regulador deste controle.

200. De todo o exposto, não pode o interprete querer ampliar os princípios do controle cambial verdadeiramente existentes, que visam tão-somente impedir, restringir e punir a realização de operações ou contratações de compensação que tivessem por objetivo ou o efeito fraudar o recebimento pelo País de divisas. Não poderia jamais ter sido intenção de qualquer legislador, em nenhum dos inúmeros dispositivos cambiais (revogados ou ainda em vigor), reprimir a compensação ou a contratação de qualquer outra modalidade de pagamento que tivesse por efeito minimizar a saída de divisas do País, ou ainda, aquelas que pudessem viabilizar a oferta de divisas.

201. A correta interpretação do bem jurídico a ser protegido, neste caso, somente pode ser a de que:

(i) *há, em verdade, um conjunto de regras de caráter genérico, que permite interpretar que existe uma restrição à utilização de recursos detidos no País, em moeda nacional, pertencentes a pessoas físicas ou jurídicas não residentes, para pagamentos devidos originalmente em moeda estrangeira,*

(ii) *deve ser impedido que, por qualquer modalidade ou artifício, divisas deixem de ingressar no País, através de mecanismos de compensação, que permitam a liquidação de créditos em moeda estrangeira detidos por residentes no exterior.*

202. Este era, repetimos, o entendimento do legislador de 1933, quando editou o Decreto 23.258, que em seu art. 3º, determina que "são passíveis de penalidade as sonegações de coberturas nos valores de exportação, bem como o aumento de preço de mercadorias importadas, para obtenção de coberturas indevidas".

203. Não se pode identificar nas operações contempladas os requisitos e os efeitos que caracterizam a infringência da vedação legal e da tutela protegida. Não se pode argumentar que foi realizada operações que tiveram como efeito prejudicar, por qualquer forma, os interesses da política cambial do País ou ainda, impedir o ingresso de divisas no País.

204. Muito pelo contrário. Houve sim uma ação diametralmente oposta àquela que a norma verdadeiramente pretendeu evitar, cujos efeitos resultaram no pagamento do débito do exportador nacional para com o pagador no exterior, sem a remessa de divisas para o exterior, compensando-se e liquidando-se, integralmente, esta dívida, com créditos que seriam pagos, de qualquer forma, em moeda nacional.

Conclusão

No essencial, à vista dos motivos acima expostos, pode-se afirmar e concluir que:

I — O emaranhado das disposições legais acerca do controle cambial no Brasil, editadas há mais de quatro décadas, consiste em um sistema desordenado de normas, sem que tenha sido implementada uma ampla revisão de seus dispositivos e notadamente dos princípios jurídicos que devem permanecer requerendo a tutela do Estado, permitindo, em conseqüência, a interpretação equivocada de suas disposições.

II — O conjunto de normas aplicáveis ao caso em tela foi promulgado para atender às necessidades e conveniências de momentos econômicos diversos, onde houve a necessidade de adotar modificações das normas cambiais, para o fim de servir à política econômica adotada na época, permanecendo, portanto, formalmente em vigor — embora derrogadas, pois não mais estão presentes os fundamentos que as motivaram, gerando, por conseqüência, distorções em sua aplicação.

III — Do exame das normas aplicáveis, podemos concluir que o controle das operações de câmbio visa sempre e primordialmente, aquelas operações que podem representar a venda de moeda estrangeira para a remessa ao exterior e, ainda, o controle sobre o ingresso das receitas em moeda estrangeira, decorrentes das operações de exportação de mercadorias ou serviços.

IV — O pagamento antecipado na exportação é modalidade através da qual o importador no exterior, efetua o pagamento parcial ou integral da transação comercial ao exportador brasileiro, antes do embarque da mercadoria para o exterior, ou seja, a moeda estrangeira é negociada e ingressada antecipadamente ao envio para o exterior das mercadorias adquiridas pelo importador no mercado nacional, não oferecendo qualquer risco de evasão de divisas ou perda de receita cambial.

V — Reconhece o Banco Central a característica de financiamento do pagamento antecipado da exportação, facultando às partes — exportador nacional e pagador no exterior — ajustar o montante dos juros que deveriam ser pagos em decorrência do adiantamento efetuado.

VI — Não foi a intenção do Banco Central (i) determinar que os recursos em moeda estrangeira, aplicados como adiantamentos de contratos de câmbio de exportação junto ao exportador, fossem exclusiva e definitivamente vinculados à compra de mercadorias para futuro cumprimento dos embarques contratados, ou (ii) vedar a utilização pelo exportador nacional dos recursos assim ingressados como capital de giro ou para a constituição de créditos com variação cambial, que consistissem em mecanismos de proteção para a instabilidade e imprevisibilidade da desvalorização cambial no País.

VII — Preocupou-se o Banco Central, premido pela conveniência e pela necessidade de permitir o ingresso antecipado destes recursos em moeda estrangeira, em regulamentar, previamente à ocorrência destes eventos futuros, a forma pela qual se daria o pagamento dos créditos detidos pelo importador não residente junto ao exportador.

VIII — Inexiste, quer nas normas cambiais, quer na interpretação da intenção do legislador, qualquer vínculo definitivo e inseparável que determine a obrigatoriedade de utilização, pelo exportador nacional, dos recursos recebidos do exterior, por força de pagamento antecipado de exportação, na compra de mercadorias, visando o cumprimento das vendas comprometidas.

IX — Admitiu o Banco Central durante longo período, sem maiores ressalvas, o retorno das divisas ao exterior, quando comprovado o não embarque das mercadorias ou a possibilidade de conversão, mediante requerimento ao Departamento de Capitais Estrangeiros do Banco Central, dos recursos originalmente ingressados como investimento direto de capital ou como empréstimo em moeda.

X — A penalidade de multa pecuniária imputada pelo Banco Central à Recorrente não teve como fundamento a contratação de operações de compra de câmbio, realizadas mediante a prestação de declaração falsa, com a finalidade de obter cobertura indevida para a remessa de divisas ao exterior.

XI — Permite o Banco Central que o exportador altere sua intenção ou a declaração prestada quando do ingresso dos recursos, autorizando que os recursos, originalmente ingressados como pagamento antecipado de exportação, sejam convertidos em empréstimo ou em investimento direto em capital, registrados junto ao Departamento de Capitais Estrangeiros, o que permitirá ao exportador a obtenção do respectivo certificado e a remessa futura ao exterior, dos recursos em moeda estrangeira, através do mercado de câmbio do ingresso — Mercado de Taxas Livres (comercial), observadas as regras estabelecidas.

XII — À época em que foram realizadas as operações objeto do presente Recurso, vigoravam as disposições da Circular 2.323, de 17 de junho de 1993, que suprimiram a disposição contida na versão original que permitia ao Banco Central autorizar o retorno das divisas ao exterior, quando inequivocamente comprovado que o não-embarque das mercadorias decorresse de motivo de força maior.

XIII — A partir do ano de 1994, o Banco Central preocupado com o acúmulo de aportes de capital estrangeiro no País, que buscava capturar as altíssimas taxas de juros então vigentes, editou diversas normativos, contemplando medidas que visavam, em essência, reprimir a internação no país do capital estrangeiro que considerava especulativo.

XIV — Para repressão da utilização do mecanismo de pagamento antecipado para promover o ingresso de capital especulativo no País, o Banco Central introduziu, através da Circular 2.412, de 11.1.1994, regra punitiva, consolidada no item 8 do Título 12 do Capítulo 5 da CNC, penalizando o exportador nacional que houvesse realizado operação de câmbio de venda —

de moeda estrangeira — recebida a título de pagamento antecipado, e não promovesse a exportação ou a conversão dos créditos, detidos pelo pagador no exterior, em investimento ou em empréstimo, qual seja: a suspensão temporária imposta ao exportador que não promovesse a exportação da mercadoria objeto do contrato de câmbio de pagamento antecipado.

XV — A conversão da operação originalmente conduzida como pagamento antecipado de exportação, em investimento direto de capital ou em empréstimo em moeda, caso não ocorra o embarque das mercadorias, não tem, na verdade, natureza de mera faculdade, pois a sua não utilização implicaria, para o exportador, na imputação da penalidade da perda da prerrogativa de contratar operações de câmbio previamente ao embarque das mercadorias.

XVI — Não havia na legislação cambial ou nos normativos do Banco Central, até aquela data, norma punitiva que pudesse ser imputada ou aplicada ao exportador nacional que não utilizasse a conversão em investimento direto ou em empréstimo, para equacionar o pagamento dos créditos decorrentes da operação originalmente conduzida como pagamento antecipado de exportação, sendo necessária a adaptação da norma cambial para inclusão de novo dispositivo, o que demonstra, inequivocamente, que, nestes casos, não se aplicaria a pena de multa prevista no § 3º do art. 23 da Lei 4.131/1962.

XVII — É a penalidade de suspensão temporária da faculdade de realizar operações de venda antecipado de câmbio de exportação a única e legítima cominação que poderia ser imputada à Recorrente, não sendo aplicável, a imputação da penalidade de multa pecuniária a que alude o § 3º do art. 23 da Lei 4.131/1962.

XVIII — Não podemos, portanto, entender porque o Banco Central, instituidor da penalidade acima referida, imputa à ora Recorrente a penalidade prevista no § 3º do art. 23 da Lei 4.131/1962, quando a julgou inaplicável ao exportador nacional que não promovesse a exportação ou a conversão dos créditos detidos pelo pagador no exterior, formulando regra punitiva que se encontra prevista no item 8 do Título 12 do Capítulo 5 da CNC, e ainda em vigor.

XIX — Podemos afirmar que a norma prevista no § 3º do art. 23 da Lei 4.131/1962, editada para coibir manobras lesivas que pudessem resultar na evasão de divisas do País, visa:

(i) proibir o comportamento fraudulento, com a finalidade de obter a realização de operação de câmbio, com a conduta que, por omissão ou por ação, visem o mesmo fim, qual seja, a realização de operação de câmbio a que não estaria autorizado;

(ii) penalizar a realização de operação ilegal de câmbio, mediante o uso de fraude, sendo, portanto, o elemento de dolo — a intenção do agente em praticar operação cambial para causar danos ao Estado — que caracteriza a infração.

XX — As declarações prestadas pela ora Recorrente não tiveram por finalidade a contratação de operação de compra de câmbio a qual a Recorrente não teria direito, em prejuízo às divisas brasileiras, uma vez que, conforme restou provado, a Recorrente promoveu a internação de moeda estrangeira no País, sem contrapartida de qualquer natureza.

XXI — A norma originária da punição da FALSA DECLARAÇÃO em operações de câmbio, que remonta à década de 30, refere-se exclusivamente às operações de compra de câmbio, posto que são estas que, desde sempre, mereceram a tutela da autoridade monetária do País que, acima de tudo, visava reprimir e repreender aquelas operações que tivessem por objeto a evasão de divisas, lesivas aos interesses nacionais.

XXII — O Banco Central e o Conselho de Recursos do Sistema Financeiro Nacional vêm, de forma coerente, mantendo o entendimento a penalidade prevista no citado § 3º do art. 23 da Lei 4.131/1962, somente pode ser imputada quando desta falsa declaração ou declaração incorreta decorre a realização de operação de compra de câmbio ilegítima, em prejuízo às reservas cambiais do País.

XXIII — Corroborando o entendimento deste Conselho e do Banco Central, o Tribunal Regional Federal, vem decidindo no sentido de imputar a penalidade prevista na Lei 7.492/1996, art. 21, parágrafo único, tão-somente àquelas operações em que restou provada a realização de operações de câmbio com evasão de divisas.

XXIV — Não há como se possa permitir a alegação de declaração falsa em contrato de câmbio efetivado na modalidade de pagamento antecipado de exportação. Nem pode o Banco Central imputar à Recorrente o desvio de finalidade dos recursos ingressados no País, sob a natureza de pagamento antecipado de exportação.

XXV — Restou provado que a Recorrente não praticou qualquer operação que possa ser considerada infringente ao disposto no art. 23 da Lei 4.131/1962 ou mesmo a qualquer das disposições legais e dos normativos em vigor, referentes às operações de câmbio.

XXVI — A imputação da penalidade cominada à Recorrente reveste-se de evidente equívoco, uma vez que decorre exclusivamente da interpretação superficial e errônea das disposições legais e regulamentares referentes às regras de controle cambial, restando provado que não há motivos que justifiquem a aplicação da tão gravosa pena prevista no § 3º do art. 23 da Lei 4.131/1962.

XXVII — A imputação de penalidade de tamanha gravidade somente se justificaria para reprimir operações de compra de moeda estrangeira (e nunca de venda), realizadas contra o interesse do Estado e da política monetária e cambial, que sempre se caracterizaram pela restrição da saída de divisas do País.

XXVIII — Não deve ser esta a penalidade a ser imputada à Recorrente, de vez que não restou comprovada a evasão de divisas ou a prática de operação irregular de câmbio, bem como não se pode falar em declaração falsa quando não ocorreu o embarque de mercadorias cujo pagamento ou cobertura cambial foi previamente ingressado.

XXIX — Restou comprovado que não houve por parte da Recorrente a prestação de declaração falsa para que esta pudesse realizar operação de câmbio para a qual não estaria, bem como não estão presentes os elementos que poderiam determinar que a operação cambial realizada pela Recorrente causou qualquer dano ao Estado, salvo se, em contra-senso, se pudesse argumentar que o ingresso de divisas constituiria atitude lesiva ao País.

XXX — As operações de transferências internacional de moeda nacional realizadas pela Recorrente foram cursadas em estrita observância à regulamentação das diversas Circulares e Cartas Circulares editadas pelo Banco Central, não tendo sido apontadas irregularidades de qualquer espécie.

XXXI — No que se refere à compensação privada de créditos, verificamos que a vedação contida art. 10 do Decreto-lei 9.025/1946 compreende tão-somente a vedação de realização de operações de pagamento em moeda nacional de exportação de mercadorias brasileiras — autorizadas na época de sua edição — que não utilizassem recursos depositados em contas de não residentes. Esta vedação tinha por objetivo, único e fundamental, não permitir que as operações de exportação sujeitas à incidência do imposto do selo, pudessem ser realizadas, frustrando o recolhimento daquele tributo, devido quando da conclusão da operação de comércio exterior que exigia a interveniência de bancos autorizados a operar em câmbio.

XXXII — As normas do Decreto-lei 9.025/1946, que introduziu ampla liberdade cambial e permitiu a exportação em moeda nacional, não foram elaboradas no sentido de restringir, por qualquer forma, a liberdade outorgada a estes pagamentos, ou a livre movimentação de recursos. Conseqüentemente, a norma contida no art. 10 do Decreto-lei 9.025/1946 encontra-se derrogada, por não mais existir o tributo cujo pagamento visava controlar.

XXXIII — Não se pode identificar na operação contemplada os requisitos e os efeitos que caracterizam a infringência da vedação legal e da tutela protegida, nem se pode argumentar que foi realizada uma transação que tivesse como efeito prejudicar, por qualquer forma, os interesses da política cambial, ou ainda, impedir o ingresso de divisas no País.

XXXIV — Em verdade, houve uma ação diametralmente oposta àquela que a norma verdadeiramente pretendeu evitar, cujos efeitos resultaram no pagamento do débito do exportador nacional, sem a remessa de divisas para o exterior, compensando-se e liquidando-se integralmente esta dívida, com créditos do residente que seriam pagos, de qualquer forma, em moeda nacional.

Ante todo o exposto, requer a Recorrente sejam julgadas improcedentes as alegações de irregularidade que lhe foram imputadas, com o conseqüente arquivamento do Processo Administrativo em referência.

Impressão e acabamento:
GRÁFICA PAYM
Tel. (011) 4392 3344

RDM 125

DOUTRINA: LIMITAÇÃO DE RESPONSABILIDADE NA PRÁTICA CONTRATUAL BRASILEIRA – PERMITE-SE NO BRASIL A RACIONALIZAÇÃO DOS RISCOS DO NEGÓCIO EMPRESARIAL? – Nilson Lautenschleger Jr. • ***ATUALIDADES:*** AS CÉDULAS DE CRÉDITO BANCÁRIO E OS LIMITES LEGAIS DOS JUROS – João Luiz Coelho da Rocha • A EMPRESA: NOVO INSTITUTO JURÍDICO – Jorge Lobo • A RECEPÇÃO DO "DROP DOWN" NO DIREITO BRASILEIRO – Haroldo Malheiros Duclerc Verçosa e Zanon de Paula Barros • A FUNÇÃO SOCIAL DA EMPRESA E O NOVO CÓDIGO CIVIL – Fernando Netto Boiteux • O CONTRATO DE "JOINT VENTURE" NA MATÉRIA ANTITRUSTE – José Carlos da Silva Nogueira • A PRIVACIDADE E OS SIGILOS TELEFÔNICO, PROFISSIONAL E BANCÁRIO – Leandro Bittencourt Adiers • O NOVO MERCADO E AS PRÁTICAS DIFERENCIADAS DE GOVERNANÇA CORPORATIVA: EXAME DE LEGALIDADE FRENTE AOS PODERES DAS BOLSAS DE VALORES – Eduardo Alfred Tales Boulos e Fernando Szterling • RESPONSABILIDADE DOS SIGNATÁRIOS DE ACORDO DE VOTO NO REGIME DA LEI N. 10.303/01 – Felipe de Freitas Ramos • ***ESPAÇO DISCENTE:*** A SPE – SOCIEDADE DE PROPÓSITO ESPECÍFICO – Leonardo Guimarães • ***JURISPRUDÊNCIA COMENTADA:*** ACIONISTA CONTROLADOR – IMPEDIMENTO AO DIREITO DE VOTO – Erasmo Valladão A. e Novaes França • DECADÊNCIA DO CRÉDITO TRIBUTÁRIO – Zanon de Paula Barros • ***PARECERES:*** IMPUTAÇÃO DE DECLARAÇÃO FALSA (§ 3º, ART. 23 DA LEI 4.131/62) E DA VEDAÇÃO À COMPENSAÇÃO PRIVADA DE CRÉDITOS (ART. 10 DO DECRETO-LEI 9.025/46) – Sérgio Eskenazi Pernidji e Mônica Castro de Mello Bity

MALHEIROS EDITORES